传统太极拳全书

传统陈式太极拳 陈正雷
传统杨式太极拳 崔仲三
传统吴式太极拳 李秉慈
传统武式太极拳 乔松茂
传统孙式太极拳 孙剑云
传统赵堡太极拳 王海洲

人民体育出版社

图书在版编目(CIP)数据

传统太极拳全书/陈正雷等著．-北京：人民体育出版社，2013（2017.4.重印）
ISBN 978-7-5009-4242-9

Ⅰ.①传… Ⅱ.①陈… Ⅲ.①太极拳-基本知识 Ⅳ.①G852.11

中国版本图书馆CIP数据核字(2012)第014551号

*

人民体育出版社出版发行
三河兴达印务有限公司印刷
新 华 书 店 经 销

*

787×1092　16开本　31印张　674千字
2013年2月第1版　2017年4月第4次印刷
印数：7,501—9,000册

*

ISBN 978-7-5009-4242-9
定价：65.00元

社址：北京市东城区体育馆路8号（天坛公园东门）
电话：67151482（发行部）　　　邮编：100061
传真：67151483　　　　　　　　邮购：67118491
网址：www.sportspublish.com
（购买本社图书，如遇有缺损页可与邮购部联系）

出版说明

太极拳已经成为一项世界性的运动。越是民族的，越是世界的，传统太极拳是太极拳传承和发展的"源头活水"。本书由当代传统太极拳六大流派的名家代表——陈正雷、崔仲三、李秉慈、乔松茂、孙剑云、王海洲——六位先生合著，分别阐述了各个流派的历史源流、风格特点、健身养生价值、练习步骤和注意事项，并详解了各流派代表套路的练习方法和要领。书配光盘，由六位名家亲自演练，图文并茂，生动形象，是我社已出版的、广受读者欢迎的《太极拳全书》的升华。

目 录

传统陈式太极拳 / 陈正雷

一、陈式太极拳的源流、发展及演变 …………………………………（5）
二、陈式太极拳的风格特点 ………………………………………………（8）
三、陈式太极拳的健身与技击作用 ………………………………………（11）
四、陈式太极拳对身体各部位的要求 ……………………………………（14）
五、陈式太极拳的练习步骤与方法 ………………………………………（19）
六、陈式太极拳的练功法则 ………………………………………………（24）
七、陈式太极拳的基本动作及缠丝劲练习 ………………………………（25）
八、陈式太极拳老架一路简介 ……………………………………………（33）
九、陈式太极拳老架一路动作名称 ………………………………………（34）
十、陈式太极拳老架一路动作图解 ………………………………………（35）

传统杨式太极拳 / 崔仲三

一、杨式太极拳的传承和发展 ……………………………………………（119）
二、杨式太极拳的风格特点和健身作用 …………………………………（121）
三、杨式太极拳的练习步骤和注意事项 …………………………………（123）
四、杨式太极拳108式动作名称 …………………………………………（126）
五、杨式太极拳108式动作图解 …………………………………………（128）

传统吴式太极拳 / 李秉慈

一、吴式太极拳的形成、演化和传承 ……………………………………（197）
二、吴式太极拳的风格特点 ………………………………………………（199）
三、历史资料 ………………………………………………………………（200）
四、历史资料部分影印 ……………………………………………………（203）
五、关于修订的几点说明 …………………………………………………（217）
六、吴式太极拳93式动作名称 …………………………………………（218）
七、吴式太极拳93式动作图解 …………………………………………（219）

传统武式太极拳 / 乔松茂

- 一、武式太极拳的源流及特点 …………………………………………… (307)
- 二、武式太极拳对身体各部位姿势的要求 ………………………………… (308)
- 三、武式太极拳的练习步骤 ………………………………………………… (310)
- 四、武式太极拳的动作要领 ………………………………………………… (313)
- 五、武式太极拳85式动作名称 …………………………………………… (316)
- 六、武式太极拳85式动作图解 …………………………………………… (317)

传统孙式太极拳 / 孙剑云

- 一、孙式太极拳的历史概述 ………………………………………………… (363)
- 二、孙式太极拳修为的基本理论 …………………………………………… (365)
- 三、孙式太极拳健身养身的机理与作用 …………………………………… (371)
- 四、孙式太极拳97式动作名称 …………………………………………… (372)
- 五、孙式太极拳97式动作名称 …………………………………………… (374)

传统赵堡太极拳 / 王海洲

- 一、赵堡太极拳源流 ………………………………………………………… (421)
- 二、赵堡太极拳的拳理和拳法 ……………………………………………… (425)
- 三、赵堡太极拳的特点和健身作用 ………………………………………… (428)
- 四、赵堡太极拳的练习步骤和注意事项 …………………………………… (430)
- 五、赵堡太极拳108式拳谱 ……………………………………………… (431)
- 六、赵堡太极拳108式动作图解 ………………………………………… (433)

传统陈式太极拳

陈正雷 著

致 谢

本书在整理、编写过程中，得到河南省体委、人民体育出版社的大力支持，得到妻子路丽丽女士和崔广博、李务公、张保林、陈娟、陈斌、陈媛媛的全力分担和协助，在此一并深表谢意！

作者简介

陈正雷，男，1949年5月生，河南省焦作市温县陈家沟人。陈氏十九世，陈氏太极拳第十一代嫡宗传人，中国武术九段。国家武术高级教练，国家级社会体育指导员，多届中国武术协会委员，中国体育科学学会委员。1995年被中国武术协会评为"中国当代十大武术名师"，首批国家级非物质文化遗产项目——陈式太极拳杰出传承人。现任河南省武术协会副主席，河南省陈式太极拳协会常务副主席。

自幼随伯父陈照丕习祖传技艺——陈式太极拳各种套路、推手、理论。1972年伯父去世后，又随堂叔父陈照奎修炼提高。在两位恩师20余年的精心培养下，不负众望，不但在各级比赛中取得优异成绩，而且培养出了一大批优秀人才，将400多位收为门下弟子。在世界各地设立100多个教学点，学生遍及海内外。

作者的武术理论造诣也颇深，将祖传技艺、心得体会、理论知识著书立说数百万言，著有《十段功法论》《陈氏太极拳械汇宗》《陈式太极拳养生功》《陈氏太极拳术》《太极神功》和《陈氏太极拳剑刀》《陈式太极拳全书》等，实为太极学研究的珍贵文献。其被译成英文、日文、法文、韩文、西班牙文等在国外发行。录制《陈氏太极拳术》教学片，陈氏太极拳老架一路、老架二路、剑、推手、养生功以及新架一路等系列教学片，均被译成日、英、韩等外文版在世界各地发行。

1988年被推选为河南省七届人大代表。1992年首届国际太极拳年会被聘为副秘书长、太极拳大师。1999年中华人民共和国建国50周年大庆期间，被推选为与共和国同龄人的行业代表，中央电视台拍摄30分钟专题片《太极人生》在4频道播放；2008年北京奥运会期间央视10频道"人物"栏目拍摄《陈式太极拳传人——陈正雷》，央视4频道"走遍中国"拍摄《大道太极》专题播放。2009年被评为"感动中原"60位人物之一。2011年获河南体育"世纪十佳"提名奖。2011年5月被英国剑桥世界名人榜评为"首批杰出华人"之一。

一、陈式太极拳的源流、发展及演变

要知太极拳之由来，必先知太极之涵义。太极即太虚。"太"者，有极其至大的意思。"虚"者，空虚无物之意。太虚为空空之境，真气所充，神明之宫府。真气之精微无运不至，故主化之本始，运气之真元。太极乘气动而生阳，静而生阴。这就是太极生阴阳之理。

"阴阳"是古代哲学理论的代名词，用来说明一切事物内部不同属性的相互对立统一与转化。阴阳观念中具有对立统一、相互依存、相互协调、相互转化的特点，太极拳就是在符合阴阳对立统一的基础上，创造出的刚柔相济、内外相合、上下相随、快慢相间、形意结合、顺逆缠丝等阴阳相合的动作套路，阴阳相合而为太极，所以将这套拳称为太极拳。如按太极拳姿势要求去练习，持之以恒，日久就可以练到五阴五阳的功夫，进入"妙手一运一太极，太极一运化乌有"的境界。达到这种程度时，太极理气活跃，气机相通，真气充盛，阴阳平衡，周身上下内外形气一体，如太极之象，浑然一圆。

太极拳发源于河南省温县陈家沟。

陈家沟位于温县城东的青风岭上，600年前叫常杨村。据《温县县志》记载："明洪武初年，因元铁木耳守怀庆（怀庆府管辖八县，温县在内），明兵久攻不下，急于统一天下。太祖迁怒于民，大加屠戮，时温民死者甚多……"相传有三洗怀庆之言。人烟几绝，乃迁民填补，屯田垦荒。十有八九由山西洪洞迁来，当地至今尚有"问我祖先何处来，山西洪洞大槐树"的说法。

陈氏始祖陈卜，原籍山西泽州（今晋城），后来由泽州搬居山西洪洞县。明洪武五年（1372），迁居河南怀庆府（今沁阳）。因始祖陈卜为人忠厚，精通拳械，深为近邻乡民所敬重。故将其居住的地方叫陈卜庄（解放后，陈卜庄并归温县，至今仍叫陈卜庄）。先祖后因陈卜庄地势低洼，常受涝灾，又迁居温县城东十里的常杨村，村中有一条南北走向的深沟，随着陈氏人丁繁衍，常杨村易名陈家沟。

始祖陈卜居温县后，为奠定家业基础，偏重于垦种兴建。先是六世同居，七世分家，兴家立业，人繁家盛。为保卫桑梓，地方得安，在村中设武学社，教授子孙。1711年，陈氏十世祖陈庚为陈卜立碑，方简单记述了陈卜史实。关于拳艺、人物、事迹的文字记载，仅从陈氏九世祖陈王廷记起。

据《温县县志》和《陈氏家谱》记载："陈王廷在明末拳术已著名。于拳术更加研究，又多所心得，代代相传，成为独特之秘。"

陈王廷（1600—1680），又名奏庭，明末清初人，文武兼优，精于拳械，功夫深厚，在河南、山东一带很有声望。他曾在山东扫荡群匪，贼闻名不敢逼近。因当时社会动荡，久不得志，在年老隐居期间，他依据祖传之拳术，博采众家之精华，结合太极阴阳之理，参考中医经络学说及导引、吐纳之术，创造了一套阴阳相合、刚柔相济的太极拳。陈王廷传授下来的有一至五路太极拳、炮捶一路、长拳一百零八势、双人推手和刀、枪、剑、棍、锏、双人粘枪等器械，其中双人推手和双人粘枪，更具前所未有的独特风格。

陈王廷的著作因年代久远，多遭散失，现尚存《拳经总歌》和《长短句》词一首。《长短句》曰："叹当年，披坚执锐，扫荡群氛，几次颠险！蒙恩赐，枉徒然，到而今年老残喘。只落得《黄庭》一卷随身伴，闷来时造拳，忙来时耕田，趁余闲，教下些弟子儿孙，成龙成虎任方便。欠官粮早完，要私债即还，骄诌勿用，忍让为先。人人道我憨，人人道我颠。常洗耳不弹冠。笑杀那万户诸侯，兢兢业业，不如俺心中常舒泰，名利总不贪。参透机关，识彼邯郸，陶情于鱼水，盘桓乎山川，兴也无干，废也无干。若得个世境安康、恬淡如常，不忮不求，哪管他世态炎凉，成也无关，败也无关，不是神仙谁是神仙。"

自陈王廷之后，陈家沟练习太极拳之风甚盛，老幼妇孺皆练习，当地流传的谚语说："喝喝陈沟水，都会翘翘腿。""会不会，金刚大捣碓。"这在一定程度上反映了当时的情形。这种风气世代沿袭，经久不衰，使得历代名手辈出。

十四世陈长兴（1771—1853），字云亭，著有《太极拳十大要论》《太极拳用武要言》和《太极拳战斗篇》。他在祖传套路的基础上将太极拳套路由博归约、精炼归纳，创造性地发展成为现在的陈式太极拳一路、二路（又名炮捶），后人称其为太极拳老架（大架）。长兴公以保镖为业，走镖山东，在武术界享有盛名。他在戏台前看戏，站立在千百人中（当时农村演戏，身强力壮者挤在台前，无座位），无论众人如何推、搌、挤、拥，脚步丝毫不动，凡近其身者，如水触石，不抗自颓，时人称为"牌位大王"。子耕耘拳艺精奥，继续保镖山东，历时十余年，所遇匪盗敛迹，鲁人立碑叙其事以为纪念。耕耘子延年、延熙均为太极名师。长兴公教有名弟子杨露禅。

十四世陈有本在原有套路的基础上，又有些改动，逐渐舍弃了某些难度和发劲动作，架式与老架一样宽大，称为新架（现在称小架）。

十五世陈清萍（1795—1868），赘婿于赵堡镇（陈家沟东北 2.5 公里），在那里传拳。他在原套路上再进行修改，形成了小巧紧凑，逐步加圈，由简到繁，逐步提高拳艺技巧的练习套路，传和兆元（赵堡架）、李景延（忽雷架）。

十六世陈鑫（1849—1929），字品三，他感到陈式拳术历代均以口传为主，文字著作很少，为阐发祖传太极拳学说，遂发愤著书立说，用 12 年的时间写成《陈氏太极拳图画讲义》四卷，阐发陈氏世代积累的练拳经验。以易理说拳理，引证经络学说；以缠丝劲为核心，以内劲为统驭，是陈式太极拳理论宝库中最重要的一篇。他还著有《陈氏家乘》《三三六拳谱》等著作。

十七世陈发科（1887—1957），字福生，是近代陈式太极拳的代表人物，对发展和传播太极拳有杰出的贡献。自1929年至1957年一直在北京教授拳术。以其刚柔相济之劲，采、挒、肘、靠、拿、跌、掷、打，兼施并用，技击技术极好，与人交手时以得人为准，以不见形为妙，常用莫测高超的击法将人跌出，因其为人忠厚，武德高尚，受到各界人士的欢迎。教授徒弟很多，有沈家桢、顾留馨、洪均生、田秀臣、雷慕尼、冯志强、李经梧、肖庆林等。其子照旭、照奎，女豫霞，拳艺亦很好。陈照奎曾在北京、上海、郑州、焦作等地教拳（主要传授其父晚年所定八十三式拳架，现称新架），徒众很多，为普及陈式太极拳作出了很大贡献。

十八世陈照丕（1893—1972），字绩甫。1928年秋，北平同仁堂东家乐佑申和乐笃同兄弟二人，慕陈式太极拳之名，托河南沁阳杜盛兴到陈家沟聘请拳师，族人公推陈照丕前往。到北平后，有同乡李敬庄（庆临）为其在《北平晚报》（1928年10月）登载宣传，"我国提倡武术，其目的在于强种卫国，自卫御敌，收复失地"。陈照丕理论造诣极深，积数十年之经验，著有《陈氏太极拳汇宗》《太极拳入门》《陈氏太极拳图解》《陈氏太极拳理论十三篇》等书。他所授弟子的代表有陈小旺、陈正雷、王西安、朱天才等。他品德高尚，诲人不倦，对推广陈式太极拳作出了巨大贡献，深受国内外各界人士的推崇，为陈式太极拳承前启后、继往开来的一代宗师。

现陈家沟所练的拳术套路有：老架一、二路（炮捶），新架一、二路（炮捶），小架一、二路，五种推手法。器械有：太极单刀、双刀、单剑、双剑、双锏、梨花枪夹白猿棍、春秋大刀、三杆、八杆、十三杆等。这些套路，从风格上，技击应用上，仍基本上保持原有的传统风格。

陈式太极拳经过近百年发展，演变出有代表性的杨、吴、武、孙四大流派。

为贯彻落实国家"全民健身计划"，陈家沟陈氏十九世、太极拳十一代传人陈小旺、陈正雷先后分别创编了陈式三十八式太极拳和陈式太极拳精要十八式。

太极拳流传至今已有三百余年历史，真正进入鼎盛发展时期，则是在20世纪80年代以来。为了进一步弘扬太极文化，加强国际间太极拳的交流与发展，太极拳发源地温县从1992年开始，已成功地举办了6届国际太极拳年会，有三十多个国家和地区参加，吸收年会成员组织一百二十多个。自2000年至今，升格为国家体育总局、河南省政府主办，中国武术协会、河南省体育局、焦作市政府承办，又举办了6届。参加单位达六十多个国家和地区，每届都有2000余人参加。

陈式太极拳主要传递系统表

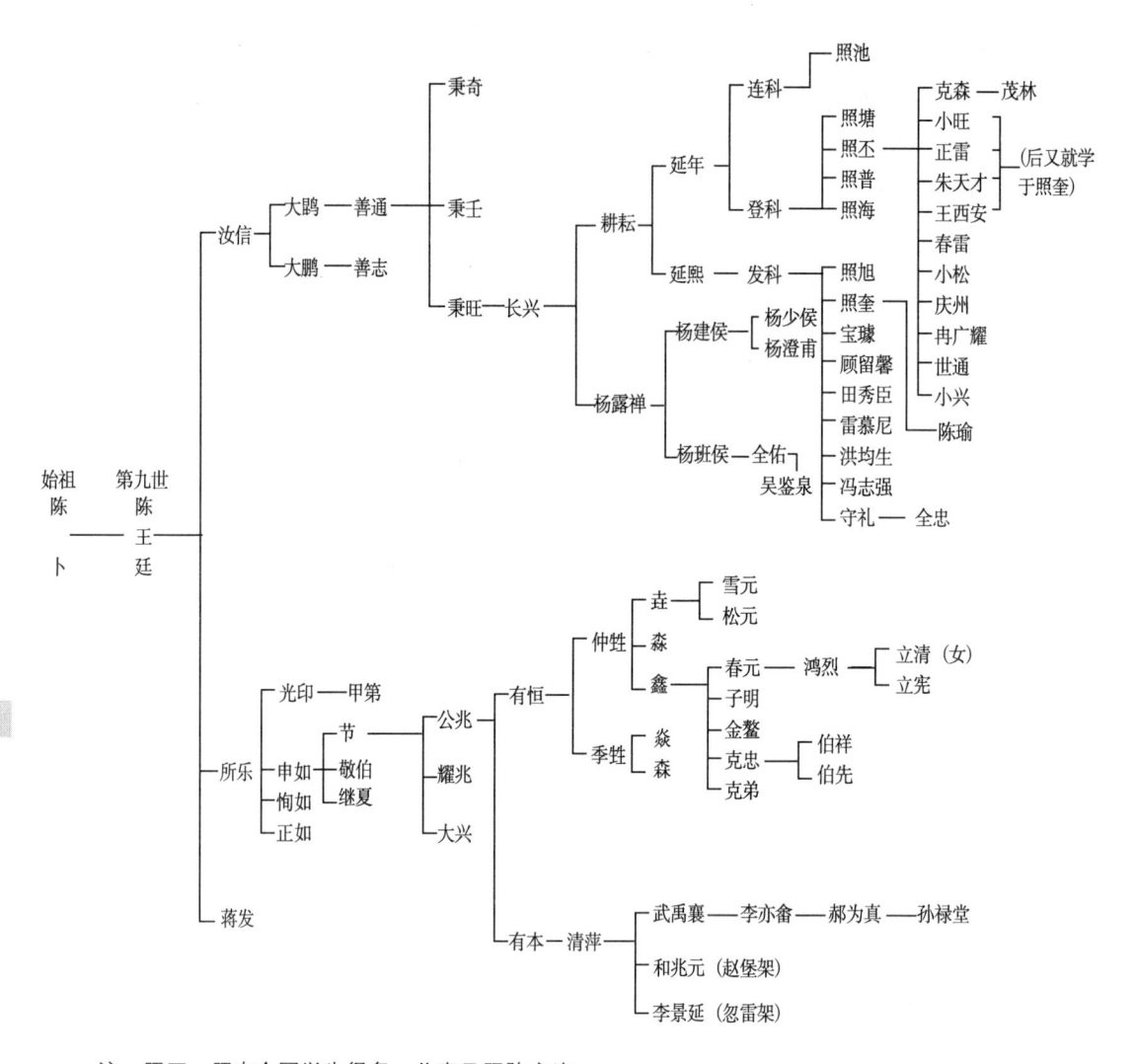

```
始祖陈卜 —— 第九世陈王廷 ┬ 汝信 ┬ 大鹍 — 善通 ┬ 秉奇
                          │      │              ├ 秉壬
                          │      │              └ 秉旺 — 长兴 ┬ 耕耘 ┬ 延年 ┬ 连科 ┬ 照池
                          │      │                              │      │      │      └（照塘、照丕、照普、照海）
                          │      │                              │      │      └ 登科
                          │      │                              │      └ 延熙 — 发科 ┬ 照旭
                          │      │                              │                    ├ 照奎
                          │      │                              │                    └（宝璩、顾留馨、田秀臣、雷慕尼、洪均生、冯志强、守礼—全忠）
                          │      │                              └ 杨露禅 ┬ 杨建侯（杨少侯、杨澄甫）
                          │      │                                        └ 杨班侯 — 全佑 — 吴鉴泉
                          │      └ 大鹏 — 善志
                          │
                          │        克森 — 茂林
                          │        小旺
                          │        正雷（后又就学于照奎）
                          │        朱天才
                          │        王西安
                          │        春雷
                          │        小松
                          │        庆州
                          │        冉广耀
                          │        世通
                          │        小兴
                          │        陈瑜
                          │
                          ├ 所乐 ┬ 光印 — 甲第
                          │      ├ 申如 ┬ 节
                          │      │      ├ 敬伯
                          │      │      └ 继夏
                          │      ├ 恂如
                          │      └ 正如
                          │              公兆 ┬ 耀兆
                          │                   └ 大兴
                          │              有恒 ┬ 仲甡 ┬ 垚 ┬ 雪元
                          │                   │      │    └ 松元
                          │                   │      ├ 淼
                          │                   │      └ 鑫 ┬ 春元 — 鸿烈 ┬ 立清（女）
                          │                   │           │              └ 立宪
                          │                   │           └ 子明
                          │                   └ 季甡 ┬ 焱 ┬ 金鳌
                          │                         │    ├ 克忠 ┬ 伯祥
                          │                         │    │      └ 伯先
                          │                         │    └ 克弟
                          │              有本 — 清萍 ┬ 武禹襄 — 李亦畬 — 郝为真 — 孙禄堂
                          │                         ├ 和兆元（赵堡架）
                          │                         └ 李景延（忽雷架）
                          └ 蒋发
```

注：照丕、照奎全国学生很多，此表只限陈家沟。

二、陈式太极拳的风格特点

（一）外似处子，内似金刚

中华武术，门派繁多，各门派都有其独到之处，归纳起来，不外乎是内外两家。

外家拳多以拳打脚踢为主，蹿蹦跳跃，腾挪闪战，攻防含意较为明显，让人一看便知是武术。陈式太极拳则别具特色：以气运身，内气不动，外形寂然不动，内气一动，外形随气而动；以内气催动外形，上下相随，连绵不断，以腰脊为轴，节节贯串，不丢不顶，圆转自如，轻轻运转，默默停止。其攻防含意大都隐于内而不显于外，往往使人误认为此拳像摸鱼一样，不是武术。特别是老架一路，以柔为主，要求周身放松，不用僵力，主要是锻炼下盘功夫，使足下生根，转髋灵活，疏通气血，练就充足的内气，意到气到，气到劲到，立身中正，八面支撑，使身体内外各部建起巩固的防线，形成一身备五弓的蓄发之势。这样，不遇敌则已，若遇劲敌，则内劲猝发，如迅雷烈风，故外似处子，内似金刚，此为陈式太极拳的一大特点。

（二）螺旋缠绕的运气方法

头顶碎砖，脖缠钢筋等，这是硬气功的运气方法。内气运到头顶上，头能将砖碰碎；运到脖颈上，能将钢筋缠绕起来。

陈式太极拳结合力学和经络学的理论，采用螺旋缠绕的运气方法，以小力胜大力，以弱力胜强力，好像用一个小小的千斤顶，就能将载重几吨货物的汽车顶起来一样。所谓太极拳蓄发相变、引进落空、借力打人，以四两拨千斤，皆是螺旋劲所起的作用。故《陈氏太极拳图说》讲："虚笼诈诱，只为一转。"从经络学上来讲，经络是指布满人体的气血通路，源于脏腑，流于肢体，脏腑经络气血失和，则神经反常而生疾病，和则气血流畅而强身延年。太极拳结合经络学说，以拳术与导引吐纳为表里，拳势动作采用螺旋缠丝式的伸缩旋转，要求"以意导气、以气运身""气宜鼓荡、气遍身躯"，内气发源于丹田，以腰为轴，节节贯串，微微旋转，使腰隙（两肾）左右抽换，通过旋腰转脊，缠绕运动，布于全身；通任、督两脉，上行为旋腕转膀，下行为旋踝转膝，达于四梢，复归丹田，动作呈弧形，圆活连贯，一招一式，承上启下，一气呵成，导致气血循环，此为运劲（即运气），它区别于用劲。这种系统的运气方法符合经络学说的道理，是其他拳法和体育运动所少有的。

（三）把武术与导引吐纳相结合

导引和吐纳是我国源远流长的养生术，早在公元前几百年的《老子》《孟子》等著作中就有记载。汉初淮南子刘安就编成"六禽戏"，汉末著名医学家华佗又改为"五禽戏"，他模仿禽兽的动、摇、屈伸、仰俯、顾盼、跳跃等动作，并结合呼吸运动，用于治病保健锻炼，是后来气功和内行功的先导，也是道家养生学的基础。陈式太极拳把导引、吐纳术和手、眼、身法、步法的协调动作有机地结合起来，成为内外兼修的内功拳运动。

（四）刚柔相济

刚和柔，两者是相互对立的，然而陈式太极拳却把刚劲与柔劲糅和在整个套路中，一招一式刚中寓柔，柔中寓刚，达到刚柔相济。拳谱规定："运动之功夫，先化劲为柔，然后练柔成刚，及其至也，亦柔亦刚。刚柔得中，方见阴阳。故此拳不可以刚名，亦不可以柔名，直以太极之名名之。"为什么太极拳的劲力要以刚柔相济为准呢？因有刚而无柔的劲缺乏韧性，易折易损，没有技击格斗的实用价值，只有柔而无刚的劲因失去爆发力也无实用价值。故《太极拳十大要论》指出："然刚柔既分，而发用有别。四肢发动，气形诸外，而内持静重，刚势也；气屯于内而外现轻和，柔势也。用刚不可无柔，无柔则环绕不速；用柔不可无刚，无刚则催逼不捷。刚柔相济，则粘、游、连、随、腾、闪、折、空、掤、捋、挤、捺无不得其自然矣。刚柔不可偏用，用武岂可忽耶！"

刚和柔的变换，从神与气上来讲，是通过隐与显表现出来，隐则为柔，显则为刚。从姿势上来讲，是通过开与合表现出来的，合则为柔，开则为刚（即蓄则为柔，发则为刚）。在运劲过程中表现为柔，在运动到落点时表现为刚。因有神气的隐显与姿势的开合，刚柔就能够充分地表现出来。落点是运动到达尽头之点，是神显与气聚之处，所以表现为刚。除此之外，运气转换过程则宜用柔法。陈式太极拳的每个动作都有开有合，每个开合动作都有运劲、有落点，落点要用刚劲，其他都用柔劲。这是做到刚柔相济必须掌握的原则，也是练习避实击虚，蓄而后发，引进落空和松活弹抖的基础。

（五）意识、呼吸、动作三者密切结合

陈式太极拳是内外兼修的内家拳术，内家拳的动作都是在意识的引导下进行的。意，即心意、意识。陈鑫《拳论》说，"打拳心为主"，"妙机本是从心发"，"运用在心，此是真诀"。"以心为主，而五官百骸无不听命"。"问：运行之主宰？曰：主宰于心，心欲左右更迭运行，则左右手足即更迭运行；心欲用缠丝劲顺转圈，则左右手即用缠丝劲顺转圈；心欲沉肘松肩，肘即沉，肩即松；心欲胸腹前合，腰劲塌下，裆口开圆，而胸向前合，腰劲刹下，裆口开圆，无不如意；心欲屈两膝，两膝即屈，右足随右手运行，左足随左手运行，两膝与左右足皆随之，不然多生疵累，此官骸不得不从乎心也。吾故曰：心为一身运行之主宰。"以上所言，即是心意与动作的关系。《拳论》又云："打拳以调养气血，呼吸顺其自然……调息绵绵，操固内守，注意玄关……轻轻运行，默默停止，惟以意思运行。"由此可知意识、呼吸和动作三者的密切关系。在走架子时，一举一动都是在意的指挥下，将手、眼、身法、步法的协调动作和呼吸有机地结合起来，开呼蓄吸，顺其自然，心意不可使气，轻轻运转，成为内外统一的内功拳运动。

（六）实战性的竞技运动

双人推手和双人粘枪。武术自古以来就有踢、打、摔、拿、跌五种分部练习法，而摔法只讲摔，不讲打，几千年来就一直独立发展，其他四种虽也综合锻炼，但仍各具特

色。古代有"南拳北腿""长拳短打"之称，也就说明这种分歧。与戚继光同时代的名手，如山东的"李半天"之腿、"鹰爪王"之拿、"千跌张"之跌，"张敬伯"之打等，也都各具一技之长。同时，由于踢、打、拿、跌四法在实践中有较大的伤害性，因此，历来大都只做假想性或象征性的练习，这就为花架手法开了方便之门。而前人所苦心积累的点滴经验，也因实践不足而逐渐湮没，很难提高技击水平。这就是我国古代一些著名拳种在教传之后"失其真意"或竞技无一人传习的原因之一。

陈王廷以粘、连、黏、随、掤、捋、挤、按为中心内容，在螺旋缠绕的基础上创造了陈式太极拳双人推手法，练习大脑反应和皮肤触觉的灵敏性，综合了踢、打、摔、拿、跌等竞技技巧，并且还有所发展。譬如拿法，它不限于拿人的关节，而是着重拿人的劲路，这就高于一般拿法的技巧。陈式太极拳这种推手方法，技击性较强，对发展体力、耐力、速度、灵敏和技巧都是行之有效的，它代替了假想性和象征性的花架手法，解决了实习时的场地、护具和特制服装等问题，成为随时随地两人可以搭手练习的竞技运动。

陈王廷创造了双人粘枪法。粘随不脱、蓄发相变的刺枪术和八杆对练是太极拳派长兵器的对抗性基本练法。结合陈式拳术与众不同的缠丝劲运用在器械上，为长兵器对练开辟了一条简便易行、有效提高技术的途径。

三、陈式太极拳的健身与技击作用

"流水不腐，户枢不蠹"这句古代的名言，早在《吕氏春秋》中就有记载，它在我国人民中广为流传，说明我国人民很早就懂得了"运动"有增强体质、防治疾病的作用。我国古代的史学家陈寿在《三国志·魏书·华佗传》中，记载了华佗所创的"五禽戏"，就是摹仿虎、鹿、熊、猿、鸟的动作来活动关节，以防病延年。我国古代道家的"守静""导引"之术，均为养生疗病之道。《素问·异法方宜论》说："其民食杂而不劳，故其病多痿厥寒热，其治宜导引按。"《素问·上古天真论》又说："恬憺虚无，真气从之，精神内守，病安从来。"这都充分说明"运动"和"清静"各从不同的角度养生，以达到强身疗病的生理效应。

自古迄今，养生疗病之术，种类颇多，各有特色。而太极拳则是总结了前人各种养生之术的精华，结合阴阳之理，把螺旋缠丝运动融于清静之中，把清静化于螺旋缠丝运动之内。这种动与静的巧妙结合，产生了内气与外形、思维与动作、快与慢、开与放、分与合等动作意气的相互协调，从而在思想上得以安逸，从形体器官上得以锻炼，元气得生，宗气得充，精气得保，收到祛病健身、技击防身的双重效果。

（一）太极拳的健身作用

1. 改善神经系统的抑制过程，消除病灶反馈性影响。神经系统的作用，是调节全身各器官功能活动，保持人体内部的完整统一，以适应外部环境变化的需要。太极拳中清静用意、"意守丹田"，乃为静功养身之术。它可以增加自我意念的控制能力，从而产生阻止病因病灶反馈信号机制的传递，起到纠正修复病灶反馈的恶性循环，抑制病情发展，提高健康水平。心静勿虑，意守丹田，是鼓动内气的基础，是产生毅力的条件。毅力是练拳的保证，锻炼持之以恒，就可以从内气到外形协调一致。使气沉于丹田，贯于尾闾，环流周身，从而使脏腑得充，周身得养，精力充沛，有利于病变和精神创伤的修复，有利于病体的恢复和精神的保养，由于它能促进大脑神经细胞的功能完善，使兴奋与抑制过程协调，对精神创伤、神经类疾病，如神经衰弱等，有良好的防治作用。

2. 增强心脏功能，改善微循环系统，扩大肺活量，提高气体交换能力。血液担负着营养周身各组织器官的作用，然而心脏则是血液运行的动力，毛细血管是微循环物质交换的场所。一个常练拳的人，每分钟心律在60次左右，这种由于久经锻炼而得来的心律减慢，延缓了心脏舒张期，使心肌得以充分休整，促使心肌收缩力加强，输出量增加，提高了心脏的工作能力。持久锻炼，内气得以流通，周身放松，使微循环功能加强，有利于毛细血管内外的物质交换，促进组织对氧的利用率，减少乳酸的蓄积，消除疲劳，益于机体的恢复，对慢性冠心病、高血脂症、动脉硬化症也都有较好的防治作用。

肺是气体交换的场所，呼吸下纳于肾是气体交换的重要条件。肾纳气，则气沉丹田，肾不纳气，则上浮胸中而喘。太极拳锻炼的呼吸方式要求深长匀柔，它可以增加膈肌及腹部肌肉的活动幅度和调节肋间肌的呼吸功能，使肺与胸廓之间的牵张力加大，增加肺活量，提高肺泡与毛细血管壁的接触面积，使氧及二氧化碳弥散能力增强。经过长期锻炼，可使呼吸频率减少，增强呼吸效果，具体的表现是在练拳时"汗流浃背不发喘"。它对防治慢性肺气肿有一定的作用，对防治各种慢性肺部病变均很适宜。

3. 强健肌肉，改善骨的理化特性，畅通经络，有利于营卫气血的通行。太极拳的运动方式是一动无有不动，从内气的畅通到外形的变化、从五脏六腑到四肢百骸都寓于"动"中。顺逆缠丝的螺旋运动及上下相随、内外结合、快慢相间、节节贯串运动都融为一体，从脏腑组织到机体组织、关节韧带、腱鞘肌群都得到活动和锻炼，久而久之，肌肉丰满发达，骨骼强健有力，使骨的理化特性得以改善，提高骨的抗折、抗压、抗弯、抗脱臼能力。对老年人关节病（关节僵硬，行走坐起不便、足膝萎软、屈伸无力、骨质增生）有良好的预防作用。

经络是气血运行的通道，人体健康与否，与经气畅通与否密切相关。练太极拳的人，练到一定程度，就有小腹发热，四肢末梢发胀、发麻之感。中医针灸学认为这种现象是"得气"的表现，也就是调动内气、打通经络和经气运行的表现。

太极拳运动，主宰于腰，虚领顶劲，气沉丹田，腰为肾之府，又为带脉所绕之处。腰脊运动带动身形，行于手指，行于四梢，复归丹田。丹田乃小腹部位，任督冲脉乃一源三歧，出会阴，复灌诸经。长期锻炼，可使肾气旺盛，带脉充盈，阴阳调和，神清目明。

"尾闾中正"乃太极之要领，这是稳定重心，加强发劲的根本。太极拳中的"虚领顶劲"与"尾闾中正"上下相应，"百会穴"与"长强穴"相互贯注，有利于督脉经气的畅通。百会、长强乃督脉之要穴，气通此穴后，便能升提中气、增强韧带及括约肌功能。故对脱肛、痔疮、子宫下垂均有良好的治疗和预防作用。

综上所述，"尾闾中正""虚领顶劲"有利于任脉、督脉经气的运行。任为阴脉之海，总任一身之阴经（手足三阴经脉）；督为阳脉之海，总督一身之阳经（手足三阳经脉）；内联奇经诸脉，使之畅通。加之"气沉丹田，螺旋缠绕"，从内到外，从躯体到四肢末梢，得以特殊的运动，动则谷气得消，血脉流通，病不得生（《华佗传》）。当然，要使其起到防病健身作用，并非一朝一夕之功，在动作正确的基础上，持之以恒地刻苦锻炼，不管男女老幼，都可收到防病健身、延年益寿的效果。

（二）太极拳的技击作用

陈式太极拳不仅健身有法，而且技击奥妙。中华武术，门派繁多，攻防技巧，各有所长，拳打脚踢，谓之一般。然而，陈式太极拳却独树一帜，流传三百余年，仍保持本来特色。它以掤、捋、挤、按、采、挒、肘、靠为中心内容，在粘、连、黏、随的基础上以螺旋缠丝的内劲为统驭，将抓、拿、摔、滑、打、跌熔为一炉，内外兼练，成为武坛上最优秀的拳种之一。

练习陈式太极拳三年一小成，九年一大成，练到上乘功夫可达周身一家，以静制动，以逸代劳，以不变而应万变，亦可得机得势，舍己从人，随机应变，灵活运用，引进落空，借力打人。陈家沟流传的《擖手歌》云："掤捋挤按须认真，周身相随人难侵，任人巨力来打我，牵动四两拨千斤。"

《拳论》中说："斯技旁门甚多，虽有区别，概不外乎壮欺弱，慢让快耳。有力打无力，手慢让手快，是皆先天自然之能，非关学力而有为也。察四两拨千斤之句，显非力胜，观耄耋能御众之形，你何能为？"可见，太极拳技击不是比力而是比技巧。"壮欺弱、慢让快"那是自然的本能，不是技巧的功能。所谓技巧，则是顺应自然以克制自然，达到"弱胜壮、慢胜快"。自然界中的杠杆支点和螺旋转化的原理，就具有"四两拨千斤"的功能。太极拳技击利用这种原理，即可柔化一切重力，此为化劲。有此化劲功夫，就可以轻制重。同时，太极拳的运动是运用了离心力，并以腰脊做中轴，使一切动作皆走内圈；走内圈速度虽较慢，但仍可胜过走外圈的快，这是"后人发，先人至"的缘由，也是"慢胜快"的关键所在。

通过持久练功，内气充盈，在此基础上，陈式太极拳螺旋缠丝劲在技击时有三种表现：一种是受到外来侵力的冲撞时，用不失掤劲的"旋贯力"将力点化解。若其余力未尽，再加力相助使其扑空栽倒，若对方感到力点被化，随即回抽时，就马上转劲跟上加力打回劲，使其跌出，此为引进落空合即出之法。另一种是进击时的旋转"穿透力"。就是借机发人时，将周身之力集中一点，快速旋转加力，如子弹离开枪膛的来复线，有穿透之威力。其三就是"化解力"。在被人擒拿控制时，顺其劲别螺旋缠绕，避实就虚，无孔不入，将对方劲力化解，并能顺劲制人。

四、陈式太极拳对身体各部位的要求

陈式太极拳对周身各个部位都有严格要求。

（一）头颈部

陈鑫在《陈氏太极拳图说》中说："头为六阳之首，周身之主，五官百骸莫不体此为向背。"《拳论》规定，"百会穴领起全身""自始至终顶劲决不可失"。还有"虚灵顶劲""提顶""吊顶""头顶悬"等说法。所以用领、提、虚、灵等字来描绘头颈部位，主要是怕中气过于上冲，从而引起颈部肌肉僵直，失掉头部的灵活性，导致全身的僵滞。

从力学来讲，头处在人体上下垂直线上；从生理学来讲，头部的大脑是神经系统的中枢。如果练拳时头部东倒西歪，势必影响身体的平衡和协调，不但失去动作姿势的优美，也影响精神的集中。《拳论》说："腰脊为第一主宰，喉头为第二主宰。"练拳时，头颈部要领掌握得好，才能使精神集中，一招一式，举手投足，受着意识的指导，动作起来，才能使周身灵活。否则，就显得精神涣散，动作失去完整和协调。就像陈鑫指出的："一失顶颈，四肢若无所附，且无精神。故必领起，以为周身纲领。"

具体要求是：头部保持正直，颈部肌肉保持松弛状态，使头部有悬起的感觉。注意不要勉强和呆板，避免前俯后仰、东倒西歪。身体移动和旋转时，头颈部与身躯四肢要上下一致，两目要平视延远。运行中，以手为主，眼神注于该手的中指端；下颌要微向内收，牙齿和口唇要微合；舌尖抵住上腭，以加强唾液分泌；耳听身后，兼顾左右。总之，处处要自然轻松，不可有丝毫急躁的情绪。

（二）躯干部

躯干部指的是人体的胸背、腰脊、腹部和臀部。这些部位是人体内脏所在和内脏的保护性支架，在健身、防身和技击等方面都起着重要的作用。

1. 胸背：陈式太极拳对胸部的要求是要含、要虚、要松。陈鑫说："胸要含住劲，又要虚。胸间松开，胸一松，全体舒畅。"胸部含虚和胸间松开，可以自然形成腹式呼吸，使呼吸深长舒畅。从技击意义上讲，"紧要全在胸中腰间运化。"胸部虚含，锁骨和肋骨松沉，可以使上肢虚灵和身体重心向下降，于拳大有助益。

陈式太极拳对背部的要求是：舒展松沉，"用中气贯注"。人体背部呈微弧形，有脊椎骨上下连接，是脊髓神经所在的部位。按照经络学说，背部是督脉的通道，督脉则属阳脉之海。练拳时，背部肌肉要注意舒展和向下松沉，要根据脊椎生理状态，随屈就伸，保持脊背的相对端正，以利于气血的通畅，做到"牵动往来气贴背"，便于及时使"力由脊发"。有的学派对背部提出了"拔背"的要求，笔者认为用这个"拔"字，容易使人产生误解。就字义讲，"拔"是向上提拔的意思。人体脊背部不论是上拔或前屈，都会使背阔肌和肋间肌拉紧前伸，迫使胸部向内吞缩、两肩前扣，形成弓背耸肩的错误姿势，既影响和破坏身法的优美，又使胸腔受到一定压迫，妨碍呼吸的顺畅。

2. 腰脊：人在日常生活中，行走坐卧，要保持正确的姿势，腰脊起着重要的作用。在练习太极拳的过程中，腰脊的作用更为重要。有"腰脊为第一主宰"的说法。陈式太极拳对腰部的要求是腰劲向下塌，就是腰部椎弓要按生理特性，略向内收下沉，向下塌住劲，腰是上下体转动的枢纽。在含胸的情况下，向下塌住劲，能够使心气下降，下盘稳固。同时，还要注意两肋微内收，即《拳论》中的"束肋"。但是腰劲下塌不可用力太过。在陈鑫的论著中，一方面说"腰劲贵下去，贵坚实"，另一方面说"腰中要虚，一虚则上下皆灵"。他说："腰为上下体枢纽转关处，不可软，亦不可硬，折其中方得。"如果腰部过于用力，会使腰肌收缩，影响上下体转动的灵活性。

在塌腰的同时，还要注意使腰脊直竖，就是所谓"直腰"。成年人的脊柱由24块椎骨、1块骶骨和1块尾骨借软骨、韧带及关节紧密连结而成，由于直立的影响，从侧面看，有颈弯、胸弯、腰弯和骶弯4个生理弯曲。其中腰椎是向前弯曲的。又因为椎骨之间，有关节软骨和关节韧带相连接，活动性强，伸缩性大，所以，容易受其他部位的肌肉牵引，而出现俯仰歪斜的现象。做好"直腰"，就是为了尽可能地减小腰弯的前曲度，避免在全身放松的情况下，影响脊椎的正常生理状态，维持立身中正，使腰脊更好地起到"车轴"的作用。《拳论》说："心为令，气为旗，腰为纛（古代军队里的大旗）。"这里指的就是腰脊要像旗杆那样直竖着。需要说明的是，在练习过程中，腰椎以上的胸椎部分，根据动作的需要，有时虽然有些轻微的伸缩，但不可随意摇摆，要注意曲中求直。

3. 腹部：陈式太极拳对腹部的要求是要"合"。陈鑫说："中间胸腹，自天突穴至脐下阴交、气海、石门、关元如磐折，如鞠躬形，是谓含住胸，是为合住劲，要虚。"又说："胸腹宽宏广大，向前合住，中气贯注。"腹部是丹田所在的地方，丹田是中气归宿的场所。练习太极拳时，周身之劲，往外发者，皆起于丹田。腹肋的左右气冲向维道穴，气海、关元、中极虚虚合住，有利于中气出入丹田，有利于任脉的通畅。有的太极拳家提出"腹松"，有的提出"空胸实腹"。实际上，腹部肌肉随着中气出入丹田有张有弛，两者并不矛盾，是"中气存于中，虚灵含于内"。

4. 臀部：陈式太极拳对臀部的要求是要"泛"。陈鑫在《陈氏太极拳图说》中，曾多次提出臀部要"泛起"，要"翻起"。他说："屁股泛不起来，不惟前裆合不住，即上体亦皆扣合不住。"在塌腰、合腹、开胯、圆裆的配合下，臀部向后微泛，有利中气贯于脊中，有利于腰劲、裆劲、腿劲的运用。泛臀绝不是撅屁股，不是凸臀。泛臀是塌腰、合腹、圆裆、开胯、合膝的必然结果，"前裆合住，后臀自然翻起"。有的太极拳学派提出了"敛臀"，就是臀部微向里收的要求。敛臀固然可以防止撅屁股的毛病，但是，如果只注意臀部向里收敛，则前裆大开、后裆夹住，裆劲不能开圆，这会影响身体转动的灵活性。

（三）上肢部

1. 肩肘："松肩沉肘"是各派太极拳的共同要求。有的也叫"沉肩垂肘"或"沉肩坠肘"，就是两肩关节要向下、向外松开，两肘关节要向下沉坠。松肩和沉肘是相互联系的，只有做到沉肘松肩，两臂才能圆满松活，运动自然。《拳论》讲："转关在肩，折叠在腕。"也就是说，解脱擒拿，内劲运动在胸腰。通过肩、肘，力达手腕，方能解脱。肩肘关节通顺，内劲才能达到掌指。如果肩肘受到阻碍，便会影响内劲运用，从而也影响了周身协调。在练习时，经常要注意两肩关节的松弛，有意识地向外引伸，使劲逐渐拉开下沉；两肘则要有下垂之意，以起到"护肋"的作用。同时，还要注意使腋下留有大约一个拳头的空隙，以利于手臂的旋转自如。肩臂的上下左右旋转，虽然要求轻灵，但不可漂浮或软化。处处要力争圆满，做到轻而不浮或软化，做到轻而不浮沉而不僵，这种功夫必须日久才能达到。陈鑫说："肩膊头骨缝要开。始则不开，不可使之强开。功夫未到自开时，心说已开，究竟未开。必功苦日久，自然能开，方算得开。此处一开，则全胳膊之往来屈伸，如风吹杨柳，天机动荡，活泼泼地毫无滞机，皆系于此。此肱之枢纽，灵动所关，不可不知。"

2. 腕：陈式太极拳有竖腕、坐腕、折腕、旋腕等多种变化，是随着动作的需要、身法的协调而变化的。如搂膝、懒扎衣、单鞭等势，手掌都应竖腕；掩手肱拳、云手、当头炮等势应直腕；抱头推山、六封四闭等势应坐腕；懒扎衣转六封四闭和高探马后面的过渡动作、三换掌等势应折腕；六封四闭前面的过渡动作、倒卷肱转换动作等势应旋腕。但是，不论千变万化，必须结合身法，以中气运行而变化之。既要使腕部灵活多变，又要使腕部具有一定的柔韧性，绝不可为了花哨好看而变为浮漂软化，失去腕部的掤劲，这样在推手时就容易被对方拿住手腕而受制。

3. 手：陈式太极拳很重视手的作用。《拳论》说："此艺全是以心运手，以手领肘，以肘领身。""每一举一动，其运化在身，表现在手。"又有"梢节领（手为梢节），中节随，根节催"之说。从手型讲，主要有掌、拳、勾三种，下面分别论之。

（1）掌：陈式太极拳对掌的要求是瓦拢掌，就是拇指与小指有相合之意，中指、食指、无名指微向后仰。五指均轻微合拢，但不可用力，掌心要虚。有的拳家主张"三空"，即掌心空、脚心空、心空。但这不是绝对的，在拳势的运动中也会有变化。如在运劲与合劲时，掌心要虚；在开劲与发劲时，掌心就要实。

陈式太极拳的缠丝劲有顺有逆，在手上的表现也有所不同。如在做逆缠丝时，拇指领劲向外按（如六封四闭为左右双逆缠），内劲由拇指到食指，到中指，依次贯于小指梢；在做顺缠丝时，小指领劲向里合（如云手一势往里合劲时，皆为顺缠，往外开时皆为逆缠），由小指到无名指到中指，一直合于拇指，都是随着手臂的旋转依次贯注指肚，也就是力达指梢。只是陈式太极拳在运行中除随着身法与手臂的旋转依次贯注指肚外，思想意识与眼神都是贯注于中指。陈鑫说："中指劲到，余指劲也到。"

（2）拳：陈式太极拳的握拳形式是以四指并拢卷曲，指尖贴于掌心，然后拇指卷曲，贴于食指与中指的中节上，握成拳形，但又不能握得太紧。如握太紧会使整个手臂与半侧身体肌肉的紧张度增加，呈现僵硬，内劲不能顺利达到拳顶。所以拳谚有"蓄势散手，着人成拳"之说，也就是说，在蓄劲时要虚握拳，在发劲着人的一瞬间成拳，力贯拳顶。使劲由足而生，行于腿，主宰于腰，通过肩、肘，达到拳顶，周身完整一气。但注意在发拳时腕部千万不能软，拳顶不能上撩，也不能下栽，必须直腕。如腕部软塌，拳遇实物，就会受伤。

（3）勾手：就是五指合拢，腕部钩住放松，不能形成死弯。如用力死钩，会使腕部与臂部僵直，失去灵活，阻碍经气的循行。勾手可以锻炼腕部的旋转，含有叼手、擒手与解脱擒拿的方法，在套路练习中对勾手的动作意义不可忽视。

（四）下肢部（腿部）

下肢是支撑身体的根基和劲力发动的根源。《拳论》说："其根在脚，发于腿，主宰于腰，形于手指。""有不得劲处，身便散乱，必至偏倚，其病必于腰腿求之。""步为一身之枢纽，灵与不灵在于步，活与不活在于步。"都是讲腿部姿势动作的重要性。

1. 裆：陈式太极拳对裆部的要求是要圆、要虚、要松、要活，避免出现尖裆、塌裆和死裆。《拳论》说："肾囊两旁谓之裆，贵圆贵虚。"又说："裆内自有弹簧力，灵机一转鸟难飞。"裆在套路运行和技击方面都起着重要作用。

（1）圆裆：就是两胯根与两膝盖要撑开撑圆而又有相合之意。每逢开步时，一腿实，一腿虚，虚腿脚尖里扣，小腿肚和大腿肌肉（即股内斜肌）才有内旋外转之意，再加上会阴处的虚虚上提，裆部就有圆、虚之感，就可避免尖裆（人字裆）的虚实不分。

（2）松裆和活裆：就是胯关节与臀部肌肉要放松，不能死顶住骨盆，虚实要灵活变换。裆部的虚实变换，不能像挂钟一样左右摆动。在左右变换时，走的是平行"8"字，内外旋转；在前后变换时，走的是下弧线。这样才能避免"死裆"不动，虚实不分，只见上肢活动的现象。

（3）塌裆：就是臀部低于膝盖，膝关节有了死弯，步法不轻，犯了转关不灵的毛病。裆部的会阴穴是任督二脉的起点，练拳时头顶的百会穴与裆部的会阴穴上下呼应，阴阳经气得到平衡，也有利于立身中正。

在运动过程中，腰与裆有密切关系，裆与胯、膝也要相互配合。腰能松沉，胯能撑开，膝能里合，裆劲自能撑圆。陈鑫在《陈氏太极拳图说》中说："下腰劲，尻微翻起，裆劲自然合住。"又说："尻骨、环跳撅起来，里边腿根撑开，裆自开；两膝合住，裆自然圆。"

2. 胯（髋）：陈式太极拳对胯部的要求是胯根要开，也就是胯关节要松开。《拳论》讲："腰如车轴，气如车轮。"腰部的左右旋转和腿部的虚实转换，是靠胯关节的松活来完成的。如果两个胯关节不松活，死顶住骨盆，腰也难以起到车轴的作用。"松胯"这一要求，一般是不太好掌握的。因为胯部支撑着上半身的重量，胯部放松，膝关节的负担就要加重。一般初练的人，腿部力量差，膝关节支持不了全身的重量，所以不敢松胯，形成膝盖前栽、鼓肚挺胸和身体后仰的不良姿势。正确的要求是：保持躯干部的中正安舒，下蹲时，膝盖不能超过前脚尖，胯部和臀部像坐凳子一样。髋关节的放松，又必须与肩关节的放松上下结合。如果胯不松而肩硬向下垂，肋部和腹部肌肉受压，影响肋腹部肌肉的松弛下沉及膈肌的下降，气机升降功能就会不同程度地受到影响，就难以达到"腹内松静气腾然"的要求。

3. 膝：膝是由关节和关节韧带等周围组织所组成，活动性能好，伸缩力强，是胫腓骨与股骨的接合部。它在太极拳运动中的地位是非常重要的，因为太极拳是在屈膝松胯的基础上保持立身中正的。在整套架式练习时，膝关节要始终保持一定的弯曲，拳架身法重心的高低、步法的大小都与膝关节有直接的关系。从身法上讲，身法重心低，步子大，膝关节承受负担就重。在套路练习中，腿部支撑力的大小和全身的重量都是由膝关节的调节来完成的。

初学太极拳的人，应该先练重心高的身法，待腿上有了支撑力，再逐渐降低重心。这样由高到低，活动量由小到大，循序渐进，以免膝关节受伤。同时还要注意膝关节的保护，练拳之后，关节及身体组织血液运行加速，关节局部有热感，这时皮窍开而腠理松，千万不可用冷水洗或风吹，以免风湿乘机入侵，引起关节皮肉的风湿痹症。

陈式太极拳在技击上对膝部也有一定的要求，双人推手，两腿相并，两膝互相粘化，可以外撇、里扣、膝打，既可迫使对方失势，也是护裆、护臁骨的方法。《拳论》有"远用足踢，近便加膝"的说法。

4. 足：足是周身之根基，两足姿势的正确与否，对保证步法的灵活稳健有重要的作用。陈式太极拳对两足的要求是两足踏实地，足趾、足掌、足后跟皆要贴地，涌泉穴（正脚心）要虚。足趾不能翘，足掌不能左撇右歪、前搓后晃。在开步及迈步时，要定准方向和位置，要做到"落地生根"，不能乱动，这样才有步履清晰、沉着、稳健的感觉。

另外，在运行中，向前迈步或向左右开步时，都要屈膝松胯，足尖上翘里合，足跟里侧着地向外铲地滑出，滑到适当的位置，再移重心落实。向后退时，足尖先落地，再移重心逐渐踏实。在向左右方向旋转时，一足支撑重心，另一足足尖上翘外摆或里扣，以足跟外侧或内侧着地，方向位置移好，再移重心踏实。足尖外摆或里扣时，还要使腿部具有螺旋缠丝劲。

足在技击上可分为钩、套、蹬、踢、踩等方法。钩、套、踢一般是用足尖的方法；蹬、踩是用足跟及足掌的方法。

以上对周身各部位的要求，贯串在整个太极拳套路中，它们是相互依存、相互联系、相互制约的，任何一部分的姿势正确与否都会影响全身。所以初学者必须细心揣摩，认真思考，按照全身各部位的要求，在基本功夫上打好基础，这样才能逐渐在整个套路运行中，将各部位的姿势恰当配合，从而掌握动作中的速度、路线和方法，逐渐达到身端步稳，连贯圆活，节节贯串，上下相随，周身协调，一动全动，一气呵成，动如流水静若山，慢如行云疾似电的境界。

五、陈式太极拳的练习步骤与方法

（一）熟练套路　明确姿势

所谓"套路"是指太极拳的整套架式；所谓"姿势"是指每个架式的动作结构。初学时主要侧重于套路熟练、方位正确，同时适当注意姿势的规范。经过一段时间练习后，套路已熟练，这时就必须侧重于姿势的正确，这样才能产生内气，发挥健身及技击上的效果。现从两个方面介绍这一阶段的练习方法及注意事项。

1. 动寓静之内，静寓动之中。练陈式太极拳必须保持思想上的清静，排除一切内外干扰，只有这样才利于收敛内气，引动鼓荡。《拳论》说："静养灵根气养神。"所谓灵根的"根"，就是根本，也就是肾脏。中医学认为"肾为先天之本"，内藏元阴元阳，是人体生命活动的原动力。"静则养根"，也就是说，只有在意识清静的条件下，才能有助于肾气的旺盛与收藏，从而使五脏健运，内气充沛，神得所养，动作矫健。

2. 注意身法。初练太极拳，不应要求过高，操之过急，就像初学写字一样，能写成横平、竖直、点、钩等笔画，组合成方块就行。初学太极拳，身法上只要求头部自然端正，立身中正，不偏不倚；步法上只要求能做好弓步、虚步、开步和收步，知道方位即可。至于不可避免出现的毛病，像挑肩架肘、横气填胸、呼吸发喘、手足颤抖等现象，不宜深究，但运行方位、角度、顺序必须绝对正确，力争做到姿势柔软、大方顺随。

每天坚持练10遍左右，两个月即可将套路练熟。这时要进一步考虑动作要求，从头至足，一招一式进行纠正。在动作速度上尽量放慢，以利于揣摩思考动作的正确与否。每天坚持练10遍拳，再练习一个时期，就可以通过这一阶段而进入第二阶段了。

（二）调整身法　周身放松

所谓"身法"，是指练拳时对周身各部位的要求。要调整身法，首先必须在放松上下工夫。为了使骨节松开，伸筋拔骨，可选练这些动作，如"金刚捣碓""掩手肱拳""摆脚跌叉"等，但要尽量放松，不要用拙力。

这一阶段练习出现的主要毛病是立身不正、横气填胸和挑肩架肘等，产生这些毛病的主要原因有两个：一是对"放松"的含意理解不够；二是腿的支撑力不足，难以放松。《拳论》说："身必以端正为本。以周身自然为妙。"也就是说套路架式的练习，身法上要以立身端正为根本。所说的"端正"，也有两种含意：一是指躯干四肢及头的位置中正，即身体不偏不倚之意；另一种是身体在歪斜情况下，保持相对平衡，如开步时的上引下进动作。所谓"放松",就是说在腿的支撑下,全身各部自然协调地松下,气沉丹田。初学时由于对这些问题没有理解和注意,加上功力浅薄,所以不可避免地会发生上述毛病。可通过增加练拳遍数,放低重心,加大运动量,并且做一些单腿或双腿下蹲运动及站桩功来克服上述毛病,同时注意松胯、屈膝、圆裆,保持立身中正。随着腿部力量的增长,身法的放松,胸部、背部、肋部及膈肌自然下沉,体内的气机升降协调,呼吸自然,肺活量增强,这些毛病就会消除。

这一阶段练习,需要3~4个月的时间。届时,身法已得到调整,姿势已基本正确,并且随着练习质量的提高,已有内气活动的感觉。

（三）疏通经络　引动内气

经络遍布周身,内联脏腑,外系肌表,从而沟通人体上下表里,是调节机体和内气运行的通道。"气"是构成和维持人体生命活动的精微物质,是极其微小的物质微粒,很难直观察觉,只能通过人的感觉器官,根据事物的各种变化而体现它的存在。人体的气的来源有以下几个方面,一是禀赋于先天父母之精气,二是饮食化生的水谷之精气,以及存在于人体内的精气,通过脾、肺、肾三脏的生理功能综合作用而生成。《拳论》说："气者,生之本,经者,气之路,经不通则气不行。"又说："以吾本身自有之元气,运行吾身。""以气运形,一气贯通。"说明气是本身固有的本元物质,只有在经络畅通无阻的情况下,才能引动与鼓荡,达到一气贯通,从而产生防病健身和技击效果。

前面已经说过,在"调整身法,周身放松"阶段的后期,体内已有内气流动的感觉,练拳也有兴趣。但是这个感觉如波浪起伏,时有时无,时隐时现。经过一段时间,甚至会全然没有。这是经络之气通流不畅,气机运行不利,内气引动不力之故。因此,在这一阶段练习中必须注重于意念引导,在大脑意识的指挥下,以意运形,使内气节节贯串；如有不顺之处,可以自行调整身法,以得劲为准；练习速度宜慢不宜快；一招一式要精力专注,活泼无滞,外形尽量与内气意识保持一致。这样进一步练习一段时间,内气就会自然畅通,僵劲拙力也会慢慢克服,逐渐达到周身相随、连绵不断,内气会按拳势要求产生有规律的鼓荡,达到一气贯通。

（四）形气结合　如环无端

所谓"形"是指形体,也就是拳势动作的外在表现。"气"即指内气。从医学角度讲,"形""气"是统一的,是相互依附,相互为用的。《太极拳论》说："以心行气,务令沉着,乃能收敛入骨。"又说："以气运身,务令顺随。"就是要求每招每式,都要注意以意引气,以气运身,顺其自然,催动外形。通过形气结合的反复练习,使内气周而复始,如环无端地在体内运行。努力做到：周身一致,内外合一,外形在内气的催动下,一动则周身全动,一静则周身全静,动静开合,起落旋转,无不顺其自然。在练习过程中,身与手、内与外某一部位不够协调,某一部位即产生矛盾,就会影响内气的贯通，从而使意气与形体难以结合。如动作运行速度的快慢，以及身法位置角度掌握不好，就难以适得其中，在套路架式的练习中，就会产生身慢、手快、眼不随等散乱现象，不能身手一家，动作协调。谚云："手到身不到，击敌不得妙；手到身也到，击敌如摧草。"说明形气结合，身肢顺随的重要性。

这一阶段的练习，要注重于意念与形体姿势的结合，也就是心到、意到、气到、形到，使内气一气贯通。同时应当理解，某一局部的开合，是全身整体开合的局部表现；全身总的毛病，也可以从局部反映出来。因此，凡是调整局部姿势时，务必注意整体的调整，从而达到意气合一。这一阶段的具体表现为：肌肤发胀，手指发麻，足跟发重，丹田有发沉之感。

(五) 周身相随　内外一致

"周身相随，内外一致"的意思，是指全身形成一个完整的运动体系。陈长兴在《太极拳十大要论》中说："太极拳者，千变万化，无往非劲，势虽不侔，而劲归于一。夫所谓一者，自顶至足，内有脏腑筋骨，外有肌肤皮肉，四肢百骸，相联而为一者也。破之而不开，撞之而不散。上欲动而下自随之，下欲动而上自领之，上下动而中部应之，中部动而上下和之，内外相连，前后相需，所谓一以贯之者，其斯之谓欤！"此段论述，具体阐明了周身相随，内外一致，以及一气贯通的整体表现。

在周身相随、内外一致这一阶段，内气虽已贯通，但很薄弱。在练拳时，稍不注意或运动不当（如疲劳过度或精神欠佳），都会影响内气的贯通和运行。在前一阶段，如身、手、内、外产生了矛盾，可以用调整身法的办法去解决，使姿势顺随，内气贯通。而在这一阶段，就不许可用调整身法的办法去解决。这一阶段，要求周身相随，以内气催外形。气不到，外形寂然不动；气一到，外形随气而动。以心行气，以气运身。每招每式，气由丹田发起，内走五脏百骸，外行肌肤毫毛，运行周身而复归丹田，缠绕往来，圆转自如。动作以缠丝劲为核心，以内气为统驭，形成一个完整的运动体系。"缠丝劲"发源于肾，起于丹田，遍布全身，处处有之，无时不然，衍溢于四体之内，浸润于百骸之间，达四梢通九窍，增长内气无穷，使内劲收敛入骨。伸筋壮骨，气血流通，消化饮食，祛病延年，皆缠丝内劲之功效。"缠丝劲"为陈式太极拳之精华。

此段时间，每天除坚持练架式套路以外，可以结合练习推手，从而体会粘连黏随掤捋挤按的劲别，校正拳势运劲的正确与否。每天还可以增加练习几遍炮捶，用来增强耐力和爆发力；练习刀枪剑棍等器械，以检验手、眼、身、法、步的配合。从而在练拳时，能够达到不假思索，不犯疑意，不期而然，内外一致，周身相随的程度，完全掌握太极拳的要求和运动规律。

通过这一阶段练习，已经有了自我纠正的能力，可以脱离老师的指导，不走弯路。继续深入研究，就可逐步进入奥妙境界。陈鑫说："理不明，延明师；路不清，访良友；理明路清，而犹未能，再加终日乾乾之功，进而不止，日久自到。"

（六）稳固根基　充实内气

所谓"稳固根基，充实内气"，意思是指在上一阶段练习的基础上，更进一步地扎稳下盘，以促使内气的充实和饱满。《拳论》云："根本固而枝叶荣。""培其根则枝叶自茂，润其源则流脉自长。"练习拳架，就是培根润源的方法。这里所指的"根"，具有根基之意，也就是下盘。《拳论》云："下盘稳固，上肢自然轻灵。"所说的"下盘"，就是指肢体的下半部分"腿"而言，靠腿的支撑力，以两足为基础，裆劲圆活自然、沉稳。另一种说法是"根本"指元气。元气藏于肾，肾气足则精力充沛，即为"根本固"。所谓"润其源"，源指根源，即本源。元气为诸气之本。根源于肾，通于丹田，禀赋于先天，又称先天之本，五脏六腑之根。肾藏元阴元阳，元阴以养五脏之阴，元阳以养五脏之阳，周身之阳得以温，阴得以养，故生机旺盛，则又反过来益助肾气，充盈丹田。这样相互资益，周而复始，从而使根本固、源流润。

经过以上几个阶段，练拳时周身已形成一个完整的运动体系，但在配合呼吸上不能恰当自然和细腻。在第一至第四阶段，由于动作姿势的僵硬不协调及内气外形不结合，要求动作配合呼吸是做不到的。到了第五阶段，虽然周身相随，内外结合一致，但在动作加速、疾变，或者快慢相间时，动作与呼吸就难以配合。在这一阶段练习时，随着练拳质量的提高，动作与呼吸必须严密配合。要特别指出，此阶段的腹式呼吸形式与医学上的腹式呼吸恰恰相反，就是要做逆式呼吸。在正常的生理条件下，人们的呼吸方式和过程是由肺、胸膜、肋间内外肌、膈肌等来参与完成的。主要表现以胸式呼吸为主，同时在腹肌配合下完成。在胸腔脏器病变时，由于胸式呼吸受到限制，则代偿性地使腹式呼吸加大加强。这种腹式呼吸的运动表现为：吸气时膈肌收缩，腹腔脏器下移，腹内压升高，腹部向外凸出；呼气时膈肌舒缓，腹腔脏器上移回位，腹壁收敛。太极拳中的"腹式逆呼吸"与上述情况恰好相反。其表现为吸气时，小腹内收，膈肌上升，丹田之气由小腹上升，胃部自然隆起，胸廓自然扩张，肺活量加大；呼气时小腹外凸，膈肌下降，内气下沉至丹田，胃部与胸廓自然平复。由于腰肾旋转，气沉丹田与丹田内转就结合一致。发劲时呼吸的配合，是用短促的一吸一呼来完成的。

在呼吸配合一致以后，除了正常的套路练习外，还要加练些辅助功。如练站桩，采用大马步、弓步、丁步都行，练拳前后坚持20分钟，练习稳固桩步，呼吸行气，发展力量和耐力；练抖杆子，用杆端直径6~8厘米，长3米的白蜡木杆，每天用拦、拿、扎的方法抖100次。另外，还要把拳式内的单式发劲分别抽出练习，以增加在根基稳固、内气充实情况下的蓄发力。

（七）触觉灵敏　知己知彼

这一阶段，主要是练习全身空灵，身体皮肤感受的灵敏性，也就是接受信息传递采取行动的应激反射。练习太极拳的人，随着功夫的加深，这个应激反射过程也随之缩短，直至接受信息传递如闪电，应激反射如雷霆。人体的反射活动基础称反射弧，包括五个基本部分，即感受器、传入神经、神经中枢、传出神经和效应器。简单地说，反射过程的进行，是由一定的刺激被一定的感受器所接受，感受器发生兴奋；兴奋由神经冲动的方式经过传入神经，传向神经中枢，通过神经中枢的分析综合活动产生兴奋。兴奋又经过特定的传出神经到达效应器。这一阶段主要是练习加强加快这个反射过程。练好这种功夫，必须以充实的内气做中流砥柱，使内气充盈丹田，贯注全身，内至脏腑经络，外至肌肤毫发，周身各部如电充身，触觉极其灵敏。格斗时才能做到："动急则急应，动缓则缓随。""彼微动，己先动，后发先至。"

这一阶段，仍应按前面的要求练习套路和辅助功，还应经常练习推手竞技，在实践中锻炼听劲、灵劲，周身上下结合劲。在练拳时，功应内收，气行于外的表现和缠丝劲的外形动作，也应内收与缩小，这也就是由大圈到中圈的练习方法。拳架练习，应缓慢柔和，平稳舒展。陈复元说："学时宜慢，慢不宜痴呆；习而后快，快不可错乱；快后复缓，是为柔，柔久刚自在其中，是为刚柔相济。"这阶段练习，就是"快后复缓"阶段。积功日久，就可做到静如山岳、急如闪电，就像射箭一样，慢拉弓弦开满月，力聚弓背；松弓弦，矢疾出，威力大，其快无比。这一阶段后期，可以做到眼神如捕鼠之猫，动作如翱翔之鹰，身形轻灵矫健，意识反应及皮肤触觉十分灵敏，运动出于无心，鼓舞生于不觉。

（八）得机得势　舍己从人

"得机"就是利用最恰当的时机；"得势"就是得到己顺人背的形势；"舍己从人"就是舍掉自己，以顺从别人，随顺化解，不顶不抗。对方控制住我的手（梢节），我以肘肩来化解；控制住肘肩，我以胸腰来化解；控制住胸腰，我以裆劲与手臂来化解。陈鑫在"单鞭"一式中写道："击首尾动精神贯，击尾首动脉络通，中间一击首尾动，上下四旁扣如弓……"形象地说明练拳时要周身相随，蓄发相变，舍己从人，顺随化解。所谓"借力打人"或"四两拨千斤"，就是利用杠杆、滑轮、离心力、向心力、摩擦力等力学原理，使对方之力又加于对方之身，以我之小力击倒对方。

这一阶段，是由中圈到小圈时期。《拳论》云："要想拳练好，除非圈练小。"在这一阶段练习时，外形要求轻松自然，舒展大方；内劲如行云流水，连绵不断。应用时劲由内换，一般人难以看出。这些内劲在体内的表现，像是一股热流发于丹田，随着意识的引导，由根到梢、由内到外，连绵不断地遍布全身，每时每刻都有肌肤发胀、手指发麻、脚跟发重、头顶发悬、丹田发沉、膀胱发热的感觉。对敌时得机得势，舍己从人，以得人为准，以不见形为妙。

（九）身如火药　一触即发

"身如火药，一触即发"是内气充实饱满阶段技击的形式表现，是太极拳功夫已基本达到刚柔相济、周身肌肤充满了内气，已具有强大反弹力的成功阶段。只要对方之力一加我身，犹如火药见火，轰然而发。

达到了这层功夫，周身内外已成为浑圆一体，犹如太极之象。在这个充盈的太极圈内，有纯厚的真气为根基，有旺盛的机能之气为动力，有十二经络联系内外，在意气鼓荡的作用下，使一切外来之力无法加于自身。不但不能使这个浑圆的太极整体遭到丝毫破坏，反而由于太极内气的无穷威力，产生强大的反弹作用，使进击者得到相反的效果。这好像去击打充满气的皮球一样，用力越大，跳得越高。另一种是太极浑圆一体的球形圆滑作用，遇有外力接触其身，就会像旋转着的圆球将它引化落空。如陈发科在北京教拳时，弟子们纷纷传说，陈老师的背部有弩弓（所说的弩弓即是反弹力）。有一天，发科公便对几个好奇的弟子爽快地说："来，你们一摸便知。"说着面壁而立，让两个身强力大的徒弟分别按住背部，只听"哈"的一声，将二人发出两米多远。发科公则屹然而立，脚步丝毫未动。接着又叫徒弟们往他身上撞，不但丝毫不能撞动他，反而他在两脚未动的情况下，将徒弟们发了三米多远。这说明太极内气充盛了，就可以"遭到何处何处击，我也不知玄又玄"。

在这一阶段练习时，除了保持适当的运动量外，主要以培养本元为主。陈鑫说："心为一身之主，肾为性命之源，必清心寡欲，培其根本之地，无使伤损。根本固而枝叶荣，万事可作，斯为至要。"所谓"清心寡欲""培其根本""无使损伤"等，都说明在此阶段更应注意心静、神安、精固。只可培其不足，不可伐其有余。《素问·上古天真论》说："恬淡虚无，真气从之；精神内守，病安从来。以志闲而少欲，心安而不惧……"

（十）变化无方　神鬼莫测

"变化无方，神鬼莫测"，是形容拳术已达到炉火纯青、登峰造极的境界。运动变化及技击表现难以看出，难以意测。玄奥渊博皆在其中。人不知我，我独知人。

练拳到此阶段，功夫已经成熟，出神入化，奥妙无穷；举手投足，皆能阴阳平衡，八面支撑；内气已达皮肤之外，毫毛之间，外力虽未接触皮肤，动触毫毛即有感觉，随即化劲发出，威力无穷。陈鑫有诗赞云："神穆穆，貌皇皇，气象混沌，虚灵具一心，万象藏五蕴，寂然不动若愚人，谁知道阴阳结合在此身，任凭他四面八方人难近，纵有那勇猛过人，突然来侵，倾者倾，跌者跌，莫测其神，且更有，去难去，进难进，如站在圆石头上立不稳，实在险峻，后悔难免殒，岂有别法门，只要功大纯，全凭一开一合，一笔横扫千人军。"

六、陈式太极拳的练功法则

陈式太极拳的练功法则是练理不练力，练本不练标，练身不练招。

(一) 练理不练力

"理"就是太极拳的道理、原理。太极拳练的是大道，即太极阴阳转换中阳极生阴，阴极生阳的原理。太极拳要求刚中寓柔、柔中寓刚、刚柔相济；虚极生实、实极生虚、虚实转换。通过精神集中、以意导气、以气运身、意到气到形随的练习，做到一动全动，周身相随，内外相合。练功时循规蹈矩，顺其自然，不能急于求成。练"力"指的是练习气力，此种练法虽然将局部力量练得很大，但这种力量是拙力、僵力，缺少灵性，所以为太极拳家所不取。

(二) 练本不练标

"本"是指本源、根本，即肾中元气和下盘功夫。肾藏元阴元阳，为先天根本和发气之源。肾气充足则五脏得养，心、肝、脾、肺、肾各行其职，故能精力充沛，反应灵敏，身体协调，内气充盈，此为本源之一。本源之二是指在周身放松的基础上，气纳丹田，沉入涌泉，达到上盘灵、中盘活、下盘稳固、落地生根。"标"是指以练习身体各个部位的力量和硬度为主要目的的局部练习方法。太极拳是内功拳，内外兼修，以练内培元为主，"培根润源""培其根则枝叶自茂，润其源则流脉自长"。

(三) 练身不练招

练"身"就是练整体功力，"招"则是每一动作的攻防含义。初练太极拳的人往往最爱了解每招每式的用法。如果单从招式上去解释和理解太极拳用法和内涵，就不可能得到太极拳之精髓。练太极拳必须经过熟练套路、动作正确、去僵求柔的过程，使周身相随、内外相合、内气充实饱满，把功夫练上身。太极拳主要是训练自身整体功力，在应用时则根据客观形势，舍己从人，随机应变，并不拘泥于一招一式。内气充实了，全身犹如充满气的球体，有感皆应，挨着何处何处能击。如《拳论》所说："到成时，敌人怎来怎应，不待思想，自然有法。"

七、陈式太极拳的基本动作及缠丝劲练习

(一) 上肢练习

1. 左单云手

动作一：两腿开步成左弓步，左手掤至左膝上与肩平；右手叉腰，拇指在后，四指

在前，重心在左；目视左手。（图1）

动作二：接上势。身体向右转，重心移至右腿；同时，左手划弧下沉，里合于小腹前，为顺缠丝劲。（图2）

动作三：接上势。身体继续右转，重心移至左腿；同时，左手向右上穿掌外翻至右胸前，为逆缠丝劲；目视前方。（图3）

图1　　　　　　图2　　　　　　图3

动作四：接上势。松左胯，身体向左转，左手逆缠外开至左膝上与肩平；目视左手。至此整个左单云手动作完成，目视前方。（图4）

一合一开为一拍，一般在每个动作单练时，练够二八拍为一节，也可以反复多练。初学时，可按照文字，对照图解细心揣摩，搞清动作运行路线。熟练后，再体会重心移动的盘旋路线，以及腰左右旋转和手臂顺逆缠丝的转换速度。只有这样，才能由生到熟，由熟到顺，逐步达到周身相随，连绵不断。

2. 右单云手

动作一：两腿开步，成右弓步，右手掤至右膝上与肩平；左手叉腰，拇指在后，四指在前，重心在右；目视右手。（图5）

动作二：接上势。身体微左转，重心移至左腿；同时，右手划弧下沉，里合至小腹前，为顺缠丝劲；目视身体右侧前方。（图6）

动作三：接上势。身体继续左转，重心向右移；同时，右手向左上穿掌外翻至左胸前，为逆缠丝劲；目视右侧。（图7）

动作四：接上势。松右胯，身体向右转，右手逆缠外开至右膝上与肩平；目视正前方（图8）。其他要求与左单云手相同。

图4

图5

图6　　　　　　　　　图7　　　　　　　　　图8

3. 双云手

动作一：由单鞭动作起势，两腿开步，成左弓步；两臂展开，立身中正；目视前方。（图9）

动作二：接上势。身体微向左转，右手变掌顺缠划弧下沉于小腹前；左手变逆缠上掤；目视右侧前方。（图10）

动作三：接上势。身体先左后右转，重心由左腿移至右腿；同时，右手向左、向上变逆缠向右掤；左手顺缠划弧，里合于左腿内侧；目视左侧前方（图11），然后再返回原位。

图9　　　　　　　　　图10　　　　　　　　　图11

这样反复循环运转，可练习旋裆转腰，两臂左右缠丝，周身协调一致。也可结合步法，如并步、偷步、盖步及旋转身法等进行练习。

4. 左右后捋翻手缠

动作一：两腿成右弓步；左手置于左胸前与肩平，右手合于右腰间；目视前方。（图12）

动作二：接上势。身体微左转，重心移至左腿；同时，左手逆缠后捋至左腰间，右手先逆缠后捋变顺缠上翻，前掤至右胸前；目视前方。（图13）

动作三：接上势。身体向右转，重心右移；同时，右手逆缠后捋至腰间，左手先逆缠后捋变顺缠上翻至身体左前方；目视前方。（图14）

图 12　　　　　　　　　　图 13　　　　　　　　　　图 14

这样循环往返，反复多练，以身领手，以腰催肩，以肩催肘，再贯于手，练习周身结合的后捋劲。

注意： 左右手后捋转折上翻时，切勿挑肩。

5. 握拳左右缠

动作一： 在左右后捋的基础上，两手握拳，右拳心向内，置于身前与肩平；左拳心向下，合于左腰间，重心在左腿；目视身体右侧前方。（图15）

动作二： 接上势。身体向右转，重心右移；右拳逆缠先向左、向下划弧里合于右胸腰；左手逆缠划弧向后再向上掤；目视左侧前方。（图16）

动作三： 接上势。身体继续右转，右拳逆缠向后划弧向右掤出；左拳变顺缠，向里合于胸前中线，拳心向里；目视右前方。（图17）

图 15　　　　　　　　　　图 16　　　　　　　　　　图 17

动作四： 接上势。身体向左转，重心左移，左拳逆缠划弧里合，拳心向下；右拳变顺缠向上转；目视右前方。（图18）

动作五： 接上势。身体继续左转，左拳逆缠合于左腰间；右拳变顺缠向里合于胸前中线，拳心向里；目视前方。（图19）

这样反复多次，主要是练习裆部的左右盘旋和腰的左右旋转，及两拳螺旋顺逆缠丝与里合外掤劲。

图 18 　　　　　　　　　　图 19

6. 双手缠

动作一：先立正站立成预备姿势，然后提左脚向前上步，两手左顺右逆缠，向前划弧上掤后捋；目视前方。（图 20）

动作二：接上势。两手后捋，身体右转，重心前移。（图 21）

动作三：接上势。身体向左转，重心继续前移至左腿，两手走下弧左逆右顺缠向前掤。（图 22）

动作四：接上势。两手继续向上略变右逆左顺缠，身体微右转。（图 23）

动作五：接上势。上动不停，身体右转，重心右移，两手向右后捋。（图 24）

图 20

图 21 　　　图 22 　　　图 23 　　　图 24

这样循环往复，可反复多练。也可右腿在前，左腿在后，左右调换。两手在身体两侧划立圆，主要以裆腰旋转带动两臂缠绕，以身领手，以意导气。

（二）下肢练习

1. 进步双手缠

动作一：两腿并立，两臂下沉于身体两侧，周身放松，意守丹田；目视前方。（图25）

动作二：接上势。重心移至右腿，提左脚向左前方上步；同时，两手自下而上左顺右逆缠向前上划弧后捋；目视前方。（图26）

动作三：接上势。重心移至左腿，右脚跟步与左脚并齐；同时，两手变左逆右顺缠走下弧向前掤；目视前方。（图27）

图25　　　　　　　图26　　　　　　　图27

然后再上步后捋，如图26所示，这主要练习手脚配合，周身相随。

2. 侧身进步双手缠

动作一：两腿并立，两臂下沉于身体两侧，周身放松，意守丹田；目视前方。（图28）

动作二：接上势。重心移至右腿，提左脚向左前方上步；同时，两手自下而上左顺右逆缠向前上划弧后捋；目视左前方。（图29）

动作三：接上势。重心移至左腿，右脚跟步与左脚相并；同时，两手变左逆右顺缠走下弧向前掤；目视前方。（图30）

然后再上步后捋，如图29所示，可反复进行4步、8步的练习，这主要练习手脚配合，周身相随。

3. 退步左右缠

动作一：两腿并立；右手合于右腰间，左手手心朝前并向前推出，沉肘松肩；目视前方。（图31）

动作二：接上势。重心移至左腿，提右脚脚尖着地，向内划弧后退；同时，右手逆缠向下划弧随右腿向后捋；左手下沉前推。（图32）

动作三：接上势。重心后移至右腿，提左脚脚尖着地，向内划弧后退；同时，左手逆缠向下划弧随左腿向后捋，右手由后上翻前推；目视前方。（图33）

图28　　　　　　　图29　　　　　　　图30

图31　　　　　　　图32　　　　　　　图33

此动作在拳势中叫"倒卷肱"，是练习退步时上下配合的方法。练习时退3步、5步、7步均可。

4. 左开步缠

动作一：身体立正，右手叉腰，左手向左侧展开，掌心向左，沉肘松肩；目视前方。（图34）

动作二：接上势。身体微右转，重心移至右腿，提左脚向左侧开一步；同时，左手顺缠走下弧向里合；目视左前方。（图35）

动作三：接上势。身体微左转，重心移至左腿，提右脚收于左腿内侧，成并步；同时，左手继续里合向上外翻逆缠向左开；目视左前方。（图36）

图 34 　　　　　　　　　图 35 　　　　　　　　　图 36

此势主要是练习左开步及左手单臂缠绕，脚开手合、手合脚开及上引下进的一种方法。可采用连续3步、5步、7步进行反复练习。

5. 右开步缠

动作一：立正，左手叉腰，右手向右侧展开，手心朝右前方，沉肘松肩；目视前方。（图37）

动作二：接上势。身体微左转，重心移至左腿，提右脚向右侧开步；同时，右手走下弧里合；目视右前方。（图38）

动作三：接上势。身体微右转，重心移至右腿，提左脚收于右脚内侧，成并步；同时，右手里合向上变逆缠外翻向右开；目视右前方。（图39）

图 37 　　　　　　　　　图 38 　　　　　　　　　图 39

此势练习方向向右，其他要求与左开步缠相同。

6. 中定身法

（1）单鞭势要求：头自然正，虚领顶劲，二目平视，唇齿微合，立身中正，沉肘松肩，两手领劲；松胯屈膝，开裆贵圆，左腿为实，右腿为虚，左脚尖外摆，右脚尖内扣；意识集中，周身放松，气沉丹田，降于涌泉。（图40）

(2) 懒扎衣势要求：头自然正，顶劲领起，立身中正；右手展开，左手叉腰，松肩沉肘，左肘掤圆；松胯屈膝，裆要开圆，右腿为实，左腿为虚，右脚尖外摆，左脚尖内扣，重心七分在右，三分在左。（图41）

(3) 斜形势要求：步型成斜步，重心在左腿，左脚尖和右脚尖微内扣；松胯屈膝，裆劲内扣；立身中正，微向左转，两臂伸开，与步型交叉，成四隅角；目视前方。（图42）

(4) 浑元桩要求：意识集中，思想清静，立身中正，周身放松；两臂弧形环抱，手心向里，指尖相对，沉肘松肩；两脚相距半米左右，屈膝松胯下蹲，裆要圆，膝内扣，脚踏实地，脚趾、脚外侧、脚跟皆要抓地，涌泉穴要虚。（图43）

图40

图41 　　　图42 　　　图43

以上几个中定身法，也叫桩功，每次在基本动作练习后，要站5～10分钟，由少到多，由短到长，由高到低，逐步加大运动量。桩功，动作单纯，思想容易集中，可以体会到立身中正、周身放松、心气下降和气沉丹田。

八、陈式太极拳老架一路简介

陈式太极拳老架（亦称大架）系陈家沟第十四世祖陈长兴所创。他在陈王廷创编的太极拳五路、炮捶一路、一百零八势长拳一路的基础上，由博归约编排成现在流行的老架一路、二路（亦称炮捶）。一路拳以柔为主，柔中有刚；二路拳以刚为主，刚中有柔。两路拳相辅相成、互为其根，直至达到刚柔相济、浑然一圆。

本部分介绍的是老架一路。老架一路的特点是：架势舒展大方，步法轻灵稳健，身法中正自然，内劲统领全身，以缠丝劲为核心，动作以腰为轴，节节贯串；一动则周身无有不动，一静百骸皆静；运动如行云流水，连绵不断，发劲时松活弹抖，完整一气。

练习时要求： 虚领顶劲，立身中正，松肩沉肘，含胸塌腰，心气下降，呼吸自然，松胯屈膝，裆劲开圆，虚实分明，上下相随，刚柔相济，快慢相间，外形走弧线，内劲走螺旋；以身领手，以腰为轴，缠绕圆转，逐渐产生一种似柔非柔，似刚非刚。整套拳没有平面，没有直线，没有断续处，没有凸凹处，没有抽扯之形，没有提拔之意，浑然一圆，方为合格。

九、陈式太极拳老架一路动作名称

第一式　太极起势	第三十一式　左蹬一跟
第二式　金刚捣碓	第三十二式　前趟拗步
第三式　懒扎衣	第三十三式　击地捶
第四式　六封四闭	第三十四式　踢二起
第五式　单鞭	第三十五式　护心拳
第六式　金刚捣碓	第三十六式　旋风脚
第七式　白鹅亮翅	第三十七式　右蹬一跟
第八式　斜形	第三十八式　掩手肱拳
第九式　搂膝	第三十九式　小擒打
第十式　拗步	第四十式　抱头推山
第十一式　斜形	第四十一式　六封四闭
第十二式　搂膝	第四十二式　单鞭
第十三式　拗步	第四十三式　前招
第十四式　掩手肱拳	第四十四式　后招
第十五式　金刚捣碓	第四十五式　野马分鬃
第十六式　撇身捶	第四十六式　六封四闭
第十七式　青龙出水	第四十七式　单鞭
第十八式　双推手	第四十八式　玉女穿梭
第十九式　肘底看拳	第四十九式　懒扎衣
第二十式　倒卷肱	第五十式　六封四闭
第二十一式　白鹅亮翅	第五十一式　单鞭
第二十二式　斜形	第五十二式　云手
第二十三式　闪通背	第五十三式　摆脚跌岔
第二十四式　掩手肱拳	第五十四式　金鸡独立
第二十五式　六封四闭	第五十五式　倒卷肱
第二十六式　单鞭	第五十六式　白鹅亮翅
第二十七式　云手	第五十七式　斜形
第二十八式　高探马	第五十八式　闪通背
第二十九式　右擦脚	第五十九式　掩手肱拳
第三十式　左擦脚	第六十式　六封四闭

第六十一式	单鞭		第六十八式	雀地龙
第六十二式	云手		第六十九式	上步七星
第六十三式	高探马		第七十式	下步跨肱
第六十四式	十字脚		第七十一式	转身双摆莲
第六十五式	指裆捶		第七十二式	当头炮
第六十六式	猿猴探果		第七十三式	金刚捣碓
第六十七式	单鞭		第七十四式	收势

十、陈式太极拳老架一路动作图解

第一式 太极起势

动作一：两脚并立，成立正姿势；两臂下垂于身体两侧，手心向内；头自然正，唇齿微合，舌尖抵住上腭；两目平视。（图1）

要求：站立后意识集中，脑清心静，去其杂念，心气下降，呼吸自然。陈鑫《陈氏太极拳图说》云："学者初上场时，先洗心涤虑，去其妄念，平心静气，以待其动，如此而后，可以学拳。"

动作二：接上势。屈膝松胯，放松下沉，提左脚向左横开半步，比两肩略宽，脚尖微外摆，脚趾、脚掌外沿、脚后跟皆要贴地，涌泉穴要虚；含胸塌腰，松肩沉肘，立身中正，头自然正直，虚领顶劲；两目平视。（图2）

要求：横开步时，重心先移到右腿，提左脚开步，脚尖先着地慢慢踏平。周身放松，气沉丹田（肚脐下），降于涌泉，松胯屈膝，下沉时呼气。此时，心中一无所念，穆穆皇皇，浑然如一片无极景象。

动作三：接上势。两手缓缓上升与肩平，手心朝下，沉肘松肩；同时，随两手上升，身体慢慢下降，松胯屈膝，两脚踏实；两目平视。（图3）

图1　　　　　　　图2　　　　　　　图3

要求：当两手上升身体下降时，胸、背、肋、腹各部肌肉均要松弛下沉，促使心气下降。切忌肩上耸，横气填胸。两手上升时吸气。

内劲：接上势。内气先沉于丹田，顺两腿内侧降于涌泉，再由两腿外侧上行，沿督脉上升至两肩两肘，通过松肩沉肘，贯于两手，两臂慢慢抬起。

动作四：接上势。身体继续下沉，屈膝松胯；同时，两手随着下按至腹前，手心朝下；两目平视。（图4）

图4

要求：两手下按时，要立身中正，切忌弯腰凸臀，胯（髋）部要松、虚、活。下蹲时如坐凳子一样，两手下按时呼气。

内劲：接上势。内气顺督脉上升，一部分顺两肩夹贯于两臂，一部分绕风池，冲百会，达人中，顺任脉下降复归丹田。这样一起一落，内气在周身通任、督，达四梢，畅通大小周天，由无极生太极，产生阴阳二气，疏通经络，运行周身，浑圆一体。

第二式　金刚捣碓

动作一：接上势。身体微向左转，重心右移；同时，两手左逆右顺缠，走弧线向左前上方掤出，左手掤至左膝上方与眼平，手心朝外；右手掤至胸前中线，手心朝上；目视左前方。（图5）

要求：上掤转体时，要结合裆、腰劲，松胯塌腰，劲贯手掌。练此动作时吸气。

内劲：丹田气下降至涌泉，随着身体左转，由右脚顺右腿缠至腰间；腰左转，使劲通过肩、肘，贯于两手，形成上掤劲。

动作二：接上势。身体右转90°，重心由右腿移至左腿，右脚尖外摆；同时，两手右逆左顺缠向右后捋；目视左前方。（图6）

要求：右后捋时，结合腰劲旋转，走外弧加掤劲。重心移动要自然，切忌挑肩架肘。此动呼气。

内劲：内气由右脚上缠至丹田，一部分下缠于左脚，另一部分通过腰脊右转缠至两臂、两手，形成捋劲。

用法：承上势。接住对方冲拳后，应迅速转体，将其劲引空。

动作三：接上势。重心移至右腿，左脚提起，里合扣裆，屈膝松胯，身体下沉且微向右转；同时，两手上掤；目视左前方。（图7）

要求：左脚上提，身体下沉，形成上下相合，切忌弯腰凸臀。此动吸气。

内劲：接上势。两手掤劲不丢，继续后捋，劲由左腿缠至右腿，提左膝松胯，劲合于丹田。

用法：提脚、扣膝可起到护裆的作用，另外还可作为蹬对方膝盖和臁骨之用。

图5　　　　　　　　　图6　　　　　　　　　图7

动作四：接上势。左脚跟内侧着地，向左前方铲地滑出，重心在右腿；同时，两手继续向上方加掤劲；目视左前方。（图8）

要求：向前开步时，身法要端正，左脚向前开步、两手向右上掤形成上下对称。此动呼气。

内劲：气由丹田上行，劲催至两手加掤劲，气下行至左脚。

用法：左脚发出，可用蹬、铲、踹，还可钩管对方脚和踝关节。

动作五：接上势。重心由右腿移至左腿，左脚尖外摆踏实；身体随重心移动，向左转45°；同时，两手左逆右顺缠，走下弧向前掤，左手掤至胸前，手心朝下；右手下沉至右膝上方，手心朝外，手指朝后；目视前方。（图9）

要求：转身、移重心、手前掤要协调一致。塌腰旋裆，裆走下弧向前。左臂保持半圆，掤劲不丢，右臂切勿夹肘，与身体要有一定距离。左膝与左脚跟上下对照，右腿屈膝松胯，保持裆劲圆活。立身中正。此动作先吸气后呼气。

内劲：劲由右腿里缠，裆劲走下弧线移至左腿变外缠至左脚，腰劲左转。松肩沉肘，劲随两臂左逆右顺缠向前形成掤劲。

用法：接上势。后掤时，对方一感劲空，便会随即撤回，此时可顺势打掤劲。

动作六：接上势。左手向前撩掌，向上再向内环绕合于胸前右前臂内侧，左手心朝下；右手领右脚弧线向前上托掌于右胸前与左手相合，右手心朝上。同时，右脚经左脚内侧向前上步，脚尖点地，重心在左腿；目视前方。（图10）

图8　　　　　　　　　图9　　　　　　　　　图10

要求：上步时要屈膝松胯，轻灵自然，稳重，两手与身体有上下相合之意。此动吸气。

内劲：劲在左腿，腰略左转；劲贯左手前撩，带动右手、右脚；劲贯右脚尖、右手指。练至内劲充盈饱满时，一动即可达于四梢，周身浑圆一气。

用法：提右脚上步，可踢对方裆、膝、胫骨等；左手前撩其面部及眼睛，干扰其视线，右手托掌可穿其咽喉。

动作七：接上势。左手顺缠外翻下沉于腹前，手心朝上；右手握拳下沉落于左掌心内，拳心朝上；目视前方。（图11）

要求：两手、两臂与身体间隔距离8~10厘米，有圆掤之感，随落拳腰劲下沉。此动呼气。

内劲：劲由腰起，塌腰松肩，沉肘贯于右拳。两臂掤圆，周身放松下沉，气归丹田。

动作八：接上势。右拳逆缠向上提起，与右肩平；同时，右腿屈膝松胯，提起右脚悬于裆内，脚尖自然下垂；目视前方。（图12）

要求：提腿时，身体要下沉，有上下相合之意；提拳时要松肩沉肘，促使内气下降，脚步稳健。此动吸气。

内劲：塌腰松肩，劲贯右拳上提；塌腰松胯，劲贯右膝提起。

用法：右拳上冲，可击其下颌、咽喉；提膝可撞其裆部、腹部、胸部等。

动作九：接上势。右脚震脚落地，脚掌踏平，两脚距离与两肩同宽；同时，右拳顺缠下沉，落于左掌心，两臂撑圆；目视前方。（图13）

图11 　　　　　　图12 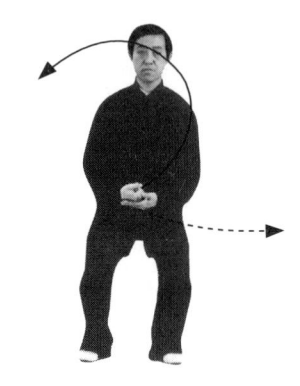　　　　　　图13

要求：右拳、右脚同时下沉，震脚发劲，松胯屈膝，气沉丹田。此动呼气。

内劲：此势为金刚捣碓成势，即内劲归原姿势。从太极初势起，内劲由丹田发起，内走五脏百骸，外走肌肤毫毛，行一周气仍归丹田，但一招一式均要结合腰劲。腰为肾之府，心为周身之主；肾为发气之源；腰脊如车轴，四肢如车轮，每动以腰为轴，节节贯串。

用法：捣拳震脚，一可踏其脚趾，二可促进血液循环，振奋精神。

《歌诀》云：

　　　　　　　金刚捣碓敛精神，太极浑然聚我身。
　　　　　　　变化无方皆元气，股肱外露寓屈伸。
　　　　　　　练就金刚太极尊，浑身合下力千斤。
　　　　　　　劝君智力休使尽，留下余力扫千军。

第三式　懒扎衣

动作一：身体微左转，重心右移；同时，右拳变掌逆缠上掤，左手逆缠下按；目视左前方。（图14）

要求：右拳变掌上掤时，先塌腰旋转，以身催手，弧线上掤，与左手下按配合，形成开劲。此动吸气。

内劲：劲由丹田起，通过转腰松肩缠于两臂，右手上掤，左手下按，气均贯于两手中指端。

用法：两手右上左下分开对方双手，可进迎门靠，亦可上护头顶下护身。

动作二：接上势。两手由双逆缠变双顺缠划弧交叉于胸前，左手合于右臂内，手心朝外，右手心朝上；同时，重心移至左腿，提右脚向右横开一步，脚跟内侧着地，脚尖上翘里合；目视右前方。（图15）

要求：手合脚开同时进行并协调一致，手到脚到，开步要轻灵自然。此动呼气。

内劲：接上势。结合腰使劲贯于两臂，以右臂为主，上缠于右手小指领劲，下缠于右腿，开步逆缠里合。

用法：此势是"上引下进"法，上肢将来劲引空，下肢可套、管对方腿脚；左手合于右臂上，以护面门。

动作三：接上势。身体左转，重心右移，右手顺缠上掤；目视右前方。（图16）

图14 　　　　　　　　图15 　　　　　　　　图16

要求：移重心时，裆走后圆弧向右移；右肘掤劲不丢，右腋不能夹死，有圆虚之感。此动吸气。

内劲：劲由左腿缠至右腿，塌于右腰，身体左转，劲缠至右肩，右手领动。

用法：右肩含背折靠法。

动作四：接上势。右手逆缠外翻，右臂向外加掤劲；左手顺缠下沉于胸前，手心朝上，重心在右；目视右前方。（图17）

要求：右臂外翻时，要松右胯、右肩，身体微向右转下沉，切勿挑肩架肘。此动呼气。

内劲：腰劲下塌右转上行至肩，通过松肩，再贯于肘。

用法：接上势。用肩靠法后，劲贯右肘，再用肘法。

动作五：接上势。身体向右转，右手逆缠开至右膝上方，松肩沉肘，略变顺缠，指尖高与眼平；左手逆缠至身左侧叉腰，四指在前，拇指在后，重心在右；眼随右手转视前方。（图18）

要求：开右手时，以腰催肩，以肩催肘，松肩沉肘，贯于指端。塌腰松胯，开裆贵圆，右腿为实，左腿为虚，右腿膝盖与脚跟上下对照，不能前倾、后倒、外撇；左腿挺而不直，膝微屈，脚尖内扣。立身中正，舒展大方。此势继续呼气。

内劲：懒扎衣势，劲由左腿上缠至腰，下行于右腿；上行以腰催肩，以肩催肘，以肘催手；左手逆缠叉腰松胯、松肩，周身放松。心气下降，气归丹田。

图17

图18

《歌诀》云：

　　　　世人不识懒扎衣，左屈右伸抖神威。
　　　　伸中寓屈何人晓，屈中藏伸识者稀。
　　　　裆中分峙如剑阁，头上中气似旋机。
　　　　千变万化由我运，下体两足定根基。

第四式　六封四闭

动作一：接上势。身体右转，重心略右移；同时，左手从左腰间走上弧与右手相合，右手略有前引下沉之意；目视右手中指端。（图19）

要求：左手与右手相合时，与身体右转、重心右移相结合，两手坐腕接劲。此动吸气。

内劲：劲由丹田起，上缠于两臂，贯于两手，塌于裆腰。

用法：两手前迎相合，迎对方手臂，欲有下捋之意。

动作二：接上势。身体左转，重心左移；同时，两手左逆右顺缠，自右而左向下捋；目视右前方。（图20）

要求：下捋时，重心下沉、塌腰，两手合劲不丢，加外掤劲。此动呼气。

内劲：劲塌至腰裆左转，由右腿移至左腿贯于两手。

用法：向左下用采捋劲，使对方下趴。

动作三：此势为动作四的过渡动作，在分解练习时，此势不停。身体继续左转，两手继续左逆右顺缠，向左后上方捋；同时，重心向右移，目视右前方。（图21）

图19　　　　图20　　　　图21

要求：捋时，两手不能偏后，右臂掤劲不丢。身体继续左转，重心右移，脊椎起中心轴作用。此动吸气。

内劲：劲由腰左旋上行缠于两臂、两手，下行由左腿缠至右腿。

用法：上肢继续将对方劲引空，下肢劲慢慢移进，以破坏对方重心的稳固。

动作四：上势不停。重心继续右移；同时，两手变左顺右逆缠向上划弧，合于肩前，随两手相合身体向右转；目视右前方。（图22）

要求：在由捋变按时，两手下捋上合均由裆腰左移右旋，沉肘松肩，旋腕转膀，使劲不丢不顶，圆转自如，转折顺遂。此动继续吸气。

内劲：劲继续右转，塌腰松肩，旋腕转膀，缠至两手。

用法：由捋劲转变为按劲，调节转换，全在裆、腰、胸间运化。

动作五：接上势。重心不变，身体微右转下沉，两手合力走弧线向右前下方按；同时，左脚收于右脚内侧20厘米左右，脚尖点地；目视右前下方。（图23）

图22

图23

要求：双手下按时，要松胯塌腰，松肩沉肘，两手合力随身体下沉前按，周身一致。此动呼气。

内劲：周身完整劲通过松腰胯、沉肩肘，贯于两手，形成按劲。

用法：双手合力将对方按出，或以听劲与粘黏劲封闭对方，使其处于被动。

第五式 单 鞭

动作一：接上势。身体微左转，两手双顺缠，左前右后旋转，手心向上；重心在右，左腿以脚尖为轴，膝随身转里合；目视两手。（图24）

要求：两手旋转时要圆活，不能有抽扯之形。此动吸气。

内劲：气由丹田起，腰右转，缠于两臂、两腿，注重在右手顺缠内转。

用法：腰脊旋转力贯于手，重点解脱被人抓拿的右手。

动作二：接上势。身体左转，重心在右，左腿以前脚掌着地，膝随身体左转外摆；同时，右手逆缠，五指合拢，走弧线，腕向上提起与肩平；左手心朝上，随身转下沉于腹前，左肘掤劲不丢；目视右手。（图25）

要求：右手变勾上提时，随身体旋转，塌腰、松肩、沉肘，以腰为轴，节节贯串。此动为开，呼气。

内劲：以腰脊旋转，过肩肘缠于手腕，五指合拢，手腕领劲。

用法：五指合拢，旋腰转腕，解脱擒拿后，用手腕击对方要害处。

动作三：接上势。身体右转，重心全移于右腿，左腿屈膝提起，左膝内扣；同时，右手腕领劲，左手不动，松肩沉肘，上下相合；目视左前方。（图26）

图24　　　　　图25　　　　　图26

要求：右腿支撑重心，上下相合，切忌弯腰凸臀。此动为合，吸气。

内劲：右手领劲，劲移右腿；提左膝，左手腕下沉与丹田气相合，周身之气团聚不散。

用法：提左膝扣裆，可起护裆的作用，也是破对方腿法的一种方法。另也可侧蹬、踹对方。

动作四：接上势。右腿支撑重心，左脚脚跟内侧着地向左铲地滑出，脚尖上翘里合；同时，右手腕领劲，左手下沉合劲；目视左前方。（图27）

要求：立身中正，掤劲不丢。此动为开，呼气。

内劲：团聚丹田之气，上领右手腕，顺大腿下行缠至脚跟内侧，脚尖大趾领劲；左臂下沉，向右引劲。

用法：此为身体左侧的"上引下进"法；左脚铲地开步，可以蹬，也可以套、管对方腿脚。

动作五：接上势。身体微右转，重心左移，成左弓步；同时，左手穿掌上掤逆缠外翻至右胸前；目视前方。（图28）

要求：移重心时，裆走外下弧线，旋转移动，左膝不能超出左脚尖；左手外翻时，不能挑肩架肘。此动吸气。

内劲：以腰带动，劲由右脚外向内逆缠上升至长强穴（位于尾骨尖与肛门连线之中点），再由内向外顺缠至左脚尖，左脚尖外摆，右脚尖内扣，然后再上行由腰至肩至肘至手；左手拇指领劲。

用法：此势左侧含背折靠和穿肘法。

动作六：接上势。身体微左转，左手逆缠外开至左膝上变顺缠放松下沉；目随左手送至体侧后，再转视正前方。（图29）

图27　　　　　图28　　　　　图29

要求：左脚尖外摆，右脚尖内扣，松胯屈膝，开裆贵圆，立身中正，虚领顶劲，松肩沉肘，两臂与两腿有上下相合之意。此动为外开内合（拳势有"外三合""内三合"之称，即"肩与胯合，肘与膝合，手与脚合，此称外三合"；"心与意合，气与力合，筋与骨合，此称内三合"），呼气。

内劲：劲由丹田起，沿左腰催肩肘至左手中指端，放松下沉，回归丹田，"以意导气，以气运身，周而复始，循环不已"。

《歌诀》云：
　　　　单鞭一势最为雄，一字长蛇画西东。
　　　　击首尾动精神贯，击尾首动脉络通。
　　　　中间一击首尾动，上下四旁扣如弓。
　　　　若问此势妙何处，去寻脊背骨节中。

第六式　金刚捣碓

动作一：接上势。身体向左转，重心左移；同时，右手变掌顺缠走下弧与左手相

合；目视左前方。（图30）

要求：右手与左手相合时，随身体转动，协调一致。此动先吸气后呼气。

内劲：劲由丹田至腰脊缠至两臂，贯于手，两手相合。

用法：两手迎接对方右手、肘，也可捋，也可采、拿兼用。

动作二：接上势。身体向右转，重心由左腿移向右腿；同时，两手变左顺右逆缠加外掤劲，走弧线向右后方掤，手心朝外；目视左前方。（图31）

要求：两手捋时，与转腰移重心一致。此动吸气。

内劲：接上势。两手相合，随重心移动，劲由左腿缠至右腿，随腰右转劲贯两手向后上捋。

用法：此势为上捋，牵引对方向上倾斜跌出（六封四闭一势为下捋）。

动作三：接上势。身体向左转，重心走下弧移至左腿，左脚尖外摆，膝盖与脚跟上下对照，松胯屈膝；同时，两手左逆右顺缠走下弧前掤，左手掤至左膝上与胸平，手心朝下；右手下沉掤至右膝前上，手心朝外；目视左前方。（图32）

图30　　　　　图31　　　　　图32

要求：身体先动，松左胯，移重心走弧线，两臂掤劲不丢。此动呼气。

内劲：劲由右腿逆缠上行移至左腿变顺缠，腰劲向左缠催左臂逆缠前掤，劲贯左前臂外侧至掌外缘，右手顺缠合于掌外缘，顶劲领起。

动作四：接上势。左手向前撩掌，向上环绕一周，合于胸前，手心朝下；右手走下弧向前托掌于胸前，手心朝上，右前臂与左手指相合；同时，右脚随右手上托时经左脚内侧向前上步，脚尖点地，身体向左转90°；目视正前方。（图33）

图33

要求：转体、移重心上右步时，要保持立身中正，屈膝松胯，左腿支持重心，气不能上浮。此动吸气。

内劲：腰劲略向左带，贯于左手指前撩，右手领劲带右脚上步。

用法：同上势。

动作五：接上势。身体放松下沉，左手顺缠翻掌降于腹前，手心朝上；右手变拳内收落于左手掌内，拳心朝上；目视前方。（图34）

要求：拳落掌内，与腹部间隔一拳距离，两臂掤圆，意守丹田。此动呼气。

动作六：接上势。身体下沉，右拳逆缠向上提起略比右肩高；右腿屈膝提起，右脚放松悬于裆内；左手略顺缠下沉，手心朝上；目视前方。（图35）

要求：提拳提腿时要屈膝松胯，松肩沉肘，上下相合。决不能身上拔，气上浮。此动为蓄劲，吸气。

内劲、用法同第二式金刚捣碓中的动作八。

动作七：接上势。右脚震脚落地，两脚之间距离与肩同宽；同时，右拳落于左掌内，身体成半蹲姿势；目视前方。（图36）

图34

图35

图36

要求：震脚时，重心还在左腿，全脚掌落地踏平，用腿部的弹抖劲震脚发劲，气沉丹田。此动呼气。

内劲、用法同第二式金刚捣碓中的动作九。

第七式　白鹅亮翅

动作一：接上势。身体先左后右微转，右拳变掌逆缠上掤至额前；左手逆缠翻掌下按，重心移至右腿；目视前方。（图37）

要求：用手旋转分开时，均走弧线；右手上掤时注意不要挑肩架肘。此动吸气。

内劲：劲随腰左转再右转缠于两臂，形成右掤左按的开劲。

用法：两手在身前弧线分开，有"上护头顶下护身"之意。

图37

动作二：接上势。重心移至右腿，提左脚向后退一步，左脚尖着地；同时，身体随

退步左转，两手成开劲；目视前方。（图38）

要求：退步时虚实分明，轻灵自然。与前势同时进行也可以。

内劲：劲移右腿左腿逆缠退步，塌腰劲贯两手成开劲。

用法：撤步欲将对方劲引空。引劲落空的关键，在于明阴阳、分虚实。照丕公曾说："虚实不分，就不能上下相随，不能上下相随，就不能引劲落空，不能引劲落空，就不能借力打人。"

动作三：接上势。重心移至左腿，右脚经左脚内侧向后退步；同时，两手双顺缠划弧交叉于胸前，左手指朝上，手心朝外，右手指朝前，手心朝上；目视前方。（图39）

要求：向后退步时眼观前方，耳听身后，步法轻灵，身法中正。此动先呼气后吸气。

内劲：接上势。劲由右腿缠至左腿，再提右脚退步，用逆缠丝劲，松胯塌腰；劲贯两臂，顺缠里合，交叉于胸前。

用法：退步可以管对方腿脚；劲缠腰贯背，可用肩打背靠；两手交叉于胸前，可守护于中门。

动作四：接上势。重心后移至右腿，身体向右转；同时，两手双逆缠分开，左手下按，手心朝下；右手上掤，手心朝外，两臂成半圆形；左脚收回至右脚左前方，脚尖点地；目视前方。（图40）

图 38

图 39

图 40

要求：重心右移，两手分开，随身转并结合腰劲。此动接上势，先吸气后呼气。

内劲：劲由腰脊右转，重心移于右腿，劲上缠于两肩胛，过肩肘贯于两手，周身放松，下沉合劲复归丹田。

用法：此势为白鹅亮翅成势，两手如鹅亮翅，大开门户，诱敌深入，暗藏杀机。

《歌诀》云：

　　　　　　元气何从识太和，两手犹如弄丝罗。

　　　　　　沿路绵缠神机足，亮翅由来见白鹅。

第八式 斜 形

动作一：接上势。脚步不动，身体左转；同时，左手逆缠后摆；右手顺缠，沉肘松肩，向左前划弧摆动；目视左前方。（图41）

要求：以身带手，催动两臂转动，如风摆杨柳一样。此动吸气。

内劲：劲由丹田发出，由腰缠至右肩，过肩肘至手（以右手为主），右手顺缠在面前划弧，左手逆缠向后划弧。

用法：如人用拳击我面部或胸，迅速侧身左转，用右手臂挡过。

动作二：接上势。身体右转，右脚尖微向右摆，左脚尖着地，膝向里合；同时，左手随身转由身体左后向上划弧向前合于鼻前中线，立掌，掌心朝右；右手逆缠划弧下按于右腿外侧，手心朝下；目视左前方。（图42）

要求：两手转动时，以腰为轴，顶劲领起，此动呼气。

内劲：以腰为轴，劲由左向右转，缠至右手划弧下按，左手顺缠合于胸前。

用法：接上势。如对方之拳连续出来，右手化过，再迅速向右转体，右手下按，左手挡面，守护中门。

动作三：接上势。重心移至右腿，身体下沉，左腿屈膝提起；同时，两手向右上方掤；目视左前方。（图43）

图41

图42

图43

要求：两手上掤，身体下沉，右腿支撑重心，屈膝松胯，上下相合。此动吸气。

动作四：接上势。身体下沉，左脚跟着地向左前方开步，脚尖上翘；同时，两手继续上掤；目视左前方。（图44）

要求：开步时，脚跟里侧铲地而出，两手上掤，腰劲下塌，有上下对称之意。此动呼气。

内劲：右手逆缠上掤，左手顺缠上掤，提左脚里缠开步，沉肘松肩，劲合于腰。

图44

用法： 两手上掤，可捋可挡；提腿可蹬、踹、勾、挂，左肩含背靠法。

动作五： 接上势。身体左转，重心移至左腿；同时，左手逆缠随身体左转，走下弧至左膝下；右手顺缠向后环绕变逆缠，合于右耳下；目视左前方。（图45）

要求： 转体与移重心要协调一致。

此势分大、中、小三种身法练习。小身法，步小身高，左手从腰间转过；中身法，如上势，手从膝下转过；大身法，左肘从左膝下转过，故有"七寸肘和七寸靠之说"，就是肘与肩离地7寸（约23厘米）。此动先吸气后呼气。

内劲： 以腰左转劲下行缠至左腿合住，左腰劲上行缠至左肩、左肘、左手，右手逆缠旋腕合于右胸前。

用法： 此势以左侧为主，右侧为辅。左侧为挤劲，至肩、至肘、至手，右手做后盾，随时呼应。

动作六： 接上势。身体继续左转，重心在左腿；同时，左手五指合拢变勾手，弧线上提至肩平；右手立掌合于胸前；目视前方。（图46）

要求： 左手上提，手腕放松领劲；右手蓄而待发，松胯塌腰，劲蓄在右腰间。此动为吸气。

内劲： 塌腰、松肩、沉肘，使劲贯于左手腕。

用法： 五指合拢，以防被人折拿手指；上提手腕，可击对方下颌。

动作七： 接上势。身体右转；同时，右手逆缠划弧向右拉开，松肩沉肘，含胸塌腰，松胯屈膝；目视前方。（图47）

图45 　　　　　　　图46 　　　　　　　图47

要求： 此势两手两足位四隅角，要立身中正，舒展大方，开裆贵圆，虚领顶劲，上下四旁，八面支撑，谓之"中定身法"。此动为呼气。

内劲： 以右手为主，腰劲右转，缠至右肩，劲到松肩，再缠至右肘，劲到沉肘，再缠至手，劲到坐腕，劲贯中指端。到成势时，要屈膝松胯，含胸塌腰，立身中正，顶劲领起，周身放松，气归丹田。

用法： 此势为中定身法，有支撑八面之意，向右开时，含有右肩和右肘的用法。

《歌诀》云：

一气旋转自无停，乾坤正气运鸿濛。
学到有形归无极，方知玄妙在天工。

第九式 搂 膝

动作一：接上势。身体下沉，松胯屈膝下蹲；同时，两手先逆缠略上领，再双顺缠下合于左膝上，重心在左腿；目视前下方。（图48）

要求：两手下合时要身法正直，随身下沉，如两手捧水一样合劲不丢。此动先吸气后呼气。

内劲：腰劲下塌，劲合左腿，上行于两肩，松肩沉肘，合于两手。

用法：两手下合，可击来抱腿人的太阳穴，亦可下击头后，使其面部与我膝相撞。

图48

动作二：接上势。两手领劲上掤，左手在前，右手在后，立掌于胸前中线，随手上领重心后移至右腿；同时，左脚收回至右脚左前方，脚尖点地，屈膝松胯；目视前方。（图49）

要求：重心走下弧线移至右腿，左腿收回要自然，此动吸气。

内劲：劲由左腿后移至右腿，塌腰松胯，两手领劲合于胸前中线。

用法：两手封闭中门，起守护作用，以静待动。左脚尖虚点地，便于上步、退步与变动方向。

图49

第十式 拗 步

动作一：接上势。身体微右转，两手双逆缠向右下捋，左腿屈膝提起；目视前方。（图50）

要求：下捋时掤劲不丢，提腿上下结合，右腿着地要稳。此动为呼气。

内劲：劲随腰右转，上缠于内，贯于两手；松胯塌腰，使劲下缠行于左膝。

用法：两手下捋，带其前仆，提左膝撞其胸腹。

动作二：接上势。身体微左转，左脚向前上步，脚跟着地，脚尖上翘，重心在右腿；同时，两手左逆右顺缠向上、向前掤；目视前方。（图51）

要求：向前迈步要轻灵；两手划弧上掤下捋要与身法自然相合。两手上翻时吸气，下沉时呼气。

内劲：劲随腰先右后左转，缠于左腿，脚跟着地，大脚趾上翘领劲；劲上行通过两臂，贯于两手，左逆右顺缠前掤。

用法：向前上步，两手前掤击对方面部。

动作三：接上势。身体左转，重心移至左腿；同时，左手逆缠后下按，右手逆缠向前推出，右腿屈膝提起；目视前方。（图52）

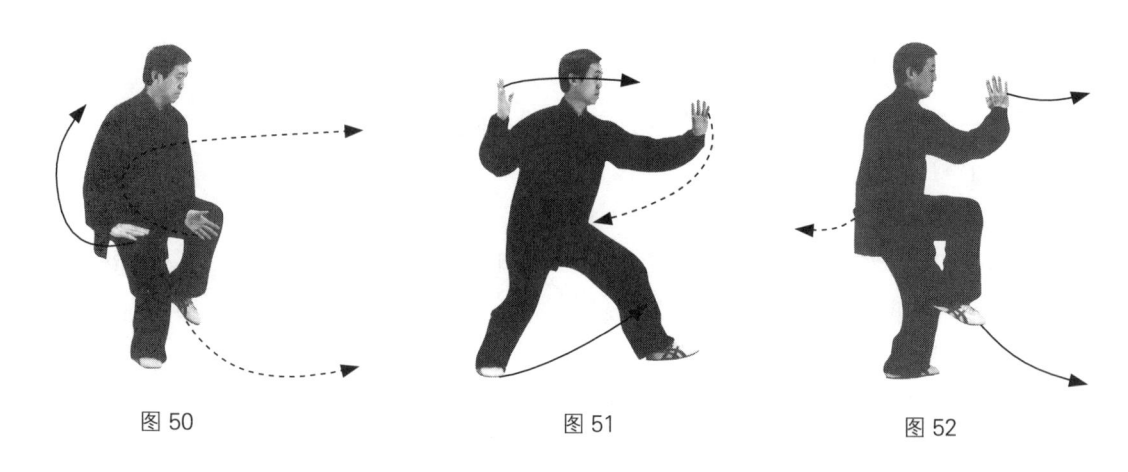

图50　　　　　　　图51　　　　　　　图52

要求：步法稳重，上步轻灵自然。此动先呼气后吸气。

内劲：腰左转，劲由右腿移至左腿，提右脚上步，左手逆缠下将，右手逆缠前掤。

用法：连续进步击掌，两手臂在身体左右两侧划弧，随上步下将前掤，以护左右两肋及面部。

动作四：接上势。右脚向右前上步，脚跟着地，脚尖上翘，重心在左腿，身体微左转；同时，左手后摆，右手前掤；目视前方。（图53）

要求：上步如猫行，轻灵自然，两手臂在身体两侧圆弧缠绕，以腰为轴。此动呼气。

动作五：接上势。身体右转，重心移至右腿，右脚尖外摆落地；同时，右手逆缠划弧下按至右腿外侧；左手顺缠上翻，划弧向前推出；目视前方。（图54）

要求：左手上翻时不要挑肩，腰劲下塌。与上动的气相连。

动作六：接上势。重心在右腿，身体微右转，左腿屈膝提起；同时，左手立掌在鼻前中线，右手下按；目视左前方。（图55）

图53　　　　　　　图54　　　　　　　图55

要求：提腿时，身体下沉，屈膝松胯，上下相合。此为吸气。

动作七：接上势。左脚向左前方开步，脚跟内侧着地，脚尖上翘里合，身体下沉；同时，两手在原位加掤劲；目视左前方。（图56）

要求：身法中正，切忌弯腰凸臀。此势呼气。

说明：动作四至动作七与动作二、动作三的左右上步时的运动路线及用法基本相似，故不赘述。

图56

《歌诀》云：

　　　　初收（言第一搂膝）转圈自然好，未若此图十分巧。
　　　　前所转圈犹嫌大，此圈转来愈觉小。
　　　　越小小到无圈时，方知太极真神妙。
　　　　人言此艺别有诀，往往不肯对人表。
　　　　吾谓此艺甚无奇，自幼难以练到老。
　　　　练到老年自然悟，豁然贯通神理妙。

第十一式　斜　形

动作一：接上势。重心移至左腿，身体微向左转；同时，左手逆缠划弧向下至左膝前；右手顺缠外翻，由后由上划弧变逆缠合于右耳下；目视左前方。（图57）

要求：转体移重心、两手旋转时，要结合腰劲，臀部下沉。此动与上势的呼气相连。

动作二：接上势。身体继续左转，重心在左腿；同时，左手五指合拢变勾手，弧线上提至肩平；右手立掌合于胸前；目视前方。（图58）

要求：以腰为轴，节节贯串，劲由腰至肩，至肘，至手，左手腕领劲，右手蓄而待发。此动吸气。

动作三：接上势。身体右转；同时，右手逆缠划弧向右拉开，松肩沉肘，含胸塌腰，松胯屈膝；目视前方。（图59）

图57 　　　　　　　图58 　　　　　　　图59

要求：此势两手两足位于四隅角，要立身中正，舒展大方，开裆贵圆，虚领顶劲，上下四旁，八面支撑，谓之"中定身法"。此动为呼气。

内劲：腰劲右转，缠至右肩，劲到松肩；再缠至右肘，劲到沉肘，再缠至右手，劲到坐腕，劲贯中指端。成势时，屈膝松胯，含胸塌腰，立身中正，顶劲领起，周身放松，气沉丹田。

用法：与第八式斜形中的动作七相同。

第十二式 搂 膝

动作一：接上势。身体下沉，松胯屈膝下蹲；同时，两手先逆缠略上领，再双顺缠下合于左膝上，重心在左腿；目视前下方。（图60）

要求：两手下合时，身法正直，随身下沉，两手如捧水一样合劲不丢。此动先吸气后呼气。

内劲：腰劲下塌，劲合左腿，上行于两肩，松肩沉肘，合于两手。

用法：与第九式搂膝中的动作一相同。

动作二：接上势。两手领劲上掤，左手在前，右手在后，坐腕立掌于胸前正中线；同时，随手上领，重心移至右腿，左脚收回至右脚左前方，脚尖点地，屈膝松胯；目视前方。（图61）

要求、内劲、用法均与第九式搂膝动作相同。

第十三式 拗 步

动作一：接上势。身体微右转，两手双逆缠向右下捋，左腿屈膝提起；目视前方。（图62）

要求：下捋时，掤劲不丢，提腿上下相合。右腿支撑要稳。此动为呼气。

内劲：劲随腰右转，上缠于肩，贯于两手；松胯塌腰，使劲下缠，行于左膝。

用法：两手下捋，带其前仆，提左膝撞其胸腹。

动作二：接上势。身体微左转，左脚向前上步，脚跟着地，脚尖上翘，重心在右腿；同时，两手左逆右顺缠向上、向前掤；目视前方。（图63）

要求：向前迈步要自然，两手划弧上掤下捋要与身法自然相合。两手上翻时吸气，下捋时呼气。

内劲：劲随腰先右后左转，缠于左腿，脚跟着地，大脚趾上翘领劲；劲上行通过两肩，过两肘贯于两手，左逆右顺缠前掤。

用法：与第十式拗步中动作二的用法相同。

动作三：接上势。身体左转，重心移至左腿；同时，左手逆缠后下按，右手逆缠向前推出，随之右腿提起；目视前方。（图64）

图 62　　　　　　　　图 63　　　　　　　　图 64

要求、内劲、用法均与第十式拗步动作三相同。

动作四：接上势。右脚向右前上步，脚跟着地，脚尖上翘，重心在左腿，身体微左转；同时，左手后摆，右手前推；目视前方。（图 65）

要求、内劲、用法与第十式拗步动作四相同。

动作五：接上势。右脚尖外摆，重心移至右腿，提左脚向左前方上一步，身体随上步自左向右转体 90°；同时，右手逆缠下沉，左手顺缠上翻划弧经左耳变逆缠，与右手交叉相合于胸前，重心偏右腿；目视前方。（图 66）

要求：移重心上步时，身体不能上提，两手交叉，掤劲撑圆，立身中正。此动接上势先吸气后呼气。

内劲：腰右转，内劲下缠于右腿，脚掌踏实抓地，随提左腿上步，左手由顺缠变逆缠，与右手相合，两臂掤劲饱满，裆劲圆活。

用法：起防护作用，以静待动。

图 65

图 66

第十四式　掩手肱拳

动作一：接上势。身体略右转，重心左移；同时，两手双逆缠自下向左右分开；目视前方。（图 67）

要求：两手分开时，以身带手，沉稳圆活，此动接上势，继续呼气。

内劲：劲以腰裆右转左移，两手逆缠分开，劲掤于两前臂外侧及掌外缘。

用法：如对方双掌击来，用双手分劲将来势分化。

动作二：接上势。重心右移，身体略右转；同时，右手顺缠上翻变拳合于右腰间，拳心朝上；左手由逆缠变顺缠，立掌合于胸前正中线；目视前方。（图 68）

要求：握拳合劲时身体中正下沉，松胯屈膝，劲合于右腿，蓄而待发。此动吸气。

内劲：松胯塌腰，丹田劲过长强穴，顺督脉，冲风池（位于项部），过百会（位于头正中线，离前发际约 16 厘米）至人中（在鼻下唇上，鼻唇沟之正中），下分两肩；松肩沉肘，顺缠将右拳合于腰间，左手合于胸前。

用法：左掌在前掩护，右拳藏于腰间。用时，突然从左掌下前冲，故名"掩手肱拳"。

动作三：接上势。右腿蹬地里合，身体迅速左转、松左胯；同时，右拳逆缠螺旋前冲，左肘向后发劲；目视右拳前方。（图69）

图67　　　　　　　　图68　　　　　　　　图69

要求：发劲时拧腰扣裆，将拳突然击出，前拳后肘，完整一气。此动发劲呼气。

内劲：劲由右脚蹬地里缠，腰迅速左转，劲螺旋通过肩肘，催于右拳面，左肘顺缠向后发劲，与右拳配合。故内劲运行有"生于肾，起于脚，行于腿，主宰于腰，通过肩肘，催于手"之说。

用法：前拳后肘，前后对称，腰如车轴，气如车轮，完全用裆腰的旋转力。故有"裆内自有弹簧力，灵机一转鸟难飞"。

《歌诀》云：

上打咽喉下打阴，左右两肋并中心。

上鼻下臁兼两眼，脑后一击要人魂。

第十五式　金刚捣碓

动作一：接上势。身体下沉，重心在左；同时，右拳变掌顺缠里合，左手逆缠合于右前臂内侧；目视前方。（图70）

要求：右臂下沉里合时，不要弯腰夹肘，失去掤劲。此动吸气。

内劲：塌腰，松肩沉肘，右臂顺缠，使劲下沉里合。

用法：设对方向我背后突然来侵袭，我身体迅速左转，沉肘松肩，将来劲引空，寓有"背折靠、上掤肘"之法。

动作二：接上势。身体右转，重心右移，左脚尖内扣；同时，右手逆缠外翻上掤至右太阳穴外侧，左手逆缠下按于膝上；目视身左侧。（图71）

要求：两手掤劲不丢，左脚尖内扣时左胯要松，切勿顶住，使转髋不灵。脚尖内扣是为了转动方向。此动呼气。

内劲：腰右转，劲顺督脉上升至两肩，右手逆缠上掤，左手逆缠下按。丹田气下行，使左腿松胯里合，左脚尖内扣，裆劲合住。

用法：右手上掤捋将其身体前带，可以用左胯打；左手下插其裆上挑，可做大背摔。

动作三：接上势。身体向右转，重心移至左腿，右脚经左脚内侧环绕向前上步，脚尖点地；同时，右手顺缠向下划弧，上托于右胸前，手心朝上；左手顺缠上翻变逆缠合于右前臂上，手心朝下高与胸平；目视前方。（图72）

图70　　　　　　　　图71　　　　　　　　图72

要求：重心左右移动，步法轻灵自然，周身放松下沉。两手合时吸气，合好下沉时呼气。

内劲、用法与第二式金刚捣碓中的动作六相同。

动作四：接上势。左手顺缠外翻下沉于小腹前，手心朝上；右手握拳下沉落于左掌心内，拳心朝上；目视前方。（图73）

要求、内劲与第二式金刚捣碓中的动作七相同。

动作五：接上势。右拳逆缠向上提起，与右肩平；同时，右腿屈膝松胯，提起右脚悬于裆内，脚尖自然下垂；目视前方。（图74）

要求：提腿时身体下沉，有上下相合之意；提拳时要松肩沉肘，促使内气下降，脚步稳健。此动吸气。

内劲、用法与第二式金刚捣碓中的动作八相同。

动作六：接上势。右脚震脚落地，脚掌踏平，两膝弯曲，两脚距离与肩同宽；同时，右拳顺缠下沉，落于左掌心，两臂撑圆；目视前方。（图75）

图73　　　　　　　　图74　　　　　　　　图75

要求：右拳右脚同时下沉，震脚发劲，松胯屈膝，气沉丹田。此动呼气。

内劲、用法与第二式金刚捣碓中的动作九相同。

第十六式 撇身捶

动作一：接上势。身体先右后左微转；同时，两手在腹前微上掤后下沉，右拳变掌，双掌走下弧，向左右分于身体两侧，掌心相对；目视前方。（图76）

要求：两手下分时要接劲，心气下降，身体有下沉之感；两手上接劲时吸气，分时呼气。

内劲：劲由丹田发起，下行于腿，上行顺督脉至两肩，贯于两手。

用法：可用两手腕或手背撩击身体两侧敌之裆部。

动作二：接上势。身体下沉，立身中正，重心移至左腿，提右脚向右横跨一步；同时，两手先逆后顺缠向上翻合于胸前交叉，左手在外，右手在里；目视前方。（图77）

要求：两手上撩划弧交叉时与开右步同时进行，协调一致。腰劲下煞，裆要开圆。此动为下开上合，吸气。

内劲：接上势。劲缠至两手后，腰略左转，劲缠至左腿，再开右腿，同时两手先逆后顺缠合于胸前，劲再塌于腰。

用法：左右撩击后，两手守护于胸前。

动作三：接上势。身体左转，重心仍在左腿；同时，两手在胸前左逆右顺缠向左上展开；目视左侧。（图78）

图76　　　　　图77　　　　　图78

要求：两臂不能展直，左转时两臂要与腰相结合。此动呼气。

内劲：劲以腰左转缠于两手，左逆右顺。

用法：此是"欲右先左"之动，欲向右转，先向左开，有"声东击西"之意。

动作四：接上势。身体向右转，重心移至右腿；同时，右手逆缠走下弧经右膝下转至右腿外侧；左手变顺缠经左耳侧向前推于鼻前正中线，变逆缠；目视右前方。（图79）

要求：右手下转时，裆腰劲下沉；如练大身法，还要更低，肩、肘均要从膝以下转过，也有用右肩打"七寸靠"之说。往下转时，要先上引。上引吸气，下转呼气。

内劲：塌腰松胯，腰向右转，以右为主。劲由腰至肩，由肩至肘、至手；裆劲由左腿里缠至右腿变外缠，两膝、两脚相合。左手由顺变逆缠合于胸前。

用法：此动由腰劲催肩，可高可低打靠或肘法。

动作五：接上势。重心移至左腿，身体向左转；同时，左手逆缠下掤至左膝上，右手顺缠上掤；目随右手转动。（图80）

要求：两足踏实抓地，全靠裆劲左右盘旋，腰左右旋转，带动两臂螺旋缠绕。此动先吸气后呼气。

内劲：劲由右腿里缠至左腿变外缠，腰劲向左旋转，缠于左臂逆缠下沉。右臂顺缠里合，顶劲领起。

用法：向左转体，随裆腰劲贯于肩肘，含有打左背折靠或左上掤肘法。

动作六：接上势。重心在左，身体继续左转；同时，左手逆缠叉腰，拇指在后，其余四指在前；右手顺缠，小指领劲，在身前平拦至左前方；目随右手转至左前方。（图81）

图79 　　　　　图80 　　　　　图81

要求：旋转时，以腰脊为轴，不丢不顶，连绵不断，圆转自如。此动与上势相连，继续呼气。

内劲：接上势。内劲不断，继续左转。

用法：练习裆腰的盘旋劲，结合两臂的螺旋缠绕，使周身形成一个起于脚，行于腿，主宰于腰，通过肩肘，形于手指的空间螺旋运动，逐步达到"人不知我，我独知人"的奥妙境界。

动作七：接上势。重心移至右腿，身体向右转约120°，左脚尖内扣，左胯松，膝微屈；同时，右手变拳，逆缠外翻向右上至右太阳穴；左臂撑圆，左肘里合；目通过左肘尖视脚尖。（图82）

要求：旋转时拧腰转裆，身体微前倾，身虽斜而中气正。右拳、左肘尖、左脚尖形成一线，周身相合，切勿弯腰凸臀。此势吸气。

图82

内劲：劲主宰于腰，由左腿移于右腿，随重心移动转腰，劲贯于右肩、右肘，合于左肩、左肘，有左肩与右胯相合、左肘与右膝相合之意。

用法：劲由腰裆贯于右肩时，含"背折靠"与"上挑肘"法；左肩肘下合，可引劲落空，亦可用下采肘法。

《歌诀》云：

撇身拳势最难传，两足舒开三尺宽。
两手分开皆倒转，两腿合劲尽斜缠。
右拳落在神庭上，左手叉在左腰间。
身似侧卧微带扭，眼神觑定左足尖。
顶劲领起斜寓正，裆间撑开月半圆。
右肩下打七寸靠，背折一靠更无偏。
右手撇回又一捶，此是太极变中拳。

第十七式 青龙出水

动作一：接上势。身体右转，重心移至左腿；同时，右拳顺缠下沉划弧合于右腰间，左手由左腰间先顺缠后逆缠向前合于胸前；目视右前方。（图83）

要求：重心合于左腿，松胯屈膝，右拳合于右腰间，立身中正。此动右拳弧线下行时呼气，里合时吸气。

内劲：劲由右腿合于左腿，左腿里缠，右腿外缠，腰劲右转，右臂顺缠，沉肘松肩，合于右腰间。

用法：设对方突然从我背后推来，我身体应迅速右转，沉右肘，松右肩，使其扑空，右肘向右后击其胸。另外，如果对方从右侧抓我右臂，我应迅速沉肘松肩，旋腕转臂，解脱其抓拿，用肘或拳击敌。

动作二：接上势。身体迅速向左转，重心迅速移右腿；同时，右拳自右腰间逆缠迅速向右膝前发劲冲拳，左手顺缠半握拳收至左肋下，左肘向左发肘劲；目视右下方。（图84）

要求：用裆内弹簧力及腰的旋转力将拳催出去，做到劲达力点，周身完整一气，开裆贵圆。此动呼气。

图83　　　　　图84

用法：此拳下打可击对方裆或小腹部。还可在发劲之后，右拳顺缠向上往后崩，并含背折靠劲，故有"里缠外崩"之说。

第十八式　双推手

动作一：接上势。右拳变掌上掤前引，左手变掌随身体右转与右手相合；目视右前方。（图85）

要求：两手相合时与腰劲结合。

内劲：劲由腰贯于两手，裆劲下沉。

用法：接劲下捋。

动作二：接上势。身体向左转，重心自右腿微向左移，左脚尖外摆；同时，两手左逆右顺下缠；目视左前方。（图86）

要求：裆走下弧左移，两手下捋向外掤劲不丢，顶劲领起，身法中正。此动呼气。

内劲：腰劲螺旋下沉，右腿劲里合，左腿劲外缠，两手左逆右顺缠下捋。

用法：捋其左臂下合，使其面朝下倾倒。

动作三：接上势。重心移至左腿，身体继续左转，提右脚划弧经左脚内侧向右前方上步，脚跟着地，脚尖上翘里合；同时，两手左逆右顺缠随身体旋转继续左捋；目视右前方。（图87）

图85　　　　　图86　　　　　图87

要求：移重心上步时，两手捋劲不丢，身法中正，接上势继续呼气。

内劲：劲由右腿移至左腿，左腿劲外缠，右腿上步，脚尖领劲里合；腰左转，劲达两手，外掤后捋。

用法：转身上步后捋，是一种粘连黏随法。使敌有"进之则愈长，退之则愈促，仰之则弥高，俯之则弥深"之感。

动作四：接上势。重心移至右腿，身体继续左转；同时，两手由左逆右顺缠变右逆左顺缠，向左后上方划弧，合于左胸前；目视右前方。（图88、图88附图）

要求：移重心时，裆从左边移至右腿；两手由捋变推按劲，要圆转自然，不能断劲。此动吸气。

内劲：劲由左腿缠至右腿，腰劲左转，松肩沉肘。胸腰运化，旋腕转膀，劲贯于两手，合于左胸变推按劲。

用法：由捋转推按法，向前平推。

动作五：接上势。身体向右转，松胯下沉，两手合力前推；同时，左脚收于右脚内侧，脚尖点地，重心在右腿；目视前方。（图89）

图88　　　　　　图88附图　　　　　　图89

要求：塌腰松胯，合力前推。此动呼气。
内劲：含胸塌腰，腰劲略右转，松肩沉肘，劲贯于两手。
用法：两手合力，封敌双臂，平胸前推。

第十九式　肘底看拳

动作一：接上势。身体向左转，重心在右；同时，左手逆缠下沉于身体左侧，右手逆缠略上升；目视左前方。（图90）

要求：脚步不动，手随身转，左膝随身体左转时外摆，以腰脊为轴。接劲时吸气，左手下沉时呼气。
内劲：劲以腰脊为轴，贯于两手。
用法：左侧身引劲。

动作二：接上势。身体向右转，左膝随转体里合；同时，右手变拳顺缠下沉里合于腹前；左手顺缠由身后划弧向上转至身前左侧，高于头顶；目转视前方。（图91）

要求：左手上翻时，身法中正，切勿挑肩。此动吸气。
内劲：以腰脊为轴，带动两臂旋转，左上右下有相合之意。

动作三：接上势。重心在右腿，左脚尖点地，屈膝松胯，含胸塌腰；同时，左肘下沉，与右拳上托相合；目视前方。（图92）

要求：身法端正，上下相合。此动呼气。
内劲：由丹田贯于左肘与右拳。
用法：上下相合，可用拿法；左肘向下可击对方后脑与心窝。

《歌诀》云：

　　　　　　左肘在上，右拳在下，胸有含蓄，侧首俯察。
　　　　　　左足点地，右足平踏，两膝屈住，胸中宽大。
　　　　　　神灵气足，有真无假，承上启下，形象古雅。

图 90　　　　　　　　　　图 91　　　　　　　　　　图 92

第二十式　倒卷肱

动作一：接上势。身体向右转，右拳变掌，逆缠划弧下沉于身体右侧，左手向前推，重心在右腿，左脚尖虚点地；目视前方。（图93）

要求：右手下沉时，以肩右转，带臂下沉。此动先吸气后呼气。

动作二：接上势。右手顺缠由后上翻合于右胸前，身体略左转；同时，提左脚向左后方退步，脚尖着地；左手略向下塌劲，重心在右腿；目视前方。（图94）

要求：退左步时，必须等到右手将合至右胸时再退步，两手欲前先后有相合之意。此动吸气。

内劲：以腰为轴，右手由逆缠变顺缠，随腰劲旋转向上合于右胸前；腰劲再左转，提左脚，里缠退步，脚尖着地。

用法：倒卷肱为倒退防护法。

动作三：接上势。重心略左移，身体向左转；同时，左手逆缠后捋，右手逆缠前推；目光瞻前顾后。（图95）

图 93　　　　　　　　　　图 94　　　　　　　　　　图 95

要求：重心移动与左手后捋、右手前推要协调一致，身法中正。此动呼气。

内劲：以腰为轴，劲由右腿移至左腿，随腰左转缠至左肩、肘、手，再逆缠后捋，右手逆缠前推。

动作四：接上势。重心移至左腿，左手由逆缠变顺缠，由后向上划弧，合于左肩前；同时，提右脚划弧退步，右手略顺缠下沉；目视前方。（图96）

要求：退步时，随重心移动脚步里缠划弧后退，髋关节放松、灵活。此动吸气。

内劲：劲发于丹田主宰在腰，随腰转动，下行于腿，上行于臂，一动周身结合。

动作五：接上势。身体右转，重心移于右腿；同时，右手逆缠划弧下捋，左手逆缠向前推；目视前方。（图97）

要求：身法中正，以身带手。此动呼气。

内劲：以腰为主宰，劲由左腿里合缠至右腿，腰劲上行，以身法带动右手逆缠下捋、左手逆缠前推。

用法：倒卷肱是撤退的一种方法。但撤中有守、守中有攻。主要以腰脊为轴，屈膝松胯，退步灵活自然，两臂在身体两侧圆弧转动，以护身体两侧之要害。两手交替前推，可随时击打来侵之敌。

说明：倒卷肱一式是连贯动作，为便于教学，故将此式间断、分解。待练熟后，应将动作连贯起来，一气呵成。练习倒卷肱时，按正规要求，从退左脚起，连续五步还原到左脚上。如场地小，退一步或三步均可。

第二十一式　白鹅亮翅

动作一：接上势。重心移至右腿，右手由逆缠变顺缠向后、向上划弧合于右肩前；此时身体微左转，提左脚向后退步，脚尖着地；同时，左手微下沉，重心微左移，左脚踏实，身体微左转；右手前推，左手下沉于右前臂内侧，两手相合；目视右前方。（图98、图99）

要求：塌腰松胯，两手有相合之意。此动吸气。

内劲：劲由右腰上缠，通过右肩肘，至右手前推下塌，两手相合，腰劲略左转，劲由右腿略向左移。

用法：有下捋之势。

动作二：接上势。身体略向左转，重心移至左腿，提右脚向右后方退步；同时，左手逆缠下捋划弧变顺缠向上、向前，与右手顺缠下捋上合于胸前交叉，左手心朝外，合于右前臂内侧，右手心朝上，在胸前中线；目视前方。（图100）

要求：移重心向后落步，两手划弧交叉，稳定重心，立身中正，倒退步要轻灵自然，上下相合。两手下捋时呼气，上合交叉时吸气。

内劲、用法与第七式白鹅亮翅中的动作三相同。

图96

图97

图98　　　　　　　图99　　　　　　　图100

动作三：接上势。重心移至右腿，身体向右转；同时，右手逆缠上掤于右前上方，高与眉平；左手逆缠下按于左膝上方；提左膝把脚收于右脚左前方，脚跟提起，脚尖着地；目视前方。（图101）

要求：屈膝松胯，立身中正，两手掤圆，虚领顶劲。

内劲：劲随腰右转，上行于肩（松肩），再催于肘（沉肘），贯于手指（右手中指领劲）；左手下塌，劲贯于手指，再回归丹田。

第二十二式　斜　形

动作一：接上势。脚步不动，身体左转；同时，左手逆缠后摆；右手顺缠，沉肘松肩，向左前划弧摆动；目视左前方。（图102）

要求：以身带手，催动两臂转动，如风摆杨柳一样。此势吸气。

内劲：劲由丹田发出，由腰缠至右肩，过肩肘至手（以右手为主），右手顺缠在面前划弧，左手逆缠向后划弧。

用法：如对方用拳击我面部或胸，我可迅速侧身左转，用右手臂挡过。

动作二：接上势。身体向右转，右脚尖微向右转，脚尖着地，膝向里合；同时，左手随身转由身体左后向上划弧，向前合于鼻前正中线，立掌，掌心朝右；右手逆缠划弧，下按于右腿外侧，手心朝下；目视左前方。（图103）

要求：两手转动时，以腰为轴，顶劲领起。此动呼气。

内劲：以腰为轴，劲由左向右转，缠至右手划弧下按，左手顺缠合于胸前，再迅速向右转体，右手下拨，左手挡面，守护中门。

图101

图102

图103

动作三：接上势。重心移至右腿，身体下沉，左腿屈膝提起；同时，两手向右上方掤；目视左前方。（图104）

要求：两手上掤，身体下沉，右腿支撑重心，屈膝松胯，上下相合。此动吸气。

动作四：接上势。身体微下沉，左脚跟着地，向左前方开步，脚尖上翘；同时，两手继续上掤；目视左前方。（图105）

要求：开步时，足跟里侧铲地而出，两手上掤，腰劲下塌，有上下对称之意。此动呼气。

内劲：右手逆缠上掤，左下顺缠上掤，提左腿里缠开步，沉肘松肩，劲合于腰。

用法：两手上掤，可捋可挡，提腿可蹬、踹、勾、挂，左肩含背靠法。

动作五：接上势。身体向左转，重心移至左腿；同时，左手逆缠随身体左转走下弧至左膝下，右手顺缠向后环绕变逆缠合于右耳下；目视左前方。（图106）

图104 　　　　　图105 　　　　　图106

要求：转体移重心要协调一致，此势分大、中、小三种身法练习。具体说明参照第八式斜形动作四中的说明。

内劲：以腰左转，劲下行缠至左腿合住。左腰劲上行，缠至左肩、左肘、左手，右手逆缠旋腕合于右胸前。

用法：此势以左侧为主，右侧为辅。左侧为挤劲，至肩、至肘、至手，右手作后盾，随时呼应。

动作六：接上势。身体继续左转，重心在左腿；同时，左手五指合拢变勾手，弧线上提至肩平；右手立掌合于胸前；目视前方。（图107）

要求：左手上提，手腕放松领劲；右手蓄化待发，松胯塌腰，劲蓄在右腰间。此动为吸气。

图107

内劲：塌腰、松肩、沉肘，使劲贯左手腕。

用法：五指合拢，以防被人折拿手指；手腕上提，可击对方下颌。

动作七：接上势。身体右转，右手逆缠划弧向右拉开，松肩沉肘，含胸塌腰，松胯

屈膝；目视前方。（图108）

要求：此势两手两脚位于四隅，要立身中正，舒展大方，开裆贵圆，虚领顶劲，上下四旁，八面支撑，称为"中定身法"。此动为呼气。

内劲：以右手为主，腰劲右转，缠至右肩，劲到松肩；再缠至右肘，劲到沉肘；再缠至手，劲到坐腕，劲贯中指端。成势时，要屈膝松胯，含胸塌腰，立身中正，顶劲领起，周身放松，气归丹田。

用法：此势为"中定身法"，有支撑八面之意，向右开时含有右肩和右肘的击法。

图108

第二十三式　闪通背

动作一：接上势。身体微左转，重心略向左移；同时，左手变掌向上领劲，右手由右顺缠划弧向左，与左手有相合之意；目视左手中指端。（图109）

要求：塌腰松胯，重心随身体微左转前移，切勿弯腰探身。此动两手相合时吸气。

内劲：劲由右脚里缠上行，随腰左缠上行过肩，过肘，达于两手，有相合之意。

用法：两手相合，搭于对方右臂，可用捋劲。

动作二：接上势。身体右转，重心移至右腿，左腿屈膝收回，脚尖点地；同时，两手随身体右转下捋至右外侧，左顺右逆缠，两手心朝外；目视左侧。（图110）

要求：两手合劲向右侧捋时，随重心右移，腰劲下塌，周身一致。此动呼气。

内劲：劲由腰右转过两肩到达两手，合力变捋劲；另则，左肩下合，右肩向后上靠，劲由左肩通过到达右肩。

用法：对方从前来，顺手合力将其劲捋空；对方从后来，左肩下合，将来劲引空，右肩可打背折靠。

动作三：接上势。身体左转，重心在右腿，左脚尖虚点地；同时，左手逆缠划弧上掤，右手顺缠划弧向下与左膝相合；目视右前方。（图111）

图109 　　　　　　　图110 　　　　　　　图111

要求：以腰为轴，左右转动，下合时左手上掤，右手与左膝、右肩与左胯均有相合之意。此动吸气。

内劲：劲由腰左转，左手沉肘松肩，逆缠上掤，右手顺缠下合，劲再由右肩通过到达左肩。

用法：先向后右捋，对方抽回时，打其回劲。

动作四：接上势。身体微右转，重心在右腿，左腿屈膝提起；同时，右手顺缠向上；左手先顺缠立掌向前，右逆缠向下，五指合拢，向身后方掤出；目视前方。（图112）

要求：提左腿时，上下相合，右腿支撑重心要稳。此动继续吸气。

动作五：接上势。身体微右转，重心在右腿，左脚向前上步，脚跟着地，脚尖上翘；同时，右手顺缠收于右腰间；目视前方。（图113）

要求：重心仍在右腿，上左步要自然。此动继续吸气。动作四、动作五也可连贯不停。

动作六：接上势。重心移至左腿，身体微左转；同时，右手略顺缠，向前上方穿掌；目视前上方。（图114）

图112 　　　图113 　　　图114

要求：穿掌时，右脚蹬地，腰劲贯手指。此动呼气。

内劲：劲起于脚，行于腿，主宰在腰，通过肩肘，贯于手指，周身一致。

用法：右穿掌可直插对方咽喉，也可穿其眼睛。左手五指合拢在后，可解脱擒拿，亦可击对方裆部。

动作七：接上势。重心在左，身体速右转，右腿屈膝提起；同时，右手迅速逆缠外翻，上掤后捋至额前上方，左勾变掌顺缠上掤至身体左侧；目视左前方。（图115）

要求：两手划弧上掤、提腿迅速转身要协调一致。此势为过渡动作，熟练时，此动不停，吸气。

内劲：劲由腰向右滚翻，缠至两臂旋转，贯于两手加捋劲，走上弧再下煞于腰。

用法：迅速转身向后可用背靠和向后发肘劲，亦可不提右腿，两手上捋对方手臂，

图115

左胯挑对方裆部，使其从上跌出，与摔跤的胯背势相同。

动作八：接上势。右脚震脚落地，身体继续右转，提左脚向左前方迈步，重心偏右；同时，两手由上往下交叉于腹前身体由动作六开始至动作八转体180°；目转视前方。（图116）

要求：熟练后，上势不停，一气呵成。右脚落地踏实，左脚迈步要稳，松胯屈膝，腰劲下塌，两手与转腰结合。此势继续吸气。

内劲：劲合于腰，沉于脚，贯于手。

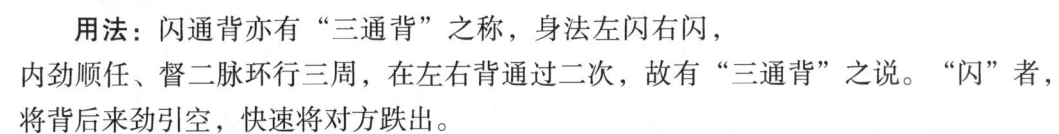

图116

用法：闪通背亦有"三通背"之称，身法左闪右闪，内劲顺任、督二脉环行三周，在左右背通过二次，故有"三通背"之说。"闪"者，将背后来劲引空，快速将对方跌出。

《歌诀》云：

自从闪通大转身，一波三折妙如神。
禹门流水三级浪，讵少渔人来问津。
东来东打原无定，只此一击定乾坤。
人说此中多妙术，浩然一气运天真。

第二十四式　掩手肱拳

动作一：接上势。身体微右转，重心左移；同时，两手双逆缠下分；目视前方。（图117）

要求：两手下分时，随重心移动，分手要在身体略右转时进行，以身带手。此势呼气。

内劲：劲由右腿缠至左腿，两臂随腰劲转动逆缠下分。

动作二：接上势。重心由左腿移向右腿，松右胯；同时，两手变顺缠下合，右臂屈肘握拳合于右腰间，拳心向上；左手掌心朝前，指尖朝上，合于胸前正中线；目视前方。（图118）

要求：重心合于右腿，塌腰松胯，周身相合，意识集中，以静待动，有一触即发之势。此势吸气。

内劲：腰劲下塌，含胸束肋，松肩沉肘，劲合于拳，拳勿握紧；右脚尖内扣，右胯放松下沉，使右腿形成一个螺旋缠丝劲，像弹簧一样，压得越紧，反弹的力量越大。

用法：周身合劲团聚不散，内劲饱满充溢时，可用肩发肩，用肘发肘，用掌发掌，用拳发拳，掌握这个合劲后，即可随心所欲，任其自然。

动作三：接上势。重心迅速由右腿移向左腿，身体迅速向左转；同时，右拳逆缠迅速向前发劲；左肘快速向后发劲，左手半握拳，收至左肋旁；目视前方。（图119）

图117 　　　　　　　　　图118 　　　　　　　　　图119

要求：发劲时，右脚蹬地，裆劲内扣，拧腰扣裆，以腰脊为轴，立身中正，旋转发力，前拳后肘，二劲平衡。发劲时配合呼气。

内劲：丹田劲沉于右脚，再由右脚蹬地发出，顺右腿里缠至左腿，腰劲迅速左转，上缠至右肩肘，再逆缠达右拳面；左肘辅助发劲，使周身完整一气。

用法：向前螺旋冲拳，可击对方胸部；左肘后击，可打背后搂抱之人的肋部。

第二十五式　六封四闭

动作一：接上势。身体略右转，重心略向左移；同时，右拳变掌划小圈接劲，左手变掌走上弧与右手相合；目视右前方。（图120）

要求：两手相合接劲时，以腰催左手与右手相合，切勿单臂运行和身体前探。此动吸气。

内劲：身体右转，腰劲贯于左手与右手相合。

用法：搭手接劲，准备下捋。

动作二：接上势。重心略右移，身体向左转，左脚尖外摆；同时，两手左逆右顺缠合力向左下方捋；目视右前方。（图121）

说明：此势动作仍是过渡动作，为表示清楚，特此介绍，在练习时，可以不停顿。

动作三：接上势。重心移至左腿，提右脚经左脚后向右上步，脚跟着地，脚尖上翘，身体继续左转；同时，两手继续向左捋；目视右下方。（图122）

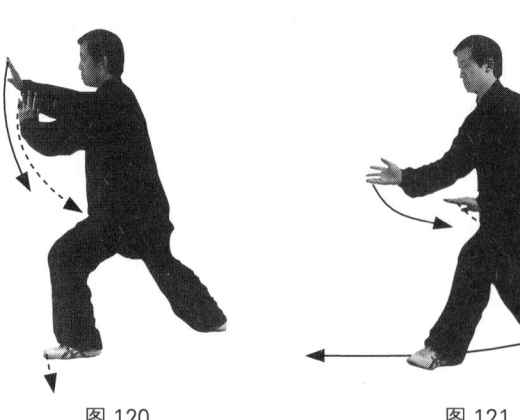

图120 　　　　　　　　　图121 　　　　　　　　　图122

要求：移重心、上右步要自然，两手捋、掤劲不丢。

动作四：上势不停。重心右移；同时，两手变左顺右逆缠向上划弧合于肩前，随两手相合身体向右转；目视右前方。（图123）

要求：两手下捋上合，腰裆左移右旋，沉肘松肩，旋腕转膀，使劲不丢不顶，圆转自如，转折顺遂。此动继续吸气。

内劲：劲继续右转，塌腰松肩，缠至两手。

用法：由捋劲转变为按劲，调节转换，全在裆、腰、胸间运化。

图 123

动作五：接上势。重心在右，身体微右转下沉；同时，两手合力走弧线，向右前下方按；左脚收于右脚内侧20厘米处，脚尖点地；目视右前下方。（图124）

要求：按时要松胯塌腰，松肩沉肘，两手合力随身体下沉前按，周身一致。此动呼气。

内劲：周身完整之劲，通过松腰胯、沉肩肘，贯于两手，形成按劲。

用法：双手合力将对方按出，或以听劲与粘黏劲封闭对方，使其处于被动。

图 124

第二十六式　单　鞭

动作一：接上势。身体微右转，两手双顺缠，左手在前、右手在后旋转；同时，重心在右，左腿以脚尖为轴，膝随身体转动里合；目视两手。（图125）

要求：两手旋转时要圆活，不能有抽扯之形。此动吸气。

内劲、用法与第五式单鞭中动作一相同。

动作二：接上势。身体左转，重心在右，左腿以前脚掌着地，膝随身体转动外摆；同时，右手逆缠，五指合拢，手腕领劲，走弧线向上提起与肩平；左手手心朝上，随身体转动下沉于腹前，左肘掤劲不丢；目视右手。（图126）

要求：右手变勾手上提时，随身体旋转，塌腰、松肩、沉肘，以腰为轴，节节贯串。此动为开，呼气。

内劲、用法与第五式单鞭中的动作二相同。

动作三：接上势。身体右转，重心移于右腿，左腿屈膝提起，左膝内扣；同时，右手腕领劲，左手不动，松肩沉肘，上下相合；目视左前方。（图127）

要求：右腿支撑重心，上下相合，切忌弯腰凸臀。此动为合，吸气。

内劲、用法与第五式单鞭中动作三相同。

图 125 　　　　　　　　图 126 　　　　　　　　图 127

动作四：接上势。右腿支撑重心，左脚跟内侧着地，向左铲地滑出，脚尖上翘里合；同时，右手腕领劲，左手下沉合劲；目视左侧。（图128）

要求：立身中正，掤劲不丢。此动为开，呼气。

内劲：团聚丹田之气，上领右手腕，顺大腿下行缠至脚跟内侧，大脚趾领劲，左臂下沉，向右引劲。

用法与第五式单鞭中动作四相同。

动作五：接上势。身体微右转，重心左移，成左弓步；同时，左手穿掌上掤逆缠外翻至右胸前；目视前方；瞟视左手。（图129）

要求：移重心时，裆走外下弧线，旋转移动，左膝不能超出左脚尖；左手外翻时，注意不能挑肩架肘。此动吸气。

内劲：以腰带动，劲由右脚外向内逆缠上升至长强穴，再由内向外顺缠至左脚尖，左脚尖外摆，右脚尖内扣；再上行由腰至肩、至肘、至手，左手拇指领劲。

用法：此势左侧含背折靠和穿肘法。

动作六：接上势。身体微左转；同时，左手逆缠外开，至左膝上方变顺缠放松下沉；目光将左手送到位置后，转视前方。（图130）

图 128 　　　　　　　　图 129 　　　　　　　　图 130

要求：左脚尖外摆，右脚尖内扣，松胯、屈膝，开裆贵圆，立身中正，虚领顶劲，松肩沉肘，两臂与两腿有相合之意。

内劲、用法与第五式单鞭中动作六相同。

第二十七式 云 手

动作一：接上势。身体微左转，重心略向左移；同时，右勾手变掌，顺缠划弧下沉至腹前，掌心朝左，指尖朝前；左手领劲；目视右侧。（图131）

动作二：接上势。身体向右转，重心移至右腿；同时，右手由顺缠变逆缠，划弧外翻上掤至右前上方；左手顺缠走下弧合于腹前；目视左前方。（图132）

动作三：接上势。身体微左转，左手由顺缠变逆缠，划弧外翻上掤，右手变顺缠走下弧合于腹前；同时，重心移至左腿，右脚并步于左脚内侧；目视右前方。（图133）

图131 　　　　　图132 　　　　　图133

动作四：接上势。身体微右转，右手由顺缠变逆缠，外翻上掤；左手顺缠走下弧，向里合于腹前；同时，重心移至右腿，提左脚向左开步，脚跟着地，脚尖上翘；目视左前方。（图134）

说明与要求：云手以腰为轴，两手在体前分别向左右两侧划圆，如车轮滚翻，上下往返，按《拳论》要求，两手运转，上不过眉，下不过脐，随步运动，随身旋转。

练习方法：并步、偷步（即插步）、盖步均可，一般

图134

采用并步法。并步法是提右脚收于左脚内侧，为一并步；然后重心再移至右腿，左脚向左侧为一开步，这样可循环往复练习。在练习时，可根据场地大小适当安排，如地方宽敞，一般采用三并三开势；如果地方狭窄，可采用二并二开势或一并一开势。但注意最后应为左开步，还可以用偷步或盖步方式向左右来回运转。随练习条件的改变也可再变姿势，图解只列举了一并一开势，请练习者酌情掌握。并步云手时呼气，开步时吸气。

内劲：气由丹田发起，以腰为轴，上旋于两臂，下盘于两腿，步法轻灵变化，两臂

随身体摆动，劲贯四梢。

用法：云手是左顾右盼的一种练习方法，运用左过右来，右来左过，循环不已，结合灵活的步法，可左可右，可进可退；偷步、盖步均可转体，并且迅速方便；是以防守为主、防中有攻、攻中有防、攻防兼顾、步法灵活的一种练习功法。

《歌诀》云：

两手转环东复西，两足横行步法奇。

来回运气恒不已，双悬日月照乾坤。

第二十八式　高探马

动作一：接上势。身体微左转，重心移至左腿，右脚收至左脚内侧，松胯屈膝，虚步，脚尖点地；同时，两手左逆右顺缠，左上右下划圆交叉于胸前相合；目视右前方。（图135）

要求：收右脚与两手交叉同时进行，右臂合时掤劲不丢；松胯屈膝，身法中正。此势先吸气后呼气。

动作二：接上势。重心在左，提右脚向右后方开一步；同时，右臂随身左转向左引劲；目视右侧。（图136）

要求：开步时有上引下进之势，身法不丢。吸气。

动作三：接上势。重心右移，身体微右转；同时，右臂逆缠下分，左手逆缠上掤；目视左前方。（图137）

图135　　　　　图136　　　　　图137

要求：手臂分开时随裆腰旋转，身法中正，两臂掤劲不丢，有支撑八面之势。此动呼气。

动作四：接上势。身体右转，重心左移；同时，右下顺缠外翻，上掤至身体右侧与肩平；目随右手旋转。（图138）

要求：右手外翻上掤旋转时，要开胸松胯，有开中离合之势。此动吸气。

动作五：接上势。身体向左转，重心略右移，右脚尖内扣；同时，右手变逆缠，内转合于右胸前；左手顺缠里合；目视右前方。（图139）

要求：塌腰含胸，松胯屈膝，脚尖内扣，周身相合。此动继续吸气。

动作六：接上势。身体继续左转，重心在右腿，左脚向左后划弧，收于右脚内侧，脚尖点地；同时，右臂沉肘松肩，顺缠向右侧推出；左手顺缠收至腹前与脐平，手心朝上；目视右前方。（图140、图140附图）

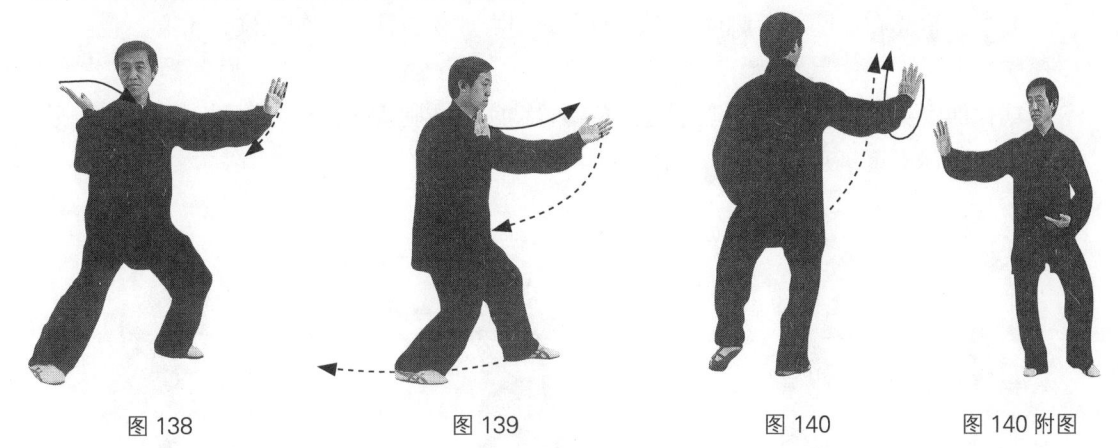

图138　　　图139　　　图140　　　图140附图

要求：右掌要随转体推出，周身一致。此动呼气。

内劲：此势以腰为轴，劲先合后开；再塌腰、松胯、开胸、转臂，将右手合于右胸；再转体，松肩沉肘，劲贯右手掌。

《歌诀》云：
　　　　　　上下手足各相随，后往前转莫迟疑。
　　　　　　只分身法转不转，击搏各有各新奇。

第二十九式　右擦脚

动作一：接上势。脚步不动，身体微右转，左手逆缠上掤与右手相合；目视右前方。（图141、图141附图）

要求：左手与右手相合时，以腰劲相催，左膝微内扣，意在两手。此动吸气。

动作二：接上势。脚步不动，身体微向左转；同时，两手左逆右顺缠向左下将；目视右前方。（图142、图142附图）

图141　　　图141附图　　　图142　　　图142附图

要求：两手下捋时，外掤劲不丢，随身体旋转放松下沉。此动呼气。

动作三：接上势。左手由逆缠变顺缠划弧向上，再变逆缠与右手交叉相合于胸前；同时，提左脚向右腿外侧交叉盖步，重心在右，左脚跟外侧着地；目视右前方。（图143、图143附图）

要求：重心在右腿，手脚同时交叉相合，周身放松灵活；切勿僵硬，重心不稳。此动吸气。

动作四：接上势。重心移至左腿，左脚掌踏实，右腿虚足点地；同时，两臂逆缠外翻上掤，身体下沉；目视右侧。（图144、图144附图）

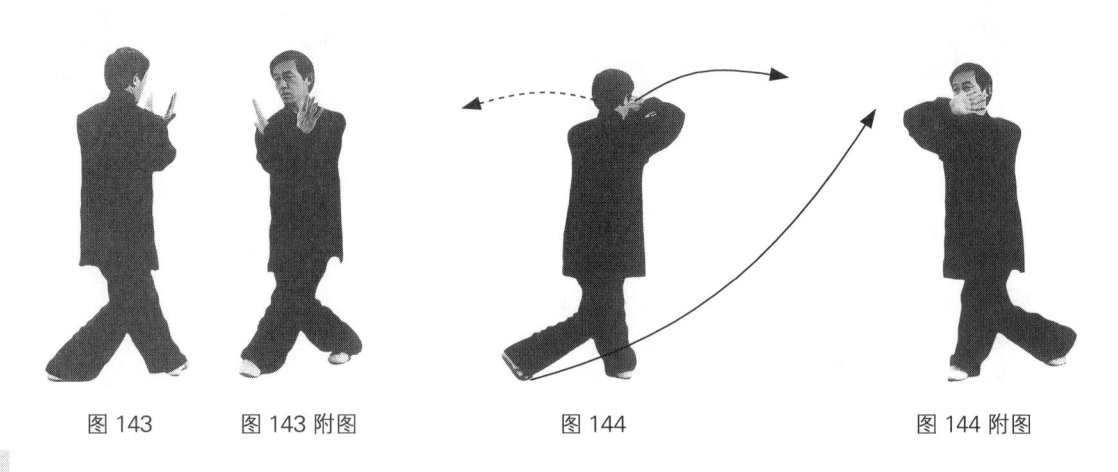

图143　　图143附图　　图144　　图144附图

要求：身体下沉，两臂上掤，有上下对称之意。腹肋部之肌肉松弛下沉，左腿重心稳定。此动呼气。

动作五：接上势。右腿迅速向上踢起，左腿独立步；同时，两手自上而下分开，右手合力击拍右脚面；目视右前方。（图145）

要求：左腿支撑重心要稳重，两手上分下合劲要均匀，并形成左右对称；右腿上踢起脚速度要快，上下相合。此动先吸气后呼气。

内劲：此势劲由腰间发出，上缠至左手，两手相合。下捋再交叉于胸前上掤，身法下沉，稳定重心，提腿上踢与右手相合，劲达右脚、右手。

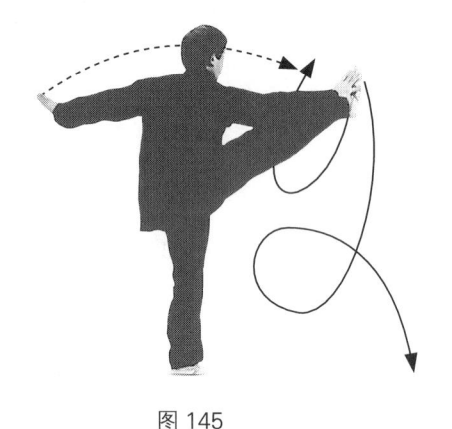

用法：设对方在右，右手由上向下经对方面部晃其视线，提右脚低踢其裆，高踢其胸腹或下颌。

图145

第三十式　左擦脚

动作一：接上势。身体右转，右脚环绕外摆落地，脚跟外侧着地，重心在左；同时，两手左上右下交叉于胸前；目视正前方。（图146）

要求：稳定重心，右腿顺缠外摆，两手交叉，同时做到身法中正。此动先吸气后呼气。

动作二：接上势。重心移至右腿，身体继续右转，左腿虚脚点地；同时，两臂外翻上掤；目视左侧。（图 147）

要求：两臂上掤，身体下沉，右腿支撑重心要稳定。此动先吸气后呼气。

动作三：接上势。右腿支撑重心，左脚提起后迅速向上踢；同时，两手由上向下分开，左手合力击拍左脚面；目视左前方。（图 148）

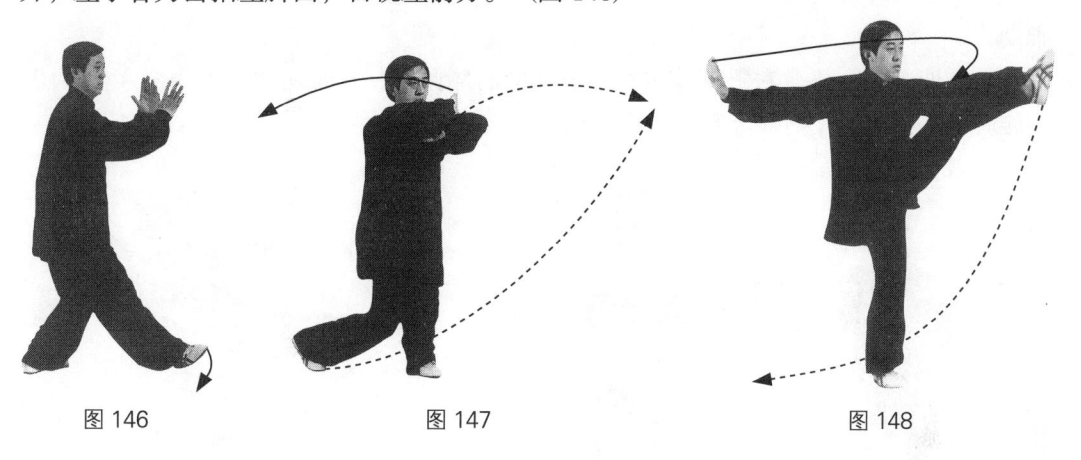

图 146　　　图 147　　　图 148

要求：右腿支撑，重心要稳；左腿起脚要迅速，并与左手相合。此动先吸气后呼气。

内劲：此势右腿劲顺缠外摆，两手劲相合，随身体右转劲缠至右腿；两臂劲逆缠外掤，劲贯左脚尖与左手相合。

用法：接上势。踢右脚后，紧接转身踢左脚，有连续进攻之势。

第三十一式　左蹬一跟

动作一：接上势。拍脚后，身体向左转180°，左脚随转体收至右脚内侧，虚脚点地；同时，两手相合于腹前；目视前方。（图149、图149附图）

要求：转身时，重心在右腿要稳，转身自然，周身合劲不散。

动作二：接上势。脚步不动，身体微左转；同时，两手双逆缠走下弧向左右两侧分开；目光扫视左右。（图150、图150附图）

图 149 　　图 149 附图 　　图 150 　　图 150 附图

动作三：接上势。两手握拳相合于腹前，拳心向里；同时，左腿屈膝提起，脚尖自然放松；目视左前方。（图151、图151附图）

要求：身体下沉，提腿、屈膝、松胯，上下相合，两肘外掤，蓄而待发。此动吸气。

内劲：周身相合，聚于丹田。《拳论》云："蓄要蓄得紧，开要开得尽。""蓄劲如开弓，发劲如放箭。"周身放松合一，发劲才能干脆利索，完整一气。

用法：周身蓄而待发，主要以左脚为主，蹬踹对方腰部，左拳打其面部，右拳对称辅助。

动作四：接上势。右腿支撑重心，身体向右侧倾斜，左脚用腰裆弹力向左侧平蹬，与腰胯相平；同时，两拳分别向左右发劲，力贯拳面。（图152）

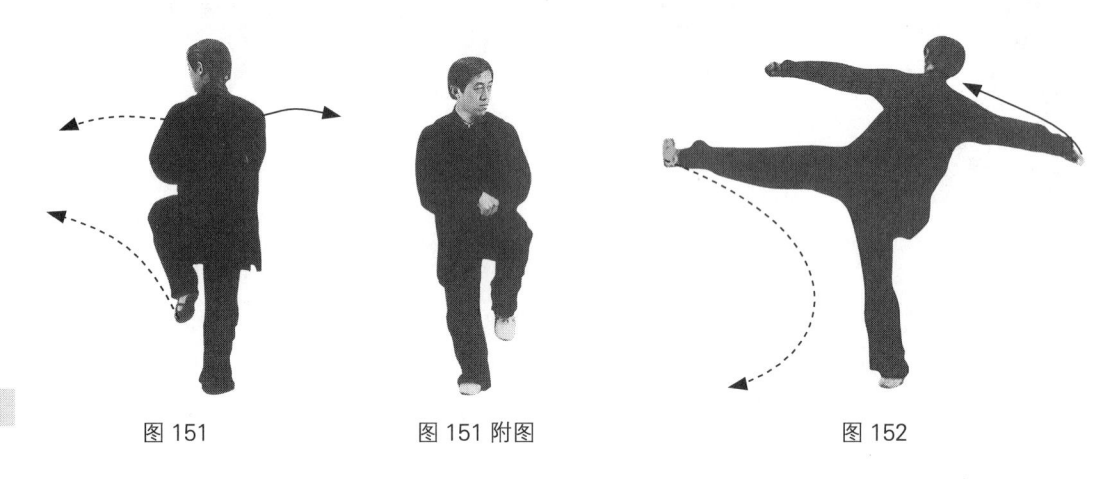

图151　　　图151附图　　　图152

要求：右脚着地要稳，左脚和左右拳要同时发劲，要"缩身如猬形，吐气贯长虹"。此动呼气。

内劲：接上势。团聚丹田之劲，同时贯于左脚和左右拳，但不能完全开尽，开尽如成一条直棍，没有环绕余地。《拳歌》曰："劝君智力休使尽，留下三分防后侵。"

用法：当被对方围困时，突然发劲，冲出重围。

第三十二式　前趟拗步

动作一：接上势。左脚落地，重心移至左腿，身体微左转；同时，两拳变掌，左掌划弧前推，右掌环绕合于右耳下；目视左前方。（图153）

要求：蹬腿后，身体右转，同时左脚收回，然后再向左前方迈出，与左右手环绕配合。此势收腿时吸气，迈步落脚时呼气。

内劲：蹬腿后，劲收回丹田，主宰于腰，身体向左转，再贯于左腿，上合于左右手。

用法：蹬腿后随上步跟进，逼其倒退，借机击打。

动作二：接上势。身体继续左转，重心仍在左腿，左脚尖外摆，提右脚向前上一步；同时，左手随身体左转划弧下按；右手向前推出，重心移至右腿；目视右前方。（图154）

要求：上步与两手摆动要协调一致，分清虚实，上步自然。此势提腿时吸气，落步时呼气。

内劲：随身体左转，劲由腰下行，松胯提膝，贯于右脚，上行松肩沉肘贯于两手。以腰脊为轴，两臂在身体两侧划圆摆动。

用法：两臂如车轮翻滚，前后左右防护周身。

动作三：接上势。重心在右腿，提左脚向前上步，身体随上步向右转；同时，右手逆缠划弧向身体右侧下按，左手顺缠上翻前掤；目视左前方。（图155）

图153　　　　图154　　　　图155

要求：上左步时，重心右移，右脚尖外摆；左手上翻前掤，右手下按与身体右转上步要协调一致。此动吸气。

内劲：劲塌于腰，贯于手，顶劲领起。

用法：此势可向左下方用肩肘发劲。

第三十三式　击地捶

动作一：接上势。身体微右转下沉，重心左移；同时，两手变拳，左拳心偏里朝上；右拳向上合与右肩平，拳心朝里；目视左前下方。（图156）

要求：身体下沉，松胯屈膝，腰劲煞下，两臂掤劲不丢。此动继续吸气。

内劲：裆劲要圆，腰劲塌住，贯于两拳。

动作二：接上势。身体向左转，重心左移；同时，左拳逆缠向下划弧经左膝前上提至头左侧与头平；右拳逆缠从右耳后向前下方栽拳；目视前下方。（图157）

图156 　　　　图157

要求：下栽拳时，顶劲领起，切忌弯腰凸臀。

内劲：扭腰转胯，左拳逆缠上提，右拳逆缠向前下方栽拳。

用法：设对方从我背后推来，我突然转背松沉，将对方劲滑空，使其栽倒。左肩可打背折靠。

《歌诀》云：

放开脚步往前蹚，已罢东蹬左足悬。

下击一捶先致命，然后回身欲飞天。

第三十四式 踢二起

动作一：接上势。重心右移，身体向右转；同时，右拳逆缠，右肘向右后上方上掤，左拳逆缠下栽于左腿外侧；目视左前下方。（图158）

要求：转体、移重心、肘上掤要同时一致。此动吸气。

内劲：劲由腰发，向右转上缠于右肘，左拳逆缠下合。

用法：若对方从我背后袭来，我迅速转身用右肘击其面部。

动作二：接上势。身体继续右转，重心移至左腿，提右脚收至左脚右前方，屈膝松胯，脚尖着地；同时，右拳顺缠外翻随转体下合于身体右侧，左拳顺缠随转体上冲拳于面前右侧；目视前方。（图159）

要求：以腰为轴，两拳翻转掤劲不断，身体翻转180°，所以也叫"翻身踢二起"。此动呼气。

内劲：以腰脊为轴，劲缠至两拳。

用法：翻身转势如车轮滚动，将来劲滚落空地。

动作三：接上势。身体微右转，重心向前移至右腿；同时，右拳向后移，左拳向前掤，身体略向前倾；目视前方。（图160）

图158 　　　　　　　　图159 　　　　　　　　图160

动作四：接上势。重心落于右腿，提左腿前踢，右拳后掤；目视前方。（图161）

动作五：接上势。身体微左转；同时，右拳变掌由后划弧向上高于头顶，左拳变掌走下弧在身体左侧向后撩；目视前方。（图162）

动作六：接上势。左脚迅速落地，右脚快速上踢；同时，右手向下拍击右脚面，左手向后上撩；目视右手掌。（图163）

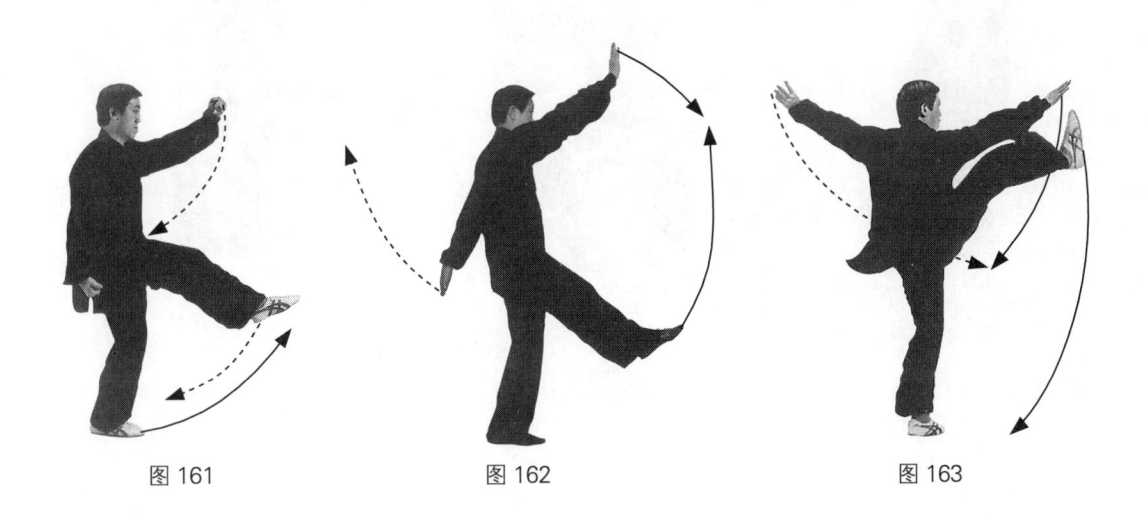

图161　　　　　　　图162　　　　　　　图163

说明与要求：此式动作五、动作六是为了便于初学者清楚地观察动作路线的变化而增加的两张分解图，当熟悉之后可连贯完成。在踢脚时尽量跳起，右脚上踢与右手相合，左手向上领劲。踢脚时呼气。

内劲：劲由腰起；左腿先起，然后右脚蹬地上踢，两臂在身体左右两侧划圆与右脚相合。

用法：上踢对方咽喉下颌，两腿一起一落也可以做连环腿用。

《歌诀》云：

二足连环起，全身跃半空。

不从口下踢，何自血流红。

第三十五式　护心拳

动作一：接上势。右脚落于左脚内侧；同时，左右两手分别下按于两大腿外侧，屈膝松胯，立身中正；目视前方。（图164）

要求：起跳后随即身体下沉，屈膝松胯，两手下合。

内劲：右脚落地，合于丹田。

动作二：接上势。重心移至右腿，提左脚向左侧偏后方开一步；同时，两手向左划弧上掤后捋，身体向右转；目视左前方。（图165）

要求：身体下沉，重心在右，左腿开步要自然，与两手后捋协调一致。此动吸气。

内劲：内劲由腰下缠至左腿，脚尖内扣，两手左顺右逆缠丝向后上方捋。

动作三：接上势。身体先右后左转，重心移至左腿，提右脚收于左脚内侧，虚脚点地；同时，两手先后右划弧下沉，再向左上捋，左手由顺变逆缠，右手由逆变顺缠；目视右前方。（图166）

图 164 　　　　　　　　图 165 　　　　　　　　图 166

要求：以手领劲，右脚收回要自然协调；两手左上掤之前，先向右划弧下沉，即所谓"欲左先右"。此动呼气。

动作四：接上势。重心在左，提右脚向右侧上步；同时，两手向左上掤；目视右前方。（图167）

要求：手领脚开，上引下进，身法端正。此动吸气。

动作五：接上势。身体向右转，重心移至右腿下沉；同时，右手变逆缠走下弧经右膝向外旋转，左手变顺缠由左向右拦至面前；目视前方。（图168）

要求：如练大身法，右肩、右肘均由右膝下转过，结合腰裆劲，含有"七寸"靠肘打法。此动呼气。

动作六：接上势。身体微右转，松胯下沉；同时，右手变拳上提合于右胸前，左手变拳下沉于小腹前，两拳心朝下；目视前方。（图169）

图 167 　　　　　　　　图 168 　　　　　　　　图 169

要求：右拳上提时左拳与身体同时下沉，周身相合。此动吸气。

动作七：接上势。身体左转，重心偏右腿；同时，右臂沉肘松肩，右拳顺缠前掤于胸前正中线；左拳顺缠收于腹前正中线，两拳上下相对；目视前方。（图170、图170附图）

要求：下盘稳固，屈膝松胯，裆劲开圆，立身中正，两臂掤圆。此动呼气。

内劲：护心拳势左盘右旋，主要盘旋腰裆劲，由转腰旋裆缠于右肘再催于右拳。

用法：此式前几个动作是调整身法和步法，用后肩靠肘。最后成势是用腰裆催于右肘，可打外柔内刚的蓄劲，也可打发劲。

图 170　　　　图 170 附图

《歌诀》云：

两拳上下似兽头，左足西往又东收。
护心拳里无限意，欲用刚强先示柔。

第三十六式　旋风脚

动作一：接上势。身体先左后右转；同时，两拳变掌，先向左再向右上掤捋；目视前方。（图 171）

要求：要有拳变掌的环绕劲，完全用腰裆运化的转折劲，圈要小而圆。此动吸气。

内劲：裆腰先左后右转一小圈，带动双拳变掌，左顺右逆缠变捋劲。

动作二：接上势。两手先向右捋下沉，划弧向左上提，左手与眼平，右手与胸平；同时，身体先右后略左转，重心从右腿移至左腿，右腿屈膝提起；目视前方。（图 172）

要求：移重心提右腿与两手上掤要同时一致，身端步稳，周身合一。此动先呼气后吸气。

内劲：劲由右腿移至左腿，两手左逆右顺缠丝上掤。

动作三：接上势。身体微右转，右脚外摆落地，脚跟外侧着地，左腿屈膝松胯；同时，两手交叉于胸前；目视前方。（图 173）

图 171 　　　　图 172 　　　　图 173

要求：脚摆手合要同时，塌腰松胯，劲合于手。此动先吸气后呼气。

动作四：接上势。重心移至右腿，身体右转90°，屈膝下蹲；同时，两手逆缠外掤；目视左前方。（图174）

要求：身体螺旋下沉，两臂掤劲不丢。此动呼气。

内劲：劲合于腰，缠于腿，掤于两臂。

图174

动作五：接上势。身体右转，左腿迅速起脚里合；同时，两手迅速向左右两侧横开，左手与左脚内侧合击；目视左前方。（图175）

要求：左脚上起里合速度要快，两手外开配合要一致。此动呼气。

内劲：劲由腰带，提左腿里合，左手逆缠外捌。

用法：左腿里合，高可横扫对方腰部，低可横扫对方腿部，腿向里扫，手向外捌将其击倒。

动作六：接上势。身体继续右转180°，左脚落于右脚内侧，虚脚点地；同时，两手交叉合于腹前；目视前方。（图176）

图175 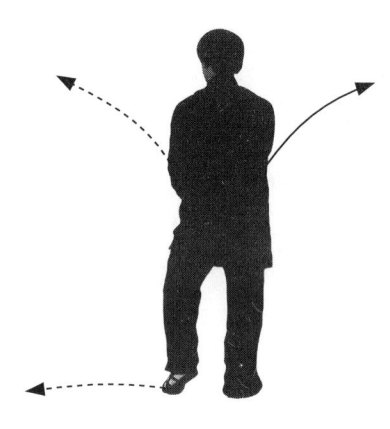　　　　　　　　　　图176

要求：击脚后，迅速旋转不停；转身落地，上下相合，立身要稳。此势继续呼气。

内劲：合击后，劲归丹田，周身相合，掤劲不丢。

第三十七式　右蹬一跟

动作一：接上势。左脚向左跨一步，两手逆缠上翻外掤，松胯下沉；目视前方。（图177）

要求：跨步与两手上分要一致，裆圆身正，顶劲领起。此动吸气。

动作二：接上势。重心移至左腿，右脚收于左脚内侧，脚尖点地；同时，两手收于腹前交叉；目视右前方。（图178）

要求：移重心，收右脚，两手相合，周身协调快速。此势呼气。

内劲：从上动起，或由腰发，先开后合，蓄于丹田。

用法：动作一、动作二是快速向左开步，再提腿蹬足。如果离对方太近，难以发挥威力时，可以迅速跨一步，以便在适当范围内发挥蹬腿的优势。

动作三：接上势。身体放松下沉，右腿屈膝提起；同时，两手变拳提于胸前相合；目视右侧前方。（图179）

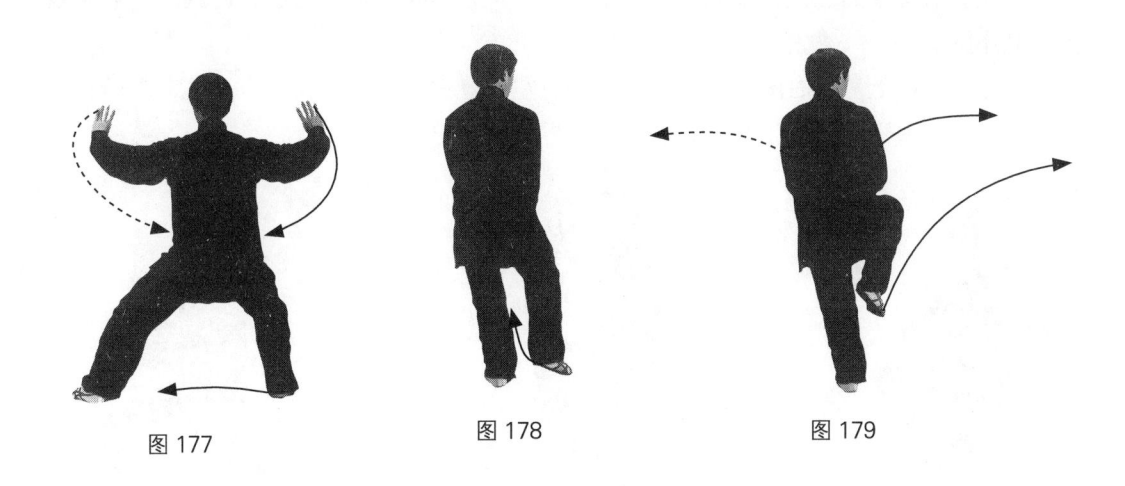

图 177　　图 178　　图 179

要求：提腿屈膝，周身相合，两拳心朝里，两肘掤劲不丢。此动吸气。

内劲：劲聚丹田，放松蓄于拳足，蓄紧开尽，如纸卷炮，卷得越紧，崩得越响。

动作四：接上势。左腿支撑重心，右腿侧踹平蹬；同时，两拳迅速向左右两侧发劲；目视右前方。（图180）

要求：发劲时，身体保持稳重，发劲完整。

内劲：由丹田用弹抖劲贯于右脚、两拳。

用法：蹬腿也可以不动步，要根据情况，视对方远近，主要以击其腰部或腿部为宜。

图 180

《歌诀》云：

再将右足上蹬天，顺住左腿磋无偏。

事到难时皆有法，谁知身体倒解悬。

第三十八式　掩手肱拳

动作一：接上势。右脚收回悬于裆内；同时，右拳变掌下沉合于右腿内侧，左拳变掌合于身体左侧；目视右前方。（图181）

要求：蹬腿后，右腿可以落地，也可以不落地，主要是练单腿支撑力，保持身体平稳，两手下沉相合。此动吸气。

动作二：接上势。右手环绕向身体右侧斩手发劲，左手上撩掌与右手发劲配合；同时，身体右转90°，左脚尖内扣踏实，右脚提起；目视前方。（图182）

要求：一腿支撑，发劲转身，提膝松胯，上下相合，完整一气。此动呼气。

内劲：于上动蹬足后，内劲回归丹田，转腰甩臂，劲贯右手。

用法：锻炼发劲和下盘稳固，且可用以避开对方踢我右腿，右腿提起闪过，右手发力斩其小腿。

动作三：接上势。右脚震脚落地，左脚向左前上一步，重心在右，身体向右转；同时，两手左上右下交叉合于腹前；目视左前方。（图183）

图181　　　　　图182　　　　　图183

要求、内劲、用法与第十三式拗步中动作五相同。

动作四：接上势。身体略右转，重心左移，两手双逆缠下分；目视前方。（图184）

要求、内劲、用法与第十四式掩手肱拳中动作一相同。

动作五：接上势。身体先左后右转，重心右移；同时，右手顺缠上翻握拳合于右腰间，拳心朝上；左手先逆后顺缠划小圈合于左胸前；目视前方。（图185）

要求、内劲、用法与第十四式掩手肱拳中动作二相同。

动作六：接上势。右脚猛蹬地，重心迅速左移，身体迅速左转；同时，右拳逆缠向前发劲，左手向后发肘劲；目视前方。（图186）

图184　　　　　图185　　　　　图186

要求、内劲、用法与第十四式掩手肱拳中动作三相同。

第三十九式　小擒打

动作一：接上势。重心在左；同时，右拳变掌，松肩沉肘，左手从左肋逆缠向上合于右前臂内侧；同时，提右脚向前上半步，脚跟着地，脚尖上翘；目视前方。（图187）

要求：拳打出去随沉肘松肩及时上步，做到周身协调。此动先吸气后呼气。

内劲：出拳时劲贯拳面，瞬间收于丹田，在周身稍一环绕，松肩沉肘掤于前臂。

动作二：接上势。重心移至右腿，身体略右转，左腿屈膝提起；同时，右臂逆缠外掤，左手轻抚于右臂内侧外掤，身体上下相合；目视左侧。（图188）

要求：提腿时上下相合，右手上掤劲不丢。此动吸气。

动作三：接上势。身体略右转，左脚向左前方跨一大步；同时，左手随左腿划弧下按，右手上掤；目视左前方。（图189）

图187　　　　　图188　　　　　图189

要求：跨步与左手划弧下按要同时进行，重心在右腿，右手上掤，立身中正，头领劲。此动呼气。

动作四：接上势。重心由右腿移向左腿；同时，左手逆缠上掤，右手走下弧与左手相合；目视左前方。（图190）

要求：裆走下弧前移，右手与左手相合一致。此动吸气。

动作五：接上势。身体略右转，重心略右移；同时，左手顺缠走上弧向里收，右手走上弧合于胸前；目视左前方。（图191）

要求：两手走上弧合劲时，身体下沉，重心右移，两手蓄而待发。此势继续吸气。

动作六：接上势。身体向左转，重心移至左腿；同时，两手合力，左手横向在上，右手立掌在下，随重心前移合力推至左膝上方；目视左侧。（图192）

要求：左手上掤、右手前推与重心前移、身体左转要协调一致。此动呼气。

内劲：小擒打一势，转腰松肩沉肘上右步，右手上掤再开左步；两手先开后合再合力前推，劲均由裆腰旋转缠绕贯于两手，双手里缠合劲，左架右打。

图190 　　　　　　　　图191 　　　　　　　　图192

用法：小擒打，顾名思义，既含有擒拿法，又有打法。两手合力滚缠为拿法，左手上掤、右手前推含有打法。此势可练含蓄劲，亦可练发劲。

《歌诀》云：

> 后脚跟随左足前，左脚抬起再往前。
> 左手拦起似遮架，右手一掌直攻坚。

又云：

> 捆肚一掌苦连天，偷以右手肘下穿。
> 神仙自是防不住，何况中峰尽浩然（浩然即言浩然之气）。

第四十式　抱头推山

动作一：接上势。身体微左转，右脚收于左脚内侧，脚尖点地；同时，右手顺缠合于左手下；目视前下方。（图193）

要求：此势手领身转带动脚收回，周身动作要协调。此动吸气。

动作二：接上势。身体向右转90°，以左脚跟为轴，左脚尖内扣；同时，两臂随身体右转外掤，两手心朝里，两臂掤圆；目视右前方。（图194）

要求：以腰带动身体右转，两臂掤圆随身体右转走弧线。此动呼气。

动作三：接上势。身体下沉，两手下分，手心相对；目视右前方。（图195）

图193 　　　　　　　　图194 　　　　　　　　图195

要求：两手随身体下沉，周身放松，心气下降。此动先吸气后呼气。

动作四：接上势。身体下沉，重心在左腿，提右脚向右略偏前方开步；同时，两手逆缠划外弧上合于两耳下；目视右前方。（图196）

要求：脚开手合，上下协调，腰劲塌下，裆腰开圆。此动吸气。

动作五：接上势。身体微右转，重心由左腿移向右腿；同时，两手随重心前移合力前推；目视右前方。（图197）

图196 　　　　　　　　图197

要求：意识集中，劲合两手，随重心前移，裆腰手臂劲力齐到。此动呼气。

内劲：此势劲由腰起，随身体右转掤于两臂，随着开步下分，再合于两手。两手合劲要与腰裆相合。

用法："身欲进人，步要过人"，轻伸腿可插步亦可套步。两手合力前推可发弹抖劲，有力推华山之势。

《歌诀》云：

推山何必上抱头，惧有劈顶据上游。
转身抱首往前进，推倒蓬瀛盖九州。

又云：

两手托胸似推山，恨不一下即推翻。
此身有力须合并，更得留心脊背间。

第四十一式　六封四闭

动作一：接上势。重心由右腿移至左腿，身体随之略左转；同时，两手左逆右顺向左下方捋；目视右下方。（图198）

动作二：接上势。身体微右转，重心移至右腿；同时，两手走弧线上翻合于左胸前；目视前下方。（图199）

动作三：接上势。身体微右转下沉，两手合力向右下方前按；同时，左脚收至右脚内侧；目视右前下方。（图200）

要求、内劲、用法与第四式六封四闭相同。

图198 　　　　　　　　　　　图199 　　　　　　　　　　　图200

第四十二式　单　鞭

动作一：接上势。重心在右腿；同时，两手双顺缠，右手内收，左手外转；目视右前下方。（图201）

动作二：接上势。重心在右，身体左转，左膝随之外摆；同时，右手五指合拢，逆缠变勾手上提；左手顺缠手心朝上收于腹前；目视右手腕。（图202）

动作三：接上势。身体微右转，左腿屈膝提起，身体上下相合；目视左前方。（图203）

图201 　　　　　　　　　　　图202 　　　　　　　　　　　图203

动作四：接上势。重心在右腿，左脚跟内侧着地向左侧铲地滑出，脚尖上翘里合；目视左前方。（图204）

动作五：接上势。身体微右转，重心移至左腿，左手穿掌外翻上掤；目光扫视左右。（图205）

动作六：接上势。身体略左转，左手逆缠外开，屈膝松胯，沉肘松肩，含胸塌腰，周身放松，上下相合，立身中正，开裆贵圆；目视前方。（图206）

要求、内劲、用法与第五式单鞭相同。

图204　　　　　　　　　图205　　　　　　　　　图206

第四十三式　前　招

动作一：接上势。身体右转，重心移至右腿，提左脚收于右脚内侧，脚尖点地；同时，右手变掌逆缠上掤，左手顺缠走下弧向右侧外掤；目视左前方。（图207）

要求：右手引劲上掤、左手下合要与收左脚一致。此动先吸气后呼气。

内劲：以腰缠至右手，右手逆缠上掤，左手顺缠下合，左腿里合扣裆。

用法：接劲向右引，收腿护裆。

动作二：接上势。身体微下沉右转，两手上掤；同时，提左脚向左前开步，脚跟内侧着地，脚尖上翘里合；目视左前方。（图208）

要求：左腿开步与两手右引上下一致。此动吸气。

内劲：左腿逆缠开步，腰右转缠至左臂下合，或蓄左腰。

用法：上引下进，含有打左肩靠和左臂外崩劲。

动作三：接上势。身体先右后左转，重心移至左腿，提右脚收于左脚右前方，虚脚尖点地；同时，左手逆缠弧线上掤，右手顺缠走下弧左掤；目视前方。（图209）

图207　　　　　　　　　图208　　　　　　　　　图209

要求：两手左掤要结合腰劲，与收右脚一致。此动可打发劲，呼气。

内劲：以腰旋转，劲贯两手。

用法：接上动的引劲之后，可向左侧打捌劲。

《歌诀》云：

眼顾左手是前招，上领下打把客邀。
任他四面来侵侮，陡然一势逞英豪。

第四十四式　后　招

接上势。脚步不动，上身向右转；同时，右手逆缠外翻上掤，左手顺缠走下弧向右掤；目视右前方。（图210）

要求：以腰脊为轴，左右旋转。此动先吸气后呼气。

内劲：以腰右缠贯于两手。

用法：向右侧打捌劲。

《歌诀》云：

陡然一转面向东，无数敌来无数攻。
不是此身灵敏极，几乎脑后被人穷。

图210

第四十五式　野马分鬃

动作一：接上势。身体向左转下沉，重心在左腿，提右脚向前上步；同时，右手顺缠向下合于右膝内侧，左手逆缠上掤；目视右侧。（图211）

要求：左手上掤和右手下合，以及右腿开步要由身法带动，协调一致。裆劲开圆，身法中正。此动先吸气后呼气。

内劲：向下合，劲合于腰裆，掤于两臂，右臂有里合外绞之势。

用法：前伸之脚可插入套。闪空背后来劲，有打背折靠之势。

动作二：接上势。重心由左腿移至右腿，身体向右转；同时，右手逆缠划弧上掤与额平，左手顺缠下合于左腿外侧；目视右前方。（图212）

要求：右手上掤时以裆催腰，以腰催肩肘，达于手臂，一气贯通。此动吸气。

内劲：裆拧腰转缠于右臂，外旋掤住劲，左手合。

用法：右手由下向上穿掌外掤，有绞、滚、翻之劲。如有乱棍或拳脚打来，我以向上斜穿掌连续带翻将劲引空，逐步移动力点（接触点），使其无法加力，如分开野马之乱鬃。

动作三：接上势。身体右转，右脚尖外摆，提左脚向前上一大步；同时，右手掤至右额前，左手合于左膝内；目视左前方。（图213）

要求：上左步要自然，与身体配合要协调。此动呼气。

内劲：劲合于裆，掤于两臂，双臂有里合外绞之势。

用法：前引后击。

图 211 　　　　　图 212 　　　　　图 213

动作四：接上势。身体微左转，重心移至左腿；同时，左手逆缠外翻上掤至左额前，右手顺缠下合于左膝上；目视左前方。（图 214）

要求：拧裆转腰掤于左臂，周身上下一致。此动吸气。

内劲：由裆转至腰，由腰缠至左臂，右手合。

用法：与本式动作二右手穿掌上掤相似，唯方向不同。

《歌诀》云：

　　　　　一身独入万人中，将用何法御英雄。
　　　　　惟有飞风披左右，庶几可以建奇功。

图 214

第四十六式　六封四闭

动作一：接上势。身体微左转，重心在左，右手走上弧与左手相合；目视左前方。（图 215）

动作二：接上势。身体微右转，重心移至右腿；同时，两手左顺右逆缠向右下方掤；目视左前方。（图 216）

动作三：接上势。身体微左转，重心略左移，左脚尖外摆；同时，两手前掤上翻；目视左前下方。（图 217）

图 215 　　　　　图 216 　　　　　图 217

动作四：接上势。重心移至左腿，身体随之左转150°，提右脚向右侧上步；同时，两手随转体下掤；目视右前方。（图218）

动作五：接上势。重心移至右腿，两手左掤上翻合于左肩前；目视右下方。（图219）

动作六：接上势。身体微右转，重心在右，提左脚收于右脚内侧；同时，两手合力下按；目视右前下方。（图220）

图218　　　　　　　　　图219　　　　　　　　　图220

第四十七式　单　鞭

动作一：接上势。身体右转，重心在右；同时，两手双顺缠，右手里收，左手外转；目视右前方。（图221）

动作二：接上势。右手五指合拢成勾手逆缠，手腕放松向右上方领劲；身体向左转，左腿虚步并随转体左膝外摆；同时，左手收于腹前，手心朝上；目视右前方。（图222）

动作三：接上势。右手腕领劲，身体略左转，左腿屈膝提起；同时，左手微下沉，上下相合；目视左侧。（图223）

图221 　　　　　　　　　图222 　　　　　　　　　图223

动作四：接上势。重心在右腿，左脚跟里侧着地，向左侧铲地滑出，脚尖上翘里合；目视左侧。（图224）

动作五：接上势。身体微右转，重心向左移，左手向右上穿掌逆缠外翻；目视前方，环视左右。（图225）

动作六：接上势。身体左转，左手划外弧线向左拉开；周身放松，手与脚合，肘与膝合，肩与胯合，周身上下团聚不散；目视前方。（图226）

要求、内劲、用法参考第五式单鞭。

图224　　　　　图225　　　　　图226

第四十八式　玉女穿梭

动作一：接上势。身体微左转，重心在左，提右脚收于左脚内侧，虚脚点地；同时，右手变掌顺缠下沉，与左手交叉于胸前；目视右前方。（图227）

要求：手与脚齐合，有侧身引空进击之意，此动承上势先吸气后呼气。

动作二：接上势。身体右转，两手随之右转立掌掤于胸前，右手在前，左手在后；同时，以右脚尖为轴右膝外摆，左脚尖内扣随身右转；目视前方。（图228）

要求：转身时要以腰催肩，以肩催肘，掤于胸前。此动先吸气后呼气。

动作三：接上势。屈膝松胯，身体下沉，两手双逆缠下合；目视前方。（图229）

图227 　　　　　图228 　　　　　图229

要求：随身体下沉，两手下按，切勿弯腰。此动接上动下沉时呼气。

动作四：接上势。两手顺缠迅速向上领起，双脚随之上纵离地；目视前方。（图230）

要求：以手领劲，周身一致，上纵轻灵。此动吸气。

动作五：接上势。双脚震脚落地，双手逆缠随之下按；目视前方。（图231）

要求：震脚落地；两手下按要沉重有力，完整一气，立身中正。此动呼气。

动作六：接上势。双手顺缠上掤，右腿随之屈膝提起；目视前方。（图232）

图230 　　　　　　图231 　　　　　　图232

要求：手掤提腿，立身稳重，周身合一，内劲团聚不散。此动吸气。

动作七：接上势。重心在左腿，身体迅速左转，右腿里合外蹬；同时，右掌逆缠前推，左手逆缠合于左胸前，向左后发肘劲；目视右前方。（图233）

要求：将周身团聚之劲，迅速贯于右脚右手和左肘，左腿独立稳重。此动呼气。

动作八：接上势。右脚跨步落地，重心移至右腿，身体微右转，左掌略下沉；目视前方。（图234）

要求：此势为蹿跳的过渡动作，右脚落地即起，用右脚前掌蹬地弹起前跃，此动先吸气后呼气，同下一个动作相连。

动作九：接上势。右前脚掌迅速蹬地弹起前纵，身体在空中向右旋转180°；同时，左手逆缠向左猛推，右手向后开；目视左侧。（图235）

图233 　　　　　　图234 　　　　　　图235

要求：右脚蹬地弹起，身体在空中向前跃起，跳出2米多远，劲贯左掌。接上动呼气。

动作十：接上势。左脚先落地，右脚从左腿后插过，脚尖着地；同时，左掌前推，右掌后开；目视左侧。（图236）

要求：此势为下势过渡动作，练习时可以不停，落地轻稳，身法中正。

动作十一：接上势。身体右转180°，重心移至右腿，左腿随转体里合；同时，随转体两手右逆左顺缠由左向右转；目视左侧前方。（图237）

要求：转身时要稳，身法下沉，两手掤劲不丢。此动吸气。

内劲：主宰于腰，缠于两手，下合上领，震脚发劲，蹿蹦跳跃，插步旋转，皆由腰脊为轴，团聚丹田之气，或行于梢，或聚于源，以意导气，以气运身，循环不已。

用法：此势是一种激发精神，以声助威突出重围的练习方法。蹬、推、肘、靠等法兼施并用。

"玉女穿梭"一式，上纵如穿脊飞燕，轻灵自然；震脚如雷贯耳，沉重如山；前跃似箭离弦，急如流星；旋转如旋风，其快无比。

练习时审时度势，可快可慢，可跳可不跳，适当掌握。

《歌诀》云：

    转引转击出重围，宛如织女弄梭机。
    此身直进谁比速，一片神行自古稀。

又云：

    天上玉女弄金梭，一来一往织绫罗。
    谁知太极拳中象，兔走鸟飞拟如何。

第四十九式　懒扎衣

动作一：接上势。两手由双逆缠变双顺缠，划弧交叉于胸前，左手合于右臂内侧，手心朝外，右手心朝上；同时，重心移至左腿，提右脚向右横开一步，脚跟里侧着地，脚尖上翘里合；目视右侧。（图238）

动作二：接上势。身体向左转，重心右移，右手顺缠上掤；目视右侧。（图239）

动作三：接上势。右手逆缠外翻，左手顺缠下沉，手心朝上沉于腹前；身体右转，右手逆缠至右膝上方，松肩沉肘，略变顺缠，指尖与眼平，左手逆缠至身体左侧叉腰；重心在右；眼神随右手转至右侧后转视前方。（图240）

要求、内劲、用法与第三式懒扎衣相同。

图 238　　　　　　　　图 239　　　　　　　　图 240

第五十式　六封四闭

动作一：接上势。身体微右转，重心略右移；同时，左手从左腰间走上弧与右手相合，右手略有前引下沉之意；目视右手中指端。（图 241）

动作二：接上势。身体左转，重心左移；同时，两手左逆右顺缠，自右而左向下掤；目视右侧。（图 242）

动作三：接上势的动作运行路线，身体继续左转；同时，两手左顺右逆缠继续向左后上方掤；重心向右移；目视右前方。（图 243）

图 241　　　　　　　　图 242　　　　　　　　图 243

动作四：接上势。重心继续右移；同时，两手变左顺右逆向上划弧合于左肩前；随着两手相合，身体向右转；目视右前下方。（图 244）

动作五：接上势。身体微右转下沉，两手合力走弧线向右前下方按；同时，左脚收于右脚内侧，脚尖点地；目视右前下方。（图 245）

要求、内劲、用法参照第四式六封四闭。

图 244　　　　　　　　　　　图 245

第五十一式　单　鞭

动作一：接上势。身体右转，重心在右；同时，两手双顺缠，右手内收，左手外转；目视右前下方。（图 246）

动作二：接上势。身体左转，左膝随之外摆，右手五指合拢逆缠变勾手上提，左手顺缠手心向上收于腹前；身体微右转，左腿屈膝提起，身体上下相合，左脚跟内侧着地向左侧铲地滑出；目视左侧。（图 247）

动作三：接上势。身体微右转，重心移至左腿；左手穿掌外翻上掤，身体略左转，左手逆缠外开，屈膝松胯，含胸塌腰，周身放松，上下相合，立身中正，开裆贵圆；目光在扫视左右后停于正前方。（图 248）

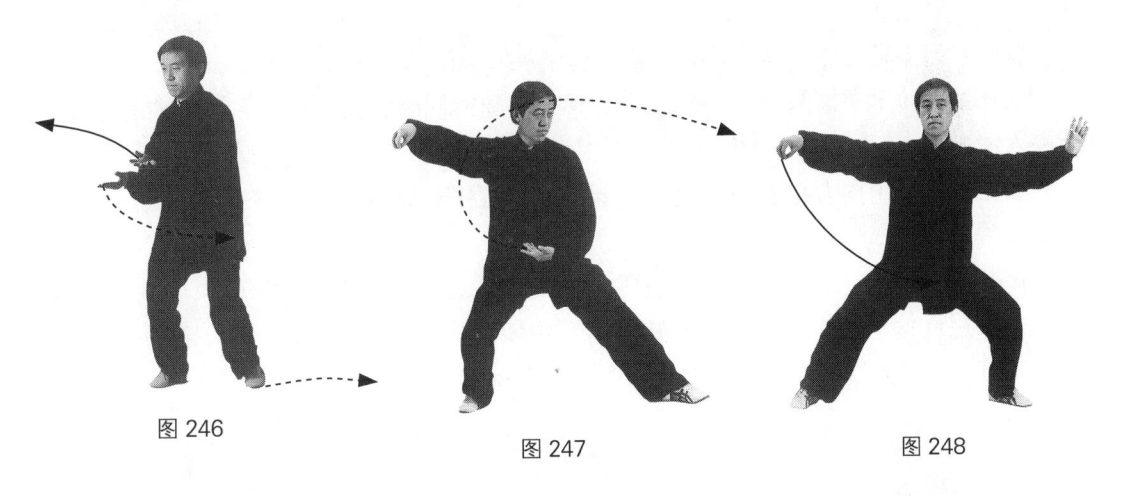

图 246　　　　　　图 247　　　　　　图 248

第五十二式　云　手

动作一：接上势。身体微左转，重心略向左移；同时，右手变掌顺缠划弧下沉至腹前，掌心朝左，指尖朝前；左手领劲；目视右侧方。（图 249）

动作二：接上势。身体向右转，重心移至右腿；同时，右手由顺变逆缠，划弧外翻上掤至右前上方；左手顺缠走下弧合于腹前；目视左侧。（图 250）

动作三：接上势。身体微左转；左手由顺变逆缠划弧外翻上掤，右手变顺缠走下弧

合于腹前；同时，重心移至左腿，右脚并步于左脚内侧；目视右侧下方。（图251）

图249 　　　　　　　图250 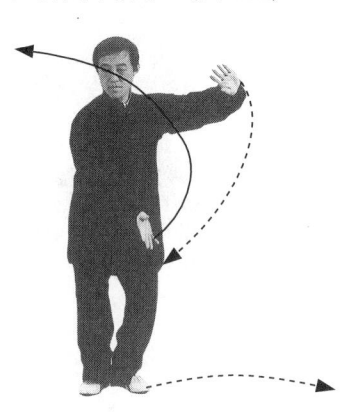　　　　　　　图251

动作四：接上势。身体先微左转再右转；右手由顺变逆缠外翻上掤，左手顺缠走下弧合于腹前；同时，重心移至右腿，提左脚向左开步，脚跟内侧着地，脚尖上翘；目视左侧前方。（图252）

第五十三式　摆脚跌岔

动作一：接上势。身体向左转，重心移至左腿；同时，两手由右逆左顺缠变成左逆右顺缠走下弧，向左方掤；目视左前方。（图253）

要求：两手随身体转动，重心左移，动作一致。此动呼气。

图252

动作二：接上势。身体向右转，重心移至右腿；同时，两手由向左掤变向右上掤，左顺右逆缠；目视左侧。（图254）

要求：两手由向左掤变向右上掤，要同重心右移、身体右转协调一致，以腰旋转。此动吸气。

内劲：以腰带动，劲由左腿缠至右腿，两臂左顺右逆缠上掤，松肩沉肘，劲贯两手。

动作三：接上势。身体继续右转，略变左转，重心移至左腿；同时，两手继续右掤，下沉变左逆右顺合于身体右侧；目视右前方。（图255）

图253 　　　　　　　图254 　　　　　　　图255

要求：两手随身体右转，重心左移合于身体右侧，要圆转自如，合劲饱满。此动呼气。

内劲：右转塌腰，缠于左腿，劲合两手。

动作四：接上势。身体向左转，右腿由下划弧向左上再向右后摆；同时，两手向左侧与右脚面相击拍；目视右脚。（图256）

要求：右脚外摆速度要快，与两手击拍劲要完整，左腿独立步要稳。此动先吸气后呼气。

内劲：摆脚，劲由腰缠于脚外摆，两手里合，形成手脚相合劲。

动作五：接上势。右脚击拍后向外摆，然后收腿震脚落地，重心移至右腿；左脚脚尖点地；同时，两手变拳左上右下（右拳心朝上，左拳心朝下）交叉合于胸右侧。（图257）

要求：身端步稳，震脚合力，完整一气，此动先吸气后呼气。

内劲：摆脚后，劲由丹田下行于右脚，上缠于两手，左拳逆缠、右拳顺缠交叉相合。

用法：震脚可促使血液循环，振奋精神，可踩踏对方脚趾。右拳下合前冲击打对方胸腹。

动作六：接上势。重心在右，提左腿脚跟内侧着地，铲地滑出后仆步下蹲，裆部离地四指；同时，两拳逆缠分开，右拳上提至身体右后侧，高于头顶，左拳顺缠下合于左腿上，两拳心相对；目视左侧。（图258）

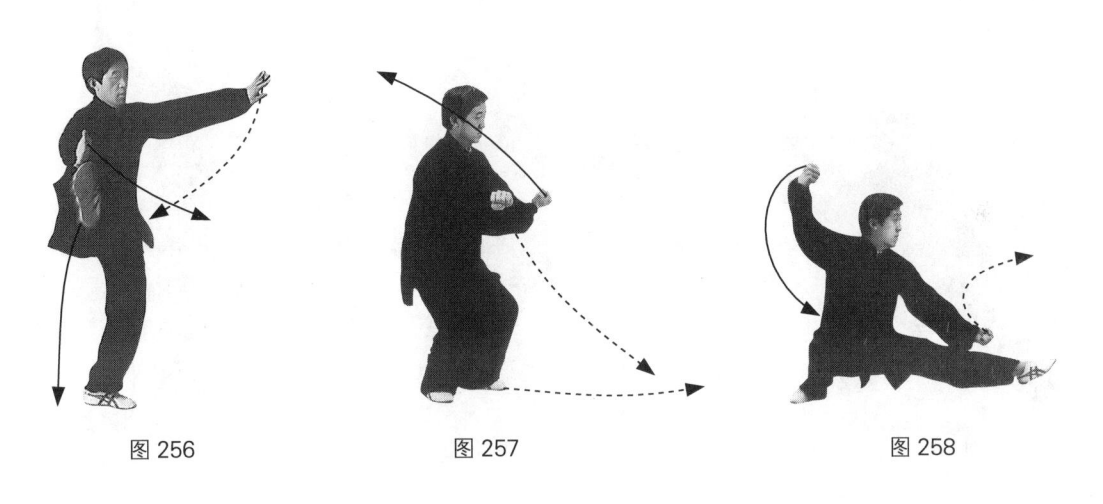

图256　　　　　图257　　　　　图258

要求：两腿基本铺地，也可全铺，但是不能坐死，应有灵活性。身法端正，顶劲领起。此动吸气。

内劲：劲由右腿缠于左腿，左腿里合铲地滑出，劲力适度，不轻不重。两拳结合腰劲，逆缠分开。

用法：此势为低身法，引空上劲，攻其下盘。裆内保持有旋转劲。

《歌诀》云：

　　　　上惊下取君须记，左足擦地蹬自利。
　　　　右股屈住膝挨地，盘根之中伏下意。

第五十四式 金鸡独立

动作一：接上势。身体先右后左转，裆腰一拧，重心走下弧移至左腿；同时，左拳随重心顺缠上冲，右拳下合于身体右侧；目视前方。（图259）

要求：身法中正，两拳掤劲不丢，裆腰旋转上冲，左拳手腕莫软。此动吸气。

内劲：劲由右腿结合裆腰拧劲，走下弧线移向左腿，贯于两拳。

用法：裆劲螺旋前冲，贯于左拳，可从下到上击其身体前正中线要害处，裆、腹、胸、咽喉等。

动作二：接上势。身体向左转90°，重心在左，提右脚上步，屈膝松胯，脚尖点地；同时，左拳上冲至胸前，与下颌平；右拳随上步冲于左拳内侧；目视前方。（图260）

要求：右脚上步要轻松自然，右拳上冲劲要连贯。此动与上动相连，呼气。

内劲：左拳领劲，拧身上步带右拳前冲，两拳相合。

用法：右拳作为辅助拳可连续进击，也可作为左拳的接应。

动作三：接上势。重心在左腿独立撑地，膝微屈松胯，右腿屈膝提起，右脚悬于裆内；同时，右拳变掌旋转上托，掌心朝前，左拳变掌逆缠下按至身体左侧；目视前方。（图261）

图259 　　　　　　　　图260 　　　　　　　　图261

要求：独立步要稳，立身中正，上下相合，有顶天立地之势。此动吸气。

用法：锻炼独立步法；右掌托其下颌，提膝既可撞其裆部，又可防护自己的裆部。

动作四：接上势。右脚震脚落地，右手随之下按，身体放松下沉；目视前下方。（图262）

要求：震脚时手脚同下，屈膝松胯，身体下沉，切勿弯腰。此动呼气。

动作五：接上势。身体微左转，重心在左腿，提右脚向右侧横开一步；同时，两手左逆右顺缠，由右下方划弧向左上方捋；目视右侧前方。（图263）

要求：移重心、开右步与两手弧线上掤、捋协调一致，开步脚跟内侧着地。此动吸气。

动作六：接上势。身体微右转，重心移至右腿，提左脚收于右脚内前侧，脚尖着地；同时，两手向右捋弧线下沉，左手再向上托与胸平，右手逆缠下按至身体右侧；目视前方。（图264）

图262　　　　　图263　　　　　图264

要求：移重心收腿，左手由捋转托，周身上下相合，协调一致。此动呼气。

动作七：接上势。左手外旋上托，掌心朝前；同时，左腿屈膝提起，左脚悬于裆内；右腿独立，松胯，膝微屈，右手下按；目视前方。（图265）

要求：独立步稳，提膝与胯平，合劲不散。此动吸气。

内劲：左独立步震脚后，劲由腰缠至两手左捋，再下沉合于腰，贯于左掌逆缠上托，力达掌根。

用法：同左独立步。

图265

《歌诀》云：

纵身直上手擎天，左手下垂似碧莲。
金鸡宛然同独立，不防右膝暗中悬。

又曰：

右膝撞裆人不服，不料左股又重出。
不到真难休使用，此着不但令人哭。

第五十五式　倒卷肱

动作、要求、内劲、用法同第二十式倒卷肱动作二至五。（参见图95—图98）

第五十六式　白鹅亮翅

动作、要求、内劲、用法同第二十一式白鹅亮翅。（参见图99—图101）

第五十七式 斜 形

动作、要求、内劲、用法同第二十二式斜形。（参见图 102—图 108）

第五十八式 闪通背

动作、要求、内劲、用法同第二十三式闪通背。（参见图 109—图 116）

第五十九式 掩手肱拳

动作、要求、内劲、用法同第二十四式掩手肱拳。（参见图 117—图 119）

第六十式 六封四闭

动作、要求、内劲、用法同第二十五式六封四闭。（参见图 120—图 124）

第六十一式 单 鞭

动作、要求、内劲、用法同第二十六式单鞭。（参见图 125—图 130）

第六十二式 云 手

动作、要求、内劲、用法同第二十七式云手。（参见图 131—图 134）

第六十三式 高探马

动作、要求、内劲、用法同第二十八式高探马。（参见图 135—图 140、图 266 同图 140）

第六十四式 十字脚

动作一：接上势。身体微下沉；同时，右臂松肩沉肘顺缠里合，左手逆缠划弧合于右前臂内侧；目视右前方。（图 267、图 267 附图）

图 266    图 267    图 267 附图

要求：身转手合劲不丢，以腰为轴，圆转自如。此动吸气。

动作二：接上势。身体右转，左脚尖为轴，脚跟外摆落地，重心移至左腿，右腿变虚，脚尖外摆；同时，右臂逆缠外掤，左手在内侧辅助；目视左前下方。（图268）

要求：虚实分明，圆转自如，掤劲饱满。此动呼气。

动作三：接上势。重心移至右腿，左腿屈膝提起；同时，两手继续外掤，身体下沉，上下相合；目视左下方。（图269）

要求：屈膝松胯，上下相合，掤劲不丢。此动吸气。

动作四：接上势。左脚向左前开一大步；左手随开步逆缠下开，右手上掤；身体随开步下沉，立身中正，顶劲领起；目视左侧。（图270）

图268 　　　　　图269 　　　　　图270

要求：手脚同开，周身一致，裆圆身正，虚领顶劲。此动呼气。

动作五：接上势。身体向右转，重心由右腿移至左腿；同时，左手由逆缠变顺缠划弧再变逆缠合于面前，右手走下弧合于左肘下，手心朝下；目视右侧前方。（图271）

要求：重心移动，裆走后圆，扭腰转胯，手足相合。此动吸气。

动作六：接上势。提右脚走下弧向左、向上提，再向右后摆；同时，左手下合拍击右脚面；目视右脚。（图272、图273）

图271 　　　　　图272 　　　　　图273

要求：右脚上起要走圆弧，松胯，用腰带动，手脚相合。此动呼气。

内劲：十字脚一势，劲由右腿缠至左腿，腰右转劲缠至左手，右脚外摆，左手下合，手脚相击。

用法：如两手交叉被擒拿，用足可里踢外摆。左手向左外击，亦可用肩撞击，达到解脱。

《歌诀》云：

　　　　　两面交手较短长，上下四旁皆可防。
　　　　　惟有拴横困我手，兵困垓下势难张。
　　　　　岂知太极远无方，无数法门胸内藏。
　　　　　山穷水尽疑无路，俯肩一靠破铜墙。
　　　　　不到身与身相靠，虽有珠宝难放光。

第六十五式　指裆捶

动作一：接上势。拍脚后，右脚下垂不落地；先右手上撩、左手下按，再右手向下斩手发劲，左手上撩，身体随右手下斩向右转90°；同时，以左脚跟为轴，脚尖向内扣，右脚提起悬于裆内；目视前方。（图274、图275）

要求：两手左上右下发劲与左脚内扣转身要同时一致，立身稳固。此动先吸气后呼气。

内劲：以腰右转缠于右手发劲，左手向上配合，勾脚转身，力贯右掌。

用法：设对方从后袭来，速转身右手向下斩手，截击来劲。

动作二：接上势。右脚震脚落地，左脚向左前方上一步，身体向右转45°；同时，两手交叉于腹前；目视前方。（图276）

图274 　　　　　　　　图275 　　　　　　　　图276

动作三：接上势。身体微右转，重心略左移；同时，两手逆缠下分。（图277）

动作四：接上势。身体略左转，重心移至右腿，松右胯屈膝下沉；同时，右手变拳合于右肋下，左手立掌合于胸前；目视前方。（图278）

动作五：接上势。身体迅速左转，重心左移；同时，右拳逆缠向前下方发劲，左手

半握拳收于左肋间向身后发肘劲；目视前下方。（图279）

图277 　　　　　　　图278 　　　　　　　图279

要求：指裆捶前边动作与掩手肱拳相似，最后发劲方向是向前下方，击对方小腹或裆部。

第六十六式　猿猴探果

动作一：接上势。身体屈膝下沉；同时，右拳先逆后顺缠折腕翻转向上，左拳也变顺缠，左右两拳均拳心朝上；目视右前方。（图280）

要求：拳转要结合腰转，随身下沉，周身相合。此动先吸气后呼气。

内劲：以胸腰运化，转折在手，先向前下冲拳，在圆转不断劲的原则下，再转为上冲拳。

用法：旋转折腕是解脱擒拿和转折冲击方向的一种方法。

动作二：接上势。身体向左转，左脚尖外摆，右腿屈膝提起；同时，右拳向右前上方冲；目视右前方。（图281）

要求：转身冲拳提腿，周身协调一致，劲力完整。此动吸气。

内劲：以合于丹田之气催动转腰，松肩沉肘，贯于右拳、右膝。

用法：右拳冲其下颌，右膝撞其裆部。

动作三：接上势。身体微左转，右脚向右前方迈步落地，脚跟着地；同时，两拳环绕变掌合于两耳下；目视右前方。（图282）

图280 　　　　　　　图281 　　　　　　　图282

要求：脚旋、转身、落地与两拳变掌相合一致，上下协调。此动继续吸气。

动作四：接上势。身体微右转，重心由左移至右腿，左脚收于右脚内侧；同时，两手合力下按；目视右前下方。（图283）

第六十七式 单 鞭

动作一：接上势。身体右转，重心在右；同时，两手双顺缠，右手里收，左手外转；目视右前方。（图284）

动作二：接上势。右手五指合拢成勾手逆缠，手腕放松向右上方领劲；身体向左转，左腿虚步，随转体左膝向外摆；同时，左手收于腹前，手心朝上；目视右前方。（图285）

动作三：接上势。右手腕领劲，左手微下沉；身体左转，左腿屈膝提起，脚跟里侧着地，向左侧铲地滑出，脚尖上翘里合；目视左侧前方。（图286、图287）

动作四：接上势。身体微右转，重心左移，左手向右上穿掌外翻；身体左转，左手划外弧线向左拉开，周身放松；手与脚合，肩与胯合，周身上下团聚不散；目视前方。（图288、图289）

要求、内劲、用法与第五式单鞭相同。

第六十八式 雀地龙

动作一：接上势。身体左转，重心继续左移；同时，两手握拳，右拳顺缠走下弧线向左与左拳相合，左拳逆缠合于右前臂上，左拳心朝下，右拳心朝上；目视前方。（图290）

要求：形气相合，周身一致。此动呼气。

内劲：承上势。气归丹田后，再由丹田起，随着腰左转，左逆右顺缠于两臂相合。

动作二：接上势。身体向右转，重心由左腿移至右腿，屈膝下蹲，左腿伸直，左脚内扣，成左仆步势；同时，右拳逆缠上提高于头，左拳顺缠下合于左膝上；目视左前方。（图291）

图290

图291

要求：头顶领起，身法端正，裆劲圆活，两臂掤圆。此动呼气。

内劲：劲由左腿缠至右腿，随腰右转，达于两臂，再左顺右逆缠开至两拳，顶劲领起。

用法：与跌岔相似。跌岔是右脚落地跺对方脚趾，左脚蹬其臁骨。此动仆步后坐可压对方腿、膝，转身手按地可用于扫腿。因此势专攻下三路，故名"雀地龙"或"铺地锦"。

第六十九式 上步七星

动作一：接上势。身体微右转，重心由右腿旋转左移，成左弓步；同时，左拳随重心前移上冲，右拳顺缠下合于右腰间；目视左前方。（图292）

要求：上冲拳时结合裆、腰旋转力，右脚蹬地前冲顶劲领起，以内催外，以下催上，一气贯通。此动呼气。

内劲：主宰于腰，起于右脚，缠于左脚，上行贯于左拳。

图292

用法：冲拳可击对方胸、咽喉，提腿可用膝撞、用脚踢其裆或臁骨。两脚、两膝、两拳及头，像"北斗七星"各具所用，故名"上步七星"。

动作二：接上势。身体左转90°，提右脚上步于左脚右前方，脚尖着地，松胯屈膝；同时，右拳冲至左拳内，两拳相合；目视前方。（图293）

要求：此势的冲拳和上步要同时完成，吸气。另一种练法，右拳冲在左拳前边与左拳环绕一圈相合。

动作三：接上势。身体微下沉，松肩，两肘微上掤，双拳逆缠下沉；目视前下方。（图294）

要求：松胯松肩，用胸腰折叠劲旋转手腕。此动吸气。

动作四：接上势。两肘下沉里合，双拳变掌下塌；目视前方。（图295）

图293 　　　　　图294 　　　　　图295

要求：两拳变掌时要塌腰松胯，松肩沉肘，劲贯于掌外侧。此动与上动相连呼气下沉。

内劲：此两动是在步不动的情况下，用胸腰折叠劲带动腕臂上下旋转一周，然后劲下沉塌于腰，贯于掌。

用法：此式手臂的旋转，是解脱抓拿与转化对方力点的一种方法。

《歌诀》云：

囊时跌岔甚无情，此又落尘令人惊。
人知扫腿防不住，岂料七星耀玉衡。

第七十式　下步跨肱

动作一：接上势。身体微左转，两手微向上掤；同时，提右脚向右后侧跨一步；目视右前方。（图296）

要求：跨步轻灵，虚实分明，上引下进，周身相随。此动吸气。

动作二：接上势。身体向右转，重心移至右腿；同时，右手逆缠向右下分，左手逆缠前开；目视前方。（图297）

要求：以身带手，圆转自如，立身中正，虚领顶劲。此动呼气。

动作三：接上势。身体向右转45°，右脚尖外摆，提左脚向右前上步，脚尖点地；同时，两手双顺缠侧掌相合于胸前，右手在上，左手在下，指尖朝前；目视前方。（图298）

图296 　　　　　　　　图297 　　　　　　　　图298

要求：上左步要轻灵自然，并与双手协调配合。此动继续呼气。
内劲：劲由丹田下缠于右腿，随着跨步转腰，最后上行合于两手。
用法：身法上引下进，两手合击。

第七十一式　转身双摆莲

动作一：接上势。身体继续右转，重心在右腿，左脚尖为轴，脚跟外摆；同时，两手双逆缠，右手上掤，左手下按；目视左下方。（图299）
要求：上掤下合，虚实分明，转换自然，脚跟稳固。此动呼气。
动作二：接上势。左脚跟落地，重心移于左腿，右脚尖外摆，身体继续右转；同时，右手向右掤，左手下按；目视前方。（图300）
要求：虚实变换，转身自然。继续呼气。
动作三：接上势。重心移至右腿，身体向右转；同时，左手顺缠前掤，领带左腿向前上摆，右手上掤；目视前方。（图301）

图299 　　　　　　　　图300 　　　　　　　　图301

要求：手领身转腿相随，周身一致。此动吸气。

动作四：接上势。左脚落地，身体屈膝下沉，重心在右腿；同时，两手向右后捋；目视左前方。（图302）

要求：脚落地身体下沉，立身中正，两手掤捋劲不丢。继续吸气。

动作五：接上势。身体向右转，重心左移；同时，两手由后捋转为走下弧向前合劲，合于右腰侧；目视前方。（图303）

要求：塌腰松胯，周身相合。此动呼气。

动作六：接上势。重心在左腿，提右脚向左走下弧向上，再转向右后摆；同时，两手向前与右脚击拍相合；目视前方。（图304）

图302 　　　　　　图303 　　　　　　图304

要求：摆脚与手合击时速度要快，劲力完整一气。此动先吸气后呼气。

内劲：腰、裆盘旋劲落于胯，合于手，与右腿外摆相合。

用法：练习步法稳健，旋转自如，合力完整（脚外摆，手里合）。身体转180°或360°都可以。

《歌诀》云：

　　　　　　右手上托倒转躬，先卸右肱让英雄。
　　　　　　再将两手向左击，右脚横摆夺天工。

第七十二式　当头炮

动作一：接上势。拍脚后，右脚向右后落地，重心在左腿；同时，两手继续上掤；目视前方。（图305）

要求：拍脚后步要稳，上引下进协调一致。此动吸气。

动作二：接上势。身体微右转，重心移至右腿；同时，两手左顺右逆缠随重心右移下捋；目视左前方。（图306、图306附图）

要求：两手下捋与重心移动、身体右转要协调一致，切勿弯腰。此动呼气。

动作三：接上势。身体微下沉，两手变拳合于右胸侧；目视左前方。（图307、图307附图）

要求：两手握拳上提与身体上下相合，重心合于右腿，裆要开圆，身要含蓄，如张满之弓，一触即发。此动吸气。

动作四：接上势。右脚蹬地，重心迅速移至左腿，身体随之左转；同时，两拳合力向前冲拳发劲，拳眼向上；目视前方。（图308、图308附图）

图305　　图306　　图306附图

图307　　图307附图　　图308　　图308附图

要求：心意一动，猝然抖发，如金狮抖毛、猛虎下山，完全是腰裆的弹抖劲，一动力贯拳顶。"裆内自有弹簧力，灵机一转鸟难飞。"此动呼气。

内劲：劲随两手下捋合于丹田，蓄于右腿，灵机一转，脚蹬，裆旋，腰转劲贯拳顶。

用法：拍脚后迅速倒步，抓住对方下捋。如对方后拉，随即转势变拳突然前冲将其发出。

第七十三式　金刚捣碓

动作一：接上势。两拳变掌左顺右逆向右后上方捋带；同时，重心移至右腿；目视左前方。（图309、图309附图）

动作二：接上势。重心移至左腿，左脚尖外摆踏实，身体随重心移动向左转45°；同时，两手左逆右顺缠走下弧线向前掤，左手掤至胸前，手心朝下；右手下沉至右膝内上方，手心朝外，手指朝后；目视前方。（图310）

图 309 　　　　　图 309 附图 　　　　　　　图 310

动作三：接上势。左掌朝前撩掌，向上再向内环绕合于胸前右前臂内侧；同时，右手领右脚弧线向前上托掌于右胸前与左手相合，右手心朝上，左手心朝下；右脚经左脚内侧向前上步，脚尖点地，重心在左腿；目视前方。（图311、图311附图）

动作四：接上势。左手顺缠外翻下沉于腹前，手心朝上；右手握拳下沉落于左掌心内，拳心朝上；目视前方。（图312、图312附图）

图 311 　　　图 311 附图 　　　　图 312 　　　图 312 附图

动作五：接上势。右拳逆缠向上提起与右肩平；同时，右腿屈膝松胯提起，右脚悬于裆内，脚尖自然下垂；目视前方。（图313、图313附图）

动作六：接上势。右脚震脚落地，脚掌踏平，两脚距离与两肩同宽；同时，右拳顺缠下沉落于左掌心，两臂撑圆；目视前方。（图314、图314附图）。

此势震脚落地，有"文相始，武相终"之说，亦有人谓之"阴相始，阳相终"，就是说开始时徐徐起势，文雅大方，最后震脚落地收势，有"文武两相"之意。面南起势，面北收势，合"阴阳相合"之理。

图 313 　　　　图 313 附图 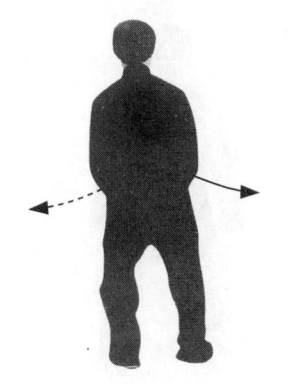　　　　图 314 　　　　图 314 附图

第七十四式　收　势

动作一：接上势。右拳变掌，两手向左右下分，身微下沉，屈膝松胯；目视前方。（图 315、图 315 附图）

要求：两手分，身下沉，松胯屈膝，切勿弯腰。此动先吸气后呼气。

动作二：接上势。两手同时各向左右划外弧向上合于两肩前；目视前方。（图 316、图 316 附图）

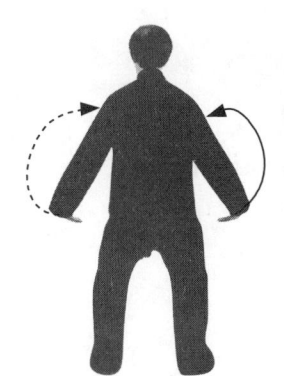

图 315 　　　　图 315 附图 　　　　图 316 　　　　图 316 附图

要求：两手上升，松肩沉肘，胸腹背肌肉松弛下沉。此动吸气。

动作三：接上势。两手顺身体两侧缓缓下按于两大腿外侧；目视前方。（图 317、图 317 附图）

要求：两手下按，呼气，周身放松，气归丹田，意形归原。一套拳练完，心平气和，自始至终，一气贯通。一招一式，气由丹田发起，内走五脏百骸，外走肌肤毫毛，运行一周仍归丹田。如长江之水滔滔不绝，有来源有去路循环不已，如环无端。正是：

图 317 　　　　　　　　　图 317 附图

开合刚柔顺自然，一扬一抑理循环。

一足收势气归原，动静形消太极拳。

动作四：接上势。身体慢慢立起，恢复自然站立姿势；左脚收于右脚内侧并立，两手掌心朝内合于两大腿外侧，成立正姿势；目视前方。（图318、图318附图）

图 318 　　　　　　　　　图 318 附图

传统杨式太极拳

崔仲三 著

致 谢

对所有长期关心和爱护我的各级领导以及弟子们和广大太极拳友的鼓励和支持表示衷心的谢意!

愿我的祖父能看到我的努力和感受到我心中的"感恩"!

作者简介

崔仲三（1948— ），北京市人，大学学历（北京体育大学），中国武术八段，国家一级武术裁判员，国家级社会体育指导员，非物质文化遗产杨式太极拳传承人。

出身太极世家，祖父崔毅士是杨式太极拳杨澄甫宗师之入门弟子、露禅门下第四代正宗传人、中国杨式太极拳杰出代表人物之一、北京永年太极拳社创办人，享有盛誉。秉承家传，幼年起就随祖父习练传统杨式太极拳，至今已有五十余载。在祖父严格教导下，悉心钻研，深得杨式太极拳的精髓，全面掌握太极拳、器械及推手，继承了祖父拳架舒展大方、匀缓柔和、轻灵沉稳、刚柔相济、意在其中的风范，是中国杨式太极拳嫡传之人。

自 1957 年首次获太极拳青少年组冠军起，多次参加各种规模的太极拳比赛：1960—1986 年连续多届北京市武术比赛太极拳冠军，1986 年获全国太极拳剑比赛太极剑亚军并任北京代表队教练；1985 年全国工人运动会开幕式太极拳剑表演任总教练，1990 年北京第 11 届亚运会开幕式中日太极拳表演任东城执行总教练，1995—1997 年连续三届世界太极修炼大会任副总教练和杨式太极拳导师。2001 年、2005 年"首届、第二届世界太极拳健康大会"做名家名拳演练及主讲导师。2002 年北京市第 8 届职工运动会开幕式 800 人太极拳表演任总教练。北京市第 8、9 届职工运动会开幕式武术表演组织与策划；担任第 7、8 届全运会，第 6 届全国民运会，第 5 届城市运动会武术裁判工作；2006—2012 年由国家体育总局武术运动管理中心社会部、人民体育出版社、《中华武术》联合举办的"中华武术大讲堂"连续 7 届担任杨式太极拳主讲导师；2008 年北京奥运会武术比赛评论员；2008 年北京奥运会 1200 人太极拳、太极扇表演总编导、总教练；2009 年北京市 4 万人太极拳破吉尼斯世界纪录活动担任展示团队总教练；2009 年香港东亚运动会武术评论员；2009—2012 年国家体育总局武术运动管理中心"武术西部边疆行"5 次特聘太极拳专家；2010 年广州第 16 届亚运会武术评论员。

多年来担任国际级、国家级、市级等各种规模武术比赛解说工作；多次参加太极拳、推手竞赛规则的研讨与编写工作；多次参加北京市武术挖掘整理工作并获嘉奖；多次荣获优秀太极拳辅导员称号。

近三十年来相继向来自30多个国家和地区的外宾传授太极拳，多次赴韩国、日本、美国，以及香港、澳门、台湾等地进行太极功法教学，为传播、推广太极拳辛勤耕耘，桃李满天下，并多人次获得全国、北京市太极拳赛冠军、亚军的喜人成绩。

集几十年授课经验及对太极拳的理解出版发行《中国太极拳传世经典——杨式太极拳剑》等多部专著及拍摄"传统杨式太极拳108式""传统杨式太极拳56式"等多套教学光盘。

自2002年至今多次在北京电视台、中央电视台录制"传统杨式56式太极拳"教学片及名家访谈录；在北京电视台录制"健康百集"知识讲座（30集），BTV-6连续播放；多次录制"太极名家送健康"活动，为普及太极健身文化做出努力。

现任北京市武术协会理事、委员；中国人民对外友好协会理事、北京市人民对外友好协会理事、北京市西城区武术协会副主席、北京市朝阳区武术协会副主席；北京市丰台区武术协会高级顾问、北京市海淀区武术协会顾问、河南大学客座教授、焦作大学客座教授、焦作师范高等专科学校客座教授、西部高级职业培训学院亚健康管理系客座教授、北京永年太极拳社社长。

一、杨式太极拳的传承和发展

杨式太极拳是太极拳的主要流派之一，也是迄今为止传播最广、流传最盛的太极拳流派，为清末直隶广平府（今河北省永年县）杨福魁所创。

杨福魁，字露禅（1799—1872），自幼喜爱武术。陈氏十四世陈长兴在永年陈德瑚家设武学，按照陈氏的规矩太极拳术一般是不外传的。但杨露禅对太极拳有着执著追求，从"偷拳"到三下陈家沟，终使陈长兴念其求学心诚，刻苦习艺，将太极拳之奥秘悉心授之，将其列入门墙。在学艺期间刻苦用心，并能恭敬事师，兼之天资聪颖，成为陈长兴门下最为杰出的弟子，深得陈长兴的器重。艺成以后回到家乡河北永年县，经永年望族武汝清推荐到京城教拳。

杨露禅到北京之后，凭借其出神入化的功夫，击败了众多高手，人称"杨无敌"。自此太极拳得以闻名天下，他也被请入清廷皇宫与王府中授拳。由于所学者皆为达官显贵、贵族子弟，金枝玉叶不适合大运动量的激烈运动。为适应需求，他在陈长兴太极拳的基础上，对太极拳做了发展和创新，删去了陈式太极拳中的发力、纵跳、震脚等一些激烈的动作，把它改为速度匀缓、动作轻柔、圆活连贯的拳势。其后经其子杨健侯、其孙杨澄甫的传承发展，逐渐演变为今天的杨式太极拳，并成为诸多太极拳流派中影响最为深远的一支。

杨鉴，字健侯，号镜湖（1839—1917），为杨露禅第三子。幼时即刻苦练功，在其父言传身教之下，不敢有丝毫懈怠。他技艺精湛，于拳术刚柔并济，臻于大成，拳术之外刀、剑、杆各种器械无不精通。杨露禅逝世后，杨健侯在京授拳。他为人宽厚仁慈、秉性温和，从不恃拳傲物，有极高的武德，从其学艺者很多。在授拳过程中，他根据学习者的身体条件，在技击的基础上更着重健身，将杨露禅拳势幅度逐渐扩展，修成"中架"。这在杨式太极拳史上可以说是承前启后，又进了一步。能秉承其艺者长子少侯、三子兆清，少侯生性刚烈，动作迅速，拳架沉着，幅度小，兆清则继往开来，终成一代宗师。

杨兆清，字澄甫，生于1883年，卒于1936年。幼承家学，青年时代更是勤奋钻研，洞察妙悟，功夫日深，历经数十年寒暑苦功，终于成为杨式太极拳一代宗师。他拳械精湛，誉满南北；拳术外柔内刚，引人发人，功夫独到；拳架气势雄伟、舒展大方、外操柔软、内含坚刚；用则绵里藏针，发劲入里透内，打人于不知不觉间；精通剑术，曾经让人代笔书写"剑气如虹，剑行似龙，剑神合一，玄妙无穷"，曾以竹剑巧胜真剑竞技者，一时传为美谈。在技艺的传承上，继承祖业，集杨氏三代之经验，又总结自身的实践经验，把祖父（露禅）创造的"小架"和父亲（健侯）修改的"中架"，根据后人及时代的需要，改成一百零八式（又称八十五式）的"大架子"，并将拳架逐步定型，演变成为现在最为流行的杨式太极拳，最终将太极拳这一传统民族文化遗产发扬光大。杨澄甫是杨式太极拳（大架）的创始人。他交友甚广，性情开朗，对于太极拳发展贡献巨大，曾受聘于中央国术馆，并先后在北京中山公园行健会、武汉、南京、杭州、上海、广州等地设场授徒。从学者众多，其著名弟子有崔毅士、阎月川、牛春明、李雅轩、陈微明、傅钟文、董英杰、郑曼青等。著有《太极拳体用全书》《太极拳使用法》等著作，其《太极拳之练习谈》及《太极拳十要》两文更为习练者之圭臬。

杨式太极拳第四代传人崔毅士，字立志，号毅士，1892年生于河北任县，1970年故于北京。自幼酷爱武术，早年拜清末著名镖师刘瀛洲门下勤奋进取。与李香远、董英杰、刘东汉等皆为当时瀛洲门下好手。其中李香远为郝为真入室弟子，为武式太极拳一代名家，崔毅士与之为挚友，由此得以熟知武式开合太极拳技并认真予以研习。

崔毅士于1909年17岁时进京，慕名拜杨澄甫为师，列入门墙，成为澄甫宗师早期入室弟子之一。在澄甫宗师的亲炙下，先生精心悉拳，潜心练功，深得宗师器重与教诲，并能得其真髓。1928年即追随杨师南下，并代师授拳于南京、上海、杭州、汉口、广州等地。1936年杨师去世后，秉承其遗志又独自授拳于南京、武汉、万县、西安、兰州、蚌埠、合肥等地，足迹遍及大江南北，时有杨家顶门杠子之誉，所到之处，尽心传授正宗杨派太极，其精湛拳艺影响至今，余音未绝。

崔毅士1945年返回北京后常年在中山公园授拳。在教学中，一丝不苟，对"教""练"要求甚严，广传技艺，誉满京华。在60多年的练功及授拳研修过程中，不仅完全继承了杨师当年授拳时的认真守矩，"以明规矩，而守规矩，练规矩，脱规矩而守规矩"的作风，而且加之多年随师授拳深得杨师真谛和毕生精心研修，终于成为杨式太极拳的重要代表人物。

崔毅士毕生以拳相伴，倾心致力于杨式太极拳的研究与推广，武德高尚，饮水思源不忘师恩，于20世纪50年代初建"北京永年太极拳社"，并亲任社长。连年荣任北京市武协委员。常年在北京中山公园古柏荫下授拳，以授拳为业，学者数以万计，培育出一批在当今社会有影响力的武术人才，可谓桃李满天下。

1964年崔毅士在传统杨式太极拳的基础上，融数十年的理解和体会，改进了太极拳势的结构与动作方法，删繁就简，取精华而创编"杨氏简化四十二式太极拳"（目前流行的传统杨式太极拳五十六式的前身）。新编套路在保持原有风格外，更具短小精干、清新流畅、简单易学的特点，深受广大太极拳爱好者的欢迎，至今在海内外广为流传。同时，为进一步充实杨式太极器械的内容，根据几十年练习体会，并结合武术中棍术的特点，创编了"杨氏太极棍"，为武林界所重。

所传入门弟子有：和西青、吴文考、吉良晨、杨俊峰、刘高明、张海涛、殷建尼、白志铭、韩敏英、杜星垣、王永祯、马祥麟、李鸿、黄永德、沈德丰、崔彬、邱佩如、孙正、方宁、李连生、陈连宝、曹彦章以及滕茂桐、朱习之、王守礼、姜焕亭、张家驹、崔少卿、钮心玉、杨乐安、宋翊三、陈志强、于家岚、陈雷等。传其女崔秀辰，其孙崔仲三、其孙女崔仲萍，崔氏第三代人至今仍致力于太极拳的推广普及活动，传播其技艺，有传承亦有发展。嫡孙崔仲三有祖父遗风，不违祖训，更能秉承家传，重举北京永年拳社大旗，薪火相传，而今已为燎原之势，享誉海内外。

二、杨式太极拳的风格特点和健身作用

杨式太极拳是一种内外兼修、形神合一、动静结合、上下相随，富有哲理的极具中国传统文化内涵，带有东方韵味的民族传统体育项目。

杨式太极拳以其舒展大方、均匀柔和、轻灵沉稳、结构严谨、圆活连贯、身法中正，虚实分明，浑厚庄重的风韵和动作简洁、外柔内刚、体态潇洒、神态安详、体舒心静、优美自然、开展大方的特点深得国内外广大太极拳爱好者的喜爱。杨式太极拳在练习方法上突出整体性、连贯性、圆活性和内外身心的统一性，端正自然、不偏不倚，舒展大方，旋转松活，以腰为轴，完整贯穿。从起势到收势，前后连贯有如一线贯通，上下表里，衔接一气，势断劲不断，衔接和顺，周身完整。动作沉稳中带有轻灵，轻灵而不漂浮。急而不急动，静而不僵滞，即所谓轻而不飘，沉而不僵。外柔内实，绵绵不断，刚中寓柔，刚柔相济。不论虚实变化，起伏转换，都是式式相连，犹如行云流水，没有丝毫停顿间断之处，更没有忽急忽缓带有棱角之处。杨式太极拳要求在意识引导下，呼吸匀细深长，气沉丹田，运劲如抽丝，迈步如猫行。"心静"才能"用气不用力"，在宁静的情绪下，身正体松，意识、呼吸、动作三位一体、密切结合，进行有节奏的练身、练意、练气，故而太极拳从精神到形体都是一种柔和的运动。

杨式太极拳，由于其运动方式不同于其他的体育锻炼方式和拳术运动，而是强调轻灵松柔，外柔内刚，动作和谐，进行调身，调心，调息，使意念与身体达到身心和谐舒适的境界；含胸拔背，松肩垂肘，尾闾中正，气沉丹田，虚实分明，做全身协调性的整体运动，因之太极拳使习拳者心情舒畅，身体轻松，强身健体是有益处的。

练习杨式太极拳首先是在意识上、心绪上要平静、自然，做到神舒体松，才能达到在外形上平和自然，舒展大方，如行云流水的要求，才能有益于身体健康。杨式太极拳动作轻灵松柔，肌肉呈自然放松状态，使血管通畅性更好，当血管通畅性更好时，心脏负担也就减轻。

杨式太极拳对于动作的协调性和平衡性要求很高。尤其对于老年人，练习杨式太极拳有助于平衡能力的训练，增强防跌摔能力，并在日常生活中动作更加协调和灵活。

杨式太极拳的呼吸强调细、慢、深、长，缓慢而细长的呼吸，使呼吸逐步加深；讲究舒畅的腹式深呼吸，可以使横膈肌得到锻炼，增加对于疲乏的耐受力。太极拳的深长呼吸使肺脏呼出大量浊气，吸入新鲜空气，增加呼吸效应。通过杨式太极拳的练习可通过横膈上下鼓动，使胸腹运动加强，胸腔、腹腔器官血液旺盛，促进内脏的蠕动，对五脏六腑起到"按摩作用"，达到调整、提高内脏功能的作用。使体内循环系统功能加强、新陈代谢旺盛，从而达到更好的健体强身的效果，这是药物所不能及的效果。

杨式太极拳对于身法的要求是极其严格的：尾闾中正，含胸拔背，松肩垂肘，松胯，膝不过脚尖，立身中正，不偏不倚，重心落在涌泉穴，意在使身体沿同一纵轴转

动，以免关节慢性受伤。这样不但可使气血上下疏通，而且能避免低头猫腰、脊椎萎缩、未老先衰的病态。而且，太极拳强调"一动无有不动"，是全身的、协调性的运动，无论前进后退，左右转动，都要舒展筋骨、均匀柔和，所以长期练习太极拳能使肌肉坚实有力。杨式太极拳要求节节贯串，在腰脊带动下运动，使肩、肘、腕、胯、膝、踝等关节节节贯串，周身一家，这样既能增强各关节的机能和延缓衰老，又有助于关节韧带、软骨组织的功能增强。杨式太极拳特别注重腰部的活动，腰为一身之主宰。能松腰然后两足有力，下盘稳固，再加上腹肌和膈肌的配合，对腹内器官肠蠕动功能的改善有积极影响，对腰背病的防治作用也较突出。另外，杨式太极拳动作柔和、圆活、缓慢、连贯，涉及到全身各肌群和关节，通过肌肉张弛和关节的伸屈运动，一方面可使劲力、拳法运用自如，另一方面对于骨骼、肌肉的保健也有很大的功效，对于慢性关节炎亦有很好的康复作用。

杨式太极拳是内外兼修的运动。杨式太极拳"其拳势宽大柔绵而舒展"、体态潇洒，而内在则神态安详，心静体舒。杨式太极拳外形上的舒展大方，说到底，则是心境、意境上的舒展大方与放松。杨式太极拳强调周身放松的条件下进行锻炼，它不仅要求身体放松，而且更要求大脑放松。练杨式太极拳时，注意力要高度集中，不存在杂念。要求精神专一，全神贯注，意动身随，连绵不断，一气呵成。练习时在大脑皮质形成一个特殊兴奋灶，而其他区域则相对处于抑制状态，这样就使大脑得到充分休息，同时亦可逐渐抑制疾病在大脑皮质引起的病理兴奋，对于修复和改善高级神经中枢的功能有一定的作用。杨式太极拳又是"以静制动，虽动犹静"动与静结合的锻炼方法，对脑的功能起着积极的调节作用，有利于健脑益智。在大脑支配下，神经、肌肉放松又能使全身小动脉得到舒张，缓解小动脉壁硬化，对高血压患者更有利。杨式太极拳讲究松静自然，对于解除精神紧张，在紧张繁忙的工作之后（脑力、体力）进行周身放松，能使兴奋的神经、疲劳的肌肉得到比较快的恢复，所以练太极拳比消极休息更能消除疲劳。

杨式太极拳练习时，眼神始终要随着主动手的动作向前平视，称之为"注视"。随体转向前平视称之为"随视"。动作变化时首先要意动，指挥眼神转向欲去方向，然后身法、手法、步法跟上去，做到意到、眼到、手到、足到，达到"形神合一，内外相合"的境界。长此以往的练习，由于"注视"、"随视"的交替进行，不仅能使视觉神经得到锻炼，也有助于视力的改善和增强。

杨式太极拳的下肢动作是在半屈蹲状态下进行，"两腿虚实宜分清，迈步如猫行"的理论，就非常明确地提出身体重心是在平稳的状态下，髋关节在与地面平行的位置左右平移，虚实不断交替转换。起步、落步、迈步的动作过程都要体现出在意识的掌控下，轻慢柔缓地进行，不仅提高了控制能力，腿部肌群的力量通过重心虚实变化能得到很大的加强。而且对于协调能力的提高也能起到非常好的作用，从而提高抗跌摔能力。杨式太极拳的步型是非常典型的"丁八"步。简单地讲，"丁步"步型，双脚的形状如"T"形，双脚之间的夹角为90°。"八字步"步型，双脚的形状如"内八字"或"外八字"形状，双脚之间的夹角为135°左右。而杨式太极拳的步型则是：一脚脚尖向前，是丁步的一半，另一脚的脚尖与向前的脚尖方向呈45°的"外八字"

状，又是八字步的一部分，是丁不丁步，八不八步，双脚之间的夹角始终保持在45°，所以称之为"丁八步"。

杨式太极拳练习过程中，按脚跟、脚掌、脚趾的顺序相继下落抓地时为实，脚心（涌泉穴）轻轻上提为虚，因此杨式太极拳的练习无论上肢、下肢、躯干及内脏各部都要体现出"处处均有一虚实"的变化感觉。全脚踏实落地和足弓微微上提，这一紧一松、一实一虚的变换可使足部肌肉和韧带充分得到锻炼，常年的练习，能达到健步轻灵的效果。

长期从事杨式太极拳锻炼的人群普遍感受到它具有强身健体的功效；而大量实践及研究也表明，杨式太极拳确实具有强身健体的特殊功效。

三、杨式太极拳的练习步骤和注意事项

（一）杨式太极拳的学习秘诀

现代人的工作、生活节奏都比较快，一些人想学练太极拳、太极剑，但往往由于没有一段相对空闲的时间，因而感到力不从心。其实只要掌握了正确的学习方法，还是能提高学习效率的：遵循先简后繁、先易后难的原则，循序渐进地学习。当老师讲课时，学习者一定要按照一看、二想、三模仿的模式进行学习，否则是欲速则不达。

一看：认真观看老师的动作示范，不要急于模仿。掌握动作的规格也就是动作的准确外形，有一个直观的概念。

二想：在仔细观看的基础上，去想、分析动作的结构过程，理解每一个分解技术动作的前后顺序，就像动画片一样有了一些独立的画面。

三模仿：在看、想的基础上，开始把头脑中的独立的动画画面进行串联开始试做，模仿动作的全过程，同时根据个人的具体情况提出一些有针对性的问题，并进行反复的基本动作技术练习，达到全面准确的理解。

所以，无论是直接跟老师学习还是看录像、光盘学习，我们只要遵循以上的学习方法，就能达到较好的学习效果。当然，要想很好地把一个套路演练好，除了要把每个动作规格记住，还需要有不断揣摩的精神，要下工夫去体会，去领悟动作的感觉和动作之间的衔接，形成正确的概念，才能为提高太极拳运动水平打下扎实的基础。

（二）杨式太极拳的练习模式

在杨式太极拳的日常练习过程中，我们有许多种练习方式，可以对太极拳套路的记忆和对动作的理解起到很好的作用。

（1）单式练习法：就是把太极拳套路中的一些动作，进行单式的练习。练习时间要相对的长一些，动作架势要大一些，有充分的时间去考虑和理解动作的规格，细细品味太极拳理论的要领。

（2）分段练习法：就是把套路中练习者本人所认为的一些不太理解和记忆模糊的段落进行反复的练习，以期达到加深印象、加深理解的目的，为全套动作的演练打下良好的基础。

（3）组合练习法：把套路中的一些难度比较大的动作有机地组合到一起，有针对性地进行练习，这样能对拳术技艺的提高起到相当好的作用。

（4）默式练习法：利用一定的时间，把自己所要掌握的动作套路，像电影一样在脑海中过几遍。虽然没有肢体的动作，但是同样可以起到对套路、动作加深印象和理解的作用。

（5）套路练习法：把太极拳的套路进行整套练习，在演练过程中把练习者本人对太极理论的理解、动作规格的掌握，通过套路充分地表达出来。

（6）快速练习法：在最短的时间内，以较快的速度把自己所要掌握的动作套路进行演练，可以起到增强记忆的作用。

（三）杨式太极拳练习环境的选择

杨式太极拳练习环境的选择是很重要的，练习环境的好坏是直接影响练习成效的因素之一。因此，杨式太极拳的练习最好在阳光充足、空气新鲜、地面平坦、环境幽静的室外或室内进行。

在阳光下运动有许多好处，可以多接受紫外线的照射，一般在阳光斜射时练习较好。但是在夏季，练习者则应避免在阳光直射下练习，借树荫等透入光线的地方练习为宜。空气越新鲜越好。空气污浊，多含二氧化碳、烟灰、尘埃、细菌等物，吸入肺内是不利健康的。在烟尘和废气较多的地方，就不宜练拳。另外，雾天亦不宜练习太极拳，因为雾会使大气污染物不能及时扩散和稀释，所以练习太极拳时要避开大雾天气和空气污染的地方。

初学者和体弱者最好在平坦宽敞的地方练拳，以便于练习过程中身体重心的掌握。经过长时间的练习，掌握了正确的动作要领，同样也可以在地面略不平坦的地方进行练习，这对脚的适应力有很好的锻炼效果，有益于正确姿势的磨炼，更有益于动作技术的提高。

环境幽静使练习者更容易做到精神集中，情绪镇定。这对初学者尤为重要，因为初学者最容易受外界事物、环境的刺激与干扰。另外，集体练习也可配音乐，能使动作整齐、节奏分明，精神放松，配合默契，培养人们的团队精神和凝聚力。

（四）崔仲三杨式太极拳练习谈

恰到好处

杨式太极拳对于动作的规范要求相当严格，不可有半点马虎之意。每个动作能否到位，直接关系到整套拳术的质量。如果说"恰到好处"是指动作外形而言的话，也就是每个动作要到位。动作位置的高低、上下、左右动作的对称、身体重心平衡的掌握、肩肘的松沉、步幅的宽窄等等，这些可以直观的动作外形，处处都体现出动作的尺度、分寸的合理，这就是杨式太极拳最基本的动作规范。

留有余地

杨式太极拳能做到动作到位，"劲力"的表现就是一个非常重要的课题。杨式太极拳的练习用力吗？很多人误解为软软绵绵就是太极拳。的确，杨式太极拳的动作要求缓慢、圆活、连贯、柔中寓刚，动作外形的规范已经打下了非常坚实的基础。"留有余地"就是对于内在力量分寸的把握。动作到位，内在力量的支撑也要审势适度。不可过，更不可不及。不是完全的释放，更不可无谓的收敛。

随曲就伸

随曲就伸，是杨式太极拳理论中的一个经典。通俗地讲，就是在能够理解和做到自然放松的基础上，才能体会"随曲就伸"的境界。曲、伸，是杨式太极拳动作套路中的肢体变化，但是要做到"曲中有伸，伸中含曲"，并非一日之功。首先要解决松的问题。松不等于懈，不是软塌无力，松是在自然挺拔的状态下，使得肢体关节和顺、有自然支撑的体会和感觉。所以杨式太极拳的动作缓慢、圆活、连贯，是在感觉中去体会，去品味每一个动作的含义，每一个细节的变化。只有在这种状态下才可以体会到舒展之中孕育紧凑，紧凑之中蕴涵舒展，曲伸自如，随曲就伸的境界。

富有弹性

杨式太极拳的练习不仅要做到肢体动作的协调，动作的屈伸转换，更要注重动作劲力的变化。练习杨式太极拳必须经过长时间的熟练套路、品味动作，力求正确，这实际上就是去僵求柔的过程。只有在这个阶段才能体会到"弹性"的出现。四肢和躯干之间存在一种自然的、协调的曲伸。随着动作的变化，在不经意当中，上肢在不断地进行着曲伸调整。由于动作劲力的变化，掌指也在微微的进行曲张。随着腿部力量的增加，双腿的膝关节都要保持在合理的、自然的弯曲态势，因而四肢与躯体之间不是僵硬的、呆板的、互不相容的，而是周身相随、内外相合，四肢与躯体之间、整体与地面之间都富有弹性，是一种弹簧伸缩之间的感觉。

三圆一正

杨式太极拳的动作要体现出虎口圆、掌心圆、裆圆的三圆特点。杨式太极拳对于掌型的要求是极其严格的。掌型的要求是：五指自然分开，掌指的第一指关节在同一平面，掌心内涵，掌指富有弹性，虎口自然撑圆。虎口自然撑圆，是杨式太极拳的最大特点。也就是讲，虎口的圆形，有利于"劲力"的体现和运用，有利于劲力的蓄和发，更有利于实际的运用。掌心圆，更能体现出杨式太极拳的虚实变化，掌指的屈伸，孕育着劲力的变化，也是内力的体现。裆圆，更是杨式太极拳腰髋松沉的体现。只有松腰髋，才能达到裆圆的要求，身体的重心才能沉稳。一正，也就是立身中正。身法中正，是杨式太极拳的根本。只有中正的身形，才能体现出腰为主宰的要求。

曲线与圆

杨式太极拳的套路结构就是以圆和曲线的运动轨迹为主，在练习过程中始终处处体现和贯穿整体。双臂要呈自然弧形，似直非直，似曲非曲。在做弓步动作时，前腿膝关节不可超过脚尖，以避免膝关节受损伤。后腿的膝关节都要保持在自然弯曲的状态，膝关节与后脚尖的方向要保持在45°，膝关节不是挺直用力，但也不可过于弯曲，要自然适度，细细体会出"屈中求直"的内在感觉。杨式太极拳双手的运动轨迹，处处呈现出圆的概念，不仅是动作的形态美，更是有利于内力的积蓄与变化。

劲与劲儿的不同

杨式太极拳讲究劲力。但是"劲"与"劲儿"是截然不同的体现。在字典中对于劲的解释为"力量的体现"。但是劲加上儿音，就变化了，就成为"劲儿"，是富有变化的、带有弹性的、轻灵的。从字面上给人的感觉显得轻松了许多，丝毫没有造作、笨拙之感。确也如此，开始杨式太极拳的练习，总是松不下来，自我较劲，身体有说不出的别扭感觉。但是经过一个时期的磨炼，细心地体会、揣摩、感悟，动作自然了，呼吸平稳了，感觉也就舒服了。在练习过程中能够有分寸地把握力量的合理运用，每个动作之间力点的转化，都是在圆活、连贯的意识下巧妙地结合起来的，这就是平常所讲去僵力、练巧劲儿。

四、杨式太极拳108式动作名称

第一式　预备势
第二式　太极出势（起势）
第三式　左揽雀尾
第四式　上步右揽雀尾
第五式　单鞭
第六式　提手
第七式　上势
第八式　白鹤亮翅
第九式　左搂膝拗步
第十式　手挥琵琶
第十一式　左搂膝拗步
第十二式　右搂膝拗步
第十三式　左搂膝拗步
第十四式　手挥琵琶
第十五式　左搂膝拗步
第十六式　进步搬拦捶
第十七式　如封似闭
第十八式　十字手
第十九式　抱虎归山
第二十式　右揽雀尾
第二十一式　斜掤势
第二十二式　肘底看捶
第二十三式　左右倒撵猴
第二十四式　斜飞势

第二十五式　提手	第六十二式　右野马分鬃
第二十六式　上势	第六十三式　左揽雀尾
第二十七式　白鹤亮翅	第六十四式　上步右揽雀尾
第二十八式　左搂膝拗步	第六十五式　单鞭
第二十九式　海底针	第六十六式　左玉女穿梭
第三十式　闪通背	第六十七式　右玉女穿梭
第三十一式　转身撇身捶	第六十八式　左玉女穿梭
第三十二式　进步搬拦捶	第六十九式　右玉女穿梭
第三十三式　上步右揽雀尾	第七十式　左揽雀尾
第三十四式　单鞭	第七十一式　上步右揽雀尾
第三十五式　左右云手	第七十二式　单鞭
第三十六式　单鞭	第七十三式　左右云手
第三十七式　高探马	第七十四式　单鞭
第三十八式　右分脚	第七十五式　下势
第三十九式　左分脚	第七十六式　左金鸡独立
第四十式　回身左蹬脚	第七十七式　右金鸡独立
第四十一式　左搂膝拗步	第七十八式　左右倒撵猴
第四十二式　右搂膝拗步	第七十九式　斜飞势
第四十三式　进步栽捶	第八十式　提手
第四十四式　翻身撇身捶	第八十一式　上势
第四十五式　进步搬拦捶	第八十二式　白鹤亮翅
第四十六式　右蹬脚	第八十三式　左搂膝拗步
第四十七式　左打虎势	第八十四式　海底针
第四十八式　右打虎势	第八十五式　闪通背
第四十九式　右蹬脚	第八十六式　转身撇身捶
第五十式　双探掌	第八十七式　白蛇吐信
第五十一式　双峰贯耳	第八十八式　进步搬拦捶
第五十二式　左蹬脚	第八十九式　上步右揽雀尾（右掤）
第五十三式　转身右蹬脚	第九十式　单鞭
第五十四式　进步搬拦捶	第九十一式　左右云手
第五十五式　如封似闭	第九十二式　单鞭
第五十六式　十字手	第九十三式　高探马
第五十七式　抱虎归山	第九十四式　进步穿掌
第五十八式　右揽雀尾	第九十五式　转身单摆莲
第五十九式　斜单鞭	第九十六式　上步指裆捶
第六十式　右野马分鬃	第九十七式　上步右揽雀尾
第六十一式　左野马分鬃	第九十八式　单鞭

第九十九式	下势	第一〇四式	进步搬拦捶
第一〇〇式	上步七星	第一〇五式	如封似闭
第一〇一式	退步跨虎	第一〇六式	十字手
第一〇二式	转身双摆莲	第一〇七式	收势
第一〇三式	弯弓射虎	第一〇八式	合太极

五、杨式太极拳108式动作图解

第一式　预备势

动作一：身体自然直立，两臂自然下垂，两掌轻贴大腿外侧，两脚并拢，成并立步；头宜正直，下颌内收，口微开；精神集中；眼向前平视。（图1）

动作二：身体自然直立，重心移于右腿，左脚跟微提起，前脚掌踏地；眼向前平视。（图2）

动作三：身体自然直立，左脚向左轻轻分开，前脚掌先踏地，随重心左移，全脚掌踏实，双脚与肩同宽，脚尖向前；眼向前平视。（图3）

【要领】呼吸自然，身体正直；两肩放松，虚腋，收腹敛臀，含胸拔背。

图1　　　　　　　图2　　　　　　　图3

第二式　太极出势（起势）

动作一：接上势。双臂缓慢向前平举，与肩平，双掌与肩同宽，掌心相对，虎口向上；眼向前平视。（图4）

【要领】两臂平举肩放松，手指微屈；双肘松沉，有下沉之意；两臂放松，收腹敛臀，含胸拔背。

动作二：两臂屈肘挑掌，向内划弧收于胸前，掌心相对，指尖向上；眼向前平视。（图 5）

【要领】屈肘挑掌，双掌向内回收要成弧形；两前臂成八字形，两腋微撑开；呼吸自然，身体中正。

动作三：两掌微向下，同时向左、右平圆划弧分开，再向前按出，掌指向上与鼻平，掌心侧向前；眼向前平视。（图 6）

【要领】双臂屈肘撑圆，虎口相对，掌心不可直对向前；双掌左右分开与肩同宽；呼吸自然，身体中正，达到尾闾中正、安舒。

图 4 　　　　　　　　图 5 　　　　　　　　图 6

动作四：两腿微屈；同时双掌轻轻下按于两腿前外侧，掌心向下，掌指向前；眼向前平视。（图 7、图 8）

【要领】双臂微屈撑圆，两肩放松，收腹敛臀，含胸拔背；呼吸自然，虚腋，身体直立，达到尾闾中正、安舒。

图 7 　　　　　　　　图 8

第三式　左揽雀尾

动作一：接上势。身体向右转，右脚尖外展45°，重心移于右腿，左脚跟提起；随体转，右臂屈臂微上提，掌指向前，虎口向上；左臂微外旋，掌置于腹前，掌心侧向下，掌指向前；眼随体转向前平视。（图9）

【要领】身体右转与右脚尖外展动作要协调一致，以腰的转动为主，转体方向以右侧前45°为宜；左掌与右肘上下相对，呈抱球状；立身中正，松腰沉髋。

动作二：右腿屈膝，左脚提起向前迈出，左脚跟先着地；右臂微内旋上提与胸平，掌指向前，虎口向上；左掌向右划弧于右腹前，翻转掌心侧向上，掌指向后；眼向前平视。（图10）

【要领】左脚迈出时，脚与地面夹角在45°~60°之间为宜；立身中正，松腰沉髋，左膝微屈。

动作三：身体向左转，重心移于左腿；左脚全脚掌踏实，左腿屈膝慢慢向前弓出，成左弓步；随体转，左臂向前掤出，掌心向内，掌指向右，与胸平；右臂内旋翻转，右掌向下落于右髋旁，掌心向下，虎口向前，掌指斜向前；眼向前平视。（图11）

【要领】双掌分开、弓步与身体转动同时完成；立身中正，松腰沉髋，沉肩坠肘，双臂撑圆。

图9　　　　　　图10　　　　　　图11

第四式　上步右揽雀尾

掤势

动作一：接上势。身体微向左转，左脚尖内扣45°，右脚跟提起；随身体转动右手上提于身体右侧，掌心向下；左手转动，掌心侧向上，双臂平展于体侧，掌指向前；眼视左手方向。（图12）

【要领】脚尖内扣与身体左转同时协调完成；两臂放松，双臂成弧形。

动作二：重心在左腿，身体向右转；右脚提起向前迈出，脚跟先着地；同时，左掌

微向上划弧屈臂于右胸前，掌心向下，掌指向右；右掌向左下划弧于左腹前，转动掌心侧向上，掌指向左；眼视左手方向。（图13）

【要领】立身中正，沉肩垂肘，双臂保持弧形；松腰沉髋，右腿稍屈膝，双脚间横向距离以30厘米为宜。

动作三：身体继续向右转，重心移于右腿；右腿屈膝慢慢向前弓出，右脚全脚掌踏实，成右弓步；随体转右臂向上经面前立掌向前掤出，掌心侧向前，掌指向上与鼻平；左掌随体转落于右肘内侧，掌心侧向上，掌指对右肘，眼随体转向前平视。（图14）

【要领】以腰转动带动上下动作协调完成；沉肩、坠肘，含胸拔背；右臂立掌向前掤出要呈立圆弧形。

图 12　　　　　图 13　　　　　图 14

捋势

动作四：身体向左转，重心移于左腿，成左坐步；双掌随身体转动向左后捋至腹前，掌心侧相对，右掌心向左，掌指向前，左掌心侧向上，掌指向前；眼随体转向前平视。（图15）

【要领】向后捋时，左肘应向左侧后45°方向撤肘；立身中正，沉肩坠肘，松腰沉髋；虚腋，右肘与身体保持20厘米左右为宜。

挤势

动作五：身体向右转，重心在左腿，成左坐步；同时，右臂外旋屈肘提于腹前，掌心向内，掌指向左；左臂内旋上提附于右腕内侧，掌心向前，掌指斜向右；眼随体转向前平视。（图16）

【要领】腰的转动带动双手相合；立身中正，虚腋，沉肩坠肘，松腰沉髋。

动作六：重心前移，右腿屈膝慢慢向前弓出，成右弓步；同时，双掌向前挤出，腕与肩平，右掌心向内，掌指向左，左掌心向外，掌指斜向上；眼向前平视。（图17）

【要领】立身中正，沉肩，双肘应有下垂之意；双臂撑圆，动作要饱满。

图 15 　　　　　　　　图 16 　　　　　　　　图 17

按势

动作七：重心微向前移；同时，左掌从右掌上向前分开，双掌向前平展，腕与肩平，掌心相对，虎口向上，掌指向前；眼向前平视。（图18）

【要领】立身，松肩，双肘下垂；掌前分要舒腕展指，双臂保持弧形。

动作八：重心后移于左腿，成左坐步；同时，双臂屈肘挑掌收于胸前，两掌心侧相对，掌指斜向上；眼向前平视。（图19）

【要领】重心后移与屈臂挑掌应同时协调完成；两臂放松，双腋微虚，屈肘挑掌动作成弧形。

动作九：重心前移，右腿屈膝慢慢向前弓出，成右弓步；双掌微向下，再向前上按出，掌心向前，掌指向上与肩平；眼向前平视。（图20）

【要领】双掌前按要走弧形，要顺腕立掌，腕部要柔顺；双臂撑圆，双肘微屈。

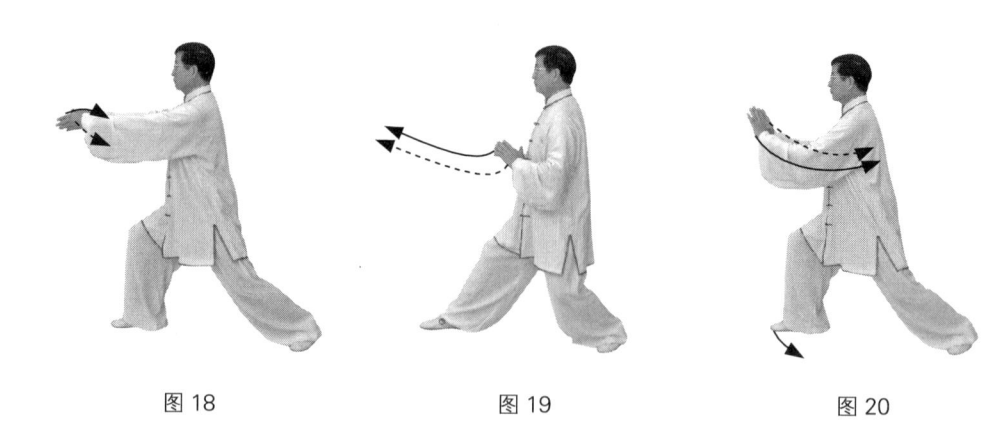

图 18　　　　　　　　图 19　　　　　　　　图 20

第五式　单　鞭

动作一：接上势。身体向左转，右脚尖内扣135°，重心移至左腿；双掌随腰转微

向上，经面前向左划弧至身体左前侧，掌心向外，掌指向上；眼视左掌方向。（图21）

【要领】右脚尖内扣幅度应尽量大。转体时动作姿势平稳，双臂撑圆，含有劲力上引之意，动作呈弧形。双掌至左前以达到45°为宜，角度过大，重心易偏斜。

动作二：身体向右转，重心移于右腿；左脚提起向左前迈出，脚跟先着地；随体转，左掌向下划弧至右腹前，掌心向上，掌指向右；右掌转动掌心向上，向内划弧经颔下握勾手，勾尖向下，勾背略高于肩；眼视勾手方向。（图22）

【要领】向右转体幅度要适中，不可超过右前45°。勾手向右前伸出与左脚迈出、左掌下落动作要协调一致；立身中正，松肩坠肘，松腰沉髋。

动作三：身体向左转，重心前移，左腿屈膝慢慢向前弓出，左脚全脚掌踏实，成左弓步；同时，左掌向上经面前立圆（立掌）向前推出，掌心侧向前，掌指向上；右勾手向右后方拉开，勾尖向下，勾背略高于肩；眼向前平视。（图23）

【要领】向左转体、弓步与双手的动作要同时完成；立身中正，松腰沉髋，含胸拔背；松肩坠肘，双臂保持弧形。

图21　　　　　图22　　　　　图23

第六式　提　手

动作一：接上势。身体向左转，左脚尖内扣45°，重心在左腿，右脚跟提起；同时，右勾手变掌；随体转双臂外旋，双掌微向下、向后平展划弧于体侧，腕与肩平，掌心向上，掌指向左、右两侧；眼随体转视左手方向。（图24）

【要领】身体转动的幅度要小，左脚内扣与双掌平展要协调；松肩垂肘，立身中正，双臂撑圆；双臂平展幅度要小，要符合"含胸拔背"的拳理要求。

动作二：身体向右转，重心在左腿，右脚提起向前迈出，脚跟落地，成右虚步；双掌屈臂向上划弧经耳侧向前合手推出，右掌指向上与鼻平，掌心向左侧；左掌心向下，掌指斜对右肘，眼视右掌方向。（图25、图26）

【要领】双手合掌推出时，做到右掌在前、左掌在后；松腰胯，沉肩坠肘，虚胯，敛臀，双臂撑圆。

图 24　　　　　　　　图 25　　　　　　　　图 26

第七式　上　势

动作一：接上势。身体向左转，重心在左腿；随体转左臂外旋，掌心向上，向下划弧至左腹前，掌指向前；右掌随体转向前微展，掌心向前，掌指向上；眼随身体转动向前平视。（图 27）

【要领】保持立身中正，双臂撑圆，左臂不可紧夹身体；松腰沉髋，沉肩垂肘。

动作二：身体向右转，重心在左腿，右脚提起向前迈出，右脚跟先落地；同时，随体转右掌向下划弧平掤于体前，掌心转动向内，掌指向左；左掌向后而上划弧按在右前臂内侧，掌心向外，掌指斜向上；眼向前平视。（图 28、图 29）

【要领】转体、迈步，双掌相合的动作要协调；立身中正、松腰沉髋、松肩垂肘，双臂撑圆。

动作三：重心移至右腿，右腿屈膝慢慢向前弓出，右脚全脚掌踏实，成右弓步；双掌向前下方挤出，右掌心向内，掌指向左，左掌心向外，掌指斜向上；眼视体前下方。（图 30）

【要领】双掌前挤时，双臂保持圆形；立身中正，松腰沉髋。

图 27　　　　　图 28　　　　　图 29　　　　　图 30

第八式　白鹤亮翅

动作一：接上势。身体向左转，右脚尖内扣45°，重心在右腿；随身体转动右前臂内旋，微向前展，掌心向左，虎口向上，掌指向前；左掌附在右前臂上，掌心向下，掌指向右；眼随身体转动向前平视。（图31）

【要领】右前臂内旋、前展，含有下沉之意；立身中正，松肩垂肘，双臂撑圆。

动作二：重心于右腿，左脚提起向前迈出，前脚掌踏地，成左虚步；双掌分别向右上、左下分开，右掌上提于右额前，掌心向外，掌指向上，左掌落于左髋前外，掌心向下，掌指向前；眼向前平视。（图32）

【要领】身体正直，双臂保持圆形；双掌分开，双膝关节微上伸；含胸、拔背，双臂保持圆形。

图31　　　图32

第九式　左搂膝拗步

动作一：接上势。身体微向左转，重心在右腿；随身体转动右掌转动掌心向上，向左摆掌于体前，掌指斜向前上；眼视右掌方向。（图33）

【要领】摆掌与身体转动应协调配合，右腿重心要稳固；身体平稳，动作轻灵、沉稳，松腰髋，垂肘、松肩。

动作二：身体向右转，重心在右腿；左脚提起向前迈出，脚跟先着地；同时，右掌下落经腹前再向右后上方划弧于右肩外，掌心向外，掌指向上；左掌由下向上经面前划弧于右肩前，掌心向内，掌指向右；眼视右手方向。（图34、图35）

图33 　　　图34 　　　图35

【要领】双掌运转与迈步动作协调一致；双臂呈弧形，右掌向体右后侧划弧应在体右后侧45°为宜；迈步时身体重心必须坐实，以保持身体平衡。

动作三：身体向左转，重心前移；左腿屈膝慢慢向前弓出，左脚全脚掌踏实，成左弓步；同时，随体转左掌落于右腹前，掌心翻转向下，向前经左膝前搂过至左膝外侧，虎口向前，掌指侧向前；右臂屈肘，右掌经耳旁立掌向前推出，掌心向前，掌指向上，腕与肩高；眼向前平视。（图36、图37）

【要领】弓步时，身体重心坐实，保持身体平衡；"主宰于腰"，以腰为轴，双臂运转必须协调一致，两肩平齐；弓步、搂膝、推掌应同时完成，做到"上下相随"；定势时，右掌应基本对准身体中线，沉肩、垂肘、松腰。

图36　　　　图37

第十式　手挥琵琶

动作一：接上势。身体微向左转，重心移至左腿；右脚向前跟半步，右脚前脚掌踏地；随身体转动，右掌立掌向前推出，左掌不变；眼视右掌方向。（图38）

【要领】重心稳固在左腿，右脚跟步踏地时，身体平稳，动作轻灵、沉稳，松腰胯，垂肘、松肩。

动作二：身体向右转，重心移至右腿，右脚全脚掌踏实；右掌屈臂立掌收于胸前，掌心微向左，掌指向上；左掌弧形上提于体前，掌心向右，掌指向上，与鼻平；眼随体转向前平视。（图39）

【要领】向右转体以右前侧45°为宜，右脚踏实与前进方向成45°；左掌上提，虎口含有上挑之意；身体中正，松肩垂肘，以腰为轴带动双掌运行。

动作三：身体向左转，重心在右腿；左脚提起前移，脚跟着地成虚步；同时，双掌微向下、向前上方弧形推出，左掌与鼻平，掌心向右，掌指向上；右掌心向左，与左肘相对，掌指斜向前上；眼向前平视。（图40）

【要领】定势动作有下沉之气势，神态具有轻灵、挺拔之意；左脚前移要保持上体中正，松腰松髋；定势时身体稍向右侧；左脚与地面夹角应在45°~60°之间，双膝要微屈，不可挺直。

图 38 　　　　　　　　图 39 　　　　　　　　图 40

第十一式　左搂膝拗步

动作一：接上势。身体向右转，重心在右腿；左脚提起向前迈出，脚跟先着地；随身体转动左手翻转掌心向内，经面前划弧于右肩前，掌心向内，掌指向右；右手翻转掌心向上，向下经腹前再向右上划弧于右肩前，掌心向外，掌指向上；眼视右手方向。（图 41）

【要领】双掌运转与左脚迈出动作要协调一致；双臂呈弧形，右掌向体右后侧划弧应以体右侧后 45°为宜；迈步时身体重心必须坐实，以保持身体平衡稳定。

动作二：动作、要领同第九式左搂膝拗步之三动。（图 42、图 43）

图 41 　　　　　　　　图 42 　　　　　　　　图 43

第十二式　右搂膝拗步

动作一：接上势。身体向左转，左脚尖外展 45°，重心于左腿，右脚提起向前迈步，脚跟先着地；随身体转动右掌心翻转向内，向上经面前划弧落于左肩前侧，掌心向

内，掌指向左；同时左掌心翻转向上，向下、向左后上划弧于左肩外，掌心向外，掌指向上；眼视左手方向。（图44、图44附图）

【要领】 双掌运转与迈步动作协调一致；双臂呈弧形，左掌向体左后侧划弧应在体左后侧45°为宜；迈步时身体重心必须坐实，以保持身体平衡。

动作二： 身体向右转，重心前移；右腿屈膝慢慢向前弓出，右脚全脚掌踏实，成右弓步；同时，随体转右掌落于左腹前，掌心翻转向下，向前经右膝前搂过至右膝外侧，虎口向前，掌指侧向前；左臂屈肘，左掌经耳旁立掌向前推出，掌心向前，掌指向上，腕与肩高；眼向前平视。（图45、图45附图、图46）

【要领】 弓步时，身体重心要坐实，保持身体平衡；定势时，左掌应基本对准身体中线；以腰转动为轴，双臂运转与右脚迈出必须协调一致，两肩平齐，要做到上下相随。

图44　　　　图44附图

图45　　　　图45附图 　　　　图46

第十三式　左搂膝拗步

动作一： 接上势。身体向右转，右脚尖外展45°，重心在右腿，左腿提起向前迈步，脚跟先着地；随身体转动左掌心翻转向内，向上经面前划弧落于右肩前侧，掌心向内，掌指向右；同时右掌心翻转向上，向右后上划弧于右肩外，掌心向外，掌指向上；眼视右手方向。（图47）

【要领】 掌运转与迈步动作协调一致；双臂呈弧形，右掌向体右后侧划弧应在体右后侧45°为宜；迈步时身体重心必须坐实，以保持身体平衡；左脚迈出时，左膝关节微屈。

动作二： 动作、要领同第九式、第十一式左搂膝拗步之三动、二动。（图48、图49）

图 47　　　　　　　　　　图 48 　　　　　　　　　　图 49

第十四式　手挥琵琶

动作、要领同第十式手挥琵琶。（参见图 38—图 40）

第十五式　左搂膝拗步

动作、要领同第十一式左搂膝拗步。（参见图 41—图 43）

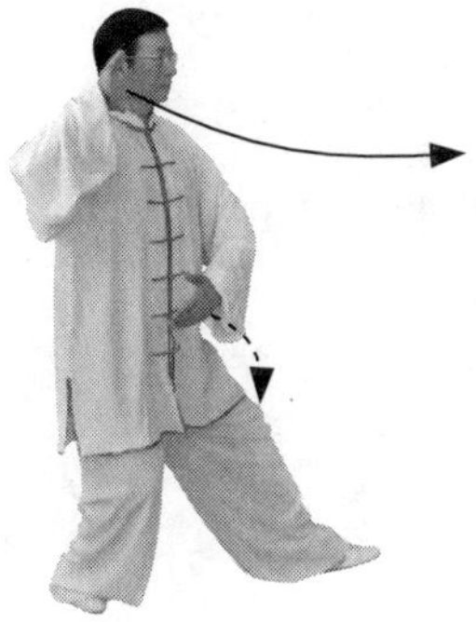

第十六式　进步搬拦捶

动作一： 接上势。身体向左转，左脚尖外展 45°，重心在左腿，右脚提起向前迈出，脚跟先着地；随身体转动左掌转动向上，向左后而上划弧至左肩外，掌心向外，掌指向上，腕与肩平；右掌变拳向左下划弧至腹前，拳心向下，拳眼向内；眼视左掌方向。（图 50、图 50 附图）

【要领】双手动作应与迈步协调完成；动作姿势不可起伏，身体重心要稳固。

图 50　　　　　　　图 50 附图

动作二： 身体向右转，重心前移，右腿屈膝慢慢向前弓出，右脚全脚掌踏实，成右弓步；随腰转右拳向前翻打，拳心向上，拳面向前，拳与胸平；左掌同时经面前向前横掌下压于右掌前，掌心向下，掌指向右，腕与胸平；眼向前平视。（图 51）

【要领】双手的动作与弓步要同时协调完成；上体正直，双肩松沉，双臂撑圆；左掌、右拳之间以一拳距离为宜。

动作三： 身体向右转，右脚尖外展 45°，重心在右腿，左脚提起向前迈出，脚跟先着地；右拳收于右腰间，拳心向上，左掌立掌向前、向左划弧拦出，掌心侧向右，掌指

向上，腕与肩平；眼向前平视。（图52）

【要领】立身中正，松腰沉髋，双臂不可挺直；迈步、拦掌、收拳动作要协调完成。

动作四：身体向左转，重心前移，左腿屈膝慢慢向前弓出，左脚全脚掌踏实，成左弓步；右臂内旋，右拳自腰间向前打出，拳眼向上，与胸平；左掌弧形收至右前臂内侧，掌心侧向右，掌指斜向上；眼视右拳方向。（图53）

【要领】立身中正，两臂微屈，沉肩垂肘，双臂撑圆；弓步的形成、左掌收回、右拳打出的动作要协调，速度均匀；右拳、左掌之间距离以一拳为宜。

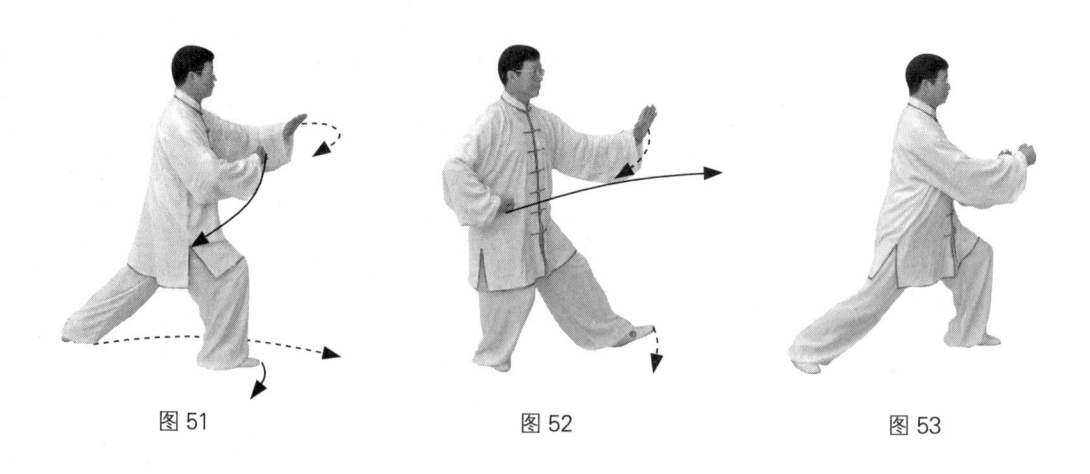

图 51　　　　　　　　图 52　　　　　　　　图 53

第十七式　如封似闭

动作一：接上势。重心可先向前移；左掌心转动向上，掌指向右，由右肘下向前穿出；右拳变掌，双掌心相对，掌指向前，腕与肩平；眼向前平视。（图54、图55）

【要领】立身中正，松肩垂肘，双肘要微屈。

动作二：重心移于右腿，右腿屈膝，成右坐步；双掌心相对，虎口向上，屈臂挑掌收于胸前，两掌心侧相对，掌指斜向上；眼向前平视。（图56）

【要领】双膝要屈，重心的移动与屈臂挑掌同时协调完成；两臂放松，双腋微虚，屈肘挑掌动作成弧形。

图 54　　　　　　　　图 55　　　　　　　　图 56

动作三：重心前移，左腿屈膝慢慢向前弓出，成左弓步；双掌微向下，再向前上按出，掌心侧向前，掌指向上，腕与肩平；眼向前平视。（图57）

【要领】双掌前按动作应走弧线，双臂撑圆，双肘微屈；上体正直，松腰沉胯，双掌前按要顺腕立掌，腕部要柔顺。

第十八式　十字手

动作一：接上势。身体向右转，左脚尖内扣90°，重心在左腿；随体转双掌向上、向右划弧于面前，掌指向上，双掌心向外；腕与肩平，眼向前平视。（图58）

【要领】身体向右转时，重心不可起伏；两臂呈弧形，松肩、垂肘。

动作二：身体向右转，右脚尖外展45°，重心移于右腿，成右侧弓步；随体转双掌微向上、再向左右平分下落撑开，掌心向外，掌指向两侧；眼视右掌方向。（图59）

【要领】松腰沉髋，身体重心下沉，双掌平撑分开，双臂保持弧形；尾闾中正，沉肩垂肘。

动作三：身体向左转，重心移至左腿，右脚尖内扣45°；随身体转动双臂内旋，双掌向下划弧于腹前，双腕交叉合抱，右掌在外，左掌在内，掌心向内，掌指分别向左、右斜下方；眼视前下方。（图60）

【要领】双掌合抱时要沉肩、松肘、虚腋；身体重心左移、双掌合抱动作应同时协调完成；松腰沉髋，尾闾中正、安舒。

图57

图58　　　　　图59　　　　　图60

动作四：右脚内收成开立步，双脚平行与肩宽，重心移至两腿之间，然后双腿缓慢直立；双掌交叉合抱上举于面前，腕与肩平，左掌在内，右掌在外，掌心向内，双掌指

分别向左、右，成斜十字形；眼向前平视。（图61）

【要领】收脚成开立步，双掌合抱上举，动作要协调；立身中正，安舒，沉肩垂肘，双臂撑圆；松腰沉髋，双膝关节不可挺直。

第十九式　抱虎归山

动作一：接上势。身体微向右转，重心移于左腿，左脚尖内扣90°；随体转双掌合掤向右平移；眼向前平视。（图62）

【要领】左脚内扣要与身体转动协调进行；尾闾中正，上下动作要相随，身体重心微下沉。

动作二：身体继续向右转，重心在左腿；右脚提起向右前方迈出，脚跟先着地；同时右掌微向上划弧经面前落于左腹前，掌心向内，掌指向左；左掌翻转成掌心向上，向下、向左后上划弧于左耳旁，掌心向前，掌指向上；眼视左前方。（图63、图64）

图61

图62 　　　　图63 　　　　图64

【要领】双掌运转与迈步动作协调一致；双臂呈弧形，左掌向体左后侧划弧应在体左后侧45°为宜；迈步时身体重心必须坐实，以保持身体平衡；右脚迈出时，右膝关节微屈。

动作三：身体向右转，重心前移，右腿屈膝慢慢向前弓出，右脚全脚掌踏实，成右弓步；随体转右掌掌心翻转向下，向前经右膝前搂过至右膝外侧，虎口向前，掌指侧向前；同时左臂屈肘，左掌从左耳旁立掌向前推出，掌心向前，掌指向上，腕与肩高；眼向前平视。（图65）

图65

【要领】弓步时身体重心要坐实，以保持身体平衡；定势时，左掌应基本对准身体中线；以腰转动为轴，双臂运转与右脚迈出必须协调一致，两肩平齐，要做到上下相随。

第二十式　右揽雀尾

掤势

动作一：身体向右转；随体转左掌向前展伸，左臂外旋，翻转掌心向上，掌指向前，腕与肩高；同时右臂外旋，右掌翻转为掌心向上，向右后侧划弧展开于右肩外，掌心向外，掌指向上，腕与肩平；眼视右掌方向。（图66）

【要领】身体向右转要松腰沉髋，以保持身体平衡。右臂展开的方向应是右后45°为宜；以腰转动为轴，带动双臂运转必须协调一致，要做到上下相随；松肩垂肘，双臂撑圆。

动作二：身体向左转；随体转右臂屈肘，右掌经右耳侧向前立掌推出，掌心侧向前，掌指向上，与鼻平；同时左臂屈肘回收于胸前，掌心侧向上，掌指对右肘，右臂外旋；眼视右掌方向。（图67）

【要领】身体向左转以腰为轴转动，带动双臂运转必须协调一致，要做到上下相随；松肩垂肘，立身中正，含胸拔背，双臂撑圆。

捋势

动作三：身体向左转，重心移于左腿，成左坐步；双掌随身体转动向左后捋至腹前，掌心侧相对，右掌心向左，掌指向前，左掌心侧向上，掌指向右；眼随体转向前平视。（图68）

捋势的定势同第四式上步右揽雀尾之捋势，唯方向有所不同。本势是从西北斜方向捋向东南稍偏南，而第四式是由西朝东稍偏南捋。

【要领】向后捋时，左肘应向左侧后45°方向撤肘；松肩、垂肘，立身中正，虚腋，双臂撑圆，松腰沉髋；右肘与身体保持20厘米左右距离为宜。

图66 　　　　　　　　图67 　　　　　　　　图68

挤势

动作、要领同第四式上步右揽雀尾之挤势，唯方向不同。（图69、图70）

图69 　　　　　　　　　　　图70

按势

动作、要领同第四式上步右揽雀尾之按势，唯方向不同。（图71—图73）

图71 　　　　　　图72 　　　　　　图73

第二十一式　斜掤势

动作一：接上势。身体向左转，右脚尖内扣135°，重心移于左腿；随体转双掌向两侧平撑，掌心向外，腕与肩平；眼随体转视左掌方向。（图74）

【要领】松腰沉髋，松肩垂肘，立身中正，双臂撑圆；身体保持平稳。

动作二：向右微转体，重心移于右腿，左脚提起向左前迈步，脚跟先着地；随转体右臂屈收于胸前，掌心向下，掌指向右，腕与肩平；同时，左掌向下划弧于右腹前，翻

转掌心侧向上，掌指向右；眼向前平视。（图75）

【要领】双掌与左脚迈出的动作要上下相随；左脚迈出时，右支撑腿应微屈下蹲；身体中正，身体重心平稳过渡。

动作三：身体向左转，重心移于左腿，左腿屈膝慢慢向前弓出，左脚全脚掌踏实，成左弓步；同时；左臂向前掤出，掌心向内，掌指向右，与胸平；右臂内旋翻转，右掌向下落于右髋旁，掌心向下，虎口向前，掌指斜向前；眼向前平视。（图76）

【要领】身体转动带动双掌前后分开；弓步与双掌的动作速度应协调一致；立身中正，松腰沉髋，沉肩垂肘，双臂撑圆。

图 74　　　　　　　图 75　　　　　　　图 76

第二十二式　肘底看捶

动作一：接上势。身体向左转，左脚尖外展45°，重心在左腿，右脚跟提起向前跟步，前脚掌踏地；随体转两臂随腰而动，平展于体侧，腕与肩平，左掌心侧向上，右掌心侧向下，双掌掌指向前；眼随转体向前平视。（图77）

【要领】跟步时，动作重心要平稳，跟步幅度适宜，右脚踏地要有力度；跟步与双掌动作协调一致；双臂平撑于体侧时，沉肩坠肘，双臂呈弧形；立身中正，松腰沉髋。

动作二：身体先向左转，重心移至右腿，右脚全脚踏实，左脚提起前移，脚跟着地，成左虚步；随即身体微向右转，左掌向下划弧于腹前，掌心侧向上，掌指向右，右掌向上划弧至面前，掌心侧向下，掌指向左；左掌由右腹前向上经右前臂内侧向前上方立掌穿出，掌心侧向前，掌指向上，与鼻平；同时右掌变拳，沿左臂外侧落于左肘下，拳眼向上，正对左肘；眼向前平视。（图78、图79）

【要领】右脚踏实，与前进方成45°；松腰松胯，动作要有下沉气势；向左转体以不超过45°为宜，向回转以身体转正为准。

图 77　　　　　　　　图 78　　　　　　　　图 79

第二十三式　左右倒撵猴

右倒撵猴

动作一：接上势。身体向右转，重心在右腿，左脚提起向后撤步，先以脚前掌踏地；同时，右拳变掌，向下经右髋旁向右后上方划弧展伸，腕与肩平，掌指向上，掌心向外；左掌随身体转动向前微展，左臂外旋，翻转掌心向上，掌指向前，腕与肩平；眼随体转动向前平视。（图80、图81）

图 80　　　　　　　　图 81

【要领】重心稳固，左脚提起，应向偏左后45°方向退步，以避免双脚在同一直线上；以腰为轴带动双掌动作；左脚前脚掌踏地、右手后撤动作要同时完成；保持上体中正，双肩松沉，双臂保持弧形。

动作二：身体向左转，左脚跟内扣45°，左脚全脚掌踏实，重心移于左腿，成左坐步；同时，右臂屈肘卷收，右掌经右耳侧立掌向前推出，掌心侧向前，掌指向上，与鼻平；左臂外旋，翻转掌心向上，经右臂下收至腹前，掌指向右斜前方；同时右脚以脚跟为轴随之转正；眼视右掌方向。（图82、图83、图83附图）

【要领】以腰为轴带动手脚动作同时进行，左脚跟内扣与右掌前推、左掌回收的动作速度协调配合；当双掌交错时，右脚要适时"转正"方向，以保证右掌前推的力度。

图 82 　　　　　　　　　图 83 　　　　　　　　　图 83 附图

左倒撵猴

动作三：身体向左转，右脚提起向后撤步，先以脚前掌踏地；同时，左掌向下经髋旁向左后上方划弧，腕与肩平，掌指向上，掌心向外；右掌随身体转动向前微展，右臂外旋，翻转掌心向上，掌指向前；眼随身体转动向前平视。（图84、图85）

【要领】重心稳固，右脚提起，应向偏左后45°方向退步，以避免双脚在同一直线上；以腰为轴带动双掌动作；右脚前脚掌踏地、左手后撤动作要同时完成；保持上体中正，双肩松沉，双臂保持弧形。

动作四：身体向右转，右脚跟内扣45°，右脚全脚掌踏实；重心移于右腿，成右坐步；同时左臂屈肘卷收，左掌经左耳侧立掌向前推出，掌心侧向前，掌指向上，与鼻平；右臂外旋，翻转掌心向上，经左臂下收至腹前，掌指向左斜前方；同时左脚以脚跟为轴随之转正；眼视左掌方向。（图86、图87）

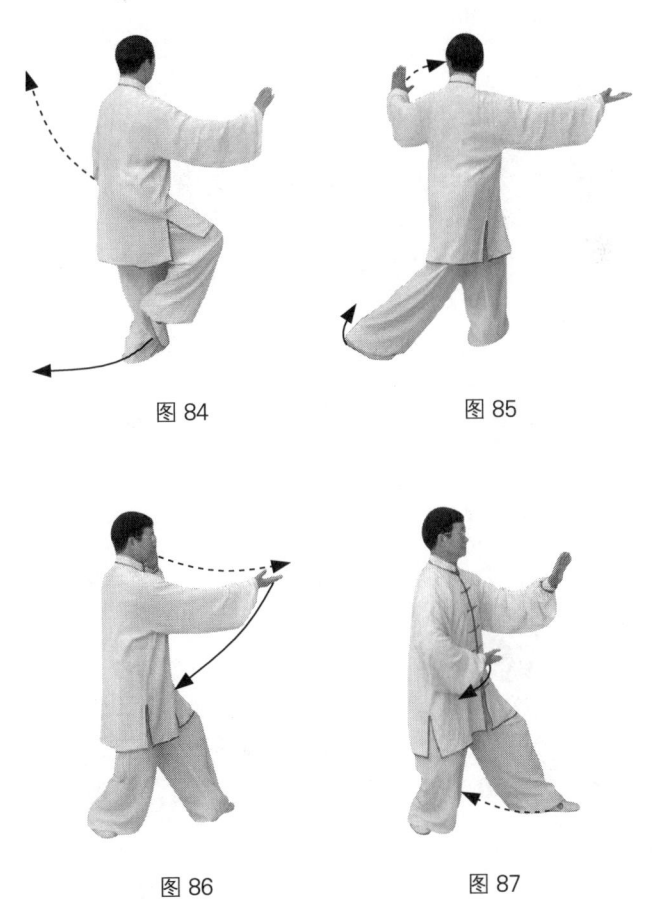

图 84　　　　　　　　　图 85

图 86　　　　　　　　　图 87

【要领】以腰为轴带动手脚动作同时进行，右脚跟内扣与左掌前推、右掌回收的动作速度协调配合；当双掌交错时，左脚要适时"转正"方向，以保证左掌前推时的力度。

右倒撵猴

动作、要领同本式一、二动。（图88—图91）

左倒撵猴

动作、要领同本式三、四动。（图92—图95）

右倒撵猴

动作、要领同本式一、二动。（图96—图99）

图88

图89

图90

图91

图92

图93

图94 　　　　　　　　图95 　　　　　　　　图96

图97 　　　　　　　　图98 　　　　　　　　图99

第二十四式　斜飞势

动作一：接上势。重心在左腿，右脚回收至左脚内侧，前脚掌踏地；右臂微前展，右掌心向前，掌指向上，腕与肩平；同时左掌向下收至左髋旁，掌心向上，掌指向前；眼向前平视。（图100）

【要领】右脚提起回收，应在距左脚跟右侧一横脚（20~30厘米）处落地；立身中正，松肩沉肘，双臂保持弧形。

动作二：身体向右转，重心移于右腿，左脚尖内扣135°；随身体转动双掌向左右平分于体侧，腕与肩高，左掌心向上，掌指向前，右掌心向外，掌指向上；眼随体转向前平视。（图101）

【要领】身体姿势保持中正，重心移动才能平稳；松肩垂肘，双臂保持弧形。

动作三：身体继续向右转，重心在左腿；右脚提起向右前侧方迈步，脚跟先着地；左掌经面前横掌屈收于胸前，掌心向下，掌指向右；右掌向下划弧于腹前，掌心向上，掌指向左；眼随体转向前平视。（图102）

【要领】身体右转带动双掌合抱、右脚迈出同时完成；右脚迈步，左支撑腿重心微下坐；右脚迈出方向以右前侧45°为宜。

图 100　　　　图 101　　　　图 102

动作四：身体微向右转，重心前移，右腿屈膝慢慢向前弓出，右脚全脚掌踏实，成右弓步；双掌同时分别向右上、左下分开，右掌心侧向上，掌指向前，腕与眼平，左掌于左髋旁，掌心向下，虎口向前，掌指斜向前；眼视右手方向。（图103）

【要领】身体的转动带动双掌分开与弓步动作协调完成；立身中正，松腰沉髋，沉肩坠肘，双臂撑圆。

第二十五式　提　手

动作一：接上势。重心继续前移至右腿，右腿稍屈膝前弓，左脚提起微向前跟步，前脚掌踏地；随重心前移右掌向前展伸，掌心向上，腕与肩平；左掌同时向下撑按，掌心向下，掌指斜向前；眼视右掌方向。（图104）

【要领】身体保持中正，重心移动要平稳适度，跟步距离要适中；身体不可起伏，松腰沉髋，双臂撑圆。

动作二：身体向左转，左脚全脚掌踏实，重心移至左腿；右脚跟提起，双掌翻转掌心向上，随身体转动微向下、向后划弧平展于体侧，腕与肩平，掌心向上，掌指分别向左右两侧；眼随体转视左手方向。（图105）

【要领】左脚跟内扣45°，与双掌平展动作要协调；松肩垂肘，立身中正，双臂撑圆；双臂平展幅度要小，要符合"含胸拔背"的拳理要求。

动作三：动作、要领同第六式提手之二动。（图106、图107）

图 103

图 104

图 105　　　　　　　　图 106　　　　　　　　图 107

第二十六式　上　势

动作、要领同第七式上势。（参见图27—图30）

第二十七式　白鹤亮翅

动作、要领同第八式白鹤亮翅。（参见图31、图32）

第二十八式　左搂膝拗步

动作、要领同第九式左搂膝拗步。（参见图33—图37）

第二十九式　海底针

动作一：接上势。身体微向左转，重心移至左腿；右脚向前跟半步，前脚掌踏地；随身体转动右掌立掌向前展伸，左掌保持上式搂膝姿势不变；眼视右掌方向。（图108）

【要领】重心稳固在左腿，右脚跟步踏地时身体才能平稳；立身中正，松腰胯、垂肘、松肩动作轻灵、沉稳。

动作二：身体向右转，重心移至右腿，右脚全脚掌踏实；右掌屈臂立掌收于胸前，掌心微向左，掌指向上；左掌弧形上提于体前，掌心向右，掌指向上，与鼻平；眼随体转向前平视。（图109）

【要领】向右转体以右前侧45°为宜，右脚踏实与前进方向成45°；左掌上提，虎口含有上挑之意；身体中正，松肩垂肘，以腰为轴带动双掌运行。

图 108　　　　　图 109

动作三：身体向左转，重心在右腿；左脚提起前移，前脚掌踏地，成左虚步；随体转右掌弧形向前下方插掌，掌心向左，掌指斜向前下，腕与腹平；左掌弧形下落于左膝旁，掌心向下，虎口向前，掌指斜向前；同时上体向前俯身，眼视前下方。（图110、图110附图）

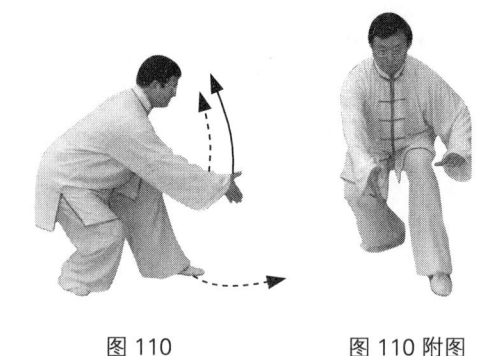

【要领】身体左转，右掌下插、左掌下落与虚步动作同时完成；松腰沉髋，肩背舒松，双臂撑圆。

图110　　　　图110附图

第三十式　闪通背

动作一：接上势。身体向右转，重心在右腿；上体直起，左脚提起向前迈出，脚跟先着地；随体转左掌搭在右腕部，双掌向上提至右额前，左掌心向外，掌指向上；右臂内旋，右掌转动掌心向外，掌指向左；眼视右前方。（图111）

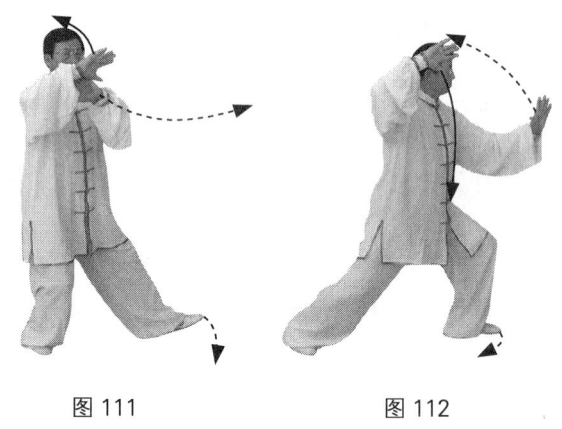

图111　　　　图112

【要领】腰的转动带动双掌上提、迈步协调完成；立身中正，身体重心不可起伏；松腰沉髋，松肩沉肘，双臂撑圆。

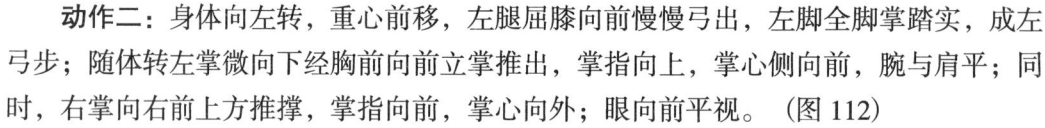

动作二：身体向左转，重心前移，左腿屈膝向前慢慢弓出，左脚全脚掌踏实，成左弓步；随体转左掌微向下经胸前向前立掌推出，掌指向上，掌心侧向前，腕与肩平；同时，右掌向右前上方推撑，掌指向前，掌心向外；眼向前平视。（图112）

【要领】弓步时要松腰沉髋，立身中正，双臂撑圆；沉肩、坠肘、顺腕、舒指。

第三十一式　转身撇身捶

动作一：接上势。身体向右转，左脚尖内扣，重心在左腿；随体转右掌握拳，经面前下落至腹前，拳心向下，拳眼向内；左掌向上划弧至额前上方，掌心向外，掌指向右；眼随体转向前平视。（图113）

【要领】身体的转动带动双掌与扣脚动作协调进行；立身中正，松腰沉髋，肩肘松沉，肩髋相对，双臂撑圆；左脚内扣幅度尽量达到最大。

动作二：身体继续向右转，重心在左腿，右脚提起向前迈出，右脚跟先着地；随体转左掌向左下划弧于左髋侧，掌心向下，掌指向前；右拳随腰转向前翻打，拳心向上，与胸平；眼随体转向前平视。（图114、图115）

图 113 　　　　　　　图 114 　　　　　　　图 115

【要领】双手动作与右脚迈出的动作要协调一致；尾闾中正，沉肩垂肘，双臂撑圆，动作饱满。

动作三：身体微向右转，重心前移，右腿屈膝慢慢向前弓出，右脚全脚掌踏实，成右弓步；同时，左掌上提经右臂上横掌向前推出，腕与肩平，掌心向下，掌指向右；右拳收于右腰间，拳心向上；眼向前平视。（图116、图116附图）

【要领】横掌、收拳与右弓步动作协调一致；立身中正，松肩肘，双臂保持弧形。

动作四：身体微向左转，重心在右腿，成右弓步；同时，右拳从右腰侧向前打出，拳心向上，拳面向前，腕与胸平；左臂屈肘回收，从右臂上收于右肘上方，掌心向下，掌指向右；眼向前平视。（图117）

【要领】主宰于腰，以腰髋的转动带动双臂的运转；立身中正，松腰胯、垂肘、松肩动作轻灵、沉稳；双臂保持弧形。

图 116 　　　　　　　图 116 附图 　　　　　　　图 117

第三十二式　进步搬拦捶

动作一：接上势。身体向左转，重心移于左腿，右脚提起向前迈出，脚跟先着地；

随身体转动左臂外旋，左掌转动向左后而上划弧至左肩外，掌心向外，掌指向上，腕与肩平；右臂内旋，右拳向左下划弧至腹前，拳心向下，拳眼向内；眼视左掌方向。（图118、图119）

【要领】双臂动作应与迈步协调完成；重心左移，动作姿势不可起伏，要平稳过渡。

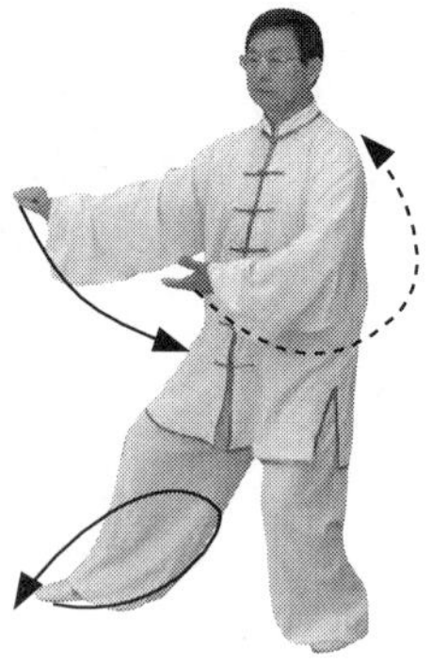

动作二：身体向右转，重心前移，右腿屈膝慢慢向前弓出，右脚全脚掌踏实，成右弓步；随腰转右拳向前翻打，拳心向上，拳面向前，拳与胸平；左掌同时经面前向前横掌下压于右拳前，掌心向下，掌指向右，腕与肩平；眼向前平视。（图120、120附图）

【要领】双掌的动作与弓步要同时协调完成；身体正直，双肩松沉，双臂撑圆；左掌、右拳之间以一拳距离为宜。

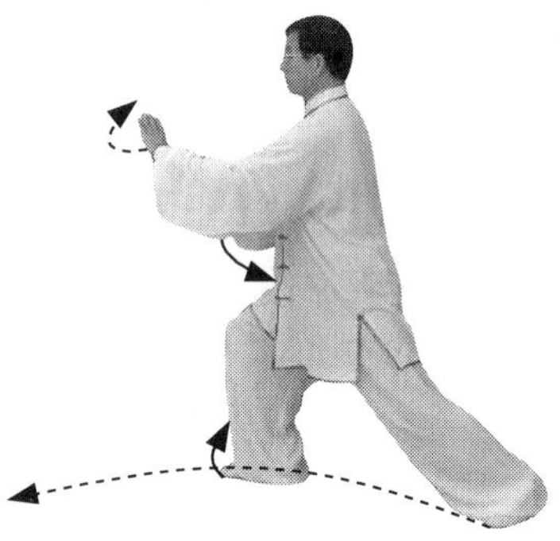

动作三：身体向右转，右脚尖外展45°，重心在右腿，左脚提起向前迈出，脚跟先着地；右拳收于右腰间，拳心向上；左掌立掌向前、向左划弧拦出，掌心侧向前，掌指向上，腕与肩平；眼向前平视。（图121）

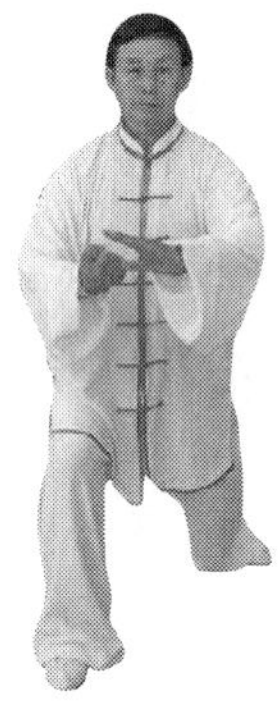

【要领】双臂不可挺直，立身中正，松腰沉胯；迈步、拦掌、收拳动作协调完成。

图118　图119

图120　图120附图

图121 　图122

动作四：身体向左转，重心前移，左腿屈膝慢慢向前弓出，左脚全脚掌踏实，成左弓步；右臂内旋，右拳自腰间向前打出，拳眼向上，与胸平；左掌弧形收至右前臂内侧，掌心侧向右，掌指斜向上；眼向前平视。（图122）

【要领】立身中正，两臂微屈，沉肩垂肘，双臂撑圆；弓步形成、左掌收回、右拳打出动作要协调，速度均匀；右拳、左掌之间距离以一拳为宜。

第三十三式　上步右揽雀尾

掤势

动作一： 接上势。身体向左转，左脚尖外展45°，随体转右脚跟提起；同时，左臂外旋，翻转左掌心向上，向左下划弧撤至左腹前，掌心向上，掌指向右；右拳随体转向前展伸，腕与肩平，拳眼向上，拳面向前；眼随体转向前平视。（图123）

【要领】立身中正，肩肘松沉，双臂呈弧形；右拳向前展伸的动作幅度要适宜。

动作二： 身体继续微向左转，重心在左腿，右脚提起向右前迈出，脚跟先着地；同时，左掌向后而上划弧屈臂于右胸前，掌心向下，掌指向右；右拳变掌，向左下划弧于左腹前，转动掌心侧向上，掌指向左；眼随体转向前平视。（图124）

图123　　图124

【要领】立身中正，沉肩垂肘，双臂保持弧形；松腰沉髋，右腿屈膝，双脚间横向距离30厘米为宜。

动作三： 动作、要领同第四式上步右揽雀尾掤势之三动。（参见图14）

捋势

动作、要领同第四式上步右揽雀尾捋势。（参见图15）

挤势

动作、要领同第四式上步右揽雀尾挤势。（参见图16、图17）

按势

动作、要领同第四式上步右揽雀尾按势。（参见图18—图20）

第三十四式　单　鞭

动作、要领同第五式单鞭。（参见图21—图23）

第三十五式　左右云手

左云手1

动作一： 接上势。身体向右转，左脚尖内扣90°，重心在左腿；随体转左掌（立

掌）向右平摆至体前，腕与肩平，掌心向外，掌指向上；右勾手保持不动；眼随体转向前平视。（图125）

【要领】身体转动重心要平稳，保持身体平衡；"主宰于腰"，以腰为轴，带动手、脚动作协调进行；身体中正，垂肩沉肘，松腰髋，左掌应基本对准身体中线。

动作二：身体向左转，左掌随身体转动立掌划弧至体左前侧，逐渐翻转掌心向外，掌指向上与眼平；右勾手变掌向下抄至左肋前，掌心向上，掌指向左；右脚提起向左移靠，前脚掌踏地；眼视左手方向。（图126、图127）

【要领】右脚移靠时，双脚间距离与肩同宽；保持身体正直，双臂撑圆，防止耸肩、抬肘；云手以腰转动带动双臂运转，要做到上手齐眉，下手齐腹。

图125　　　　　　　　　图126　　　　　　　　　图127

右云手1

动作三：身体向右转，右脚全脚掌踏实，重心移至右腿；左脚向左横开步迈出，前脚掌踏地；随体转右掌向上经面前向右前侧划弧，逐渐翻转掌心向外，掌指向上，腕与肩平；左掌向下划弧至右肋前，掌心逐渐转动向上，掌指向右；眼视右手方向。（图128—图130）

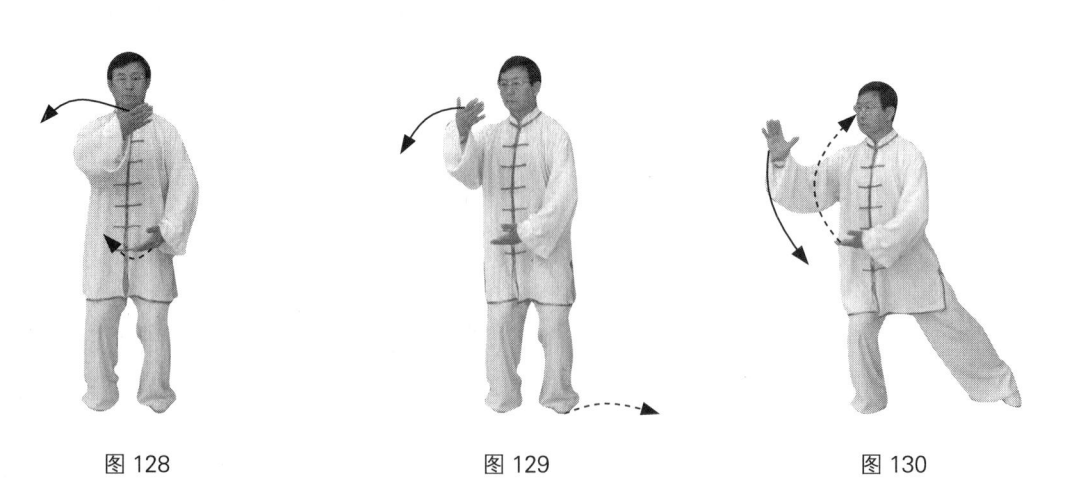

图128　　　　　　　　　图129　　　　　　　　　图130

【要领】左脚横开步迈出与双掌动作完成应以腰为轴，协调完成；双臂运转时要注意劲力变化，左掌是先按再掤，劲力饱满；右掌为挒劲；身体转动幅度要保持在左前或右前45°为宜。

左云手 2

动作四：接上势。身体向左转，左脚全脚掌踏实，重心移至左腿；随体转左掌向上经面前向左前侧划弧，逐渐翻转掌心向外，掌指向上，腕与肩平；右掌向下划弧至左肋前，掌心逐渐转动向上，掌指向左；同时右脚提起向左移靠，前脚掌踏地；眼视左手方向。（图131—图133）

【要领】身体重心的移动要平缓，动作姿势不可起伏；腰的转动带动双臂的协调运转；身体转动幅度和左掌要保持在左前45°为宜。

图 131 　　　　　　　　图 132 　　　　　　　　图 133

右云手 2

动作、要领同右云手1。（参见图128—图130）

左云手 3

动作、要领同左云手2。（参见图131—图133）

右云手 3

动作、要领同右云手1。（参见图128—图130）

左云手 4

动作、要领同右云手2。（参见图131—图133）

右云手 4

动作、要领同右云手1。（参见图128—图130）

左云手 5

动作、要领同右云手 2。（参见图 130—图 133）

右云手 5

动作、要领同右云手 1。（参见图 128—图 130）

左云手 6

动作、要领同左云手 2。（参见图 131—图 133）

右云手 6

动作、要领同右云手 1。（参见图 128—图 130）

左云手 7

动作、要领同右云手 2。（参见图 131—图 133）

第三十六式　单　鞭

动作一：接上势。身体微向右转，右脚尖内扣 45°，重心移于右腿，左脚提起向左前迈出，脚跟先着地；随体转左掌向下划弧经腹前再向右上划弧于右肩前，掌心向内，掌指向右；右掌稍向上、向内划弧经下颌握勾手向右前伸出，勾尖向下，勾背略高于肩；眼视勾手方向。（图 134、图 135）

【要领】向右转体幅度要适中，不可超过右前 45°；勾手向右前伸出与左脚迈出、左掌上提动作要协调一致；立身中正、松肩坠肘，松腰沉髋。

动作二：身体向左转，重心前移，左腿屈膝慢慢向前弓出，左脚全脚掌踏实，成左弓步；同时，左掌向上经面前弧形立掌向前推出，掌心侧向前，掌指向上，腕与肩平；右勾手同时向右侧后方展伸，勾尖向下，勾背略高于肩；眼向前平视。（图 136）

【要领】向左转体、弓步与双手的动作要同时完成；立身中正，松腰沉髋，含胸拔背；松肩坠肘，双臂保持弧形。

图 134 　　　　　　　　图 135 　　　　　　　　图 136

第三十七式　高探马

动作一：接上势。身体重心略前移，右脚向前跟半步，前脚掌踏地；同时，左掌随身体重心前移微向前展伸，掌心向前，掌指向上，腕与肩平；右勾手保持上势动作不变；眼视左掌方向。（图137）

【要领】重心前移要保持身体稳定；立身中正，松肩、垂肘，双臂呈弧形；跟步时右脚要有支撑的力度。

动作二：身体向右转，重心移于右腿，右脚全脚掌踏实；随体转右勾手变掌平举于身体右肩前外侧，掌心向外，掌指向上；左臂外旋，掌心翻转向上，掌指向前，腕与肩平；眼视右掌方向。（图138）

图137　　　图138

【要领】身体右转与双掌的动作同时协调进行；立身中正，松肩、垂肘，双臂呈弧形。

动作三：身体向左转，重心在右腿，左脚提起稍向前移，前脚掌踏地，成左虚步；右臂屈肘经耳侧横掌向前推出，掌心侧向前，掌指斜向左前，略高于肩；左掌经右臂下屈臂收至上腹，掌心向上，掌指向右前方；眼向前平视。（图139、图140、图140附图）

【要领】右膝微上伸，身体重心上拔；立身中正，松腰松胯，沉肩肘，双臂呈弧形。

图139 　　　图140 　　　图140附图

第三十八式　右分脚

动作一：接上势。身体向右转，重心在右腿，双腿微屈蹲；同时，双掌向两侧分开，右掌心向外，掌指向上，腕与肩平；左掌心向上，掌指向右，与腹平；眼随转体视右手方向。（图141）

【要领】身体向右转动时，转体方向在右前45°；身中正，双臂随腰而动，松肩，垂肘，双臂撑圆。

动作二：身体向左转，重心在右腿，左脚提起向左前（偏左）迈步，脚跟先着地；左手向左再向前上划弧至体前，掌指向前，掌心向上，腕与肩平；右手向右再向下划弧至右髋侧，掌心向下，掌指向左前方；眼视左手方向。（图142）

【要领】身体向左转动时，转体方向在左前45°；立身中正，双臂随腰而动，松肩，垂肘，双臂撑圆。

动作三：身体向右转，重心前移，左腿屈膝慢慢向前弓出，左脚全脚掌踏实，成左弓步；左手随身体转向右、向内屈臂划弧收于胸前，掌心侧向上，掌指斜向右；右手经胸前从左前臂上向右斜前方划弧抹出，掌心侧向下，掌指斜向上，腕与肩平；眼视右手方向。（图143、图144）

【要领】左弓步为左前45°方向，右掌推出为右前45°方向，左弓步与抹掌动作应同时完成；尾闾中正，松肩，双掌呈弧形，双肘微屈。

动作四：身体向左转，重心在左腿，左腿支撑站稳，右腿屈膝提起，脚尖自然下垂，成左独立步；右手向左划弧与左手腕相交，右手在外，成斜十字形，双掌心向内，掌指分别向左右斜上方，腕与肩平；眼随体转向前平视。（图145）

【要领】虚领顶劲，竖顶立腰，左腿重心要稳固，避免身体摇晃；松肩垂肘，双臂呈弧形。

动作五：身体向右转，左腿支撑成左独立步；随体转双手向两侧撑开，翻转掌心侧向外，腕与肩平，掌指向上；同时右脚用脚面向右斜方分出；眼视右手方向。（图146）

图141 　　　图142 　　　图143

图 144 　　　　　　　　图 145 　　　　　　　　图 146

【要领】上体正直，双臂平撑，双肘微屈；右脚分出时，右脚面微内扣，脚与腰平；右分脚动作定势时，右手、右腿应上下相对。

第三十九式　左分脚

动作一：接上势。左腿支撑，右小腿屈膝回收，脚尖自然下垂；双掌不变；眼视右掌方向。（图147）

【要领】身体正直，双臂自然撑圆平举；松肩垂肘，立腰竖项。

动作二：右脚向右前（偏右）迈步，脚跟先着地；左掌向下划弧至左髋侧，掌心向下，掌指向右前方；右臂外旋，翻转掌心向上，掌指向前，落于体前，腕与肩平；眼视右手方向。（图148）

【要领】右脚迈出时左膝先微屈，重心稳固后再迈步，动作才能协调；立身中正，双臂撑圆，右脚迈出方向应在右前45°。

动作三：动作、要领同上式右分脚之三动，唯左右相反，方向也不同。（图149、图150）

动作四：动作、要领同上式右分脚之四动，唯左右相反，方向也不同。（图151）

动作五：动作、要领同上式右分脚之五动，唯左右相反，方向也不同。（图152）

图 147 　　　　　　　　图 148 　　　　　　　　图 149

图 150 　　　　　　　图 151 　　　　　　　图 152

第四十式　回身左蹬脚

动作一：接上势。右腿支撑，左小腿屈膝回收，膝上提与腰平，脚尖自然下垂；双掌不变；眼视左掌方向。（图 153）

【要领】保持立身中正，双臂撑圆，立腰竖项。

动作二：以右脚跟为轴，向左后方转体约 135°，右腿支撑，左脚向左前方落地，前脚掌着地成左虚步，右腿屈膝下沉；双掌自体两侧向下划弧于腹前，手腕交叉，掌心侧向上，左掌在外；眼随身体转动向前平视。（图 154、图 155）

【要领】转体时双掌保持左右平撑，以保持身体立身中正；虚步合掌时，右支撑腿重心微沉，以保持虚步稳固。

动作三：重心在右腿，右腿支撑直起，左腿屈膝提起与腰平，脚尖自然下垂；双掌自腹前合掌上举，左掌在外，双掌心向内，掌指侧向左右，腕与肩平；眼视双掌方向。（图 156）

【要领】保持立身中正，双臂撑圆，立腰竖项。

图 153 　　　　　　　图 154 　　　　　　　图 155

动作四：身体向左转，右腿独立支撑，左脚向左侧前方慢慢蹬出，脚尖回勾，力在脚跟；同时，双掌上提至肩前，然后双臂内旋，向左右划弧平撑，腕与肩平，掌心侧向外，掌指向上；眼视左手方向。（图157）

【要领】蹬脚时，双掌同时向左右弧形平撑，上体保持自然正直；平撑双臂时，肘部微屈，腕与肩平，左臂、左腿上下相对；此动作与上动作应协调连贯，蹬出脚跟与腰平。

图156　　图157

第四十一式　左搂膝拗步

动作一：接上势。右腿支撑，左小腿屈膝回收，左膝上提与腰平，脚尖自然下垂；双掌不变；眼视左掌方向。（图158）

【要领】保持立身中正，双臂撑圆，立腰竖项。

动作二：身体向右转，重心在右腿，右腿屈蹲，左脚向左前迈出，脚跟先着地；随体转左臂屈臂内旋经面前划弧落于右肩前，掌心向内，掌指向右；右掌同时微向右划弧平举于右肩前侧，掌指向上，掌心向外，腕与肩平；眼视右掌方向。（图159、图159附图）

【要领】主宰于腰，以腰髋的转动带动双臂、迈步同时进行；立身中正，松腰胯，垂肘、松肩，动作轻灵、沉稳；右掌应保持在体右后侧45°方向，双臂撑圆。

动作三：动作、要领同第十一式左搂膝拗步，唯方向相反。（图160、图161）

图158 　　图159 　　图159附图

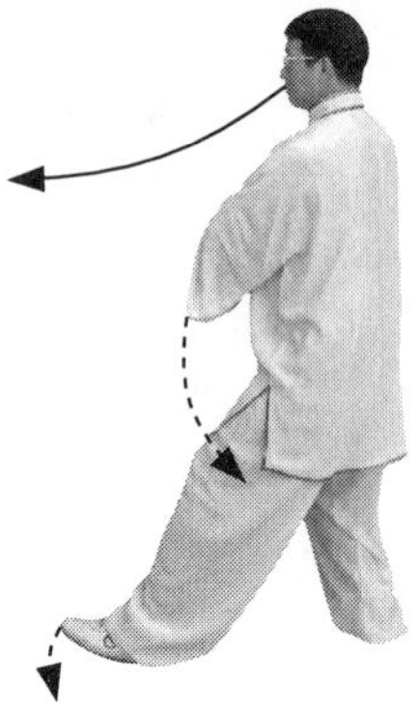

图 160 　　　　　　　　　　　图 161

第四十二式　右搂膝拗步

动作、要领同第十二式右搂膝拗步，唯方向相反。（图 162—图 164）

图 162 　　　　　图 163 　　　　　图 164

第四十三式　进步栽捶

动作一：接上势。身体向右转，右脚尖外展 45°，重心在右腿，左腿提起向前迈步，脚跟先着地；随身体转动左臂内旋，左掌心翻转向内，经面前划弧落于右肩侧前，掌心向内，掌指斜向右；右掌握拳提收至腰际右侧，拳心向上；眼随体转动向前平视。（图 165）

【要领】立身中正，松肩坠肘，松腰沉髋，双臂撑圆；双掌运转与迈步动作协调一致；迈步时身体重心必须坐实，以保持身体平衡。

动作二：身体向左转，重心前移，左腿屈膝慢慢向前弓出，左脚全脚掌踏实，成左弓步；左掌落于右腹前，掌心翻转向下，向前经左膝前搂至左膝外侧，掌心向下，掌指侧向前；右臂内旋，右拳自腰际向前下方弧形栽打，转动拳面斜朝前下，拳心向左；眼

视前下方。（图166）

【要领】上体保持正直，双肘微屈；右肩放松，右拳向前栽打时，右前臂微内旋，含有向前下之意。

图165　　　　　　　　　　　图166

第四十四式　翻身撇身捶

动作一：接上势。身体向右转，左脚尖内扣，重心在左腿；随体转右臂内旋，右拳收至腹前，拳眼向内；同时左掌向上划弧至额前上方，掌心向外，掌指向右；眼随体转向前平视。（图167、图167附图）

【要领】腰髋的转动带动双掌与扣脚的动作协调进行；尾闾中正，双臂撑圆，松肩坠肘，松腰沉胯。

动作二：身体微向左转，然后再继续向右转，重心在左腿，右脚提起向前迈出，右脚跟先着地；随体转左掌向左下划弧于左髋侧，掌心向下，掌指向前；右拳随腰转向前翻打，拳心向上，与胸平；眼随体转向前平视。（如图168、图169）

【要领】双手动作与右脚迈出的动作要协调一致；尾闾中正，沉肩垂肘，双臂撑圆，动作饱满。

动作三：身体微微向右转，重心前移，右腿屈膝慢慢向前弓出，右脚全脚掌踏实，成右弓步；左掌上提由腹前经右臂上横掌推出，腕与肩平，掌心向下，掌指向右；右拳收于右腰间，拳心向上；眼向前平视。（图170）

【要领】身体转动幅度很小，横掌、收拳与弓步动作要协调一致；顶头悬，身中正，双臂保持弧形，动作要饱满撑圆。

动作四：身体微向左转，重心略前移；同时，右拳从右腰侧向前打出，拳心向上，拳面向前，腕与胸平；左臂屈肘回收，从右臂上收于右肘上方，掌心向下，掌指向右；眼向前平视。（图171）

【要领】主宰于腰，以腰髋的转动带动双臂的运转；立身中正，松腰胯、垂肘、松肩动作轻灵、沉稳；双臂保持弧形。

图 167　　　　　　图 167 附图　　　　　　图 168

图 169　　　　　　图 170　　　　　　图 171

第四十五式　进步搬拦捶

动作一：接上势。身体向左转，重心移至左腿，右脚提起向前迈出，脚跟先着地；随身体转动左臂外旋，左掌转动掌心向左后而上划弧至左肩外，掌心向外，掌指向上，腕与肩平；右臂内旋，右拳向左下划弧至腹前，拳心向下，拳眼向内；眼视左掌方向。（图172、图172附图）

【要领】双臂动作应与迈步协调完成；重心左移，动作姿势不可起伏，要平稳过渡。

其余动作、要领同第十六式进步搬拦捶。（参见图50—图53）

图 172　　　　　　图 172 附图

第四十六式　右蹬脚

动作一：接上势。身体向左转45°，重心在左腿，右脚跟提起；随体转左臂屈臂上举，左掌转动掌心侧向上，腕与胸平，掌指向右；同时右拳变掌向左划弧与左手腕交叉，右掌在外，掌心侧向上；眼随体转向前平视。（图173）

【要领】身体左转带动双掌动作同时进行；转体幅度以不超过左侧前45°为宜；立身中正，松肩坠肘，双臂撑圆。

动作二：左腿独立支撑，右腿屈膝提起，脚尖自然下垂，成左独立步；同时，双臂合抱上举，腕与肩平，掌心向内，掌指分别斜向左右；眼向前平视。（图174）

【要领】虚领顶劲，左腿重心要稳固，避免身体摇晃；松肩垂肘，双臂呈弧形。

动作三：身体向右转，右脚向右侧前方慢慢蹬出，脚尖回勾，力在脚跟；同时双掌掌心向内，双臂内旋，向左右划弧平撑，腕与肩平，掌心侧向外，掌指向上；眼视右手方向。（图175）

【要领】蹬脚时，双掌同时向左右弧形平撑，上体保持自然正直；平撑双臂时，肘部微屈，腕与肩平，右臂、右腿上下相对；此动与上动应协调连贯，蹬出脚跟与腰平。

图173　　　　　图174　　　　　图175

第四十七式　左打虎势

动作一：左腿独立支撑，右小腿屈膝收回，膝上提与腰平，脚尖自然下垂；双掌不变；眼视右手方向。（图176）

【要领】虚领顶劲，左腿重心要稳固，避免身体摇晃；松肩垂肘，双臂呈弧形。

动作二：身体向左转，左腿屈蹲，右脚落于左脚内侧，脚跟先着地，随即右脚尖内扣，重心移至右腿；左掌经面前向右划弧握拳至右肩前，拳心向下，拳与肩平；右手握拳保持不动；眼随体转视右拳方向。（图177）

【要领】右脚落地与肩同宽，右脚尖内扣与左掌划弧要以转腰带动手、脚动作协调完成；立身中正，屈肘、松肩，双臂呈弧形。

图 176 　　　　　　　　　图 177

动作三：身体向左转，重心在右腿，左腿提起向前迈出，脚跟先着地；左拳随身体转动向下、向左上划弧平举于身体左侧，拳心向下，拳眼向前；右拳平举于身体右侧，拳心向下，拳眼向前；双拳与肩平；眼随体转向前平视。（图178、图178附图）

【要领】左脚迈出时，左膝关节不可挺直；身体中正，沉肩垂肘，双臂自然撑圆。

动作四：重心前移，左腿屈膝慢慢向前弓出，左脚全脚掌踏实，成左弓步，同时，左拳向上划弧至额前上方，拳心向外，拳眼向下；右臂屈肘，右拳向下划弧于腹前，拳心向下，拳眼向内；眼向前平视。（图179、图179附图）

【要领】弓步、双拳运动动作应协调一致；身体中正，沉肩坠肘，双臂要撑圆，劲力要饱满。

图 178　　　　　　　　　图 178 附图

图 179 　　　　　　　　　图 179 附图

第四十八式　右打虎势

动作一：接上势。身体向右转，左脚尖内扣135°，重心在左腿；双拳随身体转动，外形保持不变；眼随体转向前平视。（图180）

【要领】左脚尖内扣幅度应以135°左右为宜；身体中正，含胸拔背，双臂自然撑圆。

动作二：身体继续向右转，重心在左腿；右腿提起向右前迈出，脚跟先着地；随身体转动右拳向下、向右上划弧平举于身体右侧，拳心向下，左拳平举于身体左侧，拳心向下；眼向前平视。（图181）

【要领】右脚迈出时，右膝微屈，双臂自然撑圆；保持身体中正，防止耸肩抬肘。

动作三：重心前移，右腿屈膝慢慢向前弓出，右脚全脚掌踏实，成右弓步；同时，右拳向上划弧至额前上方，拳心向外，拳眼向下；左臂屈肘，左拳向下划弧于腹前，拳心向下，拳眼向内；眼向前平视。（图182）

【要领】双臂动作要撑圆，劲力要饱满，沉肩坠肘；弓步、双拳动作应协调一致。

图180　　　　　　图181　　　　　　图182

第四十九式　右蹬脚

动作一：接上势。身体向左转，重心移至左腿，成左坐步；随体转左臂外旋，左拳转动拳心向内，拳眼向上；同时，右拳自头前上方落于体前，拳心侧向左，拳面向前；眼随体转动向前平视。（图183）

【要领】重心左移时，髋关节在水平位置移动，身体不可起伏；立身中正，松肩坠肘，沉腰髋，双臂撑圆。

动作二：身体微向左转，左腿独立支撑，右腿屈膝提起，脚尖自然下垂，成左独立步；同时双拳变掌，右掌在外，合抱上举，腕与肩平，掌心向内，掌指斜向左右两侧；眼向前平视。（图184）

【要领】双掌上举，右腿提起，与左独立动作同时完成；虚领顶劲，立腰松肩，以保持重心稳固。

动作三：动作、要领同第四十六式右蹬脚之三动。（图185）

图 183 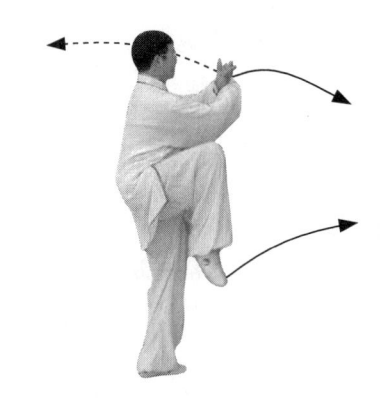　　　　　　　图 184 　　　　　　　图 185

第五十式　双探掌

动作一：接上势。左腿独立支撑，右小腿屈膝回收，膝上提与腰平，脚尖自然下垂；双掌不变；眼视右手方向。（图 186）

【要领】保持立身中正，双臂撑圆，立腰竖项。

动作二：身体向右转，左腿支撑屈蹲，右脚向右斜前方迈步，脚跟先着地；随体转双掌分别向左、右分开划弧于腰两侧，掌心向上，掌指向前下方；眼随体转向前平视。（图 187）

【要领】左腿先屈蹲，重心稳固后右脚再迈出；立身中正，松腰沉髋，松肩坠肘，双臂撑圆。

动作三：重心前移，右腿屈膝慢慢向前弓出，右脚全脚掌踏实，成右弓步；同时，双掌自腰侧向体前穿伸，掌心向上，掌指向前，与鼻平；眼向前平视。（图 188）

【要领】双掌前探，双肘微屈，掌指并拢，虎口撑圆；身体正直，松腰沉胯，松肩垂肘。

图 186  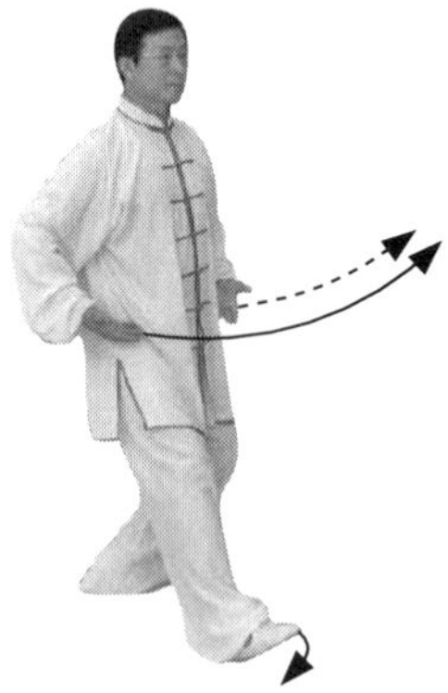　　　　　　　图 187 　　　　　　　图 188

第五十一式　双峰贯耳

动作一：接上势。重心移至左腿，成左坐步；同时，双掌向下落至髋侧，掌心向上；眼向前平视。（图189）

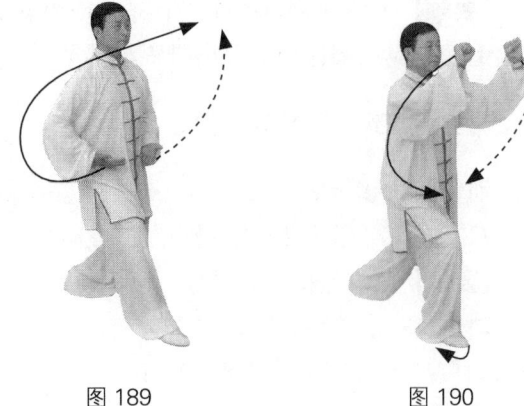

【要领】重心左移成左坐步与双掌向下动作同时进行；上体保持中正，双臂成弧形，沉肩垂肘；双肘虚腋，不可紧夹身体。

动作二：重心前移，右腿屈膝慢慢向前弓出，成右弓步；双掌握拳，分别从身体两侧自后向上、向前弧形圈打，拳与头平，拳心向外，拳眼斜向下；眼向前平视。（图190）

【要领】重心前移，身体不可起伏；立身中正，松腰胯、垂肘、松肩，双臂撑圆。

第五十二式　左蹬脚

动作一：接上势。身体向右转，重心在右腿，右脚尖外展45°；随体转双拳自头前经两侧弧形落于腹前，拳心向上，拳与腹平；眼随体转向前平视。（图191）

【要领】双拳弧形向下圈打，双臂撑圆；立身中正，双腋虚撑，沉肩坠肘。

动作二：身体微向右转，右腿独立支撑，成右独立步，左腿屈膝提起，脚尖自然下垂；同时双拳变掌相合，右掌在外，上提至面前，掌心向内，腕与肩平；眼向前平视。（图192）

【要领】转体幅度适中，左膝上提与双掌上提动作应同时完成；立身中正，松肩垂肘，双臂撑圆；左膝方向为左侧前方。

动作三：身体向左转，右腿独立支撑，左脚向左侧前方慢慢蹬出，脚尖回勾，力在脚跟；同时，双掌分别向左右划弧平撑，腕与肩平，掌心侧向外，掌指向上；眼视左手方向。（图193）

图189　　图190

图191 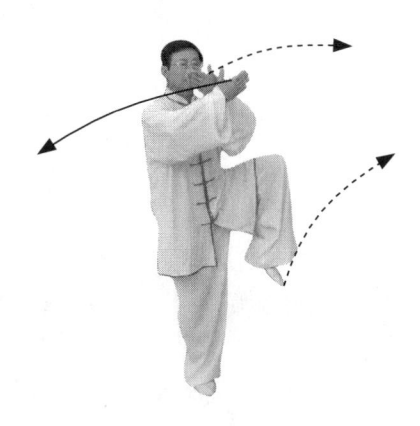　　图192 　　图193

【要领】上体保持自然正直；平撑双臂时，肘部微屈，左臂、左腿上下相对；此动作与上动作应协调连贯，蹬出脚跟与腰平。

第五十三式　转身右蹬脚

动作一：接上势。右腿独立支撑，左小腿屈膝回收，膝上提与腰平，脚尖自然下垂；双掌左右平撑不变；眼仍视左手方向。（图194）

【要领】双掌保持左右平撑，以保持身体平衡；立身中正，松肩垂肘，双臂撑圆。

动作二：重心在右腿，以右脚跟为轴，身体向右后转体约225°；然后右膝微屈，左脚向左前方落地，脚跟先着地；双掌随体转左右平撑；眼视左手方向。（图195）

【要领】双掌随转体动作保持左右平撑，以保持身体平衡；立身中正，松肩坠肘，双臂保持弧形。

动作三：身体继续向右转，左脚尖内扣45°，重心移至左腿，左脚全脚掌踏实，右脚跟提起，成右虚步；同时，双掌弧形下落，合于腹前，右掌在外，双掌心侧向上；眼随体转向前平视。（图196、图196附图）

图194　　图195

【要领】立身中正，松腰沉髋，双臂撑圆；左腿屈膝支撑，含胸拔背。

动作四：左腿独立支撑，成左独立步，右腿屈膝提起，脚尖自然下垂；同时，双掌合抱上举，腕与肩平，掌心向内，掌指斜向左右侧上方；眼向前平视。（图197）

图196　　图196附图

【要领】尾闾中正，双臂撑圆，立腰竖项。

动作五：身体向右转，左腿独立支撑；右脚向右侧前方慢慢蹬出，脚尖回勾，力在脚跟；同时双臂内旋，双掌分别向左、右划弧平撑，腕与肩平，掌心向外，掌指向上；眼视右手方向。（图198）

【要领】上体保持自然正直；平撑双臂时，肘部微屈，右臂、右腿上下相对；此动作与上动作应协调连贯，蹬出脚跟与腰平。

图 197　　　　　　　　　图 198

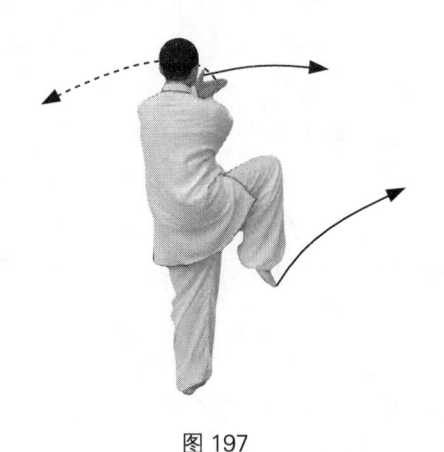

第五十四式　进步搬拦捶

动作一：接上势。左腿独立支撑，右小腿屈膝回收，膝上提与腰平，脚尖自然下垂；双掌保持左右平撑；眼视右手方向。（图199）

【要领】立身中正，双臂撑圆，立腰竖项。

动作二：身体微向左转，重心在左腿，左腿屈蹲，右脚向右前迈出，脚跟先着地；随身体转动左掌向左上划弧至左肩外，掌心向外，掌指向上，腕与肩平；同时右掌变拳向下划弧至左肋前，拳心向下，拳眼向内；眼视左掌方向。（图200）

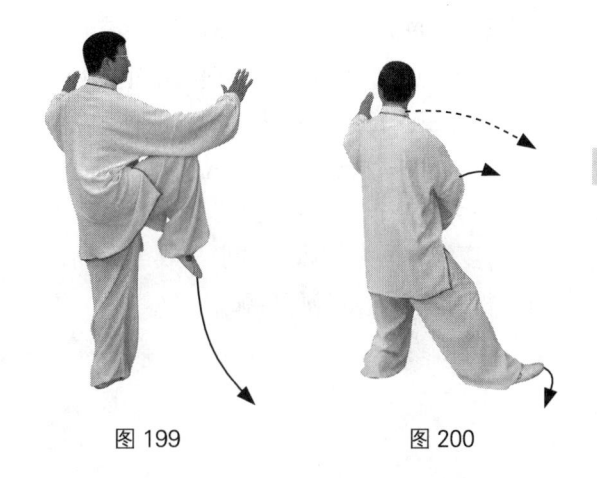

图 199　　　　　　　　　图 200

【要领】身体转动的方向为左侧45°；腰髋的转动带动右脚迈出、双掌的动作同时协调进行；立身中正，松腰髋，沉肩肘，双臂撑圆。

其余动作同第十六式进步搬拦捶之二—四动。（参见图51—图53）

第五十五式　如封似闭

动作、要领同第十七式如封似闭。（参见图54—图57）

第五十六式　十字手

动作、要领同第十八式十字手。（参见图58—图61）

第五十七式 抱虎归山

动作、要领同第十九式抱虎归山。（参见图62—图65）

第五十八式 右揽雀尾

动作、要领同第二十式右揽雀尾。（参见图66—图73）

第五十九式 斜单鞭

动作一：接上势。身体向左转，右脚尖内扣135°，重心移至左腿；双掌随腰转动微向上，经面前向左划弧至身体左前侧，掌心向外，掌指向上；眼视左掌方向。（图201）

【要领】右脚尖内扣幅度应尽量大，转体时动作姿势平稳；双臂撑圆，含有劲力上引之意，动作呈弧形；双掌至左前以达到45°为宜，角度过大，重心易偏斜。

动作二：身体向右转，重心移于右腿，左脚提起向左侧前迈出，脚跟先着地；随体转左掌向下划弧至右腹前，掌心向上，掌指向右；右掌转动掌心向上，向内经颌下握勾手向右前划弧，勾尖向下，勾背略高于肩；眼视勾手方向。（图202）

【要领】向右转体幅度要适中，不可超过右前45°；右勾手向右前伸出与左脚迈出、左掌下落动作要协调一致；立身中正，松肩坠肘，松腰沉髋。

动作三：身体向左转，重心前移，左腿屈膝慢慢向前弓出，左脚全脚掌踏实，成左弓步；同时左掌向上经面前立掌向前推出，掌心向前，掌指向上；右勾手向右后方拉开，勾背略高于肩；眼向前平视。（图203）

【要领】向左转体，弓步与双手的动作要同时完成；立身中正，松腰沉髋，含胸拔背；松肩坠肘，双臂保持弧形。

图201　　　　　　图202　　　　　　图203

第六十式 右野马分鬃

动作一：接上势。身体向右转，左脚尖内扣90°，重心在左腿，右脚提起向右侧前迈出，脚跟先着地；随体转左掌向右划弧屈臂收于胸前，掌心向下，掌指向右；右勾手变掌向下、向左划弧于腹前，掌心转动向上，掌指向左；眼随体转向前平视。（图204）

【要领】向右转体带动双掌同时而动，右掌与左肘上下相对，合抱呈抱球状；立身中正，松腰沉髋，沉肩垂肘，双臂撑圆；右脚迈出方向应为右侧前30°~45°，即西北方向。

动作二：身体向右转，重心前移，右腿屈膝慢慢向前弓出，右脚全脚掌踏实，成右弓步；同时双掌前后拉伸展开，右掌指高与眼平，掌心侧向上，掌指斜向左；左掌向下落于左髋旁，掌心向下，虎口向前，掌指斜向前；眼视右手方向。（图205）

【要领】立身中正，松腰沉髋，沉肩垂肘；身体转动带动双掌分开与弓步动作协调一致；肩髋相合，上下相随。

图204　图205

第六十一式　左野马分鬃

动作一：接上势。身体向右转，右脚尖外展45°，重心在右腿，左脚提起向左侧前迈步，脚跟先着地；随体转右臂内旋，右掌心翻转向下，屈臂收于胸前，掌心向下，掌指向左，腕与胸平；同时左掌向下划弧于右腹前，左臂外旋，掌心转动向上，掌指向右；眼随体转向前平视。（图206、图206附图）

【要领】立身中正，松腰沉髋，含胸拔背；随腰髋转动双掌合抱时两臂呈弧形抱球状，沉肩垂肘。

动作二：动作、要领同上式右野马分鬃之二动，唯左右相反。（图207）

图206 　图206附图 　图207

第六十二式　右野马分鬃

动作一：接上势。动作、要领同上式左野分鬃之一动，唯左右相反。（图208）
动作二：动作、要领同第六十式右野马分鬃之二动。（图209）

图208

图209

第六十三式　左揽雀尾

动作一：接上势。身体向左转，右脚尖内扣45°，重心在右腿，左脚提起向前迈出，脚跟先着地；随体转右臂内旋，屈臂收于胸前，掌指向左，掌心向下，腕与胸平；左掌向右划弧于右腹前，左臂外旋，翻转掌心侧向上，掌指向右；眼随体转向前平视。（图210）。

【要领】身体左转与右脚尖内扣动作要协调一致，以腰的转动为主宰，转体方向以45°为宜；左掌与右肘上下相对，呈抱球状；立身中正，松腰沉髋，松肩垂肘，双臂撑圆。

图210

动作二：动作、要领同第三式左揽雀尾之三动。（参见图11）

第六十四式　上步右揽雀尾

动作、要领同第四式上步右揽雀尾。（参见图12—图20）

第六十五式　单　鞭

动作、要领同第五式单鞭。（参见图21—图23）

第六十六式　左玉女穿梭

动作一：接上势。身体向右转，左脚尖内扣135°，重心在左腿，右脚提起向前迈步，脚跟先着地；随体转左掌向下划弧于左髋侧，掌心翻转向上，掌指向前；右勾手变掌向

左平摆于体前，翻转掌心向上，掌指向前，与鼻平；眼随体转向前平视。（图211）

【要领】左脚尖内扣的幅度要以身体右转灵活自如为准；立身中正，沉肩坠肘，双臂撑圆；腰的转动带手脚动作上下相随协调而动。

动作二：身体继续向右转，右脚全脚掌踏实，右脚尖外展45°，重心移至右腿；左脚提起向右前迈步，脚跟先着地；随身体转动右臂内旋，掌心翻转向下，屈臂横肘于胸前，掌指向左；左掌向右划弧于右腹前，掌心向上，掌指向右；眼向前平视。（图212、图213）

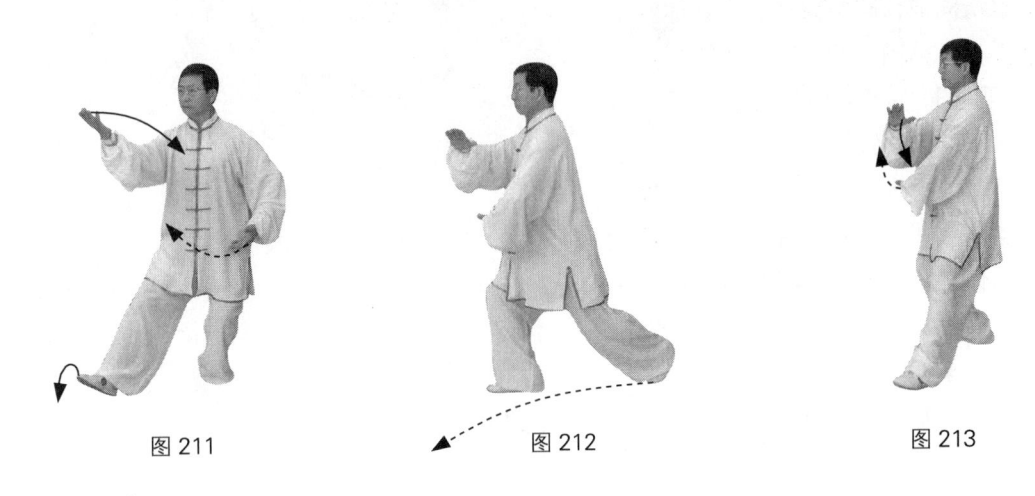

图211　　　　图212　　　　图213

【要领】立身中正，含胸拔背；双臂要撑圆；左脚的迈出与双掌相合要协调一致。

动作三：身体向左转，左腿屈膝慢慢向前弓出，左脚全脚掌踏实，成左弓步；随体转左臂内旋，向前上经面前翻掌上举至额前上方，掌心向外，掌指向右；同时右掌先向右稍按，然后向前上推出，掌心向外，掌指向上，与肩平；眼向前平视。（图214、图214附图、图215）

【要领】左臂上举应屈肘横掌，含有架、撑的劲力，右掌前推与弓步动作应协调一致；上体正直，髋中正，松肩坠肘，双臂撑圆。

图214 　　　　图214附图 　　　　图215

第六十七式　右玉女穿梭

动作一：接上势。身体向右后转，左脚尖内扣135°，重心在左腿；随体转右掌向下、向右划弧于右髋外侧，掌心向下，掌指向前；左臂外旋，左掌转动掌心向上，平展于左肩前，掌指向前，腕与肩平；眼随体转向前平视。（图216、图216附图）

【要领】左脚尖内扣角度应不小于135°，身体转动才能自如；双臂应达到"曲中求直"的要求；立身中正，含胸拔背，肩肘松沉。

图216　　　图216附图

动作二：身体继续向右转，重心在左腿，右脚提起收至距左脚约一脚远处，脚前掌踏地；然后，以左脚跟为轴，脚尖内扣，身体继续向右转，右脚提起向右前迈步，脚跟着地；右掌经腹前划弧至左肘下，掌心向上，掌指向左；左臂平屈于胸前，掌心向下，掌指向右；眼随体转向前平视。（图217—图219）

图217 　　　图218 　　　图219

【要领】右脚的落点应是在与左脚跟一脚远的距离为宜；立身中正，松肩沉肘，双臂撑圆。

动作三：身体微向右转，重心移于右腿，右腿屈膝慢慢向前弓出，右脚全脚掌踏实，成右弓步；随体转右臂内旋，右臂向前上经面前翻掌上举至额前上方，掌心向外，掌指向左；同时，左掌先向左下稍按，然后向前上推出，掌心向外，掌指向上，与肩平；眼向前平视。（图220、图221）

【要领】右臂上举应屈肘横掌，含有架、撑的劲力，左掌前推与弓步动作协调配合；上体正直，髋中正，松肩坠肘，双臂撑圆。

图 220 　　　　　　　　　　图 221

第六十八式　左玉女穿梭

动作一：接上势。身体向左转，左脚以前脚掌为轴，脚跟向内微拧转，重心移至左腿，右脚提起向前迈步，脚跟先着地；随身体转动左掌向左、向下划弧于左髋处，左臂外旋，翻转掌心向上，掌指向前；同时右臂外旋，右掌翻转掌心向上，平展于右肩前，掌指向前，腕与肩平；眼视右掌方向。（图222、图223）

【要领】左脚跟向内拧转角度以 30°为宜；右脚迈出与双掌动作均以腰转为带动，动作应协调连贯；尾闾中正，松肩、含胸、垂肘、拔背，双臂撑圆。

动作二：身体向右转，右脚尖外展45°，右脚全脚掌踏实，重心移至右腿；左脚提起向左前迈步，脚跟先着地；随身体转动右臂内旋，右掌心翻转向下，屈臂横肘于胸前，掌指向左；左掌向右划弧于右腹前，掌心向上，掌指向右；眼随体转向前平视。（图224、图225）

【要领】立身中正，含胸拔背，双臂撑圆；左脚迈出要与双掌的动作协调配合。

动作三：动作、要领同第六十势左玉女穿梭之三动，唯方向相反。（图226、图227）

图 222 　　　　　图 223 　　　　　图 224

传统杨式太极拳·崔仲三

图 225 　　　　　　　　　图 226 　　　　　　　　　图 227

第六十九式　右玉女穿梭

动作、要领同第六十七式右玉女穿梭，唯方向相反。（图228—图233）

左右玉女穿梭的动作在本书中是以分解教学的方式进行描述的，那么在完全掌握要领的基础上，各式之间的衔接应该是圆活连贯，一气呵成。在套路演练时，重要的是明

图 228 　　　　　　　　　图 229 　　　　　　　　　图 230

图 231 　　　　　　　　　图 232 　　　　　　　　　图 233

确每一式的动作方向，同时也要掌握好动作之间衔接的规律。即第一个左玉女穿梭和第一个右玉女穿梭的衔接过程与第二个左玉女穿梭和右玉女穿梭的衔接过程完全一样，只是动作方向不同而已。

社会流传的动作名称有"四角穿梭""左右穿梭""左右玉女穿梭"等之分，但动作过程与动作方向是一致的，大同小异。

第七十式 左揽雀尾

动作一：接上势。身体向左转，右脚尖内扣90°，重心在右腿；随体转左脚提起向前迈步，脚跟先落地；右掌屈臂下落于胸前，掌心向下，掌指向左；同时左掌向左、向下划弧合于右腹前，翻转掌心侧向上，掌指向右；眼随体转向前平视。（图234）

【要领】身体左转与右脚尖内扣动作要协调一致；左掌与右肘上下相对，成抱球状，双臂撑圆；立身中正，松腰沉髋，含胸拔背，沉肩坠肘。

动作二：动作、要领同第三式左揽雀尾。（参见图11）

图234

第七十一式 上步右揽雀尾

动作、要领同第四式上步右揽雀尾。（参见图12—图20）

第七十二式 单 鞭

动作、要领同第五式单鞭。（参见图21—图23）

第七十三式 左右云手

动作、要领同第三十五式云手。（参见图125—图133）

第七十四式 单 鞭

动作、要领同第三十六式单鞭。（参见图134—图136）

第七十五式 下 势

动作一：接上势。身体向右转，右脚尖外展90°，重心在右腿，右腿屈膝下蹲，同时左脚尖内扣90°，左腿伸直成左仆步；随体转右勾手向右后方伸出；左掌向上、向右经面前屈臂落于胸前，掌心向右，掌指向上；眼视左手。（图235、图236）

【要领】上体右转与右脚尖外展、左脚尖内扣同时协调完成；立身中正，松肩坠肘，右勾背高于肩，双臂撑圆；身体右转的方向以右后45°为宜。

动作二：身体向左转；随体转左掌向下沿左腿内侧向前穿出，掌指向前，掌心向

右；右勾手平举于身体右侧，勾尖向下；眼随体转向前平视。（图237）

【要领】转身穿掌时，右腿应全蹲，双脚全脚掌着地；立身中正，松肩沉肘，双臂撑圆；右勾手背略高于肩。

图235　　　　　　　图236　　　　　　　图237

第七十六式　左金鸡独立

动作一：接上势。身体向左转，左脚尖外展45°，右脚尖内扣90°，上身立起，重心前移成左弓步；左掌继续前穿，立掌挑起，掌心侧向前，掌指向上，腕与肩平；右臂内旋，右勾手于身后下落，转动勾尖向上；眼视左掌方向。（图238）

【要领】双脚的左展、右扣应与身体转动协调一致；立身中正，松肩，腰髋松沉；双臂保持弧形。

动作二：身体直起，重心在左腿，左腿独立支撑，右腿屈膝提起，脚尖自然下垂，成左独立势；同时，左臂内旋，掌心向下，下落按于左髋旁，虎口侧向前；右勾手下落变掌，由右后下方顺右腿外侧向前上方挑掌，掌心侧向左，掌指向上，与鼻平；眼视右掌方向。（图239）

图238　　　　　　　图239

【要领】虚领顶劲，立腰、提膝，保持重心平稳；肩肘松沉，双臂撑圆，右肘与右膝上下相对。

第七十七式　右金鸡独立

动作一：接上势。身体向右转，左膝屈蹲；右脚于距左脚约一脚远处落地，脚跟向内拧转，重心移至右腿，右腿屈膝下蹲，左脚跟提起；右臂内旋，翻转掌心向下；眼随

体转向前平视。（图240、图241）

【要领】右脚落地，应先以前脚掌踏地，脚跟微内扣再全脚掌踏实；立身中正，重心平稳，肩肘松沉，双臂撑圆。

动作二：身体向左转，身体直起，重心在右腿，右腿独立支撑，左腿屈膝提起，脚尖自然下垂，成右独立势；同时右掌向下落按于右髋旁，虎口侧向前；左臂外旋，转动掌心向右，顺左腿外侧向前上方挑掌，掌心侧向右，掌指向上与鼻平；眼视左掌方向。（图242）

【要领】虚领顶劲，立腰、提膝，保持重心平稳；肩肘松沉，双臂撑圆，左肘与左膝上下相对。

图240 　　　　　　　　图241 　　　　　　　　图242

第七十八式　左右倒撵猴

动作、要领同第二十三式左右倒撵猴。（参见图80—图99）

第七十九式　斜飞势

动作、要领同第二十四式斜飞势。（参见图100—图103）

第八十式　提　手

动作、要领同第二十五式提手。（参见图104—图107）

第八十一式　上　势

动作、要领同第七式上势；亦同第二十六式上势。（参见图27—图30）

第八十二式　白鹤亮翅

动作、要领同第八式白鹤亮翅；亦同第二十七式白鹤亮翅。（参见图31、图32）

第八十三式　左搂膝拗步

动作、要领同第九式左搂膝拗步；亦同第二十八式左搂膝拗步。（参见图33—图37）

第八十四式　海底针

动作、要领同第二十九式海底针。（参见图108—图110）

第八十五式　闪通背

动作、要领同第三十式闪通背。（参见图111、图112）

第八十六式　转身撇身捶

动作、要领同第三十一式转身撇身捶之一、二动。（参见图113—图115）

第八十七式　白蛇吐信

动作一：动作、要领同第三十一式转身撇身捶之三动。（图243、图243附图）

动作二：身体微向左转，重心在右腿，成右弓步；同时，右拳变掌从右腰侧向前伸出，掌心向上，掌指向前，腕与胸平；左臂屈肘回收，从右前臂上收于右肘上方，掌心向下，掌指向右；眼向前平视。（图244）

【要领】动作、要领与第三十一式转身撇身捶之四动相同，唯一的区别就是本势右手是掌，彼势右手是拳。

图243 　　　　　图243附图 　　　　　图244

第八十八式　进步搬拦捶

动作、要领同第三十二式进步搬拦捶；唯有连接上势时，右手由掌变拳。（参见图118—图122）

第八十九式　上步右揽雀尾（右掤）

动作、要领同第三十三式上步右揽雀尾；除衔接动作外，亦同第四式上步右揽雀尾。（参见图123、图124、图14—图20）

第九十式　单　鞭

动作、要领同第三十四式单鞭；亦同第五式单鞭。（参见图21—图23）

第九十一式　左右云手

动作、要领同第三十五式左右云手。（参见图125—图133）

第九十二式　单　鞭

动作、要领同第三十六式单鞭。（参见图134—图136）

第九十三式　高探马

动作、要领同第三十七式高探马。（参见图137—图140）

第九十四式　进步穿掌

动作一：接上势。身体微向左转，重心在右腿，右腿微屈下蹲，左脚向前迈出，脚跟先着地；同时左掌向左下划弧收于左腰侧，掌心向上，掌指向前；右掌向右而上屈臂横掌于胸前，掌心向下，掌指向左；眼视右手方向。（图245）

【要领】重心下沉，右支撑腿首先要屈蹲，左脚再迈出；立身中正，松腰沉髋，松肩垂肘，双臂撑圆。

动作二：身体微向右转，重心移至左腿，左腿屈膝慢慢向前弓出，左脚全脚掌踏实，成左弓步；同时左掌由右前臂上穿出，掌心向上，掌指向前，与肩平；右掌屈臂收于左肘下，掌心向下，掌指向左；眼向前平视。（图246）

图245　　　图246

【要领】左掌前穿、右掌屈收与弓步动作同时协调完成；上体正直，松肩沉肘，双臂不可挺直。

第九十五式　转身单摆莲

动作一：接上势。身体向右后转，左脚尖内扣135°，重心在左腿，右脚提起，前脚掌于右前方着地，成右虚步；随体转右掌由左臂下向前横掌穿出，掌心向下，腕与胸平，掌指斜向左；左掌向内屈收划弧，掌心向下，左掌指与右肘相对；眼向前平视。（图247、图248）

【要领】立身中正，腰髋松沉，松肩沉肘，双臂撑圆；双掌运转与转腰、虚步动作协调一致。

动作二：身体向右转，重心在左腿，右腿屈膝提起，右脚面微向内扣，向前弹踢；左掌向前迎拍右脚面，同时右掌向下划弧于右髋旁，掌心向下，虎口向前；眼向前平视。（图249、图249附图）

【要领】身体右转的同时右腿弹踢，拍击脚面动作才能轻灵；上体要保持正直，右臂保持弧形。

第九十六式　上步指裆捶

动作一：接上势。左腿支撑屈蹲，右脚向前方迈步落地，脚跟着地，身体向右转，右脚尖外展45°；然后重心移至右腿，右脚踏实，左脚提起向前迈步，脚跟先着地；右掌变拳提收于右腰侧，拳心向上；左掌向上经面前划弧于右肩前，掌心转动向内，掌指向右；眼随身体转动向前平视。（图250—图252、图252附图）

【要领】左腿先屈蹲，右脚才能轻灵落地；立身中正，松腰沉髋，双臂撑圆。

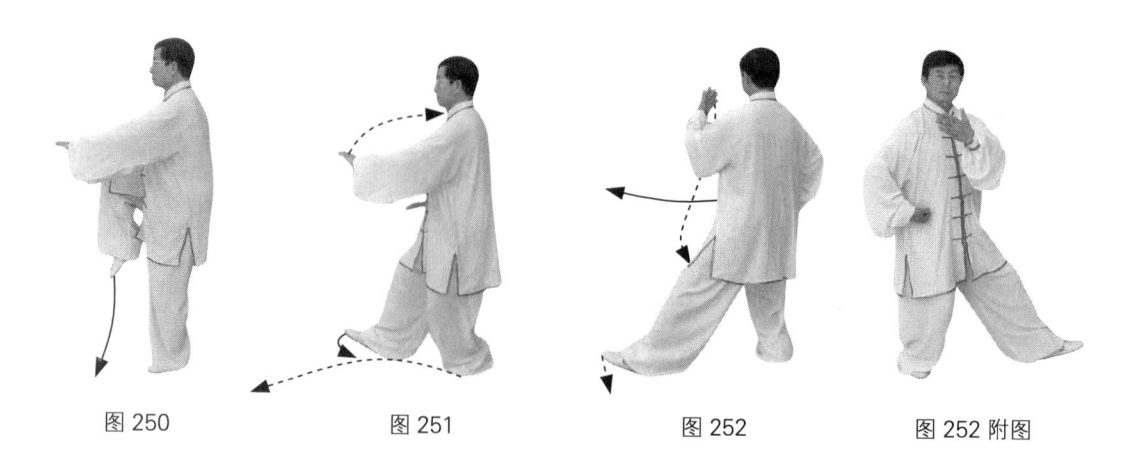

图247　图248

图249　图249附图

图250　图251　图252　图252附图

动作二：身体向左转，重心前移，左腿屈膝慢慢向前弓出，左脚全脚掌踏实，成左弓步；左掌先落于右腹前，掌心翻转向下，再向前经左膝前搂至左膝外侧，掌心向下，掌指向前；右臂内旋，右拳随体转向前方打出，拳眼向上，拳与髋平；眼向前平视。（图253）

【要领】上体保持正直，双肘微屈；右肩放松，右拳坐腕向前打时，右前臂微内旋，含有向前下之意。

图253

第九十七式　上步右揽雀尾

掤势

动作一：接上势。身体向左转，左脚尖外展45°，重心移至左腿，随体转右脚跟提起；同时左臂外旋，翻转掌心向上，向左下划弧撤至左腹前，掌心向上，掌指向右；右拳随体转向前展伸，腕与肩平，拳眼向上，拳面向前；眼随体转向前平视。（图254）

【要领】立身中正，肩肘松沉，双臂呈弧形；右拳向前展伸的动作幅度要适宜。

图254

动作二：身体继续微向左转，右脚提起向右前迈出，脚跟先着地；同时左掌向后而上划弧屈臂于右肩前，掌心向下，掌指向右；右拳变掌向左下划弧至左腹前，掌心侧向上，掌指向左；眼随体转向前平视。（图255）

【要领】立身中正，沉肩垂肘，双臂保持弧形；松腰沉髋，右腿屈膝，双脚间横向距离30厘米为宜。

动作三：动作、要领同第三式上步右揽雀尾掤势之三动。（参见图14）

图255

捋势

动作、要领同第四式上步右揽雀尾捋势。（参见图15）

挤势

动作、要领同第四式上步右揽雀尾挤势。（参见图16、图17）

按势

动作、要领同第四式上步右揽雀尾按势。（参见图18—图20）

第九十八式 单 鞭

动作、要领同第五式单鞭。（参见图21—图23）

第九十九式 下 势

动作、要领同第七十五式下势。（参见图235—图237）

第一〇〇式 上步七星

动作一：动作、要领同第七十六式左金鸡独立动作一。（图256）

动作二：身体转正，左脚尖外展45°，重心在左腿；随身体转动右勾手变掌，双掌平举于身体两侧，掌心向外，掌指向上，腕与肩平；眼向前平视。（图257）

【要领】以腰的转动带动手脚的动作协调完成；立身中正，含胸拔背，松肩坠肘，双臂撑圆。

动作三：右脚提起向前迈步，前脚掌踏地，成右虚步；双掌握拳，由体侧向下经腹前两腕交叉，右拳在外，向前上架起，腕与肩平，拳心向内，拳背向前；眼向前平视。（图258）

【要领】右脚虚步与双拳上架动作应协调一致；身体正直，松肩沉肘，含胸拔背，松腰沉髋。

图256　　　　　　图257　　　　　　图258

第一〇一式 退步跨虎

动作一：接上势。身体向右转，重心在左腿，右脚向右后撤步，重心移至右腿；右拳向下收于右腰侧，拳心向上；左拳随身体转动稍向右划弧，拳心向内；眼随体转向前平视。（图259）

【要领】右脚撤步方向为偏右后方45°为宜；右脚后撤，前脚掌先踏地，随重心右移全脚踏实；双拳动作要以腰转动来协调进行。

动作二：身体向左转，重心在右腿，左脚提起，前脚掌踏地，成左虚步；右拳向右前划弧至身体右前侧，拳变掌，掌心向前，掌指向上与眼平；左拳向下经腹前落于左髋外，拳变掌，掌心向下，掌指向前；眼向前平视。（图260）

【要领】立身中正，松腰沉髋，沉肩坠肘，含胸拔背，两臂呈弧形；主宰于腰，双臂动作随腰转而动。

第一〇二式　转身双摆莲

动作一：接上势。身体向右转，重心微移至左腿，右脚以前脚掌为轴，脚跟向内拧转；随体转两掌分别向左右平圆划弧，左掌心向下，掌指向前，右掌心向外，掌指向上；眼随体转向前平视。（图261）

【要领】身体沿纵轴转动，右脚向内拧转幅度要大，身体右转应与右脚成顺势；立身中正，松肩坠肘，含胸拔背；松腰沉髋，双臂撑圆。

动作二：身体继续向右后转，重心在右腿，以右前脚掌为轴，随体转左脚顺势提起于右脚前落步，脚跟先着地；右掌向内划弧于胸前，掌指侧向左；左掌自下而上弧形圈合于右掌外，腕与肩平，掌指侧向右，双掌心向下；眼随身体转动向前平视。（图262）

图259　图260

图261　图262

【要领】立身中正，腰髋松沉，身体稳固；左脚落地点应适中，身体旋转角度以230°左右为宜；沉肩坠肘，含胸拔背，双臂撑圆。

动作三：身体继续向右转，左脚尖内扣，重心在左腿，右脚提起向前迈出，前脚掌踏地，成右虚步；随体转左臂外旋，左掌向下、向内收于胸前，掌心翻转向上，掌指斜向前；同时右掌由左前臂上向前横掌抹出，掌心向下，掌指斜向左；眼视右掌方向。（图263、图264、图264附图）

【要领】身体转动带动双掌动作、右虚步的形成协调一致；尾闾中正，松肩垂肘，含胸拔背，松腰沉髋。

动作四：左腿独立支撑，右脚提起向左而上，再向右作扇形外摆，脚面展平；双掌在体前自右向左迎拍右脚面；眼视双掌。（图265）

【要领】右脚上举外摆时，上体微前迎，但要避免俯身；右脚外摆应以腰为轴，用横劲；迎拍右脚时要有两响。

图263　　　图264　　　图264附图　　　图265

第一〇三式　弯弓射虎

动作一：接上势。左腿独立支撑，右小腿屈收，右膝上提与腰平，脚尖自然下垂；左掌摆至身体左侧，右掌摆至左肩前，掌心向外与肩平，双掌指向上；眼视左掌方向。（图266）

【要领】立腰、竖项，立身中正，沉肩、坠肘，双臂撑圆；双掌左摆方向为体左侧前45°，右膝提起方向为右前45°为宜。

动作二：左支撑腿屈蹲，右脚向右侧前方迈步，脚跟先着地；随体转双掌微下落，掌心向外，掌指向上；眼视左掌方向。（图267）

【要领】左支撑腿应微屈下蹲后右脚再向前迈步；尾闾中正，松肩沉肘，腰髋松沉，双臂撑圆。

动作三：身体向右转；随体转双掌向下、向右经右膝前划弧于身体右侧，变拳，拳心向下，拳眼相对；眼随体转向前平视。（图268）

【要领】向右转身幅度应以右前45°为宜；立身中正，两肩放松，两臂撑圆；转体时，右腿膝部微屈，右脚尖翘起。

动作四：身体向左转，重心前移，右腿屈膝慢慢向前弓出，右脚

图266　　　图267

全脚掌踏实，成右弓步；随体转左拳经胸前向左前方折叠打出，拳与胸平，拳眼斜向上；右拳屈肘同时向左前方打出，至右额前，拳心向外，拳眼斜向下；眼视左拳方向。（图269、图269附图）

【要领】双臂撑圆，力达拳面，双拳眼斜相对；主宰于腰，身体向左转与双拳打出及弓步动作要协调完成；立身中正，松肩坠肘，肩背舒展，双臂撑圆。

图268　　　　图269　　　　图269附图

第一〇四式　进步搬拦捶

动作一：接上势。身体向左转，左脚以前脚掌为轴，脚跟微向内拧转，重心移至左腿，成坐步；随体转左臂外旋，左拳变掌，掌心转动向上，掌指向右；同时右拳向下划弧至体前，拳心向下，拳眼向左；眼随体转向前平视。（图270、图270附图）

【要领】腰髋的转动带动左脚跟向内拧转；双掌动作应与重心左移协调完成；重心左移，身体不可起伏，要平稳过渡。

动作二：身体继续向左转，右脚提起向前迈出，脚跟先着地；随体转左掌向左侧上划弧至左肩外，掌心向外，掌指向上，腕与肩平；右拳向下划弧至左腹前，拳心向下，拳眼向内；眼视左掌方向。（图271、图271附图）

图270　　　图270附图　　　图271　　　图271附图

【要领】双掌动作应与迈步协调完成；立身中正，松腰沉髋，含胸拔背，肩肘松沉，双臂撑圆；身体不可起伏，重心要稳固。

其余动作同第十六式进步搬拦捶。（参见图51—图53）

第一〇五式 如封似闭

动作、要领同第十七式如封似闭。（参见图54—图57）

第一〇六式 十字手

动作、要领同第十八式十字手。（参见图58—图61）

第一〇七式 收　势

动作一：接上势。双臂内旋，向前平展分开，掌心向下，与肩同宽，掌指向前与肩平；眼向前平视。（图272）

【要领】双臂自然撑圆，松肩、垂肘；虚领顶劲，尾闾中正，松腰沉髋，含胸拔背。

动作二：身体自然直立；双掌慢慢下落至两腿前外侧，掌心向下，掌指向前；眼向前平视。（图273）

【要领】身体正直，头微上顶，松肩垂肘，呼吸自然；双臂微屈，顺腕、舒指。

第一〇八式 合太极

动作：左脚收至右脚旁，双脚并拢成并立步；两臂自然下垂，双掌轻贴两腿外侧；眼向前平视。（图274、图275）

【要领】呼吸自然，身体正直；两臂放松，收腹敛臀，含胸拔背。

图272 　　　图273 　　　图274 　　　图275

传统吴式太极拳

李秉慈 著

致 谢

在本书写作过程中，承蒙师弟翁福麒，门人魏东振、单颖、冯海燕、刘升、陈纲、张志红、周毕文、李潇，以及摄影大师周涛、王晨诸位的鼎力支持，使书稿得以如期完成。谨向各位表示感谢！

作者简介

　　李秉慈，男，汉族，1929年11月生于北京通州区新河村。幼年体弱多病，因患吐血病辍学，自1946年春起以习武健身，从而爱上了太极拳，十年后成为一名市级和全国的优秀运动员。之后弃商从武，走上武术专业道路，现已62年（1946—2008年）。1946—1982年间先后从师杨禹廷、常振芳、史正刚、骆兴武、单香陵、刘谈锋诸名师，学习太极拳、械、推手、查拳、大悲拳、形意拳、六合螳螂拳及程派八卦掌等拳种。

　　自上世纪60年代起从事武术教学、训练工作以来，在市、区体委的领导下，一贯积极认真服务于社会。1979年2月参加由国家体委组织的全国调研工作及第一届武术观摩大会的评议工作，全国及北京市的"三献"评审、裁判等工作近四十余年。1980年6月开创了全国第一所公办向全民开放的传统武术培训基地——东城区武术馆，为传统武术的继承发扬走出了第一步，培育了一大批传统拳优秀运动员。

　　1975年2月起由北京市体委安排在国际俱乐部为在京大使馆工作人员的太极拳培训班任教练工作8年之久。1983年起为日本太极拳爱好者的普及与提高承担教学工作多年，并多次赴东京、大阪、名古屋等城市，为日本太极拳运动员代表的竞技水平的提高给予教学、训练方面的支持和帮助。

　　1988年起先后参加"四式太极拳"竞赛套路和42式太极剑及推手教程的编审、录像等工作。1990年与师弟翁福麒编著《杨禹廷太极拳系列秘要集锦》和《吴式太极拳拳械述真》。2002年出版《简化吴式太极拳十三式》及挂图。2004年该书在台湾出版，深受欢迎。同年又出版了《吴式太极拳拳照图谱》（93式）一书。于1995—1999年先后应北影、人民体育、北京体育大学三家音像出版社合作录制吴式太极拳、械、推手等录像和光盘20余部。2006年4月由华视伟业录制出版供初学吴式太极爱好者用的传统吴式拳入门，及可供比赛用的传统吴式太极拳、剑光碟三部。

现为国家级社会体育指导员，一级武术教练员，荣誉中国武协委员和国家级裁判员。曾连续三届任东城区政协常委，市武协委员、顾问，东城区武术馆副馆长，区武协副主席，市武协吴式太极拳研究会会长（两届）。1995年被中国武协、国家体委武术运动管理中心评为首届"中华武林百杰"。"中国武术段位制"首批七段，2002年晋为八段。

一、吴式太极拳的形成、演化和传承

吴式太极拳是在杨式太极拳的基础上形成和逐渐演化为"北王南吴"、不同流派的。讲到吴式太极拳，不能不提到杨禄禅、杨班侯、全佑、王茂斋、吴鉴泉等历史人物。

史料记载，杨禄禅三至陈家沟师陈长兴苦习太极拳有成（陈长兴曾召集陈氏族人曰："禄禅师我愈十年，去而复至者三次，其专心一志、勤学苦练之精神毅力，非你们所能及。我的功夫本想给你们而你们不能得，不给禄禅而禄禅得到了。"遂授其秘术……如此又过了两年，陈师对禄禅说："你可回去了，你现在的武艺，可以无敌于当世"。拜别老师回乡后，把太极拳传给家乡的人们，从学者甚众，当时称杨拳为"化拳"，亦称"绵拳"，取其动作绵软而又能化解对方来力之意。杨禄禅后来被同乡武氏推荐到北京，果然以"神拳杨无敌"之号，倾动一时，享誉武林。

杨禄禅被王府请去教拳，王公、贝勒、管家、军官等等，习拳者众，出类拔萃者"凌山、万春、全佑而已，一善发、一善拿、一善化"，人称三人技艺得杨禄禅之筋、骨、皮。三人中，凌山和万春的后来传承史料不清，唯全佑将所学完整留传下来。全佑拳架宗法杨氏祖架，将太极拳拳艺传给其子吴鉴泉和其徒王茂斋、郭松亭、常远亭等。

全佑（1834—1902），满族正白旗人，武功超群，任王府护卫。当年在京师神机营供职时从学于杨禄禅，他学拳笃实，事师最孝，胜于亲子。禄禅感其诚，倾囊相教，故得其臻。奉禄禅公之命转拜禄禅次子杨班侯为师学习杨氏小架，与同学万春、凌山为当时之佼佼者。

王茂斋（1862—1940），山东掖县人。少时在京学徒，从师全佑，生性忠诚好义，奋力好学，在师兄弟中居长，功力扎实稳固，身手非凡。全佑公逝世后，极力维护吴氏在武林中的地位，与师弟吴鉴泉、郭松亭等研究拳理十多年。自吴鉴泉、杨澄甫（杨式太极拳宗师，杨禄禅之孙）南下以后，留在京城授拳，受业众多，人才辈出，成为北方吴式太极拳之掌门人。

吴鉴泉（1870—1942），北京大兴人，满族，从汉姓吴，全佑之子。幼承庭训，心法脉传，年长后愈加致力苦研，日臻化境。于1928年应邀到上海授艺，1932年在上海成立鉴泉太极拳社，并在香港、九龙、澳门等处成立分社，其门生遍及海内外。1928年，吴鉴泉应邀南下教授太极拳，既标志着吴式拳架的正式问世，也标志着吴式拳架南北两派的形成——以吴鉴泉为一支的吴式南派拳架，以王茂斋为另一支的吴式北派拳架——所以吴式拳架素有"南吴北王"之称。

吴式太极拳以全佑为一传，"南吴北王"为二传，之后不乏专家妙手，代有优秀传人。其中主要脉络为：

吴鉴泉传子公仪、公藻，女英华、婿马岳梁；传徒张达泉、徐致一、赵铁庵、赵寿村、葛馨吾、王志群、吴图南、吴桐等。

王茂斋传王子英（子）、赵铁庵、杨禹廷、张继之、彭仁轩、修丕勋、王历生、李子固、刘光斗、郑和春、曹幼甫等。

杨禹廷，名瑞霖，祖籍北京。生于光绪十三年（1887），岁次丁亥九月二十九日，逝于1982年11月15日（农历十月初一）15点之后，无疾而终，享年96岁，是当时有记载的太极拳师之中的高寿者。他幼小时体弱多病，在缺医少药的条件下以习武锻炼来祛病健身。1900年八国联军攻陷北京，他目睹了洋鬼子的兽行，燃烧起少年的意志，全身心地投入习武强体，发奋图强，以身报国。此后，他投拜了周相臣、赵月山、田凤云、高克兴（子明）等武术名家为师。他虚心好学，刻苦用功，孜孜以求，20岁时即驰名京城武坛。在民国成立之前又拜当时太极大家王茂斋为师。从此之后，他就在太极拳的道路上奋勇攀登，拾阶猛上。他一生专心致意地从事于太极拳的修炼、教学、研究和深求。他对武学的追求废寝忘食，刻意求真，做到治学严谨、技艺精湛。这与他虚心好学、不耻下问、刻苦用功、努力钻研分不开。他练拳时对每一拳势、每一动作都要按规矩做准、做好，达到正确要求。他在王茂斋处练拳时，每天都是第一个来，最后一个走，和人推手每次都是"打通关"（要和在场的每一位都推一遍）。自己在家练拳都要仔细琢磨姿势动作，像瓦木匠一样的"吊线瞧活"（用垂直的线绳来找正自己的定势）。他去城外练拳时，在往返数里的路上都是一步一个动作，一步一个"搂膝拗步"的练。他在传授拳技时，对每一招、一式、一动都认真研究，反复改进，使之合情合理地讲明白，让学生听懂、做好。他在太庙太极拳研究会教拳时培养出了推手的"五虎上将"，有赵安祥、李砚之、李经梧、孙枫秋、王培生。还有在太极拳术做出成绩来的弟子：赵任情、郑时敏、冯士英、张福有、王辉璞、马汉清、戴玉三、李秉慈、翁福麒等人。社会知名人士有：刘秀峰、陈云涛、李星峰、周学鳌、傅作义、楚溪春、赵君迈、叶浅予、戴爱莲、张云溪、曾维琪。此外还有不少国际友人和使馆人员，可谓是桃李满天下。

杨师教太极拳的教龄长达70多年。他是当时社会上专业以教拳为生（不从事其他职业或经商）的老拳师中最长时间者。因此，他在太极拳学术上的造诣很高深，道德修养超凡，贡献很大。他在前辈积累的基础上又迈进了一步，在太极拳的学、练、教、研、悟等方面用自己经验、体会、心得，加工、改进和提高的"83式太极拳"，使之更规范，更科学，更合乎太极哲理。如果能够长期地修炼83式太极拳，可使人们强身、健体、益智和提高道德素质。

杨师的弟子中，不乏时代武林之佼佼者，太极拳界之精英，如赵安祥在邢台，王培生、李秉慈等在北京，李经梧在秦皇岛等，他们在当地乃至全国都影响极大，为国家训练、培养出了一批又一批的太极拳人才。这些人才早已活跃在华夏武林，并成为祖国各地太极拳界的领军人物，为中华武术事业的继承和发展作出了卓越的贡献。

下面再说一下"83式太极拳"的由来。当时在吴鉴泉和王茂斋、郭松亭没分开之前，他们所练、教的太极拳是叫"太极十三势"，拳式总共是77式。杨禹廷在此套路的基础上增加了四组拳势：向东的揽雀尾，面北的单鞭，和原势相同的向西揽雀尾，面南的单鞭；最后又将从"弯弓射虎"变向东的揽雀尾中间增加"上步揸捶"，再将转身扑面掌变向西的揽雀尾中间增加"上步揸掌"，所以最终形成总式为83式。

过去武术基本上是在民间流传，师父教徒弟都是口传身授，很少有文字的记载。一般连拳谱都没有，即使有也不轻易传教。拳（兵器）谱多用四字一句的结构，略表动作的形象，有时一点影子都牵连不上，拳谱上的一句话，只是让你记住这个动作。再说，一个师父一个教法，口头传说时间一长就难免有差别，这完全是正常之事。新中国成立之后，尤其是武术进入正式比赛之后，国家武术运动管理中心着手编排了规范太极拳的名称和动作，太极拳才初步走上正规化的道路。至于传统套路的传播，每一位拳师（教练）都有自己的说法，我教的套路是多少式，拳谱的名称是什么，和别人的有多少说法不同，这不是主要的。而应该特别强调内容、实质是否合情合理，合乎科学的要求，合乎练习者的需要。在讲述自己的观点和方法时应当实事求是，绝不能歪曲历史和事实。

二、吴式太极拳的风格特点

传统吴式太极拳的风格特点，自百多年来的传播，大师们和习者的认识与提法不尽相同，亦未统一成文字。1991年，中国武术研究院组织全国各式太极拳名家共同研讨各流派太极拳的风格与特点，经过研究讨论由各流派代表提出后再由周元龙老师组织成文，最后确定为各流派以四句、十六个字概括出其风格特点，吴式太极拳的特点即：轻静柔化，紧凑舒伸，川字步型，斜中寓正。

轻静柔化："轻"，指轻灵，如迈步如猫行之轻灵巧捷；"静"，心静体松，以心行意；柔化，是以松柔为特点的劲法变化，以弧形运动为核心的进退螺旋运动方法。

紧凑舒伸：是吴式太极拳之大开大合的动作和姿势舒展的特点，又有收含紧蓄于内、放展于外、大练而小用的独特要求，是从难从严的练法，以便适应攻防击技的需要。

川字步型：是对步型和步法的要求。左右两脚前后（或左、右）分别落在相距为30~40厘米的两条平行线上，而两脚横置间隔为一脚或一脚半，一脚为正弓步（传统讲法为日字步），一脚半（或大于）为隅弓步（为曰字步），两脚尖均向前，这是定势的步型。动势：如果右脚在后，从后向前进步时必须自然地微向内收走内弧再向右前方迈步，这一内弧线形成了"川"字中间的一竖，故称之为川字步型。但对此说法解释不尽相同。

斜中寓正：这是根据传统吴式太极拳定势动作中身型和上肢、下肢、躯干、肩、髋关节各部位的要求而言的。"斜"指身型，从头顶正中的百会穴（向上，提顶的位置），头部不低不仰，身型向前下斜倾到与后脚跟形成一斜向约 45°的正隅弓步型（两脚尖向前，后脚跟内收度不得超过 20°），它体现了身型的"斜"。"寓正"，传统有"三尖相照"之说，即：鼻尖（鼻骨）、膝骨正中、脚尖，要求中正垂直为准（所谓"三尖相照"），两髋、两肩要求平正，不可一前一后、一高一低，自然形成端正平稳之状态（不同于顺肩之论），此为寓正之说。欲自然而协调地达到这一要求，必须在各部位的要领上下工夫，意形合一，方能完成正确姿势。

三、历史资料

（一）《太极功同门录》《太极拳详解》和《太极拳十三势名目》

《太极功同门录》印制于民国十八年一月十五日（1929），这是"吴式"太极拳最早的一本书。李翰章、金受申等人序。此书为门内人方有，非公开出版的书籍，书中所载套路为"太极拳十三势名目"，共 77 个式子，并未分动数。

《太极拳详解》一书，彭仁轩著，于民国二十二年（1933）出版发行。书中所载套路为太极拳各势名称目次，共 134 个，并未分动数。它是第二本"吴式"太极拳个人出版，公开发行的书。

杨禹廷先师，任教北平太庙太极拳研究会十数年后印制《太极拳十三势名目》和《太极剑名目》及《太极刀歌诀表》（1947 年 8 月）。这三份拳、剑、刀表，只有"太极拳十三势名目"表中印明分动数量，剑、刀未分动数。

"太极拳十三势名目"在《太极功同门录》和《太极拳详解》中均未分动。

（二）《太极功同门录》传"太极拳十三势名目"

《太极功同门录》中"太极拳十三势名目"第一段名目（1-25 式）顺序为：

1. 预备式
2. 揽雀尾
3. 单鞭
4. 提手上势
5. 白鹤晾翅
6. 搂膝拗步
7. 手挥琵琶式
8. 进步搬拦捶
9. 如封似闭
10. 抱虎归山
11. 十字手
12. 揽雀尾
13. 斜单鞭
14. 肘底看捶
15. 倒撵猴
16. 斜飞式
17. 提手上势
18. 白鹤晾翅
19. 搂膝拗步
20. 海底针
21. 扇通背
22. 撇身捶
23. 卸步搬拦捶
24. 揽雀尾
25. 单鞭

第二段名目（26-51式）顺序为：

26. 云手	27. 单鞭	28. 左高探马	29. 右分脚
30. 右高探马	31. 左分脚	32. 转身蹬脚	33. 搂膝拗步
34. 进步栽捶	35. 翻身撇身捶	36. 二起脚	37. 左右打虎式
38. 披身踢脚	39. 双风贯耳	40. 进步蹬脚	41. 转身蹬脚
42. 上步搬拦捶	43. 如封似闭	44. 抱虎归山	45. 十字手
46. 揽雀尾	47. 斜单鞭	48. 野马分鬃	49. 玉女穿梭
50. 揽雀尾	51. 单鞭		

第三段名目（52-77式）顺序为：

52. 云手	53. 下势	54. 金鸡独立	55. 倒撵猴
56. 斜飞式	57. 提手上势	58. 白鹤晾翅	59. 搂膝拗步
60. 海底针	61. 扇通背	62. 撇身捶	63. 进步搬拦捶
64. 揽雀尾	65. 单鞭	66. 云手	67. 高探马扑面掌
68. 十字摆莲	69. 搂膝指裆捶	70. 上步揽雀尾	71. 单鞭
72. 下势	73. 上步骑鲸	74. 退步跨虎	75. 转身摆莲
76. 弯弓射虎	77. 合太极		

（三）动作名称异同分析

第一段：

（1）《太极功同门录》为77式，第一段为1-25式（预备式在内），有十字手，无"隅步搂膝拗步"动作。

（2）《太极拳详解》为134式。套路顺序基本一致，唯将单鞭与云手的划分以实际动作命名，并按左右云手分别定名。1-36式其划分为左、右搂膝拗步，左右倒撵猴。另：分别为琵琶式，手挥琵琶式。

（3）杨禹廷先师之83式，动作顺序第一段为1-25式，共98动。

（4）李秉慈编93式图谱动作顺序，第一段为1-26式，内容、顺序同83式，也是98动，仅将原第10式抱虎归山含有十字手动作而未命名，故增补十字手一名称。

第二段：

（1）《太极功同门录》传第二段26-51式。

（2）《太极拳详解》第二段为37-84式。①37-41式，分别为左、右云手5个，另加上步按手一名称。②68看式后左、右分5个，接做看式再接右分。玉女穿梭分上步与转身而区别方向，中间加看式和野马分鬃。说明：上步按手与杨禹廷传83式第48式进步揽雀尾之前2动相同而命名。

(3) 杨禹廷传83式第二段为26-49式，118动。

(4) 李秉慈编93式图谱第二段为27-57式。共118动，《图谱》与杨传83式动数相同，但增补7个式名如下：①27式云手后增正单鞭名称（未加动作仍为原动数）。②34式进步栽捶中包括左右搂膝拗步动作，故增左右搂膝拗步这一名称。③37式翻身二起脚，因名不符实而改为进步左探马和38式右蹬脚。④45式进步搬拦捶中含有右搂膝拗步动作，而无此名，故增补右搂膝拗步一名。⑤将47式分增十字手一名（同第一段）。⑥53式和55式为转身左右玉女穿梭，改为两个穿梭动作共16动（原20动），其中有野马分鬃动作未命名，故增加此名。⑦54式为增加野马分鬃动作（4动），原共20动不变。

第三段：

(1)《太极功同门录》传第三段为52-77式（云手–合太极）。

(2)《太极拳详解》中第三段为85-134式。这段重复动作较多，云手10个，倒撵猴5个，单鞭6个，增加腿法外摆动作2个及左右弯弓射虎。

(3) 杨传83式第三段为50-83式（云手–合太极），110动。

(4) 李秉慈编93式图谱第三段为58-93式，共110动，与杨传83式动数相同，58式云手和73式云手后分别增补正单鞭两式。

这样，李秉慈编93式图谱较杨传83式总共增补10式，即：①正单鞭3个；②左右搂膝拗步1个；③进步左探马1个；④右搂膝拗步1个；⑤野马分鬃1个；⑥玉女穿梭1个；⑦十字手2个。虽然名称增加了，但总体动作数量仍保持不变，一共326动。

（四）杨禹廷老师改编83式

(1)《太极功同门录》中的内容是北京"吴式"太极拳传播的套路名称，全套数量为77式。第76式弯步射虎，第77式合太极。显然，83式太极拳套路是在太庙太极拳研究会时期形成的，并没有措捶、措掌2个，及单鞭、揽雀尾各2个共6个动作。同30年后传播于世的杨禹廷83式太极拳。

(2)《太极功同门录》中的太极拳十三势名目，和杨传83式第一段从预备式到正单鞭，都是25式。但杨传83式中没有十字手，而《太极功同门录》中没有左右斜步搂膝，因此第一段均为25式。

(3)《太极功同门录》中第二段是26式云手起至51式正单鞭，共26个动作。其中26式云手后接正单鞭，明显证明云手后的正单鞭是一个完整动作应增补名称，正单鞭不应划为云手中的动作。因而李编93式图谱把此处更正了，增补了3个正单鞭（其他2个是杨传第58式和73式云手之后）。

（4）《太极功同门录》中36式是二起脚，杨传34式是翻身二起脚，此动并无翻身动作，可能是因为前式是翻身撇身捶，而又将翻身二字误写上了。又因二起脚是武术运动中的跳跃动作，而近代太极拳套路中仍保留此名称，而无此动作，实际上是名不符实，故李编93式图谱将杨传翻身二起脚一名的动作，按原动法不变，改为2个动作名称，37式左探马2动和38式右蹬脚4动（原翻身二起脚为6动），原动法姿势均未改变，只改变了动作名称，使之名实相符。

（5）《太极功同门录》中73式上步骑鲸一名，无七星二字，杨传72式名为上步骑鲸（七星）。有加括弧"七星"二字，证明"七星"二字是杨师增加的。从北平太庙太极拳研究会所载的"太极拳十三势名目"表中可以证明是从《太极功同门录》中拓写出来的，证实杨师已对王、吴二位大师的拳套进行过改编，成为改编后的83式太极拳，留传于当今已70余年，而王茂斋、吴鉴泉并未命名和传播83式太极拳套路。今人伪称83式太极拳是王茂斋先师所传，其说法是毫无根据。后特附相关资料以示正误，矫正视听混淆之弊。

四、历史资料部分影印

附《太极功同门录》封面1张（图1）

附《太极功同门录》第2页王茂斋先师之照片1张（图2）

附金受申先生"序"一文（图3）

附钟鹏先生"序"一文（图4）

附《太极功同门录》中的"太极拳十三势名目"（图5）

附《太极功同门录》之太极功统系表（图6）

附《太极功同门录》之六位大师的通信处及年龄（图7）

附《太极拳详解》封面（图8）

附《太极拳详解》第七章第一节之太极拳各式名称目次（图9）

附杨禹廷先师传"太极拳十三势名目"（图10）

图 1 《太极功同门录》封面

图 2　王茂斋先师之照片

图3 金受申先生"序"

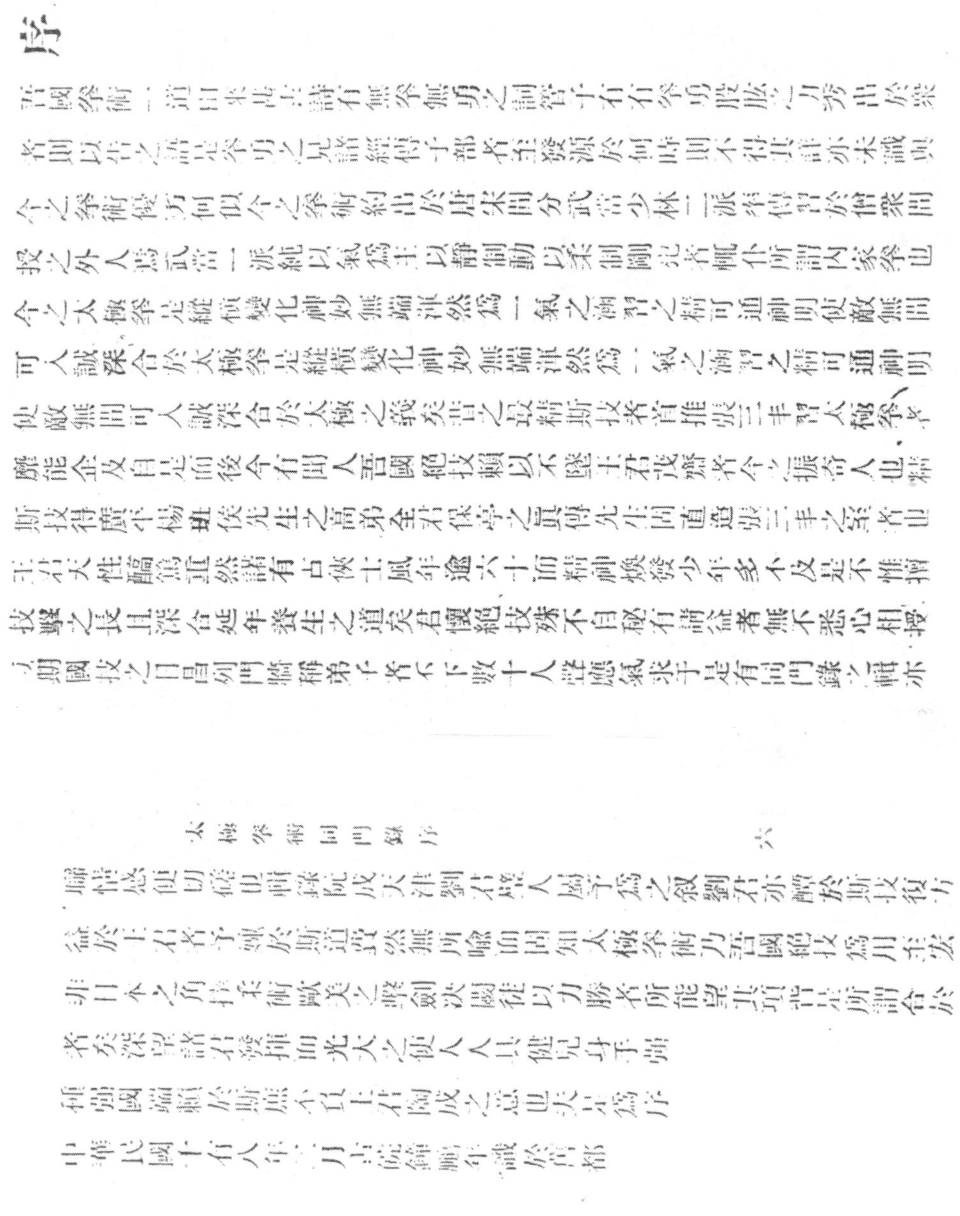

图4 钟鹏先生"序"

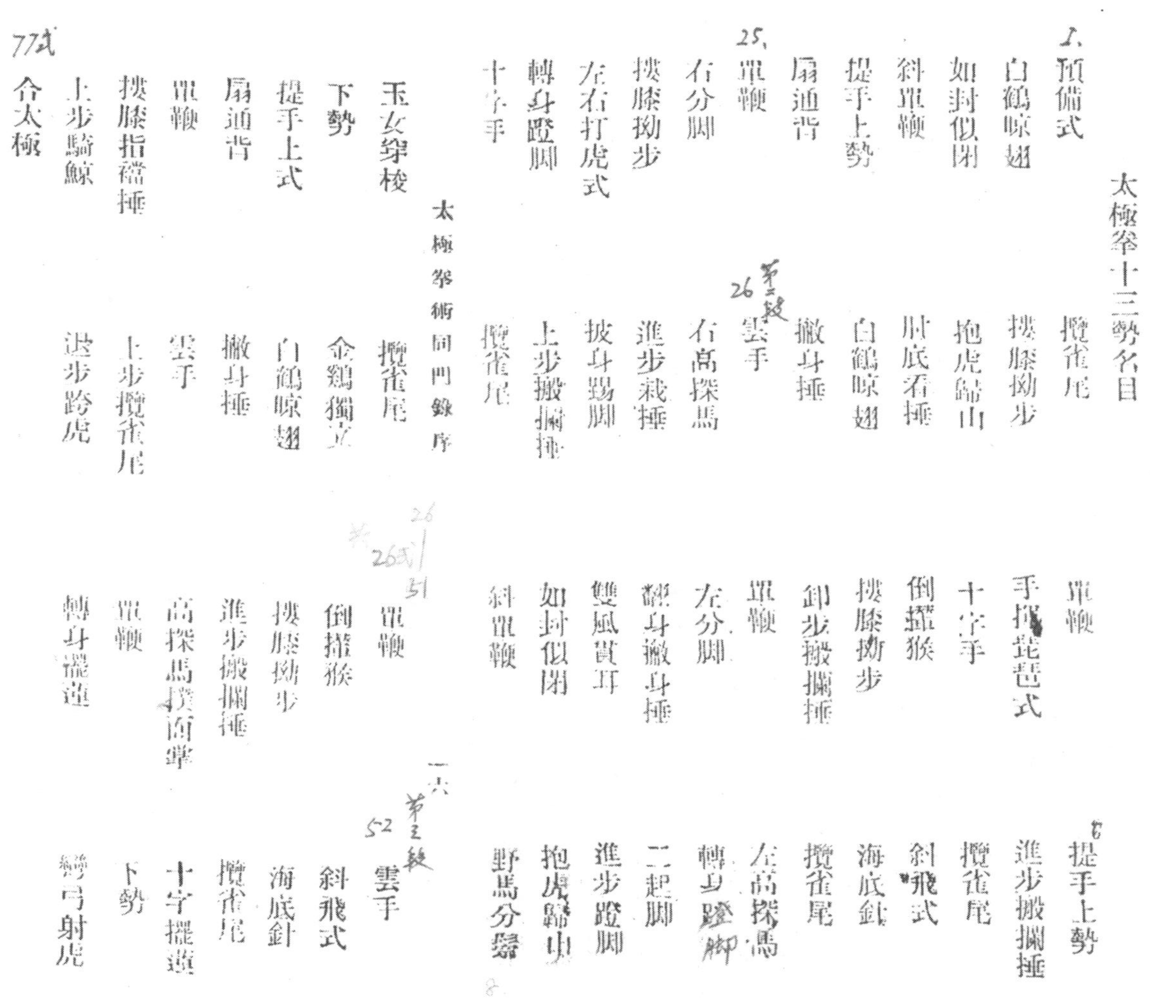

图 5 《太极功同门录》中的太极拳十三势名目

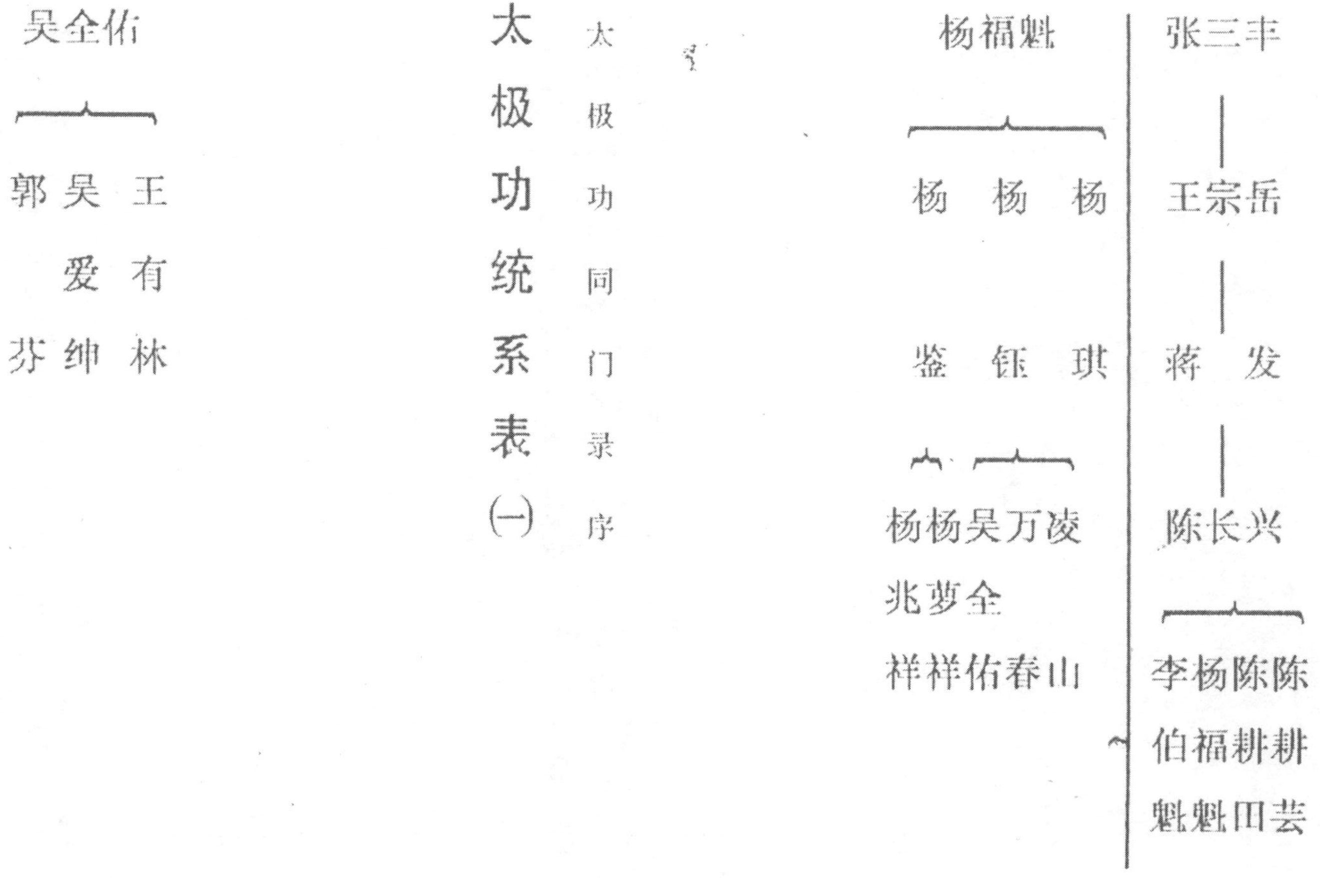

图 6 《太极功同门录》中太极功统系表

图7 《太极功同门录》中之六位大师通信处及年龄

图 8 《太极拳详解》封面

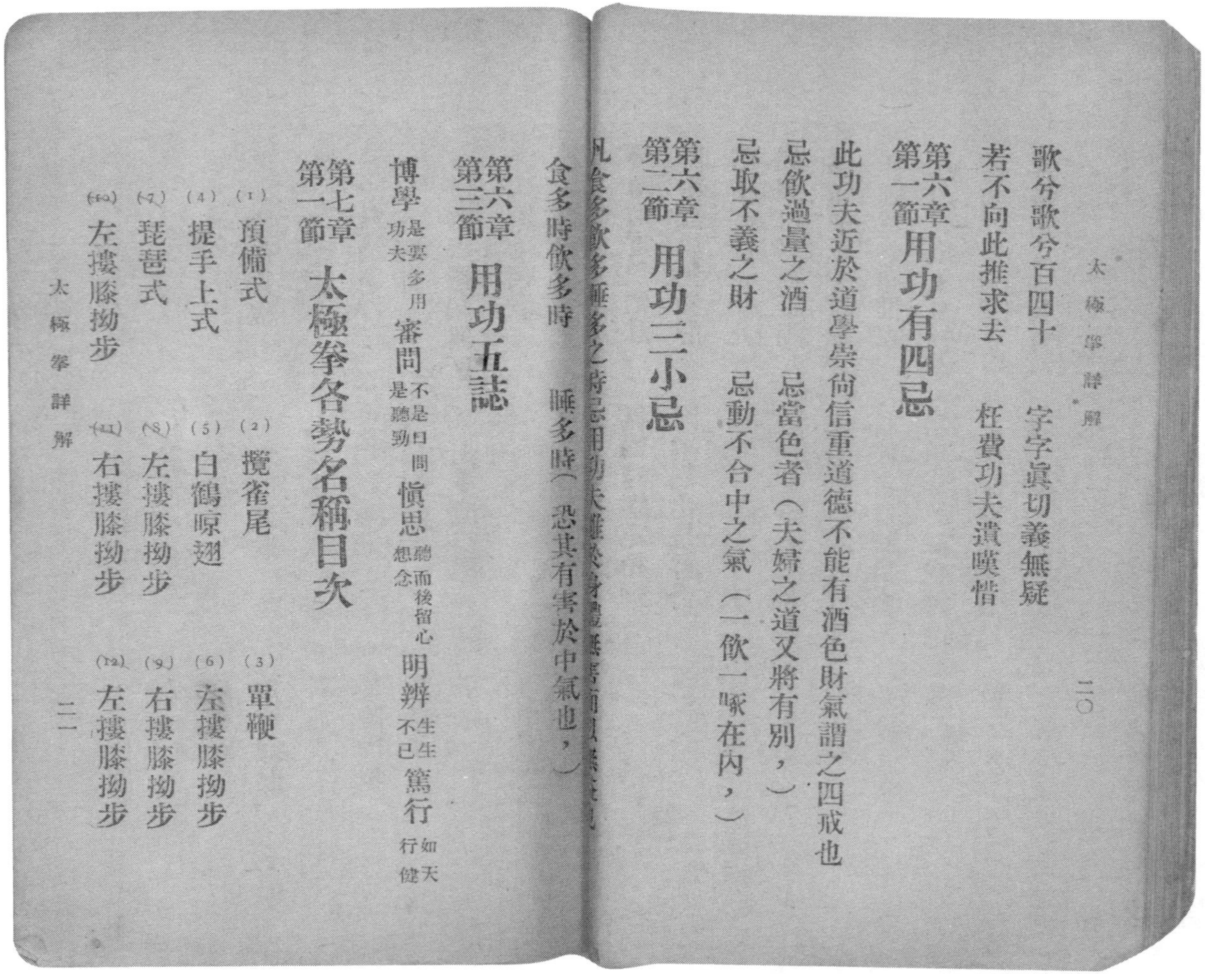

图9 《太极拳详解》中太极拳各式名称目次 – 1

(13) 手揮琵琶式
(14) 上步搬攔捶
(15) 如封似閉
(16) 十字手
(17) 攬雀尾
(18) 抱虎歸山
(19) 攬雀尾
(17a) 摟膝拗步
(20) 斜單鞭
(21) 肘底看捶
(22) 左倒攆猴
(23) 右倒攆猴
(24) 左倒攆猴
(25) 右倒攆猴
(26) 左倒攆猴
(27) 斜飛式
(28) 提手上式
(29) 白鶴晾翅
(30) 摟膝拗步
(31) 海底針
(32) 扇通脊
(33) 撇身捶
(34) 卸步搬攔捶
(35) 上步攬雀尾
(36) 單鞭
(37) 左雲手
(38) 右雲手
(39) 左雲手
(40) 右雲手
(41) 左雲手
(42) 左高探馬
(43) 右分腳
(44) 右高探馬
(45) 左分腳
(46) 轉身蹬腳
(47) 左摟膝拗步
(48) 左摟膝拗步
(49) 進步栽捶
(50) 反身撇身捶
(51) 右分腳
(52) 右打虎式
(53) 右打虎式
(54) 左打虎式
(55) 披身踢腳
(56) 雙鳳貫耳
(57) 左右蹬腳
(58) 右摟膝拗步
(59) 左摟膝拗步
(60) 上步搬攔捶
(61) 摟膝拗步
(62) 如封似閉
(63) 十字手
(64) 斜單鞭
(65) 攬雀尾
(66) 右野馬分鬃
(67) 抱虎歸山
(68) 看式
(69) 右野馬分鬃
(70) 左野馬分鬃
(71) 右野馬分鬃
(72) 左野馬分鬃

(73) 右野馬分鬃
(74) 看式
(75) 右野馬分鬃
(76) 上步左玉女穿梭
(77) 蹲身右玉女穿梭
(78) 上步左玉女穿梭
(79) 蹲身右玉女穿梭
(80) 上步左玉女穿梭
(81) 蹲身右玉女穿梭
(82) 上步按手
(83) 上步攬雀尾
(84) 單鞭
(85) 左雲手
(86) 右雲手
(87) 左雲手
(88) 右雲手
(89) 左雲手
(90) 單鞭
(91) 下式
(92) 右金鷄獨立
(93) 左金鷄獨立
(94) 左倒攆猴
(95) 右倒攆猴
(96) 左倒攆猴
(97) 右倒攆猴
(98) 左倒攆猴
(99) 斜飛式
(100) 提手上式
(101) 白鶴晾翅
(102) 左摟膝拗步
(103) 海底針
(104) 扇通背
(105) 上步撇身捶
(106) 上步攬雀尾
(107) 右雲手
(108) 單鞭
(109) 左雲手
(110) 左雲手
(111) 右雲手
(112) 右雲手
(113) 左雲手
(114) 單鞭
(115) 左高探馬
(116) 撲面掌
(117) 翻身十字擺蓮
(118) 右摟膝拗步
(119) 上步指襠捶
(120) 上步攬雀尾
(121) 單鞭
(122) 下式
(123) 上步七星
(124) 退步跨虎
(125) 翻身撲面掌
(126) 翻身雙擺蓮
(127) 右彎弓射虎
(128) 左彎弓射虎
(129) 上步錯捶
(130) 單鞭
(131) 上步攬雀尾
(132) 攬雀尾

(133) 單鞭　　(134) 合太極（收式）

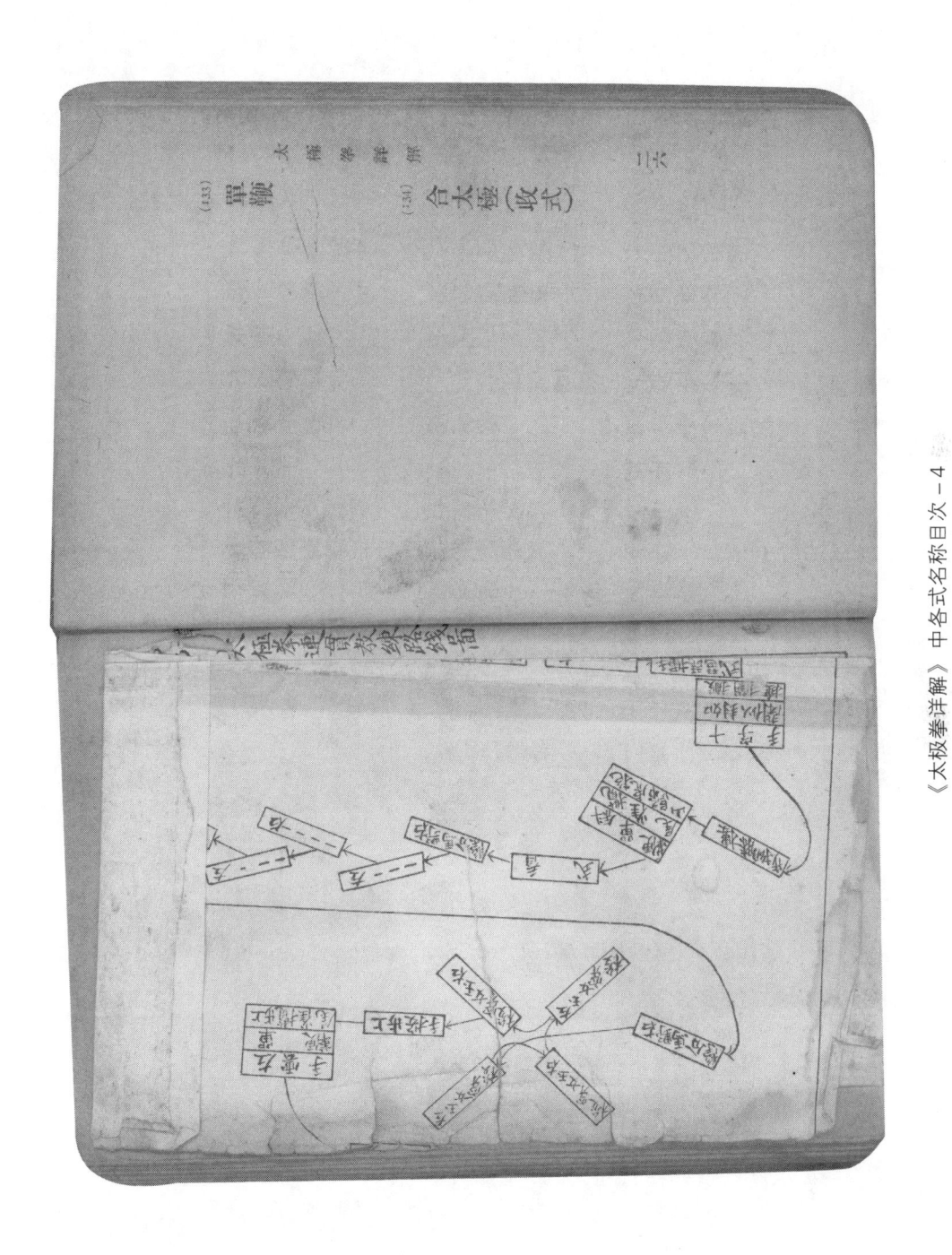

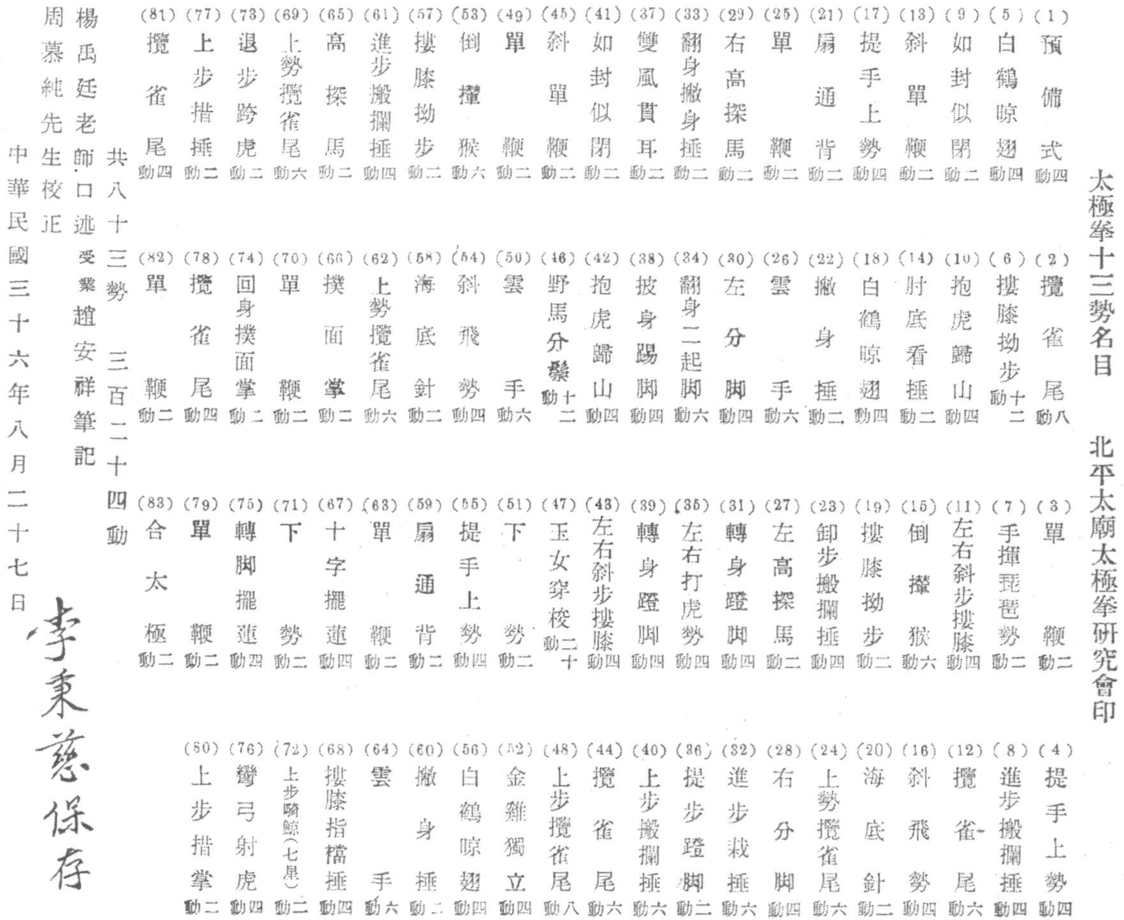

太極拳十三勢名目

北平太廟太極拳研究會印

(1) 預備式
(2) 攬雀尾 動八
(3) 單鞭 動二
(4) 提手上勢 動四
(5) 白鶴晾翅 動四
(6) 摟膝拗步 動三
(7) 手揮琵琶勢 動二
(8) 進步搬攔捶 動四
(9) 如封似閉 動二
(10) 抱虎歸山 動四
(11) 左右斜步摟膝 動四
(12) 攬雀尾 動六
(13) 斜單鞭 動二
(14) 肘底看捶 動三
(15) 倒攆猴 動六
(16) 斜飛勢 動四
(17) 提手上勢 動四
(18) 白鶴晾翅 動四
(19) 摟膝拗步 動三
(20) 海底針 動三
(21) 扇通背 動三
(22) 撇身捶 動六
(23) 卸步搬攔捶 動三
(24) 上勢攬雀尾 動六
(25) 單鞭 動二
(26) 雲手 動六
(27) 左高探馬 動三
(28) 右分脚 動四
(29) 右高探馬 動三
(30) 左分脚 動四
(31) 轉身蹬脚 動四
(32) 進步栽捶 動三
(33) 翻身撇身捶 動四
(34) 翻身二起脚 動六
(35) 左右打虎勢 動四
(36) 提步蹬脚 動四
(37) 雙鳳貫耳 動三
(38) 披身踢脚 動四
(39) 轉身蹬脚 動四
(40) 上步搬攔捶 動六
(41) 如封似閉 動二
(42) 抱虎歸山 動三
(43) 左右斜步摟膝 動四
(44) 攬雀尾 動六
(45) 斜單鞭 動二
(46) 野馬分鬃 動六
(47) 玉女穿梭 動二十
(48) 上步攬雀尾 動八
(49) 單鞭 動二
(50) 雲手 動六
(51) 下勢 動二
(52) 金雞獨立 動四
(53) 倒攆猴 動六
(54) 斜飛勢 動四
(55) 提手上勢 動二
(56) 白鶴晾翅 動四
(57) 摟膝拗步 動三
(58) 海底針 動三
(59) 扇通背 動三
(60) 撇身捶 動四
(61) 進步搬攔捶 動三
(62) 上勢攬雀尾 動六
(63) 單鞭 動二
(64) 雲手 動六
(65) 高探馬 動三
(66) 撲面掌 動二
(67) 十字擺連 動三
(68) 摟膝指裆捶 動三
(69) 上勢攬雀尾 動六
(70) 單鞭 動二
(71) 下勢 動二
(72) 上步七星 動三
(73) 退步跨虎 動三
(74) 回身撲面掌 動二
(75) 轉身擺蓮 動三
(76) 彎弓射虎 動三
(77) 攬雀尾 動四
(78) 攬雀尾 動四
(79) 單鞭 動二
(80) 上步措捶 動三
(81) 攬雀尾 動四
(82) 單鞭 動三
(83) 合太極

周寰紀先生校正
楊馬廷老先師口授
共八十三勢三百二十六動
趙安群筆記
中華民國三十六年八月二十七日

李秉慈恭錄

图10 杨禹廷先师传"太极拳十三势名目"

五、关于修订的几点说明

吴式太极拳从问世至今，先人们有过不少论著，关于传统套路的论述也有过许多版本，虽然是一系统，但套路名称各不相同。如吴鉴泉先师在 20 世纪 30 年代介绍的传统套路为 105 式，吴图南在其所著的《吴图南太极拳精髓》一书中介绍的为 71 式，李经梧在其《李经梧传陈、吴式太极拳集》中介绍的为 108 式，杨禹廷所传授的是 83 式，1929 年王茂斋、吴鉴泉、郭芬在《太极功同门录》中介绍的全套动作为 77 式，在彭仁轩所著的《太极拳详解》一书中为 134 式。同一个传统套路为何在套路动作数量和动作名称上会有如此大的差别呢？

历史上中国武术的传播靠的是口传身授，老师传徒弟，先练后讲，太极拳也不例外。由于老师很少给学生文字材料，所以每个人的认知和学员的条件不同，对动作的分解也就不一致。例如，吴式太极拳竞赛套路中的左右搂膝拗步在吴鉴泉先师介绍的 105 式中被分解为 6 个动作：第 7 式搂膝拗步、第 8 式七星手、第 9 式搂膝拗步、第 10 式搂膝拗步、第 11 式搂膝拗步、第 12 式七星手。在李经梧介绍的 108 式中按一式一名的原则将此动作分解为 4 动：第 7 式左搂膝拗步，第 8 式左抱七星，第 9 式左右搂膝拗步，第 10 式左抱七星。而吴图南在 71 式中将此动作分为 3 式。又如，李经梧将野马分鬃和玉女穿梭分为 9 个名称，彭仁轩在《太极拳详解》中按一式一名、左右分清的原则将左右倒撵猴和左右云手均分为 5 式。这就是形成同一传统套路而动作数量和名称不同的主要原因。

随着时代的发展，人们对太极拳的学习热情越来越高，对太极拳的研究也越来越深。为了便于广大太极拳爱好者对传统太极拳的认识、学习和继承，根据中国武术研究院和中国武术协会在组织编写太极拳竞赛套路时对动作名称确定的原则，以杨禹廷老师所传 83 式为基础，在不改变原传统套路的基础上，对该传统套路的动作名称进行规范，对名不副实的部分进行修改，使之与国家现行套路动作标准接近。主要改动有几点：

1. 有动作无名称的

（1）原 83 式的第 26 式中将单鞭动作混淆在云手名称中，现提出成为一个单独的动作名称，第 27 式云手接第 28 式正单鞭。

（2）原 83 式的第 47 式玉女穿梭中有一个完整的野马分鬃动作，现提出作为一个单独的动作第 54 式野马分鬃。

（3）原 83 式的第 10 式和第 11 式之间有一个十字手的动作，现增加一个动作名称"十字手"。类似情况在原套路中还有几处，在这里就不一一赘述了。

2. 规范步法命名

原83式中向前进的步法有进步、上步、上势三种，但在原叙述中对上一步与上两步的区分并不清楚。这次规范为凡上一步的是"进步"，而连续前进两步的是"上步"。在这套套路中只有第56式（原83式中第48式）的上步揽雀尾是连续进步，其余的均为"进步"。

3. 进一步明确动作名称

为了使动作名称更直观、更明确，对一些动作名称做了修定。如，第3式的单鞭明确为斜单鞭，而对第57式（83式中的第49式）的单鞭则明确为正单鞭；原83式中的第34式翻身二起脚，现规范为第37式进步左探马和第38式的右蹬脚；第75式（83式为65式）是高探马，（将83式的27、29式）从左右两个高探马均改为左右探马。凡此种种，不再一一举例说明。

经过以上修改，虽然式子增加为93式，动作名称也与杨禹廷老师所传略有不同，但实质丝毫没有变，仍然保持了83式中的326个动作。

六、吴式太极拳93式动作名称

预备势（无极势）

第一式　太极起势（4动）
第二式　揽雀尾（8动）
第三式　斜单鞭（2动）
第四式　提手上势（4动）
第五式　白鹤亮翅（4动）
第六式　左右搂膝拗步（12动）
第七式　手挥琵琶（2动）
第八式　进步搬拦捶（4动）
第九式　如封似闭（2动）
第十式　抱虎归山（2动）
第十一式　十字手（2动）
第十二式　左右隅步搂膝拗步（4动）
第十三式　隅步揽雀尾（6动）
第十四式　斜单鞭（2动）
第十五式　肘底看捶（2动）
第十六式　左右倒撵猴（6动）
第十七式　斜飞势（4动）

第十八式　提手上势（4动）
第十九式　白鹤亮翅（4动）
第二十式　左搂膝拗步（2动）
第二十一式　海底针（2动）
第二十二式　扇通背（2动）
第二十三式　撇身捶（2动）
第二十四式　卸步搬拦捶（4动）
第二十五式　进步揽雀尾（6动）
第二十六式　正单鞭（2动）
第二十七式　云手（4动）
第二十八式　正单鞭（2动）
第二十九式　左探马（2动）
第三十式　右分脚（4动）
第三十一式　右探马（2动）
第三十二式　左分脚（4动）
第三十三式　提膝左转左蹬脚（4动）
第三十四式　左右搂膝拗步（4动）

第三十五式　进步栽捶（2动）	第六十五式　白鹤亮翅（4动）
第三十六式　翻身撇身捶（2动）	第六十六式　左搂膝拗步（2动）
第三十七式　进步左高探马（2动）	第六十七式　海底针（2动）
第三十八式　右蹬脚（4动）	第六十八式　扇通背（2动）
第三十九式　左右打虎势（4动）	第六十九式　撇身捶（2动）
第四十式　提膝右蹬脚（2动）	第七十式　进步搬拦捶（4动）
第四十一式　双风贯耳（2动）	第七十一式　进步揽雀尾（6动）
第四十二式　披身左蹬脚（4动）	第七十二式　正单鞭（2动）
第四十三式　右转身右蹬脚（4动）	第七十三式　云手（4动）
第四十四式　右搂膝拗步（2动）	第七十四式　正单鞭（2动）
第四十五式　进步搬拦捶（4动）	第七十五式　高探马（2动）
第四十六式　如封似闭（2动）	第七十六式　扑面掌（2动）
第四十七式　抱虎归山（2动）	第七十七式　十字摆莲（4动）
第四十八式　十字手（2动）	第七十八式　搂膝指裆捶（4动）
第四十九式　左右隅步搂膝拗步（4动）	第七十九式　进步揽雀尾（6动）
第五十式　隅步揽雀尾（6动）	第八十式　正单鞭（2动）
第五十一式　斜单鞭（2动）	第八十一式　下势（2动）
第五十二式　左右野马分鬃（12动）	第八十二式　进步七星（2动）
第五十三式　转身左右玉女穿梭（8动）	第八十三式　退步跨虎（2动）
第五十四式　右野马分鬃（4动）	第八十四式　转身扑面掌（2动）
第五十五式　转身左右玉女穿梭（8动）	第八十五式　转身双摆莲（4动）
第五十六式　上步揽雀尾（8动）	第八十六式　左右弯弓射虎（4动）
第五十七式　正单鞭（2动）	第八十七式　进步措捶（2动）
第五十八式　云手（4动）	第八十八式　揽雀尾（4动）
第五十九式　正单鞭（2动）	第八十九式　单鞭（2动）
第六十式　下势（2动）	第九十式　进步措掌（2动）
第六十一式　左右金鸡独立（4动）	第九十一式　揽雀尾（4动）
第六十二式　左右倒撵猴（6动）	第九十二式　正单鞭（2动）
第六十三式　斜飞势（4动）	第九十三式　合太极（2动）
第六十四式　提手上势（4动）	

七、吴式太极拳93式动作图解

预备势（无极势）

面向正南，自然步站立，身心虚静，全身放松，头顶平正，下颌微内收，舌尖抵上腭，两眼平远视，有瞻前顾后之神意；含胸拔背，胸微内含，两肩内合，神贯于顶，两

臂下垂，掌心向内，意在指尖向下贯注如触地；重心在两脚中间，平分于两腿；此刻虚实未分。（图1）

【劲法意识】

传统讲究在无极势时，即动始之前必须要神、意、气（指呼吸）、体之合顺后方可起动。

第一式　太极起势（4动）

1. 左脚横开

左膝松屈，重心渐移于右腿，左胯微松，左脚向左横开，大脚趾虚着地，两脚外缘与肩同宽；眼平视前方；意仍在两掌指尖，虚实已始。（图2）

2. 两脚平立

左脚渐落平，重心随之左移至两脚中间；视线与意识不变，两脚外缘与肩同宽。（图3）

【劲法意识】

此势为太极自然的步型，既可摄生，亦可防守四面八方之进攻，因而此势即"授秘歌"中所讲的"应物自然"和"以静待动"之意识。

3. 两腕前掤

两掌指尖向下松沉（意贯），再以指尖引导向体前上举舒伸两臂，以四字为准：

① "引"，以左右食指引导两臂掌心相对向体前舒伸；
② "旋"，两掌前伸，距腿部约40~50厘米时随即向上两腕内旋，掌心向下；
③ "提"，两腕上提与肩平，指尖松垂；
④ "伸"，两腕前伸，高、宽度与肩平齐时五指向掌心内收；此刻尽量松垂，内收指尖与腕形成上、下，前伸相对称，意在两腕；重心与视线均不变。（图4）

图1

图2 　　　　图3 　　　　图4

【劲法意识】

当我手腕被对方握着时，随即将五指撮拢内收，松腕部，再收拢五指下垂，变化力点后再向前进击对方掌心，使其重心倾斜失重。此法为太极之变劲，变力点之方法与击打方法截然不同。

4. 两掌下采

两膝后腘窝处放松，屈膝，身体渐向下蹲，重心在两腿中间；同时，两腕松沉，指尖前伸，随即下按落于大腿外侧，掌心向下；意在掌心，两掌心如按水中漂浮之球，使其不能起不能移动。（图5）

【劲法意识】

当对方握着我手腕向他身前下拽时，我五指舒伸，向后沉踩，随即下蹲，他即应我手向前扑，栽跌之，注意沉肩、垂肘、松腰胯、提顶劲。此法系力点变化。

图5

【要领】

① 此势四动左右肢同动，但意念只有一处（右掌）起，落均前后变之，肩松开，以应动而变为原则。

② 通过预备动作，从思想上、精神上力求周身松净，大脑安静无思无虑，排除一切杂念，以达到"澄源清流""心静体松"的目的。

第二式 揽雀尾（8动）

1. 虚步左掤（又名看势，左抱七星）

松腰、敛臀，尾闾（骶骨尖）向右脚跟处移落，重心落于右腿，同时提左膝走内弧向左前舒伸左脚，左脚跟着地，脚尖上扬成左虚步型；左掌以食指引导向体前走内弧（如掌心扶物前穿），掌心外旋翻转渐变朝内，拇指尖遥对鼻尖，腕与肩平；同时，右掌以大拇指引导亦向体前弧形推进到胸前，大拇指尖向左横指置于左臂弯横线水平处，虎口张开，食指尖斜向上与左掌大拇指成一线相对，另三指尖斜向上，掌心向前，腕与胸平；眼向前平远视。（图6）

图6

【劲法意识】

对方以右拳击我胸部，我则以左掌贴粘其右肘下部，同时以右掌合按其右腕，顺势将其掤起。

2. 弓步右挤

用"以实送虚"之法，松屈右腿腘窝处，松腰松胯，使重心降低，左膝及脚腕部放松下沉后前进，左脚落平，随之敛溜臀部再向前进膝成左正弓步型；左臂松屈，以小指引导下落横置于胸前成自然横平，掌心向内，指尖向右，同时右掌以食指引导向前进推按附于左腕脉门处成右挤势，掌心向外，指尖向上，食指尖遥对鼻尖，面向正南指尖与肩平；眼向前平远视，意在右掌心；左臂内收与右掌向外打挤形成合劲，身型与步法成"斜中寓正"之特点。（图7）

【劲法意识】

我随对方之变劲，以挤劲发力，我左臂随其左捋之动，横于对方胸前，同时将右掌按在左腕处前挤，含胸，倚背以助发力。

3. 虚步右掤（右抱七星，右看势）

腰右转90°，面向正西，身体随转同时立身，左脚重心随立身后移调整成脚跟实多于前部（跟实前虚），脚尖虚起向内扣1/8（西南），重心仍在左脚，右脚跟内收后脚尖上扬进步，脚跟着地成右虚步型；右掌以小指引导沿左腕经大拇指向右前外走上弧至45°时（西南），掌心仍向外，指尖向上，继续右转掌，臂外旋，掌心翻转向内，大拇指遥对鼻尖，腕与肩平；左掌随右掌运转，掌、臂内旋附于右前臂内侧，掌心斜向下，食指与右大拇指成斜线相对；眼神定势时向前平远视。（图8、图9）

| 图7 | 图8 | 图9 |

【劲法意识】

对方击打我右边面部时，我以右掌外拨粘绕，先化解其攻势后左掌合力，形成措拿之法。

4. 弓步左挤

这个动作与第二个动作的（上肢）臂法和（下肢）步型同为正弓步和打挤动作，唯

左右相反。（图10）

【劲法意识】

接上动。对方用左手掠我右臂，我则放松顺随，同时进左掌搭于右前臂前端打挤发劲，或可用肘、靠之法。

5. 虚步右捋

右掌以小指引导向右前方舒伸（指尖朝向约20°），掌心内旋渐转向下，臂成下弧形，腕与肩平；左掌掌心随之翻转向上，附于右前臂内侧，随右手转动；腰身随之右转，相继屈左膝，重心渐后移至左腿成右虚步型，右脚尖上扬；同时，沉松右肘，右掌走外下弧形，屈右臂回捋落于右胯旁，掌心向下，指尖向前；左掌随右掌回捋，左前臂横置于腹前，掌心向上，指尖向右；意在右掌心，眼神随右掌而动。（图11、图11附图）

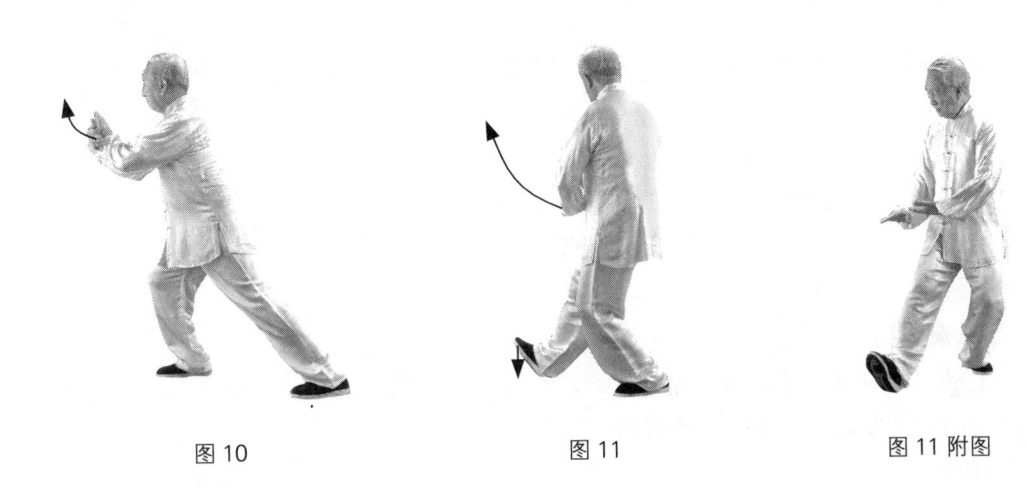

图10　　　　　图11　　　　　图11附图

【劲法意识】

接上动。对方掠按我右臂肘时，我随之舒展前臂向右顺化其拿法后，然后随重心后移而捋对方右臂，使其失掉重心的稳定。

6. 弓步右掤（右掌前掤）

右臂松沉，右掌外旋，掌心翻转向上，左掌随之内旋，掌心翻转向下，仍附于右前臂内侧，随右掌运行；同时，松腰松胯，腰向左转；右掌食指从腹前向左肩外（西南）划弧前穿，渐转向右肩外掤出，指尖朝右前方（约20°处），掌心向上，腕与肩平；眼随右手移动，动作完成时眼神随右手食指处远视，意在右掌心；当右掌向前穿捋过程中，仍"以实送虚"之法，沉松左腿腘窝处，重心微下落，右脚落平再渐进膝成右正弓步型（形成顺步捋手势），身法与步法是"斜中寓正"。（图12）

【劲法意识】

接上动。对方右臂被我掠粘住拿起失重欲后退时，随即两掌左下右上拧翻，使其臂膀不适，趁机进步，手掤发力。

7. 虚步后掤（右臂向右后掤托）

屈左膝，落臀，随之立身，重心后移至左腿，右腿自然舒伸，脚尖上扬，成右虚步型；同时，右掌以食指引导向右外划弧，随之臂微屈，转至右后45°方向（东北），掌心向上平托，腕与耳平；左掌立指坐腕，指尖向上，辅附于右前臂处相随转动；视线随右掌食指运行，意在掌心；在步法变换中，向右转体时保持"立身运行"的原则使身形保持中正。（图13）

【劲法意识】

对方从右侧攻击我头部，我用右掌向外贴粘着对方右臂前部，左掌扶粘住前臂处向右上方捋，牵动其重心使之失衡（吴式拳练者称之为被拿起），即失重。

8. 右掌前按

松腰，松胯，收敛左腹股沟处，随之向左转体，右脚尖内扣1/4（正南），脚渐落平进膝，重心移于右脚；右掌内旋，随之向左划内弧推按到胸前两脚中间时成立掌；然后向右转腰，同时右掌向右划外弧，掌与臂内旋平捋到右前45°（西南），随之掌臂外旋立掌向右前按出，腕与肩平，掌心向前，虎口向上，臂成下弧形；左掌随之运转，渐外旋，指尖向上，掌心向里；左腿自然伸直，成倒八字步型；眼随右掌运行，按掌时眼经右掌前远视。（图14）

【劲法意识】

接上动。趁对方失重之机，扣脚变方向前按使其跌之。此法为向前沉劲下按之法，另一法为向内下按对方肘部以截其挤劲。

【要领】

上述八个动作的解释是对动作意识的理解而言，在实践中，则是千变万化，随机应变的运用。以自然、客观为主，是吾师之"动即是法"的原则，这是太极拳之真意。

图12 　　　　图13 　　　　图14

第三式　斜单鞭（2 动）

斜指方向，又称为左单鞭。

1. 右掌变勾

右腕放松，右掌五指根节顺序松拢，渐下垂成勾型（虚勾），勾尖内收，以意贯勾顶向前上舒伸，左掌指尖伸向右腕内侧与勾尖相接；眼神随右掌变勾之动将视线回收看勾顶处，意贯勾顶于右腕部；屈左膝，左脚跟微起，自然内收，再向左后方（东北）撤步，大脚趾内侧虚着地，重心仍在右腿。（图 15）

图 15

【劲法意识】

对方以右手掠握我右掌，我松腕变勾前进，使其握劲落空，左脚后撤以观其进退变化。

2. 马步平捋（此法为左单鞭）

左掌以食指引导向左前上方划弧，经体前时掌心向内，指尖与眼平，继续左移时掌心渐转向外，指尖向上，腕与肩平，旋臂运行翻掌成立掌向左前按出（正东）；同时，左脚跟渐内收落平，右脚跟微外展，两脚尖均朝东南，腰随向左转，松腰、松胯、屈膝，敛溜臀部，立身成马步型（两脚尖外展约30°）；眼神随左掌运行，到位时，眼从大拇指端处平远视，意在左掌心。（图 16）

图 16

【劲法意识】

接上动。对方松撤右手，再左掌进击我面部，我以左掌搂掠其左手向外掤，按击其胸部，同时，亦可先用右勾顶进击其胸及面部。

【要领】

第二势"揽雀尾"第 8 动右按掌完成后，意在右掌心处；右掌变勾后，腕部（勾顶部）"意"要向前上方舒伸到原掌心的高度和位置，使其劲和意识点不丢；左掌向左平捋时从右勾相接处始动，以使其动意相合，互换衔接不断。这是意念变化的细微之处与理法的体现。

第四式　提手上势（4 动）

1. 虚步右掤（又名看势，右抱七星）

视线离开左掌，向右转体至胸向正南处（以眼神领动身体及步变）；同时，左脚尖内扣1/8，脚尖朝南，右脚跟内收，腿向正前方自然舒伸，脚跟着地，脚尖上扬，重心移于左腿成右虚步；同时，两肩放松，垂肘，右勾五指向右前舒伸，变掌，屈臂外旋内收合于体前，拇指遥对鼻尖，掌心向里，左臂屈肘合按于胸前，（臂弯内侧）两掌心成合劲（左里右前）；眼看正前方。（图17、图18）

【劲法意识】

对方以左拳（或掌）击我左面或胸部，我以右掌贴粘，左肘内合，同时，左掌按粘对方腕部向右合劲，形成合掌折臂之势；调整右脚的位置，以备左挤之便。

2. 弓步左挤

动作、劲法意识同第二式揽雀尾之4动，唯方向不同，此式面向正南，劲法意识亦同。（图19）

图17 　　图18 　　图19

3. 跟步提腕

右腕放松，右掌五指松拢变虚勾，右腕向右前上方（西南）走外弧上提；腕引身起，左脚随之向右脚旁跟进，成平行步型，重心仍在右脚；左掌随之下按，落于腹前，指尖朝右；意在右腕部，视线随右腕运行而动。（图20）

【劲法意识】

对方以左拳击我胸部，我以右掌下按粘其前臂下沉，同时右手五指屈拢成勾，以腕部击其下颌。

4. 右掤左按

右勾手内旋，以小指引导向右外上翻，转渐变

图20

掌，指尖斜向左上，右掌及臂呈托掤之劲置于头前上方（指尖不过鼻梁），胸向正南；同时，左掌下采内收，松肩，沉肘，大拇指横贴附于脐部；左脚踏实，重心在两腿中间；眼从右食指仰视前上方，意在右掌心，成右实左虚之势。（图21）

【劲法意识】

接上动。对方因避我腕击而向后移动，我即顺势进步，以击带防，横向穿击其面部后翻转掌心，上托其下颌部进而向上击之。

【要领】

右腕向右前上提时（第3动），应注意以腕领向右上方，上提前必须屈腕内旋，相继松屈臂腕后，再向前上方提起。这个方法是变劲，先松而后再运用方法，才能以腕领顶，脊、背、身上起后跟进左脚。此势应体现从上到下成为一体，"节节贯串"的动法。

图21

第五式　白鹤亮翅（4动）

1. 双掌下按

两腿直立，俯身，重心在两腿中间；右掌向前下按与肩平，左掌下按至俯身极度；眼神随掌下落再渐移于左掌食指尖处，意在左掌心。（图22）

【劲法意识】

接上动。当我右掌上托对方下颌落空时，随之上体微向前俯身，变换手法向前下按击对方面部。

图22

2. 左掌翻转

左腕放松，指尖下垂，以左掌大拇指引导掌心向左划外弧翻转，领腰转体至1/4处（正东）时，继续左转至左胯外侧，指尖向下，掌心向外（正东）；重心集于左腿；右掌随腰左转，撑横架于额前上方，掌心向外（正东），指尖朝左；视线随左掌移动，目视中指，意在左掌心。（图23）

图23

【劲法意识】

如对方从我身左侧以右拳击我面部，我即左转避让之，对方又将拳变掌搂掠我颈部，我继续再转，同时将右掌随身转插至其腋下，当即俯身下压，使之失重欲跌。

3. 左掌上掤

左掌以中指引导向外舒伸到极度，左臂自然上升，上身随臂起，左掌伸托向上，上身随之右转向前（正南），同时右掌随右转上举，两掌心均向前，指尖向上；重心仍在左腿；眼神随左掌运行到正前方时目视两掌前上方，意在两掌心。（图24、图25）

【劲法意识】

接上动。我之右腕粘住对方，保持姿势，同时用左臂粘贴对方右臂外侧，向上举起，高于右肘上为度（右、左手分别上举形成折臂动作）。

4. 两肘下垂

两膝后腘窝放松，渐向下蹲身，同时松腰、松胯，敛溜臀部；随之松肩，肘部渐下垂，两掌外旋下落，腕与肩平，与肩同宽，掌心向内（胸），指尖向上；眼向正前平远视，意在两掌指尖；此动应体现出六合、四方的意识，六合即肘与膝合、肩与胯合、手指与脚合，四方即手背向前、脊背向后、顶向上、骶骨向下四个方向，完全以心意支配各部位。（图26）

图24　　　　　图25　　　　　图26

【劲法意识】

接上动。我用左肘粘贴对方右肘时，右手再粘住其右手腕，随即左、右臂外旋沉肘使掌心向里，同时屈膝下蹲，形成屈肘滚肘而使对方跌倒。

【要领】

①眼神变化：视线从右食指尖过渡到左食指尖时，要走出向前，从上而下的一个弧形立圆后再换到左手食指尖。

②左掌向外翻转和上起时，都应以掌引臂，以臂领腰身起，手指划外上弧而起，体现腰的纵向运动之法。

③两肘下垂时，先松腰，再沉肘，动作在肩肘，意留在指尖。

第六式　左右搂膝拗步（12 动）

1. 虚步搂提

左掌以小指引导向左外划下弧搂转，掌心渐翻下按，舒直左臂，落于左胯前平齐，掌心向下，指尖朝正东；同时，右腕放松，屈腕外旋上提于右耳旁，腕与耳平，掌心向内，指尖向左前 45°方向，形成左下、右上的对称状态；随左掌向左转腰，胸向正东，左脚跟内收，扬脚尖向左外横移进左步，脚跟着地成左虚步型；眼神随左手食指运行，注视指尖，意在左掌心。（图 27）

【劲法意识】

如对方以右脚踢我左腿，当其提膝时，我即以左掌搂按其膝上，扶力适当，其法是我截其腿之中部、以避其脚的进击。

图 27

2. 弓步推按（左正弓步推按右掌）

右掌以无名指引导立掌向正前（正东）推按，掌心向前，虎口向上，大拇指对正鼻尖，腕与肩平；同时，右腿腘窝微松，松腰、松胯，敛溜臀部，力求达到"以实送虚"（变化步法进退的原则）、"虚渐变实"，左脚落平后进膝，重心前移成左弓步，同时右脚跟外展约 90°，脚尖朝东；左掌松沉在左膝外侧，掌心向下，虎口朝前；眼向正前远处平视，意在右掌心，注意收下颌提顶，以避免仰头，骶骨尖（尾闾）下沉，形成身法之舒伸意识凡推按掌势均如此。（图 28）

图 28

【劲法意识】

接上动。对方进攻的脚落空后，必向前下落右脚，我则进左步紧贴其右脚内侧，进膝击其膝使之重心不稳，同时用右掌击其面或胸部，对方则应手跌之。

3. 虚步回捋

右腿腘窝放松，重心后移，提顶立身，左脚尖上扬，膝微松成左虚步，同时，腰微向左转；右腕外旋，屈臂弯向左外划弧，渐收于胸部左侧，掌心向左，指尖向上，左腕放松，向左划外弧，指尖下垂，掌心向里；眼神注视右掌指尖，意在掌心。（图 29、图 29 附图）

【劲法意识】

对方右掌击我胸部，我重心后移，用右掌粘其腕部回捋，引之前倾而失去重心。

4. 左掌前掤

定势同第二式揽雀尾之1动，左抱七星之手法，左掌上，右掌下落，腰微向右转，胸向正东。（图30）

【劲法意识】

接上动。如对方避过上动再进右掌击我时，我用右掌粘住其右腕，同时左掌向右前上掤起，右掌下按，左掌上托措折其臂。

图 29 　　　　　　　　图 29 附图 　　　　　　　　图 30

5. 虚步搂提

左掌以小指引导向左外内旋翻掌下落，掌心向下，随之再向左下划弧搂按至掌心与左脚大趾上下相对，指尖向前（正东）；同时，右腕放松，屈腕，右掌走右外弧屈臂沉肘上提至右耳旁，掌心向里，腕与肩平，指尖朝异侧45°；步法不变，重心仍在右腿；眼神随左掌食指运行，意在左掌心。（图31）

【劲法意识】

同本式之1动。

6. 弓步推按（左正弓步推按右掌）

动作、劲法意识同本式之2动。（图32）

图 31

7. 虚步搂按（右掌下按，进右步右搂）

右掌以食指引导向前下按，至食指与左膝内侧成一线，掌心向下，指尖向前舒伸；

同时，身微前倾（注意提顶）；随之左腕放松外旋，掌心向内，指领向前，屈腕、屈臂、沉肘，掌走外弧上提至左耳旁，指尖朝异侧45°；当左腕上提时，提顶，立身，敛溜臀部，右脚跟微起，提膝，右脚走内弧向右前进步（注意两脚间距），脚跟着地，脚尖扬起，成右虚步型；眼神随右掌运行，注视右食指尖。（图33、图34）

【劲法意识】

对方从另侧进攻，我则以右势防之。其法与本式5动相同而左右互换。

图32　　　　　图33　　　　　图34

8. 弓步推按（右正弓步推按左掌）

动作、劲法意识与本式之2动、6动相同，唯左右相反。（图35）

9. 虚步搂按（左掌下按，进左步左搂）

动作、劲法意识与本式之7动方法相同，唯左右相反。（参见图33、图34）

10. 弓步推按（左正弓推按右掌）

动作、劲法意识与本式之2动、6动相同。（参见图28）

11. 虚步回捋

动作、劲法意识与本式之3动相同。（参见图29）

图35

12. 左掌前掤

动作、劲法意识与本式之4动相同。（参见图30）

【要领】

①左（右）手从耳旁起动时，动意均以无名指引导前进，必须经过胸前，前脚渐落

平，重心尚未前移；立掌时，重心渐前移至前腿（左或右）成正弓步型；当立掌时意念由无名指尖经中指尖，食指尖再渐向下贯于掌心处，此时要突出掌心，并以意展指。

②本式之3动和11动的右掌回捋时，要经过左脚外缘半圆形收于胸前（手形不变）。

③左右掌下按时，上体微前倾，腰部舒展放长，不可丢掉顶上提之意，必须收迭前腿之腹股沟，使膝部不前冲过脚尖，以保持重心稳固，身形及步法的规范。

第七式 手挥琵琶（2动）

1. 弓步左掤

左掌以小指引导向右前45°方向舒伸，掌心内旋渐翻转向下，右掌随之掌心翻托向上；同时，左脚落平成左半马步；不停，继续以左食指经体前划平面弧形到左前1/16处，腕与肩平，掌心向下，右掌随之，距离不变；重心随之前移成左正弓步型；视线随左手食指移动，意在左掌心。（图36、图37）

【劲法意识】

接上动。如果对方右手握住我右腕，我则掩肘，对方身体必然前倾，随即我以左掌粘压其右肘，再以中指尖进戳其左耳后的翳风穴，以贯通之意力穿透到其右耳侧的穴位。

2. 并步掤托

左掌以食指引导向左前上方舒伸（东北方，大于45°），掌心翻转上托，掌领身起，指尖与眼平；同时，右脚随身起跟步成并步，两脚内侧相距约20厘米，重心在左腿；当左掌向上掤托时，右掌内旋向右下方撤按，沉垂肘部，前臂内侧贴腹部合拢于右肋部，掌心向内，指尖朝左前；视线随左掌食指移动并注视，意在左掌心。（图38）

【劲法意识】

接上动。对方右臂被我拿成被动之势而欲脱时，我再以左掌上托其右肘，同时我之右掌粘住其右腕，左右两掌形成措按之劲法，即反撅折其肘关节。

图36 　　　　　图37 　　　　　图38

【要领】

①当左掌向右前 45°下合时，步法变化是以右脚之"实"向下沉送左脚之"虚"步成左半弓步型，完成"以实送虚"之法。

②左掌掤托时，必须以食指领掌，掌领腕，腕领肘，自然形成节节贯穿的连贯动作，指领身起、进步要协调一致。

第八式 进步搬拦捶（4动）

1. 并步按穿（左按掌右穿掌）

左臂弯放松，左掌渐向右下按落于腹侧，指尖向右，左前臂与掌指成水平，右掌以小指引导外旋前穿，掌心翻转向上，指尖向前，两掌心上下相合，相距高度约一拳，位于右腹侧；腰微向右转约 30°，重心在右脚；眼随左掌下按，注视左掌食指尖，意在掌心。（图 39）

【劲法意识】

接上动。对方用右掌击我面部，我以左掌及前臂贴粘其臂，右转下按，再以右掌向前穿戳其胸腹部。

2. 弓步前掤（搬）

左、右掌以食指引导，先向右外划弧，渐向上经胸前向左运行到左前方约 30°处（正东偏北）（搬），左右掌型不变，腕与肩平，指尖向左前方；同时，左脚进步，脚跟着地，腰随左、右掌划弧，前掤先右转、再左转，胸向东北约 30°，双掌外掤掌时重心前移成左弓步（注意步法变换过程的要求）；眼随左掌食指，意在左掌心。（图 40、图 41）

【劲法意识】

接上动。对方被我拦按右臂、穿胸时后撤，用左掌击我胸部，我以左、右两掌渐分为左前右后，撅其臂，同时进步使其跌倒。

图 39　　　　　图 40　　　　　图 41

3. 虚步捋拦（拦）

重心后移于右腿，以左腿腘窝处松沉再加实重心（谓之实中实，又为以实松虚之法），左脚尖上扬成左虚步型，松腰，松胯，屈右腿腘窝处，其顺序运动为：松右脚腕→屈腘窝→落臀，敛溜臀部→立身→倚背→提顶→尾闾中正，神贯于顶（此法为"吴氏太极拳之立身运行之法则"，又称为"动势之法"）；左、右掌随重心后移走外弧回捋到左胯外处，左右掌法不变，左掌指向前，右前臂横置于腹前，右掌指尖向左；随之向右转体，胸向正东；左掌心翻转向里走内弧渐变成立掌向胸前拦出，腕与肩平，掌心向右，同时，右掌内旋，五指屈握渐变成立拳，收拢于右腰间，拳心向内，拳眼向上；眼随左掌移动，注视左掌食指处，平远看。（图42、图42附图、图43）

【劲法意识】

接上动。左掌向回（搬），引贴粘对方之左臂，形成顺手牵羊之势；对方则收臂进另一侧，我以右转后坐拦其臂，以观其动；左拦，左掌向内拦其臂，不可顺肩，要求左右两肩平正，不可左右歪斜。

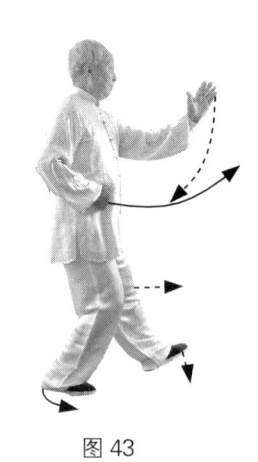

图42　　　　　图42附图　　　　　图43

4. 弓步进拳

右腿腘窝放松下沉（蓄发之势），敛溜臀部，左脚渐落平，进膝，重心前移，成左正弓步型；右拳（立拳）自腰间向胸前自下而上沿左腕下方向前冲打，高不过肩，低不过胸，意贯拳面，左掌收按辅于右前臂内侧，指尖斜向前上方，掌心斜向下；眼神从右拳上平远视。（图44）

【劲法意识】

接上动。我用左手拦贴粘住对方之右肘及前臂间，

图44

随之用右拳进击其肋或胸部。此法传统有另一说法叫穿袖捶。如用掌可点击其腋下。

【要领】

①左掌下按时屈臂弯，松肩，同时，两掌右转时右腿腘窝放松，更为稳定，左脚虚提便于进步。

②唯顶劲（意）上提形成立轴转动，左脚虚、右脚实之势。

③右掌从左侧经腹前向右收拢掌变拳，先屈小指，再无名指，沿序到食指卷握，大指扣压在食指和中指的中节成拳型，掌心空为虚握法。

④右拳（立拳）向胸前冲打，右臂不可过直，意寓屈中求直，形屈意直，以求动意相合。

第九式　如封似闭（2动）

1. 虚步分掌

左掌从右前臂下向肘后外侧推出，掌心向右，指尖朝上；右腿腘窝放松，屈膝，重心渐后移于右腿（注意重心后移的原则），左脚尖上扬成左虚步型；右拳随之屈臂回抽沉肘，当两腕相搭时，拳舒指变掌；两掌外旋，掌心均向内，指尖向上，随即向左右分开（分掌与重心后移同时完成），掌宽与肩齐，腕与肩平；眼向正前方平远看（注意眼看前方，留意于体后，收下颌，顶上提），意在两掌心。（图45、图46）

【劲法意识】

接上动。当我右腕及前臂被对方抓握后拽时，我以左掌向右推，右拳领臂前伸，同时，屈右腿，重心后移，前后分力，使对方之重心破坏后被拔起，当即分拨其臂，以备进击。

2. 弓步前按

两掌以小指引导，掌心渐内旋向前（正东）推按，以掌引身向前至极度，掌心向前，指尖向上，臂微屈，腕与肩平；同时，左脚随两掌向前推按渐落平进膝成左正弓步型（注意：左膝在两掌臂的中间形成均衡之势，不可左偏右斜）；眼神从两掌中间向前平远视，意在两掌心。（图47）

图45 　　　　　图46 　　　　　图47

【劲法意识】

接上动。我以两手贴粘对方双臂后移牵引拿起，使其失重，随即以前臂外掤、双掌前按之法，内合按劲击其两肩及胸部。

【要领】

此势的左右掌臂贴粘住对方，使其两臂不得解脱，要求做到三个一致，手脚劲力一致，两臂方向一致，内外动意一致，眼神注视对方的变化。

第十式　抱虎归山（2动）

1. 弓步下按

左弓步型不变；两腕放松，指尖向前舒伸，两掌成俯掌向前俯身下按，高度在腰膝之间（最大低度为掌与膝成水平）；收敛左腹股沟，使左膝与脚尖成垂直，避免左膝前冲超出脚尖；眼从两掌间前下看，意在两掌心。（图48）

【劲法意识】

接上动。对方掠握我双手，我随即松腕，使其劲落空后再变换劲法。

2. 隅步平分

右掌以食指尖引导向右上外划弧平展1/4处（正南），同时，指领身起，右腿腘窝放松弯曲，以右脚前部（脚尖处）为轴，脚跟内收，脚尖朝南成半马步（过渡步势）；右掌继续向右前划弧平分至接近正西时，左掌向左舒伸，两臂形成左右分展之势，腕与肩平，掌心向下；同时，左脚跟外展，两脚尖均朝前（正南）成右隅弓步型；眼随右掌食指移动并远视，意在右掌心。（图49、图50）

图48　　　　　　　　图49　　　　　　　　图50

【劲法意识】

接上动。对方从右侧击我右肋部，我则右转避之，同时用右手捋其臂使对方失重。

【要领】

①两掌平分，右实左虚，切不可丢掉左手的动意以配合右手之动。

②注意步法变换之虚实，重心从左腿起移于右腿的过程中保持稳固。

③两臂放长舒展，形成大开之势，体现舒伸之特点。

第十一式 十字手（2动）

1. 并步上掤

左脚跟离地，提左膝，收并于右脚旁虚着地，重心落于右腿（右实左虚）；右掌以大拇指引导，向右前上舒伸渐变翻掌后再向左前上方划弧，掌领身起，同时左掌（虚手）向右前上方划弧掤起，两掌相合于体前头顶上方，两腕交叉，左掌在外，右掌在内，掌心向异侧，指尖向上；眼随右掌运行到头前上时，注视前上方（不可仰头），意在两掌指尖。（图51）

【劲法意识】

接上动。对方从右侧推击我肩、肋部，我即身体前移，舒伸上扬右臂，以左右臂交叉截贴粘住对方之左臂，内旋上引，使其失重拔起。

图 51

2. 并步合掌

两腿腘窝放松，屈膝下蹲，重心在两腿间；两肩松沉，两肘下垂，两前臂自然微向前舒展（即前掤劲），随身下落，交叉手的腕部与肩平，指尖向上；眼神随向下，再从两掌中间平远视正前方，意在两掌指尖（注意有前瞻后顾之意）。（图52）

【劲法意识】

接上动。当对方被我牵动后欲抽身变换动作时，我随即合双掌击其面颊及耳部。

图 52

【要领】

①本式是继"抱虎归山"后的大合的动作（前动大开），体现吴式太极拳"紧凑"与"舒伸"的特点。

②两掌相合与身体下落、蹲身要配合协调一致。

③不可向前倾身，挺胸，凸臀。

④本式在83式中有动作而无名，特此增加。

第十二式　左右隅步搂膝拗步（4动）

1. 进步搂膝（左隅虚步）

两腿微屈，松腰，微左转，重心渐移于右腿，左脚随即向左前方（东南）进步，脚跟着地，脚尖上扬，成左隅虚步型；左掌以小指引导划弧向左前下45°（东南）搂按，遥对左脚尖，指尖向前，掌心向下；同时，右腕放松，向右外上提到右耳旁，掌心向里（左），指尖朝异侧45°，左掌向左前下按、右掌向右外上提形成对称；视线随左掌食指尖移动并注视，意在左掌心。（图53）

【劲法意识】

接上动。如对方从左前方踢我，我用左掌搂按其膝及腿内侧，随之进左脚落在其腿的内侧，右掌蓄劲待发。

2. 隅步推按（左隅弓步）

用"以实送虚"之法，右腿腘窝放松屈沉，随之松腰，松胯，敛溜臀部，下弧前进，左脚尖微内扣渐落平（脚尖朝正南），继续进膝，重心前移，经半马步再成左隅弓步型；同时，右掌以无名指引导向左前1/8处（东南）立掌按出，腕与肩平，掌心朝前，臂成下弧，虎口朝上，左掌随重心前移渐向前下沉落于左膝外侧；左腹股沟内收（以免左膝前冲超出脚尖），沉敛右臀，腰身微左转，胸向左前方45°；眼神经右掌大指上方向前平远视，意在右掌心。（图54）

【劲法意识】

接上动。当对方落脚未稳之际，我进右掌击按其胸部。

3. 右转搂膝（右隅虚步）

左脚以脚跟为轴，脚尖内扣1/8（朝西南），渐落平；右腕放松，指尖前伸，掌微下按成俯掌，随之以小指引导向右后下方划外弧至1/4处（西南）时，不停，仍继续沿外弧向右下搂按至右膝外侧，指尖朝西北（按时掌的高度高不过腹，低不过胯）；同时，右脚跟向内收转1/4后再扬起脚尖向右外迈出（横向距离约1脚半至两脚），脚跟着地，脚尖上扬，成右隅虚步型，重心仍在左腿；在右掌搂按的同时，左臂屈腕外旋，上提到左耳外侧，掌心向里（右），指尖向异侧，形成左腕上提、右掌下按对称之势；视

线随右掌食指尖移到西北方向并注视（注意：提顶，立身神意与右掌相合），意在右掌心。（图55、图56）

【劲法意识】

此动作幅度较大，右掌指起止路线为180°，在不移动支撑腿的情况下转动，如此大的角度，其难度可想而知。当对方从右后进攻踢我右腿及右胯时，我从容右转，以右掌搂按其膝及小腿部，以避其进攻，同时我右脚向其外侧迈进占据有利位置，以备进击。

图 55

4. 隅步推按（右隅弓步）

动作同本式之2动，唯方向相反，两脚尖朝正西，胸向西北；较左右搂膝拗步的推按方向角度大45°，收缩右腹股沟，加大腰转动，以免右膝前冲超出脚尖；仍保持"斜中寓正"的特点。（图57、图57附图）

【劲法意识】

接上动。我已经以右脚收变方向为隅步，占据其身侧位置，待其后撤步时，我以左掌进击，使其被动。

图 56

【要领】

这一左一右的隅步推按掌法，与正方向按掌之不同处在于，加大收迭腹股沟和腰的转动幅度，以保持两肩两胯的平正，并以步型正、身法斜的特点完成这个难度动作（脚尖、膝尖与胯朝正西方向），而腰、胸则向右转，左掌向异侧推按（西北）呈现从左前向右后转体180°，证明其幅度大的特点。

图 57

图 57 附图

第十三式 隅步揽雀尾（6动）

1. 隅步伸掌（左掌翻伸）

左腕放松，以左小指引导掌心渐翻转向前上伸，指尖朝西北；同时，屈右臂松腕沉肘，右掌虚松上提到左臂弯处，掌心向下，指尖向左前；重心仍在右脚；当左掌翻转向上时眼神从左掌食指尖处收回，运用由远及近的眼法渐与右掌食指结合（西北），意在左掌心。（图58）

【劲法意识】

接上动。对方用左手抓握我左腕往其方向回拽时，我放松左腕并外旋，顺势贴粘其腕，随之进掌进身发力，使其跌之。

2. 隅弓步前随（顺掤掌法）

右掌从左臂弯上以小指引导掌根部沿左前臂外缘，经胸前向右前方（西北）划外弧穿掤到左掌中指尖为止，腕与肩平，掌心仍向下；左掌心向上，指尖向前，托附于右前臂内侧；重心仍在右脚；眼神随右掌前进渐平远看，意在右掌心。（图59）

【劲法意识】

接上动。对方掠拽我腕落空后，我顺势进右掌穿掤，使对方失重心后，击其胸及颈部而跌之。

3. 虚步右捋

动作与第二式揽雀尾之5动相同，唯方向不同。此势是西北方向，为隅步型，彼势是正西方向，为正步型。（图60、图60附图）

图58

图59 　　　　图60 　　　　图60附图

4. 隅弓步右掤

动作、劲法意识与第二式揽雀尾之 6 动相同，唯方向不同。此势仍为西北方向，隅步型。（图 61）

5. 隅虚步后掤

动作、劲法意识与第二式揽雀尾之 7 动相同，唯方向不同。此势仍为西北方向，隅步型。（图 62）

6. 右掌前按

动作、劲法意识与第二式揽雀尾之 8 动略有不同处，即右脚尖内扣角度小于 1/8（脚尖朝西偏南），右掌向正西按出。（图 63）

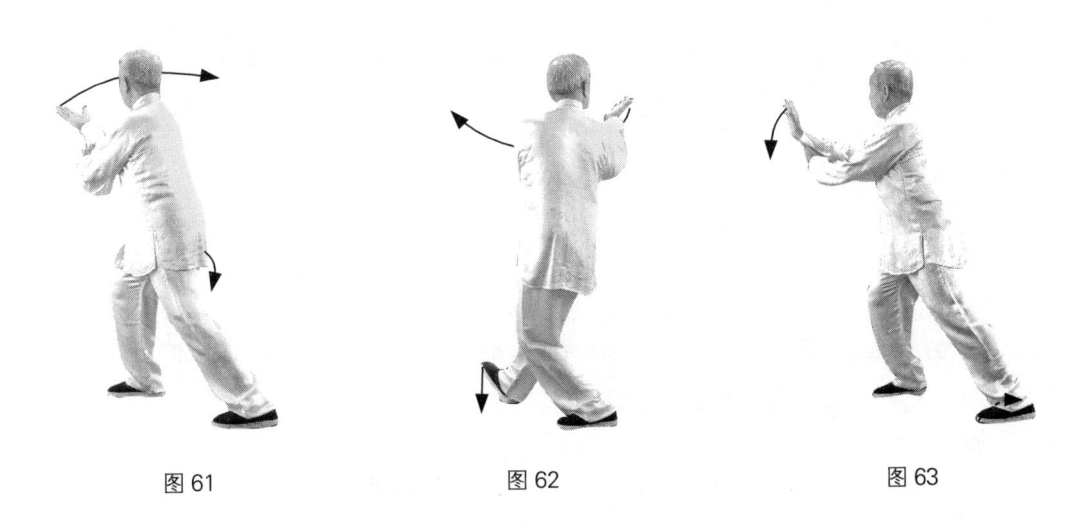

图 61　　　　　　　　图 62　　　　　　　　图 63

【要领】

此势是隅步之法，较正弓步宽，因此：

①第 2 动的弓步前掤，要保持左右两肩及两胯的平正，做到斜中寓正。

②第 2、4 动的左右两掌方向均为异侧方向 45°，因此必须加大腰部转动幅度。

③在完成这两个动作时，不得有向同侧突出髋关节和膝关节内扣（膝与脚尖不对正）的错误动作。其他的动法皆同第二式揽雀尾。

第十四式　斜单鞭（2 动）

1. 弓步勾手（右隅弓步）

右掌腕部放松，从五指根节顺序松拢渐下垂成勾型，勾尖内收，意贯勾顶向右前（正西微偏南，约为 1/16 处）舒伸，勾型为虚勾（勾尖向下为虚勾），左掌前伸向右腕内侧与指尖相接；左脚尖向外展约 20°，大趾虚落于地面，重心未向左移仍在右脚；眼

神经右腕平远看，意在右腕。（图64）

2. 左掌平捋

动作、劲法意识与第三式斜单鞭之2动相同，唯方向不同。此动胸向西南，重心左移，左脚尖外展45°，渐落实成马步型。（图65）

动作要领同第三式斜单鞭。

第十五式 肘底看捶（2动）

1. 左转弓步腕击

此势因转动幅度较大，步法变化多，故分解为3小动，以便于学练。

①左掌前伸成左侧弓步：左腕放松，微内旋（变立掌为俯掌），随之以食指引动旋转前伸到东南；同时，向左转体，腰部松沉，进膝成左侧弓步（过渡动作）；右手变勾，臂内旋，下落在右胯后外侧，勾尖朝上；眼看左掌食指尖。（图66）

②左转平捋：左掌心斜向左，臂内旋，划外弧平捋到正东；腰部继续左转，同时左脚以脚掌为轴，脚跟向内辗转前进（顺方向），脚尖朝正东（成直线）；右勾手随横摆，仍在右胯外侧，勾尖朝上，眼随左掌运行。（图67）

③弓步腕击：右勾手从体右侧后方自下而上，腕臂沿外弧渐外旋向左转约180°，横击到正东，腕与肩平，勾尖向下；同时，左掌从正东划左外弧下落渐变勾，臂内旋（两肩沉松，不可耸起），成反臂勾尖向上（实勾），舒伸到左胯后；右腿随身手之左转向右横向摆步下落成左正弓步型，右腿自然伸直，脚跟不可内收（两脚尖和胸均朝东），身法为"斜中寓正"；眼神从右腕上方向前平远看，意在右腕内侧。（图68）

图64

图65

图66　　　图67　　　图68

【劲法意识】

接上动。对方捋我左腕，向右后拉拽时，我松左腕，左掌顺其方向前进，再变劲向左转捋其腕部下采，随之以右腕横击其面颊部；同时，以摆步方法调节自我的平衡，以保持重心的稳定。

2. 虚步进捶

右腿腘窝处放松下沉，重心后移于右腿，左腿自然舒直，脚跟着地，脚尖上扬，成左虚步型；同时，松右腕，右勾手拢握渐变成拳型（立拳），臂外旋沉肘屈落于胸前，拳眼向上，拳心斜向内，与左肘尖相合；左勾手松腕屈臂弯沉肘外旋渐变为拳，拳心向上（横拳），沉肘以拳面引左臂舒伸经左腰肋间（拳位）直向胸前进拳（捶），拳心向里（对面部），腕与肩平，左肘落于右拳眼上相接（胸部），形成右拳上托，左拳向前进击之对称劲（注意含胸、松肩、沉肘，使两臂之劲贯于左拳面）；眼从左拳正前平远看，意在左拳面。（图69）

图69

【劲法意识】

接上动。对方从正面击我胸部，我以右勾变换手法，顺势握捋其腕部，重心后移，以采捋手法，牵动其向前倾身，同时，左勾变拳自下而上冲击其胸及下颌部。

【要领】

这个动作的转动幅度较大，因此要特别注意以下要领：

①左转时应注意重心的稳定；
②脚的辗转方法要明确，以左脚掌为轴心，脚跟内收，以免重心后移；
③右腿向右横移时与左右手的配合要协调；
④两勾手与右脚下落成左弓步型时要同时到位；
⑤左右勾变拳、重心后移时，要保持立身运行之方法，体现出吴式太极拳的特点。

第十六式　左右倒撵猴（6动）

1. 虚步右按（右掌左按）

两拳变掌，左掌立掌向前撑掤，舒展五指，掌心向里，指尖向上，右掌下按落于右胯前，掌心向下，虎口向前（左掤右按掌）；右腿腘窝微屈下沉，随之右掌以食指引导向胸前划外弧下按，掌心遥对左足大趾，左掌松腕内旋向左外弧形上提，掌心向里，指尖向异侧45°；身体左转约45°，胸向东北，成左虚步型；眼神随左转从平远处收回与右掌相合，注视右掌食指尖前，注意提顶，微收下颌，右胯不可外凸，保持尾闾中正，神贯于顶（右掌左按）。（图70、图71）

图 70 　　　　　　　　　　　图 71

【劲法意识】

接上动。对方以右手捋握我左腕部，同时用左脚踢我左腿外侧时，我将左拳旋腕变掌以此解其手，同时右拳变掌搂按其脚，以顺向破坏其腿的直进力。

2. 弓步推按（右弓步左推按）

提顶立身举目向左前45°处远视（以眼神领动之法），随立身提左膝，脚踝放松，脚尖自然下垂，脚与膝同高；左腕微屈提，右掌微向前下沉，使之保持独立平衡；随之，左脚经右腿内侧向左后撤步，脚前部着地渐落平，腿自然舒直，脚跟外展，尽量成直线；同时，右掌从左向右搂按落于右膝外侧，掌心向下，虎口向前，指尖与膝平齐；左掌以无名指引导臂内旋渐变为立掌向胸前推按（臂成下弧），成右弓步型，身形为斜中寓正，腕与肩平，虎口向上，眼从左手大拇指端向前平远视；意在左掌心。（图72、图73）

【劲法意识】

接上动。我左腿后撤以避对方之抄搂动作，同时，再以右掌搂之法贴粘其手腕部向下沉采使其重心不稳，顺势用左掌击其面部，并可以直掌进指戳之。

图 72 　　　　　　　　　　　图 73

3. 虚步左按（左掌右按）

左腿腘窝放松弯曲，重心后移成右虚步型，脚跟着地，脚尖上扬，随之身体右转约45°，胸向东南；左掌松腕，指尖向右前舒伸成俯掌渐下按，掌心与右脚大趾上下遥对，左臂成下弧形，右掌松腕外旋微掤上提，掌心向里，指尖斜向下；眼神随掌而动，注视左食指前方。（图74）

【劲法意识】

接上动。对方用右掌击我面部，我以左掌按法贴粘其臂，重心后移以避其锋芒，亦可将其牵动失重而跌之，右掌欲进击之。

4. 弓步推按（左弓步右按掌）

①右腿腘窝松屈，膝上提，脚踝腕放松，脚尖自然下垂，形成脚心向内、膝向外的规范动作；右掌随之走外弧上提至右耳侧，掌心向内，指尖向异侧45°，左掌亦同时向下松沉落于左膝外侧，掌心向下，指尖向前，随右膝上提之际，立身（形成立身运行的法则）；眼神向右前平远视。（图75）

②左腿微屈沉使重心更加稳定，随之身体左转45°（胸向正东），同时，右脚走内弧后撤松落在左脚的右外内侧后方，成左正弓步型，两脚尖均向前（正东）；右掌以无名指引导直掌向前渐变立掌推按；眼从右大拇指端向前平远视（右腿向后的同时右掌向前，形成上下肢动之则分的理论）。（图76）

【劲法意识】

接上动。对方用右腿踢我右腿，我提膝避之，同时用左掌按搂其腕部，对方欲避我的搂按动作后撤其步，我以右掌击其胸及面部。

5. 虚步下按（右掌左按）

动作、劲法意识同本式之1动。（图77）

6. 弓步推按（右弓步左推按）

动作、劲法意识同本式之2动。（图78、图79）

【要领】

左右倒撵猴，顾名思义，是以后退动作为进击的一种技法，此势难度较大，步法后撤，手法进击，要节节贯串，上下相随，动作协调，要求 12 个部位的六相合，即脚与手、脚踝与手腕、膝与肘、胯与肩、指与腰、顶与骶。相合所指是"意""动""劲"，上下之合不一定是对正。

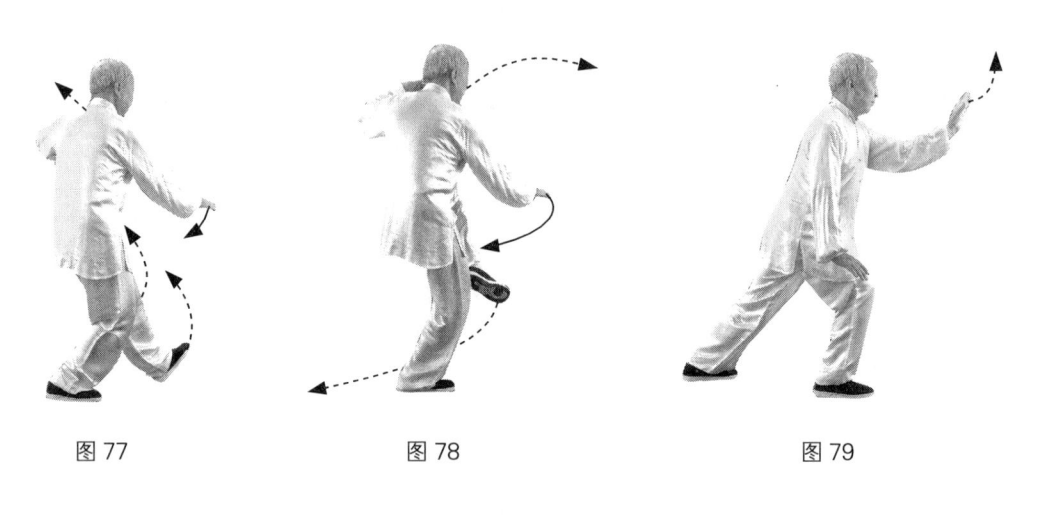

图 77　　　　　　　　图 78　　　　　　　　图 79

第十七式　斜飞势（4 动）

1. 左掤右采

左腕微放松变成向下俯掌，随之，左掌以小指引导内旋向左前斜上起至 1/16 处（东北偏北），掌心向外，指尖向上，高不过头；腰身随左掌向左转，右腿腘窝松屈，敛溜臀部，提顶立身（形成立身运行之势），重心仍在右脚；同时，右掌向右胯外侧下方沉采，掌心向下，指尖向右外，虎口向前；眼神随左掌食指运行，意在左掌心。（图 80）

图 80

【劲法意识】

接上动。对方从左前侧方进击我面部，我以左掌贴粘截其臂部，向前外侧牵动其失重；我右掌向下沉采，使右腿支撑稳固；左、右掌形成对称劲。

2. 提膝下捋（左掌向右下捋）

左掌以小指引导向左外下划弧至左肩横向，掌心渐翻转向右下落于腹前，指尖朝下，掌心向右，同时，右掌以食指引导从右下划弧向左上至胸前，掌心向左，腕与肩平，指尖朝上（左掌下落，右掌向上，两掌应同时到达同侧两肩横向处，腕与肩平）；同时，左腿弯曲提膝向前收于右小腿内侧；眼看正前方，意在右掌心处。（图 81、图 82）

【劲法意识】

接上动。对方进击我右面部，我以右掌向胸前托其臂以防其变，左掌可防其进腿踢我之右腿内侧，以备进步攻击之。

3. 虚步交叉掌

左小腿前伸向东北方进步，落在左侧前方成左隅虚步型（宽度为1脚半~2脚），脚跟着地，足大趾上扬；同时，右掌继续向左外平抟至左肩前，掌心向外（左），指尖向上；腰身随之微左转；左掌向右下沉插至右腿前；眼神随右掌运行，注视右掌指前方，意在掌心。（图83）

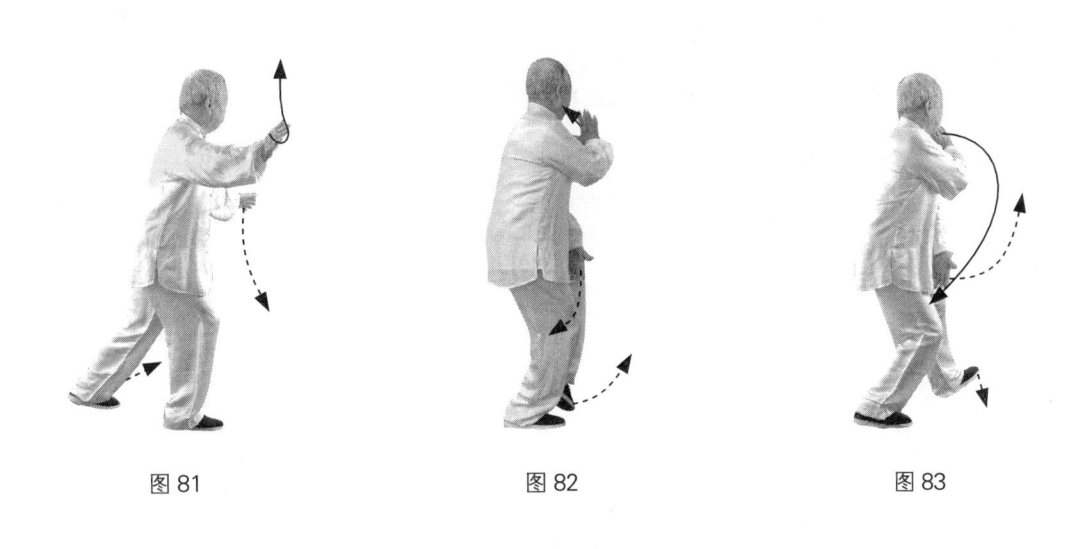

图 81　　　　　　　　图 82　　　　　　　　图 83

【劲法意识】

接上动。我随对方前势之进击，顺势将左右掌法加大幅度，使其进攻难以得逞，并以进左步锁其腿，以备进击。

4. 弓步穿靠（左隅弓步型）

右腿胭窝放松，重心下沉，（用以实送虚之法）使左脚落平后再进膝成左隅弓步型；同时，左掌以食指引导从右腿前向左上方经胸前挑、穿、靠连续完成这三个动作，"劲"位于东北偏北，大于1/8处，掌心向上，指尖向东北；右掌与左掌合于胸前时（"挑"左掌为实，右掌下落虚合，此刻左脚以落平，随之分掌进膝），两掌成分掌，左向上，右向下，形成左穿靠势，右掌下采落于右胯外侧，掌心向下，虎口向前，此时左右掌形成对称劲法；眼神变化由远及近，从左前收回到胸前合掌，再随左掌向左外远视，此眼法是由近及远的变换方法，眼随左掌向上运行时，注视左掌食指尖处，意在左掌。（图84）

图 84

【劲法意识】

接上动。此刻对方已处于被动地位,当其欲后退时我以左臂左肩靠击之法使其跌之。

【要领】

①左右两掌的运转动作,必须密切配合,以粘随机应其变,还需上肢与步法的协调相应。

②左肩靠击时,应以手臂走大圈外弧而后以肩进击打靠,反之则失败。

③技法成功与否在于运用得当,时机适合。

第十八式 提手上势 (4动)

动作、劲法意识、要领同第四式提手上势。(参见图17—图21)

第十九式 白鹤亮翅 (4动)

动作、劲法意识、要领同第五式白鹤亮翅。(参见图22—图26)

第二十式 左搂膝拗步 (2动)

动作、劲法意识、要领同第六式左右搂膝拗步之1、2动。(参见图27、图28)

第二十一式 海底针 (2动)

1. 虚步伸指

右腿腘窝放松,弯曲下沉,重心后移成左虚步型,左腿自然伸直,脚跟着地,脚尖上扬;同时,右掌腕部放松外旋,指尖前伸,右臂自然舒直,掌心向里(左),腕指与肩平,左掌松腕外旋,五指松垂向下,掌心向里(右),落于左胯外侧;视线从右掌大拇指尖向前平远看,意在右掌心。(图85)

图85

【劲法意识】

此势为右掌指向前舒伸右臂,以指领臂向前,下肢则用"以实送虚"之法,使左、右两腿变弯曲下沉,将重心移于右腿,形成右掌指前伸、身体向后反方向的对称运动。左腿与臂均应自然舒伸成屈中求直的动作。接上动。对方用右手捋拽我右腕,我顺势松腕顺其拽力变力点,同时重心后移牵动其根,使之拔起失重。

2. 丁步下插

右腿弯曲松沉渐下蹲,左脚随之收落与右脚尖成横向平行,脚尖点地(虚点地)(仍右实左虚要分清),两脚间距约一横脚(20厘米);随松腰向下成半蹲时,右腕放松五指下插,落在两脚前正中位置(两脚与掌成三角形),臂微屈,不可僵直(有屈中求直之意,谓之形屈意直之贯劲),掌心向里(左),指尖向下;左掌以食指引导从左胯前向右上屈臂经胸前划弧斜掤至右肩前外侧，掌心向外（右），指尖朝上（两肩均要松和下沉），右掌内侧与左肘尖成一直线相对，以示内合紧凑之特点；眼神注视右掌指前方，注意含胸，提顶劲（舒伸，背、腰、骶与上肢、胸、腹相吻合）。（图86）

【劲法意识】

接上动。对方失重时我随即松腕下采，使其前倾欲跌；随之起左掌击穿其肋部。

【要领】

①身体向后倚背，松腰，落臀；右掌指前伸形成对称劲。

②下蹲时可半蹲亦可全蹲，根据年龄、腿力、柔韧等量力而行之，但必须将两腿的虚实分清。

第二十二式 扇通背（2动）

1. 虚步进掌（右掤进左掌）

下插之右掌，以食指尖引导向胸前上方挑起至胸前并向前舒伸右臂，腕臂与肩平，掌心向里（左），指尖向前；当以指引臂向前上时以顶领身（立身时，不可挺直右支撑腿）；同时，左掌从右肩前外旋下落于右臂下，掌心向上托，指尖斜向右前，随之再继续沿右臂下向前穿伸，同时右掌内旋翻掌，掌心向下，两掌心相合（左掌心向上，右掌心向下）；左膝上提，左脚沿右脚内侧向前进步（左脚跟与右脚成一直线），脚跟着地，脚尖上扬，成左虚步型；视线随右掌运行注视前方，意在右掌心。（图87、图88）

2. 马步捋按（右上掤，左按）

左脚尖内扣（以脚跟为轴）约1/8，脚尖朝东南，重心渐向前移下蹲，右脚跟随之内收约1/8，脚尖朝西南，成马步型（胸向正南）；同时，左臂内旋，掌心翻转指尖朝上成立掌，再向左前（东南）推按，腕与肩平，虎口向上，掌心向东南方；右掌内旋向右上领起划弧经头前向右肩外上方掤（掌托、臂架），掌心斜向上托，右食指尖斜指右

眉梢；眼从左掌虎口处平远视，意在左掌心。（图89）

【劲法意识】

对方捋我右腕，我顺势前伸，并进左步以化其拉拽之劲，顺势向上左掌臂内旋握捋其腕部，再向上领起其臂，左掌随之从右臂下进击其胸肋部。

【要领】

① 右掌上挑、左掌前伸时，随即立身，但支撑腿不可伸直，以免起伏。

② 左掌向左前进击，右掌上领形成分撑之劲，完成马步时要求左右同两掌之劲力相合，三者（左右掌与马步）必须同时完成动作。

图89

第二十三式 撇身捶（2动）

1. 虚步上掤

左腕放松微外旋，掌微内转，以左掌食指引导向右上方划弧转到正南方时，沉肘，屈臂成半圆形，腰身随之向右转动；左脚尖向内扣转1/8（西南），重心渐全部移于左腿，随之右脚跟内收，脚跟微起，脚尖着地成右虚步型；同时，右臂沉肘外旋，右掌变拳（立拳），拳心向左，拳眼斜向上；左掌以食指引导上挑经头上方下落，掌心俯按于右拳眼上，指尖斜朝右上方，形成右拳上擎、左掌下按之对称劲；眼神随左掌向右运行，注视左掌食指尖，意在左掌心。（图90）

【劲法意识】

接上动。对方右臂被我牵领起后，而顺势上左步旋臂欲上冲右拳，我顺势右手握其腕，左臂向右滚动下压，同时，左脚内扣下跪其小腿，使其失重倾跌。

图90

2. 弓步撇捶

左腿窝松屈，重心再微下沉，（用以实送虚之法）右脚渐虚起向右横移约一脚，脚跟着地，脚尖上扬，随之松腰，松胯，敛溜臀部，重心渐向下沉移于右腿，脚落平成半马步后，再进膝成右正弓步型，左腿同时自然伸直，脚跟外展，两脚尖均向前（正西）；两肘下采，两拳沉落于右膝前上方；眼神随左掌运行，注视掌拳前下方（注意身法"斜中寓正"，掌、拳向下沉劲下砸，顶劲上提，形成意上劲下的对称之势）。（图91）

图91

【劲法意识】

接上动。对方被我牵动后向右倾斜，我右肘向下沉采，手握其腕，左掌托其前臂或肘，随之向右转身，左肩上顶其右腕，我向右跨一步，形成背摔动作。

【要领】

①首先稳固左脚重心后再移体重于右腿，先将步法站稳。

②在完成左掌右拳的动作时，要保持上下尽力相吻合。

第二十四式　卸步搬拦捶（4动）

1. 弓步前捋

右正弓步型不变；两肘松沉，右拳引动腰身右转到大腿外侧（膝后胯前），继续向右前方外划弧到1/8处（西北），右拳与肩平（立拳）；眼神随动作运行，意在右拳。（图92）

【劲法意识】

接上动。对方欲抽屈肘手后撤时，我顺其动向前掤放劲发之。

2. 撤步左掤（搬）（左弓步左搬）

左腿腘窝放松屈沉，重心渐向后移于左腿（以立身运行的方法和要求）；同时，左掌领右拳向左前掤伸至45°（搬）胸及掌指方向相同，掌心向下，腕与肩平（右拳仍在左掌下）；同时，右腿随左腿重心后移，脚尖上扬，随之屈腿弯提右膝经左腿内侧向右后撤步成左弓步型；眼神随左掌运行，动作完成时注视左掌食指前方，意在右拳。（图93）

【劲法意识】

对方用右拳击我胸部，我用左手贴粘其腕，右拳搬揸其肘，变换重心撤右步，使其力改变方向，则可运用以退为进的方法，牵动其失掉重心。

3. 虚步捋拦（左回捋拦手）

动作、劲法意识同第八式进步搬拦捶之3动，唯方向相反（面向正西）。（图94）

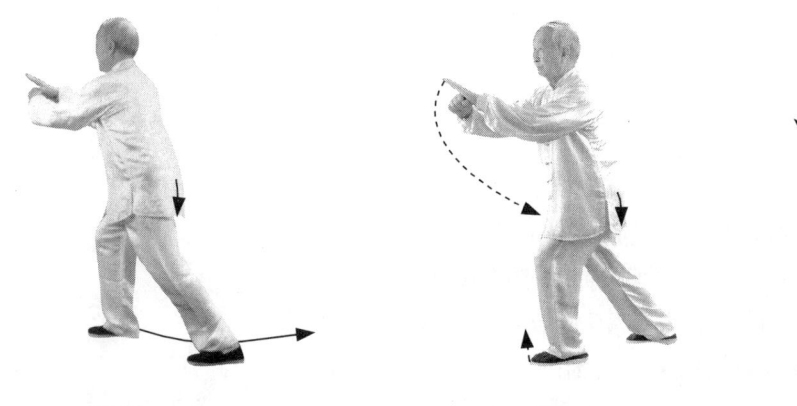

图92　　　　　　　　图93 　　　　　　　　图94

4. 弓步进拳（捶）

动作、劲法意识同第八式进步搬拦捶之4动，唯方向相反（面向正西）。（图95）

【要领】

此式与第八式不同有四处：

① 手法之不同，第八式的右手的1，2动是掌，第3动变拳。此式右手始终是拳（捶）。

② 衔接动作不同，第八式之1动为并步按掌，此式为右正弓步型，拳砸掌按之势，胸向正西。

③ 进退步之不同，第八式为进左步，此式为后退，撤右步仍是正弓步型（传统称为卸步）。

④ 动作的方向不同，第八式为胸向正东，此式为胸向正西。

⑤ "卸步搬拦捶"是各式传统太极拳中唯一的动作，证实吴式太极拳以柔化为主、以退为进的技法特点。

图95

第二十五式　进步揽雀尾（6动）

1. 虚步进拳

左腿腘窝放松下沉，膝微前进（用以实送虚之法）；随之，右拳外旋翻转，拳心朝上（以保持拳、臂的中定位置），向左前上方1/16处舒伸，拳面高不过鼻，左掌仍辅附于右前臂内侧；右腿弯曲，提膝，右脚经左腿内侧向右前方进步（注意提顶，以保持立身运行之态），脚跟着地，腿自然伸直，脚尖上扬，成右虚步型；眼神从右拳食指中节平远视，意在右拳面。（图96）

图96

【劲法意识】

接上动。对方用右手掠采我的右腕，我随即松腕向外旋臂使其劲力落空，再进右步锁其左腿，占据有利位置，伺机待发。

2. 弓步右捋

左腿微曲下沉，右脚落平，进膝成右正弓步型；同时，右拳向左前内旋翻转，拳变掌，掌心向下，以小指引导划左外弧再向右前方舒伸（指尖朝向约20°），腕与肩平，随之左掌心翻转向上，仍辅附于右前臂内侧；眼随右掌食指运行，意在右掌心。（图97）

图97

【劲法意识】

接上动。我将右拳内旋翻转再向前掤发之,随即进右步加大力度,使其失重跌之。

3—6 动动作、劲法意识、要领同第二式揽雀尾之 5—8 动。(参见图 11—图 14)

第二十六式　正单鞭 (2 动)

1. 右掌变勾

动作、劲法意识与第三式斜单鞭之 1 动相同,唯左脚方向不同,当右掌变勾时,左脚跟微内收后,再向左(正东)横向伸展,左脚大趾内侧着地,脚跟微虚起,随之左掌前伸与右勾尖相接,眼从右勾顶远视。(图98)

2. 马步平捋

动作、劲法意识同第三式斜单鞭之 2 动的手法,唯方向不同,此势胸向正南(因而称为正单鞭),两脚落在一横线上,脚尖外展 20°。(图 99)

图 98

第二十七式　云手 (4 动)

1. 左掌左云(左、右横开步左云手)

因步法、手法照片、文字配合之需,故分动为三小动。

①右转按插

左掌松腕下按,以食指引导下落(意寓掌下按),渐转向右经左膝腹前至右腿外侧,掌与指尖斜向外下;同时,右勾放松,沉腕部,向右外舒伸成俯掌,掌心向下,指尖向右,腕与肩平;随之腰身右转,胸向正西,重心移至右腿,成左横开步,左腿自然伸直,左脚跟微外展;眼神先随左掌下落,右转时注视右勾,变掌后再从食指尖远视,意在右掌心。(图 100)

图 99

②左掌穿伸

左掌以食指引伸屈臂向右臂弯内侧穿伸(掌心向里),继续向右前外侧(西南)至 45°划弧上穿再向左转至面前,腕与肩平(立掌),指尖斜向上,掌心向里(食指尖与肘尖成45°斜线）；同时，右掌下落于右腿外侧，腕与胯平，掌心向里（左），指尖向下（注意空腋）；随左掌向上穿掤时屈左腿腘窝处，立身，左转，重心移于两腿之间成高马步（此高马步是动势）；眼注视左掌食指尖。（图101）

③左掌掤按

左掌继续向左走外弧转至左前45°（东南）（掌形仍不变），随之左掌以小指引导内旋翻转走外弧下按落于左肩横向（正东），腕与肩平，掌心向下，指尖向外（东）（从此势开始至终止是180°的立圆运动过程）；同时，右肩放松，右掌下落，随之向左转体经腹前掤插于左腿外侧，掌心斜向下（东），指尖向下；重心左移成右横开步型，右腿自然伸直，胸向正东；眼神随左掌运行，掌向下按时随食指尖远视，意在左掌心。（图102）

图 100   图 101   图 102

【劲法意识】

对方以左掌击我面部，我则以右掌贴粘其左腕部握拧，随之右转牵动其失重，我左掌随即从其左臂下向我左侧拢抱成合掌，撅臂使其跌之。

2. 右掌右云

此一动，分两小动。

①并步穿伸

右掌以食指引导屈臂向左臂腕内侧穿伸后，再继续向左前外划弧上穿至45°处（东南）；同时，右脚跟虚起，提膝向左脚内侧跟进成并步型，随即微立身（两脚相距约20厘米）右转；右掌臂继续向体前（右）划弧至面前（立掌），腕与肩平，指尖斜向上，掌心向里（食指尖与肘尖成45°斜线），随之左掌下按落于左腿外侧，腕与胯平，掌心向里（右），指尖向下；眼神随右掌食指尖运行至胸前时注视前方，意在右掌心。（图103）

图 103

②右掌掤按

右掌从面前继续向右外划弧至右前45°处（西南）（掌形仍不变），随之以小指引导腕，臂内旋，向右外划弧，掌心翻转渐向下落于右肩横向（正西），掌心向下，腕与肩平，指尖向外（西）；同时，左臂随右掌右转松肩，微屈臂弯，经腹前掤插于右腿外侧，掌心斜向外（西），指尖向下；随之两腿腘窝放松弯曲下蹲，重心渐移于右腿成半蹲，随即将左腿向左横开成左横开步型（宽度2脚半~3脚），大脚趾内侧着地；眼随右掌食指尖移动，下按前伸时远视前方，意在右掌心。（图104）

图104

【劲法意识】

云手之二，右掌右云的劲法意识与本式1动之③相同。

3. 左掌左云

动作、劲法意识同本式1动之②、③相同。（参见图101、图102）

4. 右掌右云

动作、劲法意识同本式2动之①、②相同。（参见图103、图104）

【要领】

①云手的步法及步型是自右向左横向开步的步法而形成的横开步的步型。
②主动与辅动的手法，主动手法是以同侧运动为主的，辅动手法相随。如：左掌向左云为主动手，则右掌走下弧向异侧运动为辅。

云手主动手是向上的立圆运动，辅动手是下圆运动。
③左右转动要身、腰、手、步上下协调相配。
④左右转动幅度约为180°，当完成横开步型（向左）时，必须收迭同侧腹股沟，腰左转。右式则反之。
⑤左右云时是一体前立圆形，臂的从屈到伸运动，要立身，微有腿变屈伸起落的方法，但不可突起或突落，必须呈现弧形起落之法。

此式是杨禹廷的"八纲之法"，即"屈伸，俯仰，起落，进退"。

第二十八式 正单鞭（2动）

1. 右掌变勾

右掌放松，屈腕，五指自然下垂内收变勾，腕向右前上提，随之左掌从右腿外侧向上穿伸与勾尖相接，视线向右前方远看。定势同第二十六式正单鞭之1动。（参见图98）

2. 马步平捋

动作、劲法意识同第二十六式正单鞭之 2 动，不可丢掉意贯勾顶的意识。（参见图 99）

第二十九式　左探马（2 动）

1. 虚步合掌（左反采，右按）

左立掌微放松腕部，以小指引导掌臂外旋，沉肘、屈臂，掌心渐翻转朝上，走下弧反采收落横置于腹部前（脐部），掌心向上（托），指尖向右（松肩，沉肘与掌心上托形成对称劲）；右勾腕部放松，内旋五指，微前伸变掌，屈臂左转经右耳旁向前（正东）下按于胸部正前方，掌心向下，指尖向左，两掌相距约 20 厘米；同时，当左小指外旋引导向左时身随掌转，重心后移于右腿，左掌下落向回反采时立身，右腿自然伸直起身站立，左脚收落于右脚跟外侧，脚尖虚着地，成右高虚步型；眼随左掌运行后再向前方（正东）远视，意在右掌心。（图 105、图 106）

【劲法意识】

①对方进击我左肋部或掠抓我左腕，我则以右掌外旋解之，或以前臂反采，贴粘其前臂部，以备进击。

②此势有顾名思义的内涵，即我左手之动作是握拉马缰绳。

2. 八字步穿掤（右隅弓步，右穿掤）

右腿腘窝放松，屈腿下蹲，左脚向左前外 1/8 处（东北）进步，脚跟着地，重心渐移于左腿（要求成隅步规范动作），成外八字型；同时，右掌随重心移动下按并向左外弧形穿至 1/8 处（东北），再继续向右划弧经胸前至右前 1/8 处（指尖向东南），腰身随之右转，胸向正东，腕与肩平，掌心向下，左掌随之走内弧横置于右臂内侧下方，掌心向上，指尖向右前（形成左托、右按之合劲）；眼神随右掌移动，动作完成时眼向右食指尖远看，意在右掌心。（图 107）

图 105 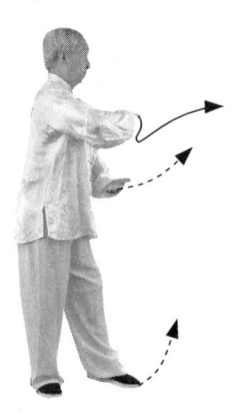　　　　　图 106 　　　　　图 107

【劲法意识】

对方之右臂被我贴粘后失重欲退，我则以外跨步从其侧方用右掌进击其头及颈部。

【要领】

①此式"探马"，顾名思义是试探马的习性，故以左手拢缰绳，再以右手扶马鬃而了解其性格。

②当右手向左下落穿时，左掌应向异方向（由外沉穿、上托以示两掌之合劲），后随腰身而动，上下协调完整。

第三十式　右分脚（4动）

1. 隅弓步回捋

右掌以食指引导，从右前松右腕外旋，沿右外弧下落经腹前向左膝外侧回捋，走弧形掌心向外，指尖向下，指向左脚跟，同时，左掌以食指引导内旋，掌心翻转向外置于右肩前，掌心向外（右），指尖向上；随右掌下落之际向左转腰身，右脚跟外展成左隅弓步型（左膝不得回抽），两脚尖均朝正东，重心仍在左脚；视线随右食指移动，意在右掌心。（图108）

【劲法意识】

对方以右掌（或拳）击我胸部，我以左手贴粘其臂向右回捋，牵动其重心不稳，对方再用手击我面部，我以右手从内贴粘其前臂沉指外旋顺势向左下捋，使其失重跌之。

2. 交叉上掤

右掌以大拇指引导，掌臂内旋掌心翻转向里，并向后舒伸（指尖指向右脚跟处），随即再以小指领引外旋掌心向外，划外弧向左前方45°上掤，同时，左掌划外弧上举，成两腕交叉，腕与肩平，指尖向上，右掌在外，左掌在里，两掌心均向异侧（两掌腕部交叉，交叉点与左膝上下成一线）；左隅弓步不变；眼从交叉点向前远视，意在右掌心。（图109）

【劲法意识】

此动之动作有两种不同的解释，从动作的外形看是上架防守，从用法上可以解释为捆手，是进攻。

①对方以右掌击我头部，我则以左掌向上贴粘住其右腕部，随之，我以右掌从下方向上掤举成十

字状以架其掌臂之劈击。

②对方以右掌击我头部，我以右掌从下向上右转贴粘掠掤其右腕，使对方不得脱手，此时对方必用左掌击我面部，我以左掌贴粘其左腕部向我之左上方掠，从而形成我双手捆住对方两手的局面。对方必挣脱，我可另用它法制之。

3. 独立掤架

两掌以小指引动向左前上方45°处掤架，腕部交叉处与头平，以不挡视线为度；同时，臂引身起，右脚跟渐起，膝向左前经左腿内侧上提，脚尖自然下垂，膝与脚尖成斜线（膝高过胯），成左独立步型；随之，向右转体45°，胸向正东；眼从两腕交叉处下方向前平远视。（图110）

【劲法意识】

接上动。我封捆住对方双手其欲后退时，我随之前掤，并进膝击其腹部。

4. 分脚平劈

以右掌小指引动向右前45°处下劈，指尖向东南，掌心向里，同时，左掌向左后正北处下劈，掌心向里，指尖向北，两腕均与肩平，两掌臂之间距约135°；当两掌下劈时，右腿随即向上"摆动"（前伸）小腿，绷脚面，力贯脚尖（前踢）；眼从右食指间处平远视。（图111、图111附图）

图110 　　　　　图111 　　　　　图111附图

【劲法意识】

接上动。对方变势挣脱，我则顺势以右脚点击（或踢其肋部）。

【要领】

①注意右掌回捋的弧形是自然随身体左转下落而变化的。

②腰身转动幅度较大（拧身），应仍保持"斜中寓正"身型，不可回抽左膝，以免破坏身型。

③两掌上掤必须上肢、腰身、腿部协调一致，完成动作。

④分掌、起腿、分脚要形成上下合力，使重心稳固，切不可为举腿高而导致重心不稳，破坏身型中正。

第三十一式　右探马（2动）

1. 虚步合掌（右反采，左按）

左支撑腿放松下蹲，同时，右举腿自然放松下落，脚跟着地，脚尖上扬，成右虚步型（注意松腰、立身、提顶，保持身型正确）；随之，右掌臂沉肘以大拇指引导外旋向下反采，掌心向上，指尖仍朝右前（右肘与膝上下相对）；同时，屈左臂腕外旋，掌指微向上，屈回至左耳旁，掌心向下，指尖向右前方；眼神由远及近收回注视右掌食指尖，意在右掌心。（图112）

【劲法意识】

对方用左掌（拳）击打我胸部，我则以右手背贴粘其腕臂部，反采使之失重向前倾身，我当即再用左掌下按压其头颈部，以加促跌倒。举悬之右腿有两种方法：

①传统练法是直腿下落，先屈支撑腿，使举悬之腿随之下落，既为加大支撑腿，腹背肌肉弹力难度，又为实用而练的一种方法。

②屈腿下落方法，是动作自然和顺展示表演的协调性。

2. 八字步穿掤（左隅弓步，左穿掤）

动作、劲法意识同第二十九式左探马之2动，唯左右相反。左掌指尖朝东北，步法是从左虚步型变为左隅弓步型。（图113）

第三十二式　左分脚（4动）

动作、劲法意识、要领同第三十式右分脚，唯左右、方向相反。（参见图108—图111、图111附图）

第三十三式　提膝左转左蹬脚（4动）

1. 独立抱拳

右独立步型不变，左腿腘窝放松，小腿悬垂，提膝，脚面自然展平，脚尖内扣下垂

(从膝向下，小腿、脚面、脚尖成一向里的斜线，此系传统提膝方法)；两掌五指收拢变拳，两臂屈收合抱于胸前（正东），两腕交叉与肩平，左拳在外，右拳在里，拳心均向里；眼向正前方远视，意在左拳（注意：两臂外掤，提顶、拔背，身体正直，左肘与左膝成上下相对称之劲）。（图114）

【劲法意识】

对方用右手抓握我左腕或击我面部，我则两掌变拳，腕臂外旋，屈臂，沉肘捆其手及前臂使对方失重，屈臂提膝以保持自身重心稳定。

2. 独立左转

左膝上提，以右脚跟为轴，向左转体，脚尖内扣5/8（从正东内扣转至西北），胸向西北，独立步型与双抱拳势仍不变；眼从拳交叉处平远看，意在左拳。（图115）

【劲法意识】

对方从身后击打我左肋部，我则以左转避之，同时以左腿向外格挡其臂，待机进攻。

3. 独立掤架

两掌均以小指引导向前上方掤架，双拳变掌举于头前上方（不挡视线）；左膝可随之微左转上提（蓄劲）；眼向前平远视（正西），意在两腕部交叉点处。（图116）

【劲法意识】

对方以掌（或拳）抡劈我头部，我则双拳交叉上举架之，当与其前臂接触后随即变掌以备择优势进攻之。

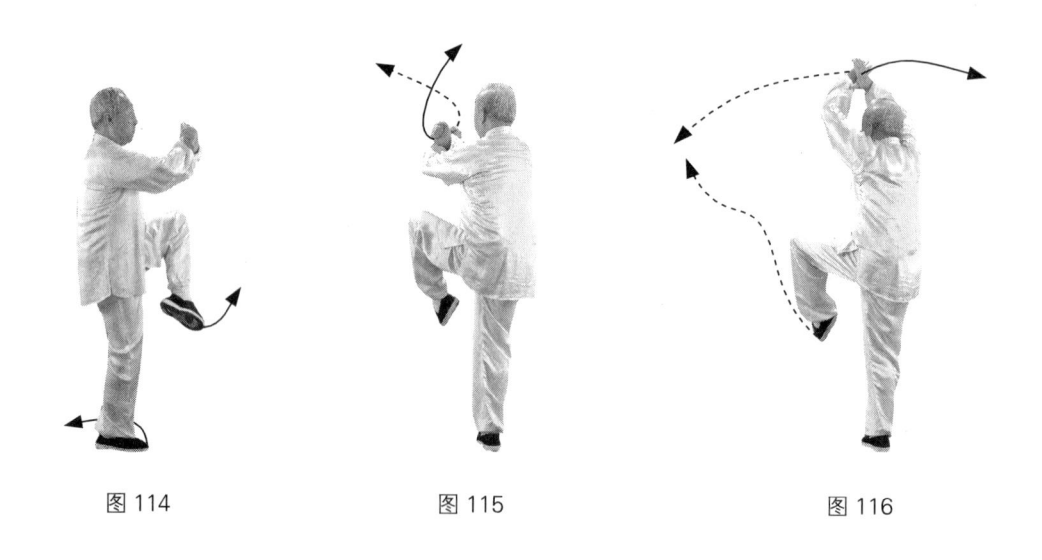

图114　　　　　　图115　　　　　　图116

4. 蹬脚分劈

动作同第三十式左分脚之4动。不同之处：①方向，前为东北，此为西南；②脚法

不同，前为分脚，此为蹬脚，力点在脚跟。（图117）

【劲法意识】

接上动。当我左掌接触对方的右腕时即刻贴粘牵之；对方欲退，我则以左掌进劈其面，并以左脚踢蹬其裆及腹部。

【要领】

本式是一组独立加转身难度较大的动作，要求腿部支撑力强，转身时上体和下肢的配合协调一致，体现出灵活性和柔韧性的高度和谐，以及腰腹部的肌肉力量。

图117

第三十四式　左右搂膝拗步（4动）

1. 虚步搂按（左虚步，左搂右提）

右支撑腿放松下蹲，左脚下落在右脚的左前方，脚跟着地，脚尖上扬，成左虚步型；随之，左掌以大拇指引导内旋划弧向里至胸前，掌心向下，指尖向前，再向下、向左外搂按落于左膝前外侧（掌心仍向下），虎口朝前，同时，右掌（直掌）松腕屈肘外旋收于右耳旁，掌心向里，指尖朝异侧45°；眼神随左掌运行，意在左掌心。（图118）

图118

【劲法意识】

对方左掌（或拳）击打我胸部，我以左掌从左上向胸前拦截，再按其前臂使之被动，并将左脚落于其右腿外侧，以备进击时步法有利。

2—4动动作、劲法意识同第六式左右搂膝拗步之6—8动，唯方向相反，此为胸向正西，彼为向正东。（参见图32—图35）

第三十五式　进步栽捶（2动）

1. 虚步搂按（左掌下按，进左步左搂）

右腕放松外旋，掌心向内，小指领向前，屈腕、屈臂、沉肘，掌走外弧上提至左耳旁，指尖朝异侧45°；当右腕上提时，提顶、立身、敛溜臀部，左脚跟微起，提膝，左脚走内弧向左前进步（注意两脚间距），脚跟着地，脚尖扬起，成左虚步型；眼神随左掌运行，注视左食指尖。（图119）

2. 弓步下栽捶（左正弓步右拳下栽捶）

右掌腕部及五指自然放松，拢握成拳向前下方斜线栽拳，拳心向里与左膝内侧成一线，拳眼向前上，拳面高与膝平（亦可接触地面）；左掌随右拳下栽向外、向前划弧舒伸，随之再划内弧回收辅附于右臂内侧（前臂中部），掌心向外（右）；同时随右拳始动左脚渐落平，进膝成左正弓步型（正西）；眼神随左掌运行并注视右拳眼前下方，意在右拳心面。（图120、图121）

图119　　　　　　　　图120　　　　　　　　图121

【劲法意识】

对方用右掌击我胸及面部，我则顺势以右手捋其腕部，同时以左掌托其肘臂处，左右手形成合力，使对方臂部弯曲，同时进左步于其右腿外侧，折其臂跌摔之法。

【要领】

①动作之特点是俯身下栽，系传统之折臂摔跌之法。

②栽捶时，上体要直身，提顶，进膝进沉腰部，不可后实臀部或回抽左膝而形成身法散乱之势。

③此下栽拳之低是为了练腰腿功夫。

第三十六式　翻身撇身捶（2动）

1. 虚步顶肘（右转顶肘）

右拳从下向前上方舒伸引起上体，拳臂内旋，拳心向下与肩平，继续右转屈肘；同时，以左脚跟为轴，脚尖内扣1/4（正北，成倒八字步，动势），继续向右后转体（正东），收右脚跟，右脚向右外横向移动，脚跟着地，脚尖上扬，成右虚步型，重心仍在左腿，胸向正东；右臂屈盘成顶肘，肘尖向前，肘与肩平；左掌附于右臂弯内侧（以助肘之顶劲），掌心向外，指尖向上；眼神随右拳上起后再随右肘，意在右肘尖。（图122—图124）

图 122　　　　　　　　图 123　　　　　　　　图 124

【劲法意识】

对方从我身后扑按，我即右转而避之，再屈臂盘肘以肘尖击其胸肋部。另一种用法是摔法，对方用右拳或掌击我面部，我则以右手腕部贴粘其腕部翻转上托，使其臂成反关节，左手延其臂下托拧之，扣左脚右转以臀胯撞击其腹部而摔跌之。

2. 弓步撇捶

左腿腘窝放松，重心下沉，（运用以实松虚之法）使右脚落平进膝成右正弓步型，重心随之前移（注意斜中寓正的要求），左脚跟内扣，脚尖朝前（正东）；右拳上举划上弧向右膝方向下砸，右拳在下，左掌辅助右拳向下按落于右膝上方；眼神随右肘运行并注视前下方。（图125）

【劲法意识】

接上动。我右脚向右外横开步，步法从左腿转移于右腿再加之撇身成摔势。另一法可用顶肘后再撇身臂劈砸其头及面部。

图 125

【要领】

以拳领身起，右转翻身时以右肘尖领全身及步法，肩肘下沉，神贯于顶以立身运行的要求，腰身右转，右拳臂是立圆运动向下砸。

第三十七式　进步左高探马（2动）

该动作的原名是"翻身二起脚"，是传统名称，与现在的动作不符，而改之为"第三十七式　进步左高探马"，动作与第二十九式左探马相同。

1. 虚步翻掌

左掌以小指引导从右拳上向前下沿拳背渐翻转掌心向上托，右拳随之变掌，掌心翻转向下，形成两掌相合之劲（上按下托）；同时，提顶、立身、敛溜臀部，松屈右腿腘窝，重心下沉前移；随之，左腿腘窝放松，脚跟虚起，提膝向前沿右腿内侧弧形前进，向左外进步，脚跟着地，脚尖上扬，成左隅虚步型；眼神在右掌食指尖，意在右掌。（图126）

【劲法意识】

对方抓握我右腕，我则以左掌按其手背作内旋沉采，缠绕捆折其腕（此法是擒拿手法，向左前穿掌是白蛇吐信之手法），同时，进提左膝以脚踢其胫骨。

图126

2. 隅弓步穿捋掌

动作、劲法意识与第二十九式左高探马之2动相同，唯右脚跟不外展，脚尖朝前（正东）。（参见图107）

第三十八式　右蹬脚（4动）

该动作的原名是"翻身二起脚"，改变为第三十七、三十八式。该两式与第二十九、三十式的动作大致相同，唯第二十九式的第1动和第三十式的分脚不同。《太极拳全书》（人民体育出版社，1988）中第三十七、三十八两式的名称是现用的，传统名称是"翻身二起脚"，它是武术运动中的一种跳跃与腿法相结合的动作名称。由于时代和对象需要之因而改进的，成为今天的动作名称。这个名称是北平太庙太极拳研究会于1947年印制的，由杨禹廷先师口述，受业赵安祥笔记，周慕纯先生校正的太极拳十三势名目表中第34式的名称。

动作、劲法意识、要领同第三十式右分脚，唯脚法不同，本式之4动是蹬脚，其力点在脚跟。（参见图108—图111、图111附图）

第三十九式　左右打虎势（4动）

1. 马步按捋

本动变化幅度大，手法、步法方向多变而分为两小动。

①独立合掌

右掌从右前以食指引导向左臂弯内侧合按，掌心向左，指尖斜向上，左掌向右（东北）与右掌相合，掌心向里，指尖斜向上，腕与肩平，两掌形成合力；重心不变，左腿仍独立，同时，右腿腘窝放松，脚腕放松内旋提膝，脚尖内扣向下，膝与脚尖成

一斜线（系传统提膝方法）；眼神随右掌向左运行，并从左手食指尖远看。（图127）

②后撤右脚回捋

左支撑腿放松弯曲下蹲，右脚向右后（西南）撤步，脚走内弧，脚跟着地，脚尖斜向上（微内收扣），随之，重心后移于右腿（注意右腿的内旋及后撤步时的弧形运动之正确运动方法，方可保持重心过渡的稳定性），随两掌下按渐变成脚尖向正前（正南）成马步型；两掌内旋下按，掌心向里，指尖仍向（东北），两掌回捋落于身体左前（右掌在左膝内侧）；眼看右掌食指尖，意在两掌心。（图128）

【劲法意识】

对方以右拳或掌击我胸及面部，我则以两掌合劲之法拿其腕臂合力捯之，对方顺势进身，我则后撤右脚，两掌向下按捋，压其臂使对方失重跌之。

2. 隅步贯拳（右隅步右贯拳）

两掌从左腿内侧向右捋按于右膝前，指尖向前（正南），掌心仍向下，掌与胯平，成八字步型（动势），继续向右向外后体侧转腰，两掌渐变成拳；右拳从右腿外侧划外弧圈贯于体前，胸向正南，拳心向下，拳眼向左，拳与头平；左拳从下而上弧形上托，辅附于右肘尖处（形成一个"托"似的），沉右肘举左上拳，拳眼斜向左上，拳心向里，形成两拳（臂）的合力，胸向正南；同时，重心渐右移成右隅弓步型，左脚掌为轴，脚跟外展，脚尖向前（正南）；眼神先随掌，再随拳运行，动作完成时注视左前方（东南），意在右拳。（图129、图130）

【劲法意识】

接上动。对方失重欲脱而屈臂（外旋）向上，并跨进左步进攻。我则顺势左掌握其肘臂向上领，随之以右拳圈贯其头及面颊部。

图127

图128 　　图129 　　图130

3. 撤步捋按（向左后撤步，下捋成马步）

①左转右劈掌

两拳放松，五指舒伸变掌，右掌微外旋，腕与肩平，掌心向里，左掌微外旋，附于右臂弯内侧，右掌以小指引导向左前1/8处（东南）伸劈，高度不变；左掌与腰身随之左转，同时，松沉臀胯，随转体右脚尖向左前扣转1/8（东南），胸亦向东南，成倒八字型（动势）；眼神注视右食指前方。（图131）

②马步捋按

接上动。左脚跟内收，随之向左后撤步（西北），大脚趾内侧着地，成右弓步型（动势）；同时，两掌向右前方（东南）舒伸下按，掌心向下，指尖朝前，下按落于右膝前；左脚跟落平，左腿弯曲下蹲成马步型；眼随右掌运行并注视食指尖，意在右掌心。（图132、图133）

【劲法意识】

对方用左拳或掌击我胸及面部，我以右拳接贴粘其上臂，再用左掌捋住其腕，同时，向左后方撤步并捋其臂，使之失重倾跌。

图131 　　　　　　　图132 　　　　　　　图133

4. 隅步贯拳（左隅步左贯拳）

动作、劲法意识同本式之2动，唯左右相反（左贯右托），方向亦不同（东北方向）。（图134、图135）

【要领】

此式难度之一，是后撤步的角度位置，左右两脚后撤下落时右左有不同要求：①右脚跟着地。②左脚尖着地，这是它的合理性落法。其二为左右转体，腰身与两掌及拳左上、右下不同的弧形，拳之配合的难度（即右

图134

拳向外上，左拳向下两种不同的弧形方法）；在步法方面，从右隅弓步变外八字步，再变成马步（动势过程），接着再完成左隅弓步型，这三个变化是在变方向、变步法的同时仍要与拳、掌两种手型的变化相结合，协调完成动作。

第四十式　提膝右蹬脚（2动）

1. 独立掤架

右拳从左肘下沿前臂外侧向上1/8处（西北）舒伸，两拳渐变掌成两腕交叉，两掌心均向前，指尖向上，右掌在外，两掌举架于额前上方（正北）；同时，提顶、立身，提右膝成左独立势（右膝与脚尖成一向内收型斜线，膝向外，脚尖向内的传统提膝方法）；眼神从右前收回（由远及近）再随右掌运行，上举时平远视前方，意在右掌。（图136）

【劲法意识】

对方以右脚踢我右腿，同时用左拳或掌击我右肋部，我将右拳向左侧转身避之，顺势提膝以避其攻击。亦可用右拳变掌贴捋其臂上架防之，顺势用右膝撞击其腹部。

2. 蹬脚分劈（右蹬脚）

两掌各以小指引导，右掌向右前（东南）下劈（右掌为主动）；左掌向左后（正北）下劈，左右腕均与肩平，虎口均朝上（左掌为辅动，主动为实手，辅动为虚手）；同时，腰身右转，右膝微向右开，右髋关节松展向东南方蹬出右脚，力点在右脚跟；两掌指尖与两脚尖的分展角度约135°，左脚不动，脚尖仍向北；眼神随右掌运行，并从右掌食指处远看，意在右掌（小鱼际）。（图137）

【劲法意识】

我以提膝与上架防对方拳、腿的进攻，随之以左拳变掌搂捋其左拳，并用右掌劈其面，以右脚蹬击其腹部。

【要领】

此势的蹬脚与前面的几次不同，左支撑腿的脚尖向北，而右脚向右前东南方蹬击，

图135

图136

图137

两脚尖的分展角度大，应尽力而为，更要严格要求，做到规范标准。

第四十一式　双风贯耳（2动）

1. 虚步下采

右掌腕臂外旋沉肘，掌心翻转向上，指尖方向不变，腕与肩平，同时，左掌亦沉肘，腕臂外旋，掌心翻转向上、向右平摆与右掌臂相合于胸前（正东），两掌相距与肩同宽，掌心均朝上，指尖向前；随之，右腿腘窝放松屈收，小腿下落，脚面绷平，脚尖向下微内收，膝微外开，膝与脚尖成一向内斜线，同时左腿仍独立不变，膝可微屈；眼仍注视右食指尖，意在掌心。（图138）

不停，左腿放松弯曲下蹲，随之右腿舒伸，脚跟着地渐落平，再进膝成右正弓步，脚尖朝前（正东），同时左脚跟外展，脚尖朝前；两掌臂松沉肘向下反采（掌心向上为反采），掌心仍向上，落在两胯外侧，指尖朝前；眼看前方，意在两掌腕。（图139）

【劲法意识】

对方握我两腕部，我松腕，肘臂向下沉采其掌向后，使对方失重前倾欲跌；如果对方确被我牵动，则可落右脚进身以头捶撞击其胸（前额撞击，也称之为头捶）。

2. 弓步贯拳

左右两掌屈腕，放松指根节，五指内旋渐从胯外侧向后聚拢成勾（双勾），随之，两臂舒伸至臀部后侧，勾尖向上，再分别向左右侧划外上弧渐握成拳，两拳合贯于面前，两拳相距15~20厘米，拳眼相对微斜向下（大指根节与食指根节成垂直为准，注意不可掀起肘部），拳心向下，拳高不过眼，低不过肩；同时，随两掌从后向面前贯击时进右膝成右正弓步，脚尖向前（正东），胸向前微右转20°~30°；眼从两拳中间向正前方远视，意在两掌食指根节。（图140）

【劲法意识】

接上动。我趁对方身体前倾欲跌而求重心稳定向后之际，两手向左右划弧以双拳击其不平处。

图138 　　　　　图139 　　　　　图140

【要领】

此式接蹬脚分劈动作，衔接时左右两掌的动作幅度，左大于右，但都要同时运动，还必须与腿法的变化协调一致（注意屈右腿变提膝的动作）。

第四十二式　披身左蹬脚（4动）

原名披身踢脚。

1. 右转进身

右腿腘窝放松屈沉，以脚掌为轴，脚跟随身体前进右转向前推进（内收）约90°（脚尖朝正南），重心仍在右腿，同时，两拳右转45°，胸向东南；左腿随之放松，屈膝下沉，脚跟微起；眼神随之右转从两拳间平远视，意在两拳面。（图141）

【劲法意识】

对方两手捋按下压在我两臂或手腕时，我随其劲法沉松并进身，使其劲力落空失重左倾。

图141

2. 歇步合抱（左右拳合抱）

腰身继续右转，两腿并屈，放松下沉盘卧下蹲成歇步，重心仍在右腿，左膝进落于右腿弯下；两拳随身体右转两臂外旋，左拳内合为主动，右拳沉肘立前臂为辅动，合抱于胸前（正南），腕与肩平，拳心向里，左拳在右拳外；眼神仍向左前方平远视（此眼法与身法方向相反），意在左拳臂合抱之劲点处。（图142）

【劲法意识】

接上动。对方失重欲跌时以右脚踢我腹部，我右转盘腿掩裆护之，同时，左臂滚压其臂形成捆摔之法。

图142

3. 独立掤架

两掌以小指引动向左前上方45°处掤架，腕部交叉处与头平，以不挡住视线为度；同时，臂领身起，重心移至右腿，左脚跟渐起，膝向左前经右腿内侧上提，脚尖自然下垂，膝与脚尖成斜线（膝高过胯），成右独立步型；随之向左转体，胸向正东；眼从两腕交叉处下方向前平远视。（图143）

图143

4. 蹬脚分劈

动作、劲法意识与第三十三式提膝左转左蹬脚之4动相同，唯方向相反。（图144）

【要领】

本势之1、2动为右转，披身盘腿成歇步，是一个下盘动作，难度较大。左右拳臂又必须与腰身、步法相协调完成歇步。第3动是从低势而成为独立上架的动作，必须以左右拳向上引提顶、立身、提膝左转等动作，使上、中、下肢顺序相随，重心平稳，神形一致。

本势的传统名称为"披身踢脚"，顾名思义是以向右转体，左臂似披衣状，故用"披身"二字，再以盘腿低势运用技法，当对方欲脱逃而后退时，则用身起之有利顺劲之势，左腿从屈向前提直腿成上踢脚法，可以说：它是一个快速有力的进攻腿法，故原名为"披身踢脚"。还有利于衔接下一动作。

图144

第四十三式　右转身右蹬脚（4动）

原名转身蹬脚。

1. 右转里合（左腿里合）

右腿腘窝放松微屈，左腿脚踝腕放松，大脚趾内扣，屈松膝关节内侧划外弧向右后转动，脚跟渐下落着地，脚尖上扬（西南方）同时，右膝弯曲下蹲，右脚跟内扣45°，脚尖也向西南，腰身随之右转；眼看右掌食指尖，意在右掌。（图145）

图145

【劲法意识】

对方以左脚踢我腹部，我则顺势右转用左脚内合截击其膝部。

2. 虚步合抱

左脚落地后继续右扣（正北），渐落平，重心移于左腿后屈膝下蹲，右膝微提成右虚步型，脚尖着地，随之，腰身右转，松腰胯，立身，胸向东北方；两臂放松外旋，屈肘掌变拳向胸前合抱，两腕交叉，腕与肩平，右拳在外，拳心均向里；眼神随右掌运行并注意右前方，意在右拳。（图146、图147）

图 146　　　　　　　　　图 147

注：此势上肢动作可做两种练法：

①两臂可屈臂沉肘立前臂外旋向内合抱成交叉势。

②亦可随下蹲两臂放松前臂微下落，划前下弧，低不过腹，合抱于胸前（指、腕于前臂下沉成水平状内合）。

【劲法意识】

接上动。对方用右手握拧我右腕，我以腕内旋解之，随即左腿里合踢之。或者对方再从身后拦腰抱住我时，我则用臂肘下沉解其力，顺势左臂屈收置其臂上，形成上下交叉十字，随之下蹲，使对方失重向左倾倒。

3. 左独立掤架

动作、劲法意识与第四十式提膝右蹬脚之 1 动相同。不同之处是此动从右虚步开始，提右膝成左独立势；拳变掌向上掤架；胸向东北。其余动作均相同。（参见图 136）

4. 蹬脚分劈

动作、劲法意识与第四十式提膝右蹬脚之 2 动相同。（参见图 137）

【要领】

本式的难度较大有三：①左腿里合转体幅度约 180°（从东北向西南）方可脚跟着地；②右腿的支撑力和松屈腘窝与右转动作要协调；③将右腿支撑重心移为左腿时的变换要保持重心平稳。

第四十四式　右搂膝拗步（2 动）

原名上步搬拦捶。

因名与动不符而改为两式：右搂膝拗步（2 动）和进步搬拦捶（4 动）。

1. 虚步搂提

左膝放松屈腿下蹲，右膝微屈下落于左脚右前方，脚跟着地，脚尖上扬，成右虚步型；同时，右掌内旋屈肘划内弧再向右外搂按于右膝外侧，掌心向下，指尖向前；左掌外旋，五指放松，屈肘置于左耳外侧，掌心向里，指尖向异侧45°处；眼随右掌食指尖并注视右前下方，胸向正东，意在右掌心。（图148）

【劲法意识】

请参阅第六式左右搂膝拗步之7动的解释。

2. 弓步推按（右正弓步）

动作、劲法意识与第六式左右搂膝拗步之8动相同。（图149）

图148

图149

第四十五式　进步搬拦捶（4动）

1. 弓步下按（右弓步，左掌下按）

左臂肘部放松，松腕掌向右下方回按，同时右掌变拳，拳眼向上，拳面向前，左掌掌心向下按落于右拳眼之上，指尖向右；左脚跟渐虚起，重心仍在右腿；视线随左掌食指尖运行并注视，意在左掌心。（图150）

【劲法意识】

对方用左手捋抓我左腕部时，我放松左腕，肘部向下沉按捋，使之失重。

2. 弓步前掤（搬）

右拳向右引伸划外弧经胸前向左前45°（东北）

图150

前掤（搬），左掌在右拳上随之，腕与肩平，指尖向东北；同时，腰身松沉随拳转动引左脚向前迈进，脚跟着地，脚尖上扬，随之重心前移脚落平，进膝成左弓步型；眼神随左掌食指运行并向前远视，意在右拳。（图151）

【劲法意识】

请参阅第八式进步搬拦捶之2动的解释。

3. 虚步挶拦（拦）

动作、劲法意识与第八式进步搬拦捶之3动相同。（参见图42、图42附图、图43）

4. 弓步进拳

动作、劲法意识与第八式进步搬拦捶之4动相同。（参见图44）

图151

第四十六式　如封似闭（2动）

动作、劲法意识、要领同第九式如封似闭。（参见图45—图47）

第四十七式　抱虎归山（2动）

动作、劲法意识、要领同第十式抱虎归山。（参见图48—图50）

第四十八式　十字手（2动）

动作、劲法意识、要领同第十一式十字手。（参见图51、图52）

第四十九式　左右隅步搂膝拗步（4动）

动作、劲法意识、要领同第十二式左右隅步搂膝拗步。（参见图53—图57、图57附图）

第五十式　隅步揽雀尾（6动）

动作、劲法意识、要领同第十三式隅步揽雀尾。（参见图58—图63、图60附图）

第五十一式　斜单鞭（2动）

动作、劲法意识、要领同第十四式斜单鞭。（参见图64、图65）

第五十二式　左右野马分鬃（12动）

三组右靠，一组左靠。

1. 虚步合抱（右七星手，又为看势）

左腿腘窝放松下沉，眼神离开左掌向右前方领转腰身向正西；随之，左脚尖内扣转1/16（西南）；两臂放松沉肘，右勾松腕前伸变掌外旋向内（左）于胸前，掌心向里，腕与肩平，食指尖与肘尖成45°斜线，大拇指与鼻尖相对；左掌臂屈沉微外旋，内收下按于右臂内侧，掌心与指尖斜向右前，食指与大拇指斜向相对成一线；重心移于左腿，右脚尖上扬成右虚步型（身形正直，不偏不仰，左实右虚必须分明）；眼神从右大拇指尖平远视，意在右掌心。（图152）

图152

【劲法意识】

对方从右前方进击我胸部，我以引进落空之暗劲与身法避其进击，同时，重心左移，腰身右转使之拳掌落空，再以右掌贴粘其臂，左掌捋按其腕部，两掌内合右上左下形成措折其臂之势，并待其变。

2. 并步下采（向左下捋采，合并右脚）

右掌随左腿松屈下落向下捋采至左膝前，掌心向左，指尖向下；同时，右脚向里并步，与左膝贴近，成一字步型，脚跟着地，脚尖上扬；随之左掌以食指引导向右外上捋，置于右肩前，掌心向外（右），指尖向上；眼随左掌运行并注视右前方，意在左掌心。（图153）

图153

【劲法意识】

此动有两种解释方法：

①如果对方用右手抓握住我右腕部下捋时，我随即松腕使其劲落空，同时，我左掌向右外贴扶其肘外侧中部上捋至右肩前；我右臂自然下沉，使对方失重前倾欲跌时，还可用脚横击其脚踝跌之。

②对方以顺步左拳掌进击我胸腹部（左势），我用右掌贴粘其左腕臂向左下方捋采欲跌时，又用右拳击我面部，我则以左掌贴粘其肘向右上捋之，同时用右脚踢其左踝，形成两手右下、左上、腿脚向内（里）三位合一的捆摔方法。

3. 半马步合掌

右脚向右外横移1/8，脚跟着地，脚尖上扬，重心仍在左脚；右掌臂弯曲，以食指引导向右前伸上挑指尖与前臂成水平，同时，左掌臂以小指引导向身前划弧舒伸下落于胸前与右掌相合，两掌均为斜向1/8；随之左腿弯曲下沉，右脚尖内扣渐落成右半马步型，两脚尖朝前（正西），重心仍偏于左多右少（谓之半马步）；眼神随左掌下落于胸前，注视左食指尖处，意在左掌心。（图154）

【劲法意识】

以我之右脚向对方前腿外侧下落，扣锁其腿，伺机待发。

4. 右隅弓步右靠（此步法与手法系同一侧为顺势或称顺步）

重心前移，进右膝成右隅弓步型；右掌以食指引导划弧向右前上舒伸，掌臂微屈外旋，沉垂右肘，肩胯松沉，掌心向上，指前伸（西北），高不过头；左掌以小指引导划弧下落采按于左胯旁，腕与胯平，掌心向下，虎口朝前（身形要求斜中寓正）；眼随左掌食指运行并注视之，意在左掌心。（图155）

【劲法意识】

①左掌向下采，右掌心上托，臂外旋靠，形成对称劲，腰身上下舒展与转动相合。

②我左掌采捋其进击之左腕，右掌臂沿其左臂下向上外掤、靠，我之右脚已提前落于其腿后埋伏之待用（此法为锁腿），此时上下肢三位一体同时到位对方必跌之。

5. 进步平抈（进左步，向左平抈）

右掌臂前伸内旋，掌心翻转向左，成内侧立掌形，臂不移动位置，随之屈臂，右掌向左平抈置于左肩前，掌心向外，指尖向上；左掌腕部放松外旋，掌心翻转向里（右），指尖向下，随之向右膝前外下插伸（掌心、指尖方向不变）；同时，提顶，立身，溜敛臀部，（以立身运行之法）提左膝，屈松右腿腘窝将左腿向左前送出（是以实送虚之法），脚跟着地，脚尖上扬成左虚步型；眼看左前方，意注左掌。（图156）

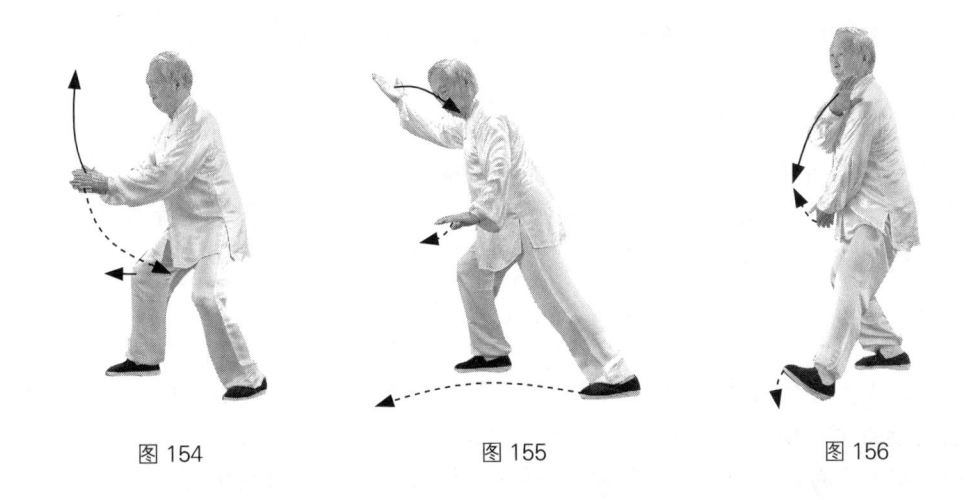

图 154　　　图 155　　　图 156

不停，左掌手形不变，屈臂弯以食指引导向胸前上挑，掌心斜向里，指尖斜向上，右掌向胸前下落与左掌心相合，两前臂均与胸平；随之重心前移，左脚落平成半马步型；眼神随右掌向下，注视右掌食指尖，意在右掌心。（图157）

【劲法意识】

同本式 3 动之法，唯方向向西北。

6. 左隅弓步左靠

动作、劲法意识与本式之 4 动相同，唯左右相反。（图 158）

图 157　　　　　　　　　　图 158

7. 进步平捋

动作、劲法意识同本式之 5 动，唯左右相反。（参见图 156、图 157）

8. 右隅弓步右靠

动作、劲法意识同本式之 4 动。（参见图 155）

9—12 动动作、劲法意识均同 1—4 动。（参见图 152—图 155）

【要领】

本式共 12 动，分势共 4 组，右分 3 组，左分 1 组，第 9、10 两动与第 1、2 动相同。步法：左右进步。步型：左右虚步及隅弓步。严格要求步法、步型的规范化，身型、身法的合理化，以保持其定势"斜中寓正"，动势"立身运行"之特点及风格；步法、手法均为隅向，其风格体现紧凑与舒伸（即大开大合）。

第五十三式　转身左右玉女穿梭（8 动）

原名称玉女穿梭，共 20 动，其中包括右野马分鬃 4 动，在左右穿梭中间以它为衔接过程连接另两个角的左右穿梭，每个角均为 4 动，共 16 动，故为四角穿梭。为了名动相符，本书将右野马分鬃这一名称在原传统顺序的基础上排列为第五十四式。

1. 隅弓步左穿

右掌向前舒伸，掌臂内旋，掌心翻转向下（右臂不可移位）；同时左掌腕放松微外旋，掌心向里(右)，指尖向下，松沉肘部，臂腕微屈，以食指引导向右前上穿伸至右肘下；腰身右转相随，左脚跟虚起，胸向右前45°；眼神随之从左下方向右前方注视右食指尖处（此势法是意引、动领、神随、内外合一之法），意在右掌心。（图159）

【劲法意识】

对方将我右腕握住向后拉时，我则放松右腕部，随之向右旋前伸（螺旋前伸），改变其握力使之失重（腕部切不可紧张，以若无其事和舍己从人的心态对待之，方可产生奇效）。

2. 左隅弓步左掤（又名顺步掤手）

左掌以食指引导从右肘下向右前上45°（西北）穿伸，指尖向前，掌心向上，随之再向左前45°（西南）平掤；同时，右掌内旋，掌心翻转下落辅附于左前臂内侧，指尖与左大拇指成一斜线相对时，腕与肩平；当左掌向右前穿伸时引左脚跟离地，随之提膝向左前45°处进步，脚跟着地，脚尖上扬；随左掌向左平掤时，左脚落平，进膝成左隅弓步型，脚尖微内扣（正西）；眼神随左掌食指运行并注视，意在左掌心。（图160）

【劲法意识】

对方用右拳击我胸部，我以右手轻扶按其腕部，同时进左脚锁其腿部，顺势进左掌平掤使其失重跌之。

3. 左虚步掤采（左虚步，左掌旋托，右掌沉采）

右腿腘窝放松弯曲，重心后移于右腿，左脚尖上扬，腰身左转成左虚步型；同时，左掌以食指尖引导，松腕，沉肘，掌指外旋划外弧向左后上方1/4处（指尖向东南方）后掤上托，掌心向上，腕与眼平；右掌心向外（左）置于左臂弯内侧，指尖斜向上（左掌上托，右掌下采，形成对称劲）；眼神随左掌食指运行，意在左掌心。（图161）

图159

图160

图161

不停，右掌掌臂外旋，掌心翻转向上，向右下反采，腰身右转，落于胸腹前，指尖向左前；左掌相随，内旋上托高过头顶，虎口向右，掌心向上；眼随右掌注视右食指处，意在右掌心。（图162）

【劲法意识】

对方用左掌劈我头部，我以左掌贴粘其前臂部，随之掌臂内旋上托其肘，重心后移左转牵动其身向前倾斜失重。

4. 隅弓步斜推按（左隅弓步右斜推按）

右腿腘窝放松弯曲下沉，随之左脚微内扣落平，进膝成左隅弓步型，脚尖朝西（胸向西南）；同时，右掌内旋，掌心翻转渐向胸前推按，腕与肩平，掌心向前，虎口向上，左掌仍保持向上旋托（两掌虎口上下相对）；腰身随右掌前进时向左转，右脚跟微外展；眼神随右掌向前并从右大拇指平远看，意在右掌心。（图163）

【劲法意识】

接上动。我以左掌粘架其进攻之臂，同时进右掌进击其面或肋部，并进膝成弓步加大前进幅度使其跌之。

5. 右转左穿掌（左穿右托掌）

右腿腘窝放松弯曲下沉；左掌松腕屈臂，掌心渐转向下落，指尖向东南，按右肩下外侧，不停，以食指引导，经胸前右肩外侧，向右后方（东南）俯掌后穿转体180°，胸向东北（掌指高不过右肩，低不过肘）；右掌屈肘外旋，掌心翻转向上，托于左肘下随之右转；同时，左脚尖里扣90°（正北），重心不变，仍在左腿，右腿弯曲，脚跟内收90°（正北）虚起，脚尖着地成虚步型（过渡步型）；眼神随左掌食指尖运行并注视（正东），意在左掌心（注意：右转时松肩，含胸，敛溜臀部，提顶，保持立身运行之态）。（图164）

图162  　　　　　　　图163  　　　　　　　图164

【劲法意识】

对方从身后抱我腰部，当合力时恰如其分地随其抱力方向顺势转体，使其失重跌之。

6. 右隅弓步斜掤（右隅弓步右掤手，又称顺步掤手）

右脚向右横移一步（落于东南方），脚跟着地，重心前移，脚尖内扣45°（正东），脚渐落平成外八字步（过渡步型），腰身右转，胸向东南，随之进膝成右隅弓步型，左脚跟外展，两脚尖均向前（正东）；右掌从左肘下以食指引导划弧外旋经胸前向右前方（东南）穿掤舒伸，掌心向上，腕与肩平；左掌随腰身右转下落辅附于右前臂内侧，掌心向下，食指与右手大拇指成一斜线相对（两掌形成上下对称之劲）；眼神随右掌食指运行并注视，意在右掌心。（图165、图166）

【劲法意识】

同本式之2动，唯左右、方向相反。

图165 　　　　　　　　　图166

7. 右虚步掤采（右掤架左下反采）

动作、劲法意识与本式之3动相同，唯左右、方向相反，本动方向和胸均向东南。（图167、图168）

8. 隅弓步斜推按（右隅弓步，左斜推按）

动作、劲法意识与本式之4动相同，唯左右、方向相反，本动方向和胸均向东南。（图169）

图 167　　　　　　　　图 168　　　　　　　　图 169

第五十四式　右野马分鬃（4 动）

动作、劲法意识同第五十二式左右野马分鬃 1—4 动，唯方向相反，此式均朝东。（参见图 152—图 155）

第五十五式　转身左右玉女穿梭（8 动）

1—4 动为第三个角向的穿梭动作，方向东北，上肢及步型、劲法意识与第五十三式转身左右玉女穿梭 1—4 动同；5—8 动为第四个角向的穿梭动作，方向西北，上肢及步型、劲法意识与第五十三式转身左右玉女穿梭 5—8 动同。（参见图159—图169）

【第五十三、五十五式要领】

这两式左右穿梭的下肢是隅弓步型，两脚尖朝向是正方向，上肢、掌与胸部朝向是隅向 45°。因腰身转动幅度较大，是四个不同朝向变化的过程，传统称之为四角穿梭。隅角的四个方向的特殊动作，虽然步法是隅步型，但有不同的方位和角度：五十三式 1—4 动的运行方向是左前方，右穿掌及胸向同是左前（西南），而两脚尖是向正西；5—8 动是右转 270°的右前方左穿掌（东南），两脚尖朝向正东；五十三式和五十五式的 1—4 动说明步法与手法方向有正亦有斜。要完成这一正确动作，必须明确步型、胸向与手法的要求。

第五十六式　上步揽雀尾（8 动）

原名进步揽雀尾（系太极拳十三势名目中之名称，此名系笔误），据杨老恩师口述，"连续"前进两步为上步，一步为进步，故改为上步揽雀尾。

1. 弓步下按（右掌前伸，身微左转成下按）

右掌从右肩外侧上方，以小指引导微向外旋（西北），右掌臂舒直前伸与左掌成一线后再下按，腕高与肩平，掌心向下，指尖向右前（约30°）；左掌腕部放松，指尖前伸置于右臂弯内侧，掌心向下，左右掌心均向下并斜线相对，方向西北（约30°）；重心仍在右腿；眼神注视右掌食指尖，意在右掌心。（图170）

【劲法意识】

对方捋我左腕，我随即放松变换手法，同时顺势右掌前伸下按其面部发力。

2. 进步采挒

左掌以掌心引导向下采挒，经右膝再左转到腹前，右掌随之（两手动作至腹前时为采），两掌心均向下；重心下沉前移，提顶，立身，松腰，提左膝进步（第一步），脚跟着地，脚尖上扬成左虚步型（过渡动作）；随之，左脚落平，进膝重心前移成左正弓步型，脚尖向前（正西）；两掌领腰身继续向左转，胸与左膝内侧相对，左掌挒按于左胯前外侧，右掌落于左膝前，两掌心均向下，右掌指尖向前，左掌虎口向前；眼神先随下采左手，进左步后随右掌食指尖并注视前下方（眼神注视前下方有"俯之则弥深"之意境），意在右掌心。（图171、图172）

图170

【劲法意识】

对方用左掌进击我胸部，我以左手捋其腕，右手贴粘其上臂向下，向另侧用采挒之法控制其不得变动，同时进左步绊锁其腿不得变势，使之倾跌。

3. 进步前掤（右虚步右掤手，即右看势，右七星手）

右掌以食指引导向左前上划外弧穿伸至胸前（指尖弧度不超出1/16）（正西），掌心渐翻转向里，大拇指遥对鼻尖，腕与肩平；左掌辅附于右前臂内侧，掌心斜向下，食指尖与右大拇指成一斜线；同时，左膝屈沉，敛溜臀部，右脚跟渐虚起，提膝向右前方进步（正西），脚跟着地，脚尖上扬成右虚步型（第二步）；眼从右掌大拇指尖上端向前平远视，意在右掌心。（图173）

图171 　　　　　　　图172 　　　　　　　图173

传统吴式太极拳·李秉慈

【劲法意识】

接上动。对方化解我法欲后撤其臂，我随之顺势进击托其肘部，左掌合按其腕部，撅其臂，及时进步拧穿上掤，将其重心破坏后发之。

4—8动与第二式揽雀尾4—8动动作、劲法意识相同。（参见图10—图14、图11附图）

第五十七式　正单鞭（2动）

动作、劲法意识、要领同第二十六式正单鞭。（参见图98、图99）

第五十八式　云手（4动）

动作、劲法意识、要领同第二十七式云手。（参见图100—图104）

第五十九式　正单鞭（2动）

动作、劲法意识、要领同第二十八式正单鞭；亦同第二十六式正单鞭。（参见图98、图99）

第六十式　下势（2动）

1. 侧弓步按捋掤【向左转体（正东），两掌心相合】

这一动是以眼神变化"以意与眼神导动"的典型方法，因此先写眼神，而后再写动作。

眼神离开左掌右转到右手勾顶部；随之右腕放松下沉，舒伸五指，松肩，沉肘下按于右膝处（下按劲），继续向下、向左膝前（捋劲），再向左前上掤起（掤劲），腕与肩平，掌心向里，指尖向前；左掌臂外旋，指前伸，成两掌心相对；重心渐微左移成左侧弓步型（胸向正东）；眼神随右掌之下弧运行，并注视正前方远看，意在右掌心。（图174）

图174

【劲法意识】

对方握我左腕部向其身前拉拽，我将左腕放松，顺其力内旋使其失重，同时右勾松腕舒伸下沉，形成分中有合的劲力。

2. 仆步捋按（右捋，左转仆步下按掌）

此动转动幅度与方向起伏变化之因，故分为三小动。

①立身上掤：两膝松沉，重心下踞；两掌内旋，左右五指关节松收，指尖微下垂，

掌心翻转向下同时内凹，虚松掌心，劲贯掌背及前臂之上；同时，身随掌微起；两掌臂上掤；目视前方。（图175）

②向右平捋：两肘、两肩相继松沉，两掌指尖上扬，再向右划外弧平捋至右前45°处（西南），两掌腕部与肩平，掌心向前，指尖向上；同时，腰身右转成右侧弓步型（右膝位于两掌臂正中），左脚跟微外展；眼随右掌运行，意在右掌心。（图176）

③左转仆步下按：不停，向左转体，右腿放松下蹲，左腿向下落，收左胯，沉髋，微收脚跟成左仆步型；同时，左肘屈沉折，掩肘，指尖转向左，与左脚尖成一横线，下按落于左膝前内侧，右掌亦随之下按落于右膝上方，两掌心均向下（俯掌），指尖均向左前方（正东）；上身自然立直，提顶，沉髋以保持重心稳定；眼神随左掌运行并注视左食指尖前方，意在左右掌心。（图177）

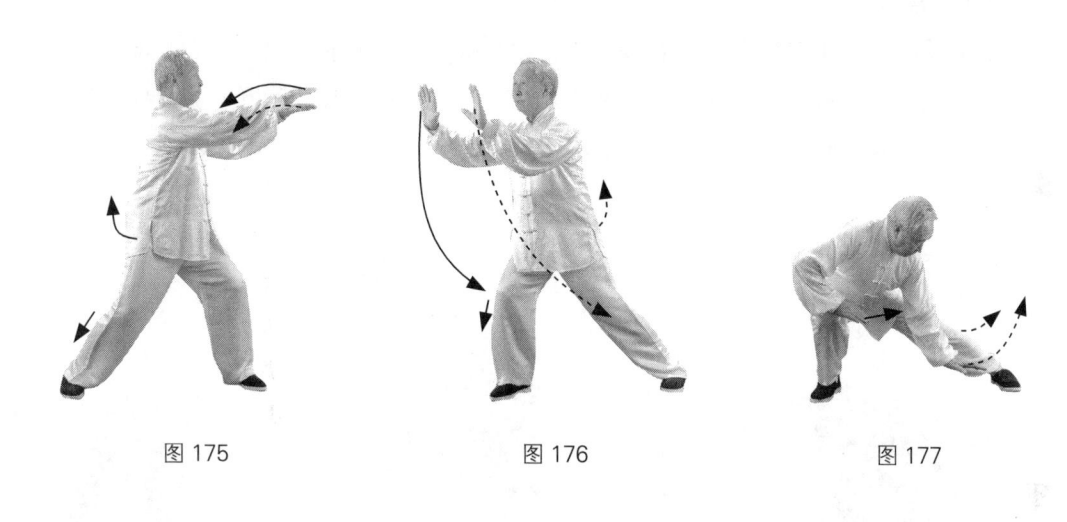

图175　　　　　　　图176　　　　　　　图177

【劲法意识】

对方两手抓握我之两腕欲下按之际，我顺势松腕上提，使之前倾，对方松开左臂继而右拳进击我头部，我则侧身以两掌臂粘贴其臂捋之，并下按撅其臂跌之。

【要领】

这个动作难度较大，有起有伏，左右转体动作幅度大，上、中、下三部的动作要求上下相随，转折变化灵活，手法与劲法形成虚实折迭自由圆润，右平捋变左转仆步时，似雄鹰掩翅俯冲。

第六十一式　左右金鸡独立（4动）

1. 弓步左穿（又为顺步穿掌）

左掌指尖引领向前穿伸，渐外旋，掌心转向里（右），指尖与鼻高，右掌相随，合于左臂弯内侧，两掌心均向里（形成合掌劲）；同时，左脚尖外展1/4（正东），进左膝，立身，右脚尖内扣成左弓步型，两脚尖均向东；眼随左掌并注视左掌食指尖，意在左掌心。（图178）

【劲法意识】

对方被我牵动失重前倾欲跌后撤时，我即用左掌顺势穿戳其腹部。

2. 左独立掤挑

右掌以食指引导向左臂外前伸，掌心翻转向上，经左肘下划外弧向左前45°处穿伸与左腕下相搭，同时左掌心翻转向下；右掌继续向左前上舒臂掤挑，向右转动，至右肩前上方，掌心向里，指尖向上；同时，右脚跟离地（身随掌起），提膝（膝不得低于胯），膝外展，绷脚面，脚尖内扣（力求自然），左腿舒伸成独立步型；随之左掌下插落于右脚跟内侧，掌心向外（右），指尖向下；眼神与右掌在左臂外侧相合后随之向胸前方平远视，意在右掌指尖。（图179、图180）

【劲法意识】

①此法是左右手互用之法，右手上挑，左手按捋拧后再下插，形成上下对称之劲。

②对方右掌击我面部，我以左掌贴粘其腕，同时以右掌臂顺其臂外侧前伸上挑，形成撅臂，同时提右膝撞击其腹部（注意慎用此法，以免伤人，知而不用为佳）。

图178　　　　　图179　　　　　图180

3. 虚步下劈

左腿腘窝放松下沉，右腿舒伸向右前下落，脚跟着地，脚尖上扬，成右隅虚步型（注意宽度）；同时，右肘放松微屈，向右下劈，腕与肩平，指尖向前（力点在小鱼际处），方向右前45°（东南）；左掌指上挑，肘放松，沉肘，掌心向外（右），附于右肘下，指尖向上；眼向右前方平视，意在右掌小鱼际处。（图181）

【劲法意识】

对方用右掌（拳）击打我右肋部，我向右转身，沉落肘臂下劈其面部。

4. 右独立挑掤

动作、劲法意识同本式之2动，唯左右相反（胸向正东）。（图182、图183）

【要领】

本式与第三十、三十二式之左右分脚的独立动作不同，左右分脚的上肢动作是左右平劈（分开）的平衡独立姿势，而金鸡独立是上肢形成上下对称的动作，是两组不同难度的独立平衡运动，上下肢要配合，颈顶部要上提，保持视线平衡（平远看）。

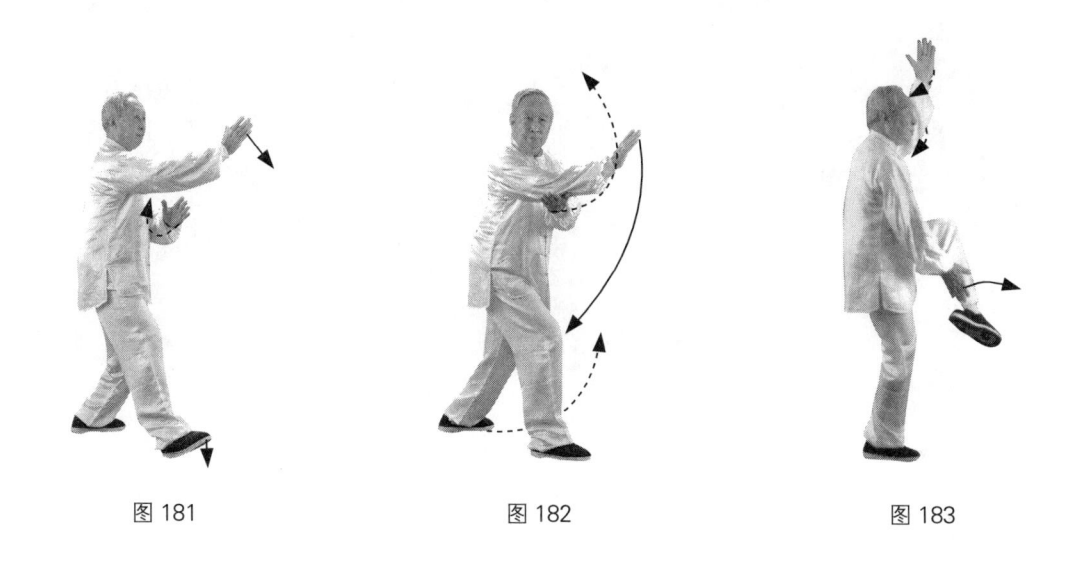

图 181　　　　　　　　图 182　　　　　　　　图 183

第六十二式　左右倒撵猴（6动）

1. 独立前推（右独立，右推掌，传统称掖掌）

右腿微屈放松，重心下沉；同时，松屈左臂垂肘（肘与膝相对合劲），左腕放松外旋弯曲，指尖朝向异侧45°（东南），掌心向里与左耳门处相平（左肘不得高于腕部）；随之右掌腕臂外旋，向腹前反臂推掌，指尖向下，掌心向前（正东）（掖掌）；松腰，提顶劲，含胸，左膝上提向外，脚尖内扣；眼神收回，注视右掌，意在右掌心。（图184）

【劲法意识】

对方从左侧击我肋部，我则屈沉左臂以肘下落掩护其进击，随之我以右掌反臂进击其腹部。

2. 弓步推按（拗步前推，右弓步左推掌）

右掌臂内旋，翻转向左外划弧，随之放松下落右转按于右膝外侧，掌心向下，虎口向前；同时，左掌内旋，以无名指引导向胸前推按，腕与肩平，掌心向前，虎口向上（臂成下弧），左掌大拇指与右膝内侧鼻尖成一线【三尖：即大拇指尖、鼻尖、膝内侧（原为脚尖）相对成为一线】；右腿腘窝放松渐下蹲，左脚下落，脚走内弧向后撤步，脚掌先着地，随体右转下降脚踏平，脚尖向前，成右正弓步型；眼神先随右掌，后与左掌相合于胸前方远视，意在左掌心。（图185、图186）

【劲法意识】

与第十六式左右倒撵猴之 2 动相同。

3—6 动动作、劲法意识、要领同第十六式左右倒撵猴之 3—6 动。（参见图 74—图 79）

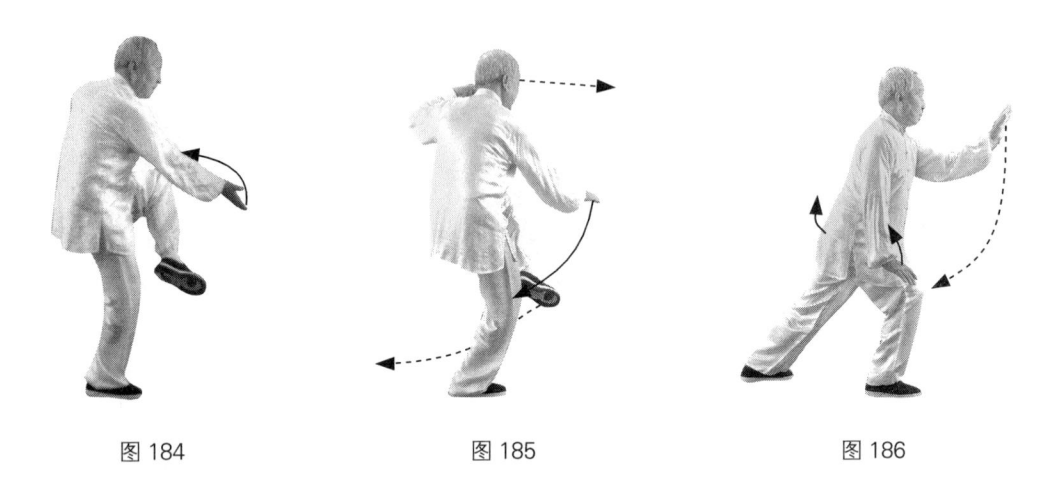

图 184　　　　　　　　　图 185　　　　　　　　　图 186

第六十三式　斜飞势（4 动）

动作、劲法意识、要领与第十七式斜飞势相同。（参见图 80—图 84）

第六十四式　提手上势（4 动）

动作、劲法意识、要领同第四式提手上势；亦同第十八式提手上势。（参见图17—图 21）

第六十五式　白鹤亮翅（4 动）

动作、劲法意识、要领同第五式白鹤亮翅；亦同第十九式白鹤亮翅。（参见图22—图 26）

第六十六式　左搂膝拗步（2 动）

动作、劲法意识、要领同第六式左右搂膝拗步之 1、2 动；亦同第二十式左搂膝拗步。（参见图 27、图 28）

第六十七式　海底针（2 动）

动作、劲法意识、要领同第二十一式海底针。（参见图 85、图 86）

第六十八式　扇通背（2 动）

动作、劲法意识、要领同第二十二式扇通背。（参见图 87—图 89）

第六十九式　撇身捶（2动）

动作、劲法意识、要领同第二十三式撇身捶。（参见图90、图91）

第七十式　进步搬拦捶（4动）

1. 虚步前掤

右拳引腰身向右后经右胯再向前划外弧至45°处（西北），拳与胸平，拳眼向上，左掌按于右拳上随之；右拳向前舒伸的同时，重心前移，左脚跟虚起离地，随之提膝向左前进步，脚跟着地，脚尖上扬成左虚步型（正弓步）；眼神随左掌食指尖运行，并注视右前方，意在右拳面。（图187）

【劲法意识】

接前撇身捶之2动，撇身下砸之势，劈砸其头部，对方速退，向后推拉拽我两臂前端，我则顺势右转进步前掤发劲击之。

图187

2—4动动作、劲法意识同第八式进步搬拦捶之2—4动，唯方向相反，本式为向正西。（参见图40—图44、图42附图）

第七十一式　进步揽雀尾（6动）

动作、劲法意识、要领同第二十五式进步揽雀尾，3—6动亦同第二式揽雀尾之5—8动。（参见图96、图97、图11—图14）

第七十二式　正单鞭（2动）

动作、劲法意识、要领同第二十六式正单鞭。（参见图98、图99）

第七十三式　云手（4动）

动作、劲法意识、要领同第二十七式云手。（参见图100—图104）

第七十四式　正单鞭（2动）

动作、劲法意识、要领同第二十六式正单鞭；亦同第二十八式正单鞭。（参见图98、图99）

第七十五式　高探马（2动）

1. 虚步反采（左虚步，左掌臂反采）

重心移向右腿，腰身左转，胸向正东，成左高虚步型，左脚尖向东，脚前部着地，右脚尖方向不变；同时，左掌以小指引导翻转，掌心向上并向前舒伸，指尖向前，腕与肩平；随之，右勾手腕部放松，屈肘收置于右耳旁，指尖向前，掌心向下；眼随左手动，并注视前方（正东），意在左掌心。（图188）

【劲法意识】
同第二十九式左探马之1动。

2. 虚步穿掤（左高虚步）

右掌以小指引导向前上方穿伸（以舒直臂部为度，不可僵直），指尖与眼平，小指一侧向前（小鱼际部），左掌下沉，（下弧）反采收于腹前，掌心向上，指尖向右；同时，提顶，立身，右腿伸直，身微起，左脚收回置于右脚内踝前，脚前部着地，脚跟虚起成左高虚步型；眼向前平远看（正东），意在右掌小指一侧。（图189）

图188 　　　　　　　　　　　　图189

【劲法意识】
对方进击之手被我左掌臂贴粘反采后，我则以长身并用右掌进击其面部。
【要领】
此式方向变化为90°，是从中架势变为站身高势，左右掌之配合要求协调，虽然有起身动作，切不可有突然的感觉，而要演示运劲如抽丝之连贯感。

第七十六式　扑面掌（2动）

1. 虚步沉采（右臂反采）

右掌以小指引导外旋下落，掌心随之翻转向上，用前臂反采收落横置于胸前，指尖向左，同时，左掌向右前沉肘穿至右臂内侧，指尖向右前；随之屈右腿渐向下蹲，左膝上提，脚跟相随提起，脚尖上扬，向左前方30°迈出，脚跟着地成左虚步型；眼神随右掌回收（此眼法是由远及近之法），意在右掌臂间。（图190、图191）

【劲法意识】

对方以掌击我胸部，我以右掌臂向下反采其前臂，并进左脚锁其右腿，左掌准备进击。

2. 弓步推按（左顺弓步推按掌法）

左掌以食指引导沿右臂内侧向胸前穿推按击（臂成下弧），腕与肩平，掌心向前，指尖向上，大拇指与鼻尖相对，右掌臂应有穿沉之劲；同时，左脚落平，进膝成左正弓步型，右脚跟稍外展；眼随左掌向前平远看，意在左掌心。（图192）

图190　　　　　　图191　　　　　　图192

【劲法意识】

对方处于被动将后撤时，我则以左掌进击其面或胸部。

【要领】

进步、进掌时要以步法为先，掌随之进击，但必须是同时合劲，不得有不完整之劲，必须是手脚俱合。

第七十七式　十字摆莲（4动）

十字摆莲，是左掌拍击右脚面，左掌从右向左，右腿从右向左再向右外摆腿，形成掌腿交叉摆动，所以称之为十字摆莲。

1. 右转平捋（倒八字步，左捋，右平穿掌）

左掌以食指引导屈肘向右转90°（正南），掌心向右，指尖向上（眼随掌转），同时，左脚尖向里扣转，成倒八字步型（脚尖扣向正南偏西，要大于90°），重心仍在左腿，胸向正南偏西；右掌随身右转并内合平穿；眼神注视左掌指，意在左掌心。（图193）

【劲法意识】

对方用右手从右侧进击我胸，我用左掌平捋贴粘其臂，待机而进击。

2. 虚步按掌

左掌继续右转按于右肩前，掌心仍向外（右）；指尖向上，右掌随转沉肘，含胸，形成紧凑之势；同时，身随左掌向右转90°（胸向正西），左脚尖稍外展，右脚跟内收虚起，重心仍在左腿；眼向正前方平远看，意在左掌心。（图194）

【劲法意识】

对方被我贴粘住后继而前进，我则随之后坐右转以捋劲从之，待变劲时机而动之。

3. 独立上举

重心仍在左腿，下沉，右膝微提，脚向左前45°（西南）前上举于膝高蓄劲待发之势；左掌以食指引导向右前45°舒伸，腕与肩平，掌心向下；眼仍向正前方平远看，意在左掌心。（图195）

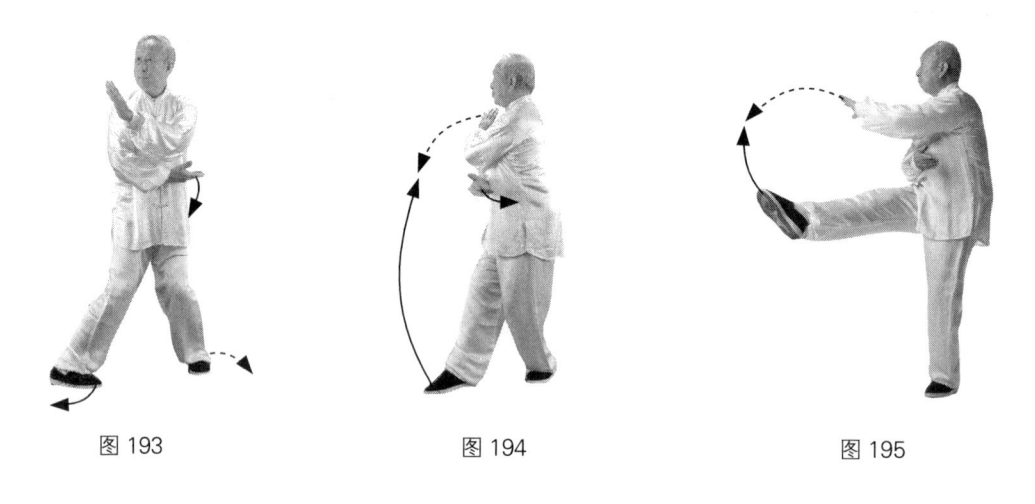

图 193　　　　　　图 194　　　　　　图 195

【劲法意识】

左支撑腿腘窝放松，重心下沉，左掌向右前伸穿掤进，右掌向左外平穿形成紧、蓄劲，同时右腿提膝前伸待发，先使重心稳固，方可起腿运用腿法。

4. 独立摆莲

左腿放松下沉，稳固重心，右腿提膝，小腿摆动，脚尖向左前30°~45°方向舒伸与肩同高时，继续向上、向右划弧成向右外摆腿；当腿摆到胸前时，左掌向左上方，掌心斜向外（左），指尖向前，轻掠右摆腿脚面（击响），再向左后微收；右腿渐屈膝欲下落于右前外(未落屈悬)；右掌从左腋下向左外前划弧舒伸渐翻掌至胸前，掌心向下，指尖向前；眼看正前方（正西），意在左掌心。（图196）

【劲法意识】

接上动。我以右腿脚背摆击对方腰间，并以左掌反手击对方下颌及耳部。

【要领】

本式1—2动幅度较大，约180°，要转动沉稳，灵活，不僵，不滞。3—4动是手、脚交错动作，腿的高度和摆动幅度要协调，不可有起伏和失重不稳的现象。

图196

第七十八式　搂膝指裆捶（4动）

1. 虚步右搂（进步下按，提左腕）

接右摆动腿下落动作，右腿腘窝放松，微屈渐下落于右前外约30°处，脚跟着地，脚尖上扬，随之左腿弯曲微下蹲成右虚步型，含胸右转；右掌以食指引导划弧向右前下搂按，落于右膝上方，掌心向下，虎口向前，臂成下弧，左掌外旋屈肘收提于左耳门外侧，指尖向异侧45°，掌心向内，左肘下垂；眼随右掌运行，并注视食指尖，意在右掌心。（图197）

【劲法意识】

与第六式左右搂膝拗步之7动的劲法意识相同，唯动作方向相反（向西）。

2. 弓步推按（右弓步左推按掌）

动作、劲法意识同第三十四式左右搂膝拗步之4动；亦同第六式左右搂膝拗步之8动，唯方向相反。（图198）

3. 虚步搂按（左按，右提，进左步，成虚步）

动作、劲法意识同第三十五式进步栽捶之1动；亦同第六式左右搂膝拗步之9动，唯方向相反。（图199）

图197 　　　　　图198 　　　　　图199

4. 弓步下冲拳（左正弓步右拳向下斜冲）

动作、劲法意识同第三十五式进步栽捶之 2 动，唯冲拳的高度不同，本势与腹平。（图 200）

第七十九式　进步揽雀尾（6 动）

1. 虚步进拳（右虚步，右拳向右前上方进拳）

右拳臂外旋，拳心翻转向里（对胸），腕与肩平；随之，拳领身起，提膝进右步，脚跟着地，脚尖上扬，成右虚步型；左掌随之，手型不变；眼神随右拳并向前方注视，意在右拳面。（图201、图 202）

图 200

2. 弓步前掤

右拳臂内旋渐翻转，五指自然舒伸变掌再向右前 1/16 处伸展，腕与肩平，掌心向下；同时，右脚落平，进膝成右弓步型；左掌随之掌心翻转向上；眼神随右掌食指运行并注目远视，意在右掌心。（图 203）

3—6 动动作、劲法意识同第二十五式进步揽雀尾之 3—6 动；亦同第二式揽雀尾之 5—8 动。（参见图 11—图 14）

图 201 　　　　　　图 202 　　　　　　图 203

第八十式　正单鞭（2 动）

动作、劲法意识、要领同第二十六式正单鞭；亦同第五十九式正单鞭。（参见图 98、图 99）

第八十一式　下势（2动）

动作、劲法意识、要领同第六十式下势。（参见图174—图177）

第八十二式　进步七星（2动）

1. 弓步左穿（又为顺步穿掌）

动作、劲法意识、要领同第六十一式左右金鸡独立之1动。（图204）

2. 虚步穿掤（一字步型，十字手法）

右掌以食指引导前伸外旋，掌心渐翻转向上，沿左肘下向左外至正前两腕交叉成斜十字形；同时，重心前移，胸向正东，提右膝，右脚沿左腿内侧向前进步，脚跟着地，脚尖上扬，两腿相贴成一字步型，提顶，立身，以保持身法中正安舒之态；眼神随右掌食指尖，两腕交叉后从两掌背中间向前平远视，意在右掌心。（图205）

【劲法意识】

对方将拉我左臂后，随之顺势进右掌反捋其臂，同时进右脚踢其颈首（这是一个暗腿法）。

【要领】

第1动同第六十一式左右金鸡独立之1动，第2动的右掌前进与进步成一字腿（暗腿），注意暗腿的稳固和准确性，并要求上下肢同时到位。

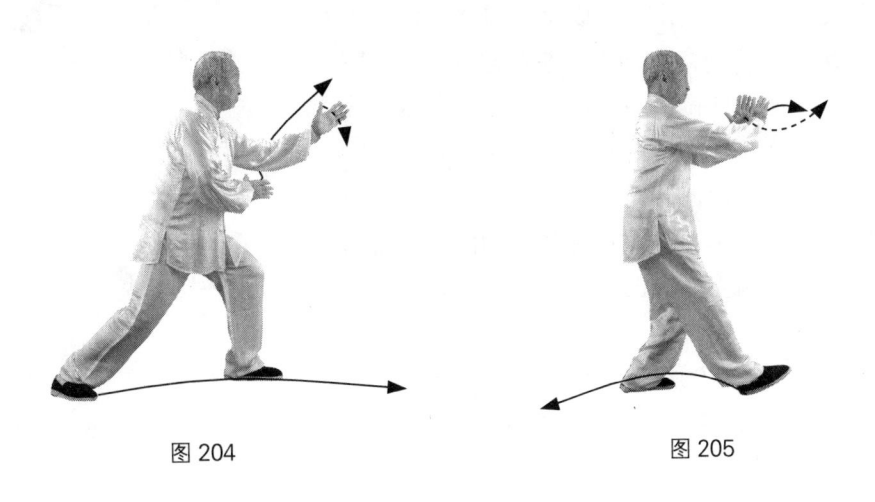

图204　　　　　　　　　图205

第八十三式　退步跨虎（2动）

1. 弓步掤分掌（撤右步，分伸两掌）

两腕放松，两掌指前伸分向左右，与肩同宽、同高，掌心向下；同时，左腿腘窝放松下沉，屈右腿腘窝，微提膝向后撤步，脚尖着地，重心仍在左腿；视线由两掌中间远

看，意在两掌心。（图206）

【劲法意识】

对方从正面击我面部，从下边用脚踢我右腿，我则用双掌分之捋按其右臂，同时撤步避其腿的进攻，再以双掌下按采其臂而跌之。

2. **丁步推掌**

本动步法、身法、手法变化多，因而分为两小动。

①马步右捋

两掌臂向下沉按，落于左膝两侧，掌心向下，指尖向前（正东）；同时，右腿腘窝放松，右脚跟内收，脚尖向正南，重心向右后移动并下蹲成马步型；随之，两掌向右前外弧平捋，右掌到右膝前上方，左掌捋到腹前，两掌心均向下，指尖向前（正南）（平捋时下蹲，掌心高不过胯，保持平稳，不可起伏）；眼神随右掌运行，意在两掌心。（图207）

②丁步勾推（左勾手，右推掌）

两掌继续右转，右掌捋至右膝外侧，左掌随之捋至右膝前上方时，先向身前再向左外划弧到东南方开始掌变勾，五指松拢内旋成反臂勾（又称之为实勾，力点在勾尖），勾尖向上，左臂伸直于左臀部后方（左掌向左外捋搂的全过程，要求自然划外弧，低不过膝，高不过胯）；同时，右掌松腕，屈臂沉肘划下弧，再掌指上扬提收到右耳门旁，掌心向里（左），指尖向上；随左掌向左搂转的同时，右掌向正前方推按成侧立掌（正南，此过程为立圆形）；随之，提左膝，左脚收置于右脚内侧，脚尖点地成丁步型（两脚间距约20厘米）；眼神随左掌运行到左前45°（东南）时，离开左掌由低渐起，由近及远，注视东南方，意在右掌根。（图208）

【劲法意识】

我收回左脚与右腿靠拢以避其脚击我裆及腹部，同时我则以左勾手搂之，顺势以右掌击其面部。

【要领】

①手向前与脚向后方向相反，运动重心要稳。
②右转时上肢与下肢要协调。

图206

图207

图208

③左勾与右推按动作的配合要紧密相连,神意相合;左实勾向后脑处上勾,则起到加强右掌力被动向前推进的作用。

第八十四式　转身扑面掌（2动）

1. 虚步右将（左虚步，右反手将）

右掌腕部微松,五指下落成斜侧立掌形,再向右伸展内旋翻转反掌向右平将（正西）,掌心向外（右）,指尖向前（正西）;左勾手屈肘松腕外旋变掌,向内收于左肋处,掌心向上,指尖向前（正西）成仰掌;随之腰身右转,左脚向左前进步,脚跟落于左前45°处成左虚步型,脚尖上扬;眼神随右掌运行,并注视右食指处,意在右掌心。（图209）

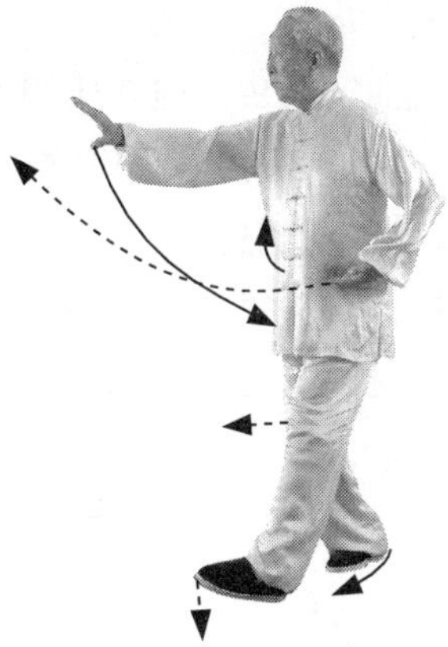

【劲法意识】

对方从身右侧进击将我之右腕,我则放松右腕部,腕内旋贴粘其手,使之反臂牵将失重欲跌。

图209

2. 弓步推按（左顺弓步推按掌）

右掌继续向右外划下弧经右肋、腹部向左平穿,横置于腹部左侧,掌心向上,指尖向左;左掌从左肋处向正前推击,腕与肩平,掌心向前（正西）;同时,右腿腘窝处放松屈沉,左脚落平,进左膝成左正弓步型;当重心前移于左腿时,右脚跟内收（两脚尖均向正西）;眼随左掌运行,并从食指尖向前远视,意在左掌心。（图210）

【劲法意识】

接上动。对方被我反将后顺劲进身穿插我胸部,我则以外旋反将其腕折圈其臂拧之,同时进左掌击其胸部。

图210

【要领】

这个动作的难度在于下肢的两腿,并要注意屈松支撑腿的腘窝部,既要松沉,还得支撑住体重和动作变化;两掌臂的配合与重心前移要协调。

第八十五式　转身双摆莲（4动）

1. 虚步平将（右转左掌平将）

动作、劲法意识与第七十七式十字摆莲之1动相同,唯方向相反（此向东北）。

（图 211）

2. 虚步挎按（右掌向右上掤按，双按）

右掌以食指引导从左肋下沿肘、前臂划外上弧，掌臂内旋向右翻转掤按下落至正南，掌心向前（正东），指尖向上，腕与肩平成侧立掌（沉腕外撑）；左掌相随，屈肘合按于右臂内侧，掌心向里（正西），指尖斜向上（形成两掌心相对）；同时，腰身右转，左腿弯曲，脚尖微内扣放松下沉，右脚跟虚起微内收，脚尖向东北，成右虚步型；眼神随右掌食指运行，双掌合按时向右前（正南）平远视，意在右掌心。（图212）

【劲法意识】

接上动。我以左掌贴粘对方的右肘后向右转身，再以右掌臂穿挑掤起向前上方伸展牵动其身前跌之。

图 211 　　　　　　　图 212

3. 独立双摆莲

动作、劲法意识与第七十七式十字摆莲之3动大部分相同，唯上肢与方向有别：①上肢是两手摆动依次掠拍击响右脚面（左先右后）；②方向相反（胸向正东）。（图213、图214）

图 213 　　　　　　　图 214

4. 虚步左捋（双掌左捋，右脚向右前侧进步）

左右两掌掠摆击拍左脚面之后，继续向左侧捋至西北约 1/8 处，两掌心均向下（胸向正北），指尖斜向上，左腕与肩平，右掌置于左臂内侧；右腿从胸前向右摆落后松屈腘窝，脚腕放松，自然下落于右外侧，脚跟着地，脚尖上扬，成右隅虚步型；眼神随双手向左侧平远视。（图 215）

【劲法意识】

对方右手下落解脱后用左手横击我面部，我以左掌接其腕捋粘其臂，同时起右腿摆击其胸部。

【要领】

①保持支撑腿的稳定性；②两掌左先右后摆掠击拍和右腿摆动力求同步（击拍响亮）；③屈右腿时保持重心稳定，不可有忽起忽落的现象；④两手掌指向左后与右脚向右前落点成 180°斜线（腰身转动幅度大的特点）。

第八十六式　左右弯弓射虎（4 动）

1. 隅弓步捋提（左右隅弓步，两拳上提）

左腿腘窝放松，重心下沉，同时右脚渐落平，脚尖向前（正东），进膝渐成右隅弓步；随之两掌松腕前伸（西北），掌心向下，继续划下弧按于左膝前；眼随两掌，意在右掌。（图 216）

不停，两掌再经腹前划外弧平捋至右膝前；腰身右转（胸向正东），左脚跟外展，脚尖向东，成右隅弓步型；两腕放松，指松握渐变成拳，继续右转，右拳上提到右耳旁，腕与肩平，拳眼斜向下，拳心斜向外，左拳提到右胸腋间，拳心向下，拳眼向里；同时腰身继续右转（胸向东南）；眼神先随左掌食指，右转时看右掌食指，并注视右拳轮处，意在右拳。（图 217）

图 216 　　图 217

【劲法意识】

对方以右拳击我胸部，我则以左掌贴粘其腕，左掌将其臂顺领后再向下按，对方被牵动后变为上翻右臂，我便顺劲上牵，以待机进攻之。

2. 左转上冲拳（右拳引腰身左转，向左前发拳）

步型不变，腰身左转；右拳从右耳门旁，划上弧向左前1/8处（东北）发拳，成右上冲拳，高与头平，拳眼向下，拳心向外（反臂），力点在拳面；左拳微划外弧，腕向外折屈，向左前方发出，左肘内收（掩肘），左肘与右膝相对，拳眼向上，拳心向外，力点在拳面（右臂舒伸，左臂折屈腕部，臂弯、前臂成水平），两拳面均向左前方；眼神随右拳向左前方远看，意在右拳面。（图218）

【劲法意识】

接上动。对方被我顺捋牵动后欲向后退，我乘机发之，冲击其头、胸部。

3. 隅弓步捋提（右拳向右上再向下、向左上捋提，进左步成隅弓步）

右拳变掌向右外上掤捋，左拳同时变掌相随；腰身随之提顶立身，同时右转（胸向东南），提左膝进左步，向左前1/8处伸出，脚跟着地，脚尖上扬成左隅虚步型；右掌腕与肩平（正南），左掌附按于胸前；眼看右掌指处。（图219）

随之，右腿腘窝放松下沉，重心渐左移，左脚落平，脚尖向东，腰身左转（胸向西北）；两掌放松下落捋按经右膝、腹前，再向左上划外弧，渐变拳上提置于左耳门外侧，右拳提到左胸腋间；眼神与1动相反，意在左拳（注：3动为左式，1动为右式）。（图220）

【劲法意识】

与1动左右、方向相反。

图218 　　　　　　　图219 　　　　　　　图220

4. 右转上冲拳（左拳引腰身右转，向右前发拳）

动作、劲法意识同本式之 2 动，左右相反，方向亦相反（东南）。（图 221）

【要领】

①两掌的运行路线基本相同，是一个左右"~"形的运动过程，腰身配合上下之转动，协调一致。

②步法是从虚步变隅弓步的过程，变化时不可起伏。

③左、右隅弓步的两脚尖均应向东。

④右上冲拳要舒伸，另一掩肘拳要屈转，必须两拳方向一致。

⑤注意腰身转送（拧转腰，迭腹股沟，保持身法与手法的协调）。

第八十七式　进步措捶（2 动）

1. 虚步翻拳（双拳翻转，进右脚成虚步）

左拳外旋，拳心渐翻转向上（仰拳），划外上弧，拳面向东北，腕与肩平；同时右拳腕部放松微伸，内旋，拳心翻转向下（俯拳），随之，经左肘上方向左前方舒伸；以右拳引起右脚跟，再提膝进步成右虚步型，脚跟着地，脚尖上扬；腰身随左拳外旋微左转；眼神回收，注视左拳，意在左拳。（图 222、图 223）

【劲法意识】

对方用左拳进击我左肋部，我以左拳外旋下落掩压其臂，伺机进击。

2. 弓步进拳（右弓步，进右拳，两拳相措）

右拳向左外前伸，成两拳相措（右上左下），拳心相对（左拳心向上，右拳心向下），继续前伸两拳渐变掌，右掌前伸至右前方 1/16 处（约东南 20°~30°），掌心向下，腕与肩平，左掌随之辅附于右前臂内侧，掌心向上，食指尖与右食指尖成斜线相对；右拳前伸时，右脚落平渐成右正弓步型，拳变掌后右正弓步型不变；眼随右掌食指尖运行，并向前平远视，意在右掌心。（图224）

【劲法意识】

接上动。当对方左臂被我贴粘掩压后，对方欲回收左臂后退，我则随即进步进右拳击其胸面部。

图224

【要领】

①左右拳相措时，应与右弓步相结合，同时前进。
②左拳下落翻转时腰身应配合左转，进右拳，再变掌时随之右转。

第八十八式　揽雀尾（4动）

动作、劲法意识、要领同第二式揽雀尾之 5—8 动，唯方向相反（此式为向正东）。（参见图11—图14、图11附图）

第八十九式　单鞭（2动）

动作、劲法意识、要领同第三式斜单鞭，唯方向不同（此式为背向起势方向，胸向正北）。（参见图15、图16）

第九十式　进步措掌（2动）

1. 侧弓步进掌（重心左移，进翻左掌）

左掌以食指引导外旋前伸（正西），掌心翻转向上，腕与肩平，右勾腕部内旋，五指放松，自然舒伸变掌，屈肘收于右耳外侧，掌心向下，指尖向前（正西）；同时，重心随掌左移成左侧弓步型，腰身微左转（胸向西北）；眼神随左掌食指平远视，意在左掌心。（图225）

【劲法意识】

对方以左掌抓掠我左腕拉拽，我则以外旋顺势化解其拉力，使其腕部力点改变后难于逃脱。

2. 弓步穿掤

动作同第八十七式进步措捶之 2 动，唯此动是掌，方向是正西。（图226）

【劲法意识】

接上动。我以右掌前进攻击其面部。

图 225 　　　　　　　　　　　图 226

第九十一式　揽雀尾（4动）

动作、劲法意识、要领同第二式揽雀尾之5—8动。（参见图11—图14、图11附图）

第九十二式　正单鞭（2动）

动作、劲法意识、要领同第二十六式正单鞭。（参见图98、图99）

第九十三式　合太极（2动）

1. 横开步平分（右勾变掌，两掌舒伸平分）

左腕放松，指尖前伸下按，成俯掌，掌心向下，腕与肩平，同时右勾变掌，掌心向下，指尖向右前舒伸；随之，重心随右勾变掌移于右腿成右横开步型（成右实左虚步型）；眼神先随左掌食指动，再从体前平转移于右掌食指尖远视（是由远及近再及远的眼法过程），意在右掌心。（图227）

【劲法意识】

如果我的右、左手被二人从两侧拉拽分争时，我可先松左腕，指尖前长，而重心微右移（以松展之法）使对方失重；随之，右勾变掌，松腕前伸发劲击攻之（上肢舒伸、下肢松沉及内外劲法的变化，必须做到神、意、动一体相合的要求）。

2. 并步合收（并步合收双掌，起身落掌）

左右臂弯放松，沉肘、松肩，同时以两掌食指尖引导向内收合于胸前（正南），两掌十指尖相对，掌心向下，腕与胸平；随之，身左转至正前方（胸向正南），同时左脚向右脚侧内收，脚尖向前成平行步型；上身正直，提顶，含胸，倚背，敛溜臀部，松肩沉肘，重心平稳于两腿正中；眼神随右掌食指尖内收至胸前平远视，意在两掌心。

(图228)

　　此势应进行最后收势前的调息法。深长自然呼吸 1~2 次后，待呼吸均匀平静后，两掌以小指引伸向前，与两肩同宽时，两肩放松，两掌向下沉落（自然呼气），掌心向下，虎口向前；左脚成自然步型（两脚间隔 10~15 厘米）；同时，两腕放松，外旋，指尖下垂，掌心内合；眼神自然平视前方。（图 229）

【劲法意识】

　　1 动的两掌、臂平分是大开舒伸动作，劲力开放；2 动是臂、步合收的内外合一的动作，形成心神意合与外部上下肢相合，眼神收合后再自然前视。

【要领】

　　①调整呼吸，成自然状态；②气沉丹田，自然充实，不僵不滞；③身法自然，重心稳定，虚实分明，上下贯通；④收势，即收功，必须力求安舒，自然，凝静，以达到身心松静状态。

图 227　　　　　　　　图 228　　　　　　　　图 229

传统武式太极拳

乔松茂 著

作者简介

乔松茂，1955年生于张家口市，武式太极拳第五代传人，乔式太极拳创始人。现任河北体育学院武术系客座教授。当代中国著名武术家，河北省政协常委，河北省武术协会副主席。自幼体弱，9岁起便随其在黄埔军校当国术教官的舅父张惠侠（字汉杰）习练国术。16岁时作为"下乡知青"插队到了邯郸县。17岁经太极拳名师米孟久推荐，拜师于永年广府镇的武禹襄家传太极拳第四代传人李锦藩先生。

奉师近20年，师徒情如父子，71岁的李锦藩先生将接力棒传给乔松茂后无怨仙逝。乔松茂学为所用，云游大江南北，期间得到了著名武术家王侠林等前辈的精心指点，又经过实践使其在师传功法基础上对所学技艺有了新的认识和提高，并进行了大胆的、科学的创新，使自身的拳架更符合拳理，更适应实战要求。其拳势小巧紧凑，一步一桩，动则俱动，静则俱静，开合有致，虚实清楚，周身一家，柔显于外，抗争隐于内及内在的中正，形成了平中见奇、拙中见妙的独特风格。乔松茂在精诚研习武禹襄太极拳理论的基础上，对太极拳功理不断进行探索，取得了许多研究成果：如武术四要论、一步一桩论、克己论、五步功法及身备五功论、武术流派的形成三要素。乔松茂太极拳集强身、益智、御辱、修身于一体，为太极拳文化融入了新的内涵。

乔松茂先后任邯郸市政协副秘书长、武安市副市长、邯郸市文化局副局长，同时，他又在国内外尽心尽力地传播太极文化。1991年积极倡导并参与发起组织了首届"河北·永年国际太极拳联谊会"，开创了国内、国际大型太极拳群众性交流联谊活动之先河。后连续数十次应邀出访新加坡、马来西亚等国讲学授艺，其弟子分布20多个国家和地区。在传播弘扬中华民族武术精神的同时，还利用自身优势先后邀请多个国家的友人和企业家来河北进行文化交流。2001年以来作为当代中国太极拳重要代表人物出席了由中国武术协会举办的首届、第二届世界太极拳健康大会，其纯正的技艺、高尚的武德，受到原国家体委副主任、中国武术协会主席徐才先生的高度评价；中国武术协会原副主席刘哲先生有感乔松茂德艺双馨及其为武术事业所作出的贡献，先后亲书"献身太极，无尚光荣"和"浩然正气"相赠。应人民体育出版社和"中华武术展现工程"之邀，陆续出版了拳、剑、打手器械欣赏等教学光盘及著作《乔松茂·武式太极拳诠真》《武式太极拳十三式》，为弘扬我国优秀的传统武术文化及推动科学健身起到了良好的作用，被评为优秀河北省政协委员。

至 21 世纪初，武、李后人研习武式太极拳风气日盛，为尊师重道、信守诺言，乔松茂毅然激流隐退，为武、李家后人提供了广阔的发展空间。在武林界树立起了打破帮派门户之争的典范。乔松茂多年来对拳理的感悟而由此所创的独特功法、拳架，也被国内外武术界称为"乔式太极拳"。

乔式太极拳以其完整的理论体系，科学、规范的拳架，独特的健身及击技功效，在第三届（深圳）国际文化产业博览会上和杨、武式太极拳同被誉为"古城邯郸太极文化一树三花，均是祖国传统文化艺术瑰宝，以国粹而载入史册"，并在第五届香港国际武术节设为单独比赛项目，大会评为传统武术挖掘整理拳种，2005 年以来每年被《中国体育年鉴》收录，海内外 20 多个国家和地区的大批求学者前来拜师求艺，并相继在各地成立了研究会，对其功理、功法进行探索和研究。

一、武式太极拳的源流及特点

武式太极拳始祖武河清，字禹襄（1812—1880），河北永年县广府城内东街人。长兄澄清，字秋瀛，任官于河南舞阳县知县。次兄汝清，字酌堂，清刑部员外郎。兄弟三人自幼从父习洪拳，家颇富有，并于永年广府城内东西两街各开茶庄一处，后将两茶庄合并，腾出西街市房租给河南温县陈家沟陈姓经售药材，店名太和堂。禹襄和其兄见店伙计均习太极拳，轻灵巧妙，与己所学迥然不同，遂以客东之谊求授。虽习数年，而奥妙终难晓悟。素闻河南赵堡镇陈师清平拳艺精湛，禹襄乃于赴兄任所之便而从学。正值陈师有售出土地未拨丁名之忧和受人诬告入狱杀身之难，禹襄通过在舞阳当知县的兄长武秋瀛，代为奔走而解之。陈师甚感其恩，随倾心授艺相报，体示口解，备极详尽。

陈师所授拳技与禹襄从太和堂学得的拳架大不相同。禹襄边学边练，并将所学拳理、拳诀作出札记，昼夜研习，四十余日，悉得其髓，理法尽知。复将陈师所赠的王宗岳《太极拳论》《太极拳势概要图》《拳论》一并抄录携归。昼夜左习，两年后技艺骤进，理法大明，窍要尽能施于身。因之将前作之札记，参以后之阅读《拳论》及练功方面的发悟，衍写出《拳解》《十三势行功歌解》《身法十法》《打手撒放》《四字密诀》等著作。至此，渐感原学拳架须以改创，乃订出旨要，严守身法，力法语明地体现拳理，深蕴拳技窍要，学者易学而获强之益，且免滥用于击技之害。历时三载，方成今貌。整个套路共85式，拳势小巧紧凑，身法紧严无隙，掤、捋、挤、按、采、挒、肘、靠，贯穿于各势之中，机宜尽蕴于内，进退顾盼定随势而生。体态端庄，气势鼓荡，恬静安舒，精神内涵。特别强调"一动无有不动，一静无有不静"；立身要求"中正不偏、八面支撑"；行功要"静若山岳，动若江河；迈步如临渊，运劲如抽丝，蓄劲如张弓，发劲如放箭；行气如九曲珠，无微不到；运劲如百炼钢，何坚不摧；形如搏兔之鹘，神如捕鼠之猫"。打手重接劲打劲，不重招数外形，其形式传统的只有三步半活步推手一种。武式太极拳的内因精神、外示安逸，一气鼓铸，练气归神、气势腾挪、精神贯注、刚柔相济、开合有致、虚实清楚的特点和风格，势势皆为解说太极拳理、拳法的绝好范例。故李亦畬在太极拳谱序中说："……后以参以鄙见，反复说来，惟恐讲之不明，言之不尽，然非口授入门，虽终日诵之，不能多有裨益也。"跋中又云："……切勿轻以予人，非私也，知音者少，可予者，其人更不多也，慎之、慎之。"窍要隐密，不经口授身演人尽难知，朴实无华干枝老梅，紧严缜密如天衣无缝，且深合养生之要义。因而外形易学而得之延年益寿，真谛不经指点终难用于击技。

武禹襄身体力行数十年，终身致力于太极拳研究，对武式太极拳的形式完善作出了巨大的贡献。其拳论皆根据其切身体会，简练精要，无一浮词，为近代治太极拳者奉为经典。

武式太极拳科学地集拳术、力学、导引、传统哲学为一体，而自成一家。坚持习练传统武式太极拳,可起到祛病延年、陶冶情操之奇特功效,因而在海内外享有盛誉。许多国家成立专门机构、组织,对其功理、功法进行探索和研究。

由于武禹襄及历代传人均受旧社会重文轻武思想的影响,愿以儒生自居,不愿为武术拳师,授徒极少。至第五代传人乔松茂,顺乎潮流,于90年代初,将该拳大力推广传授,才使世人得见其真面目。主要传人情况为:武禹襄传甥李亦畬、李启轩;李亦畬传子李石泉、李逊之,门徒郝为真(创郝式太极拳);李石泉及李逊之传李锦藩;李锦藩传徒乔松茂。

二、武式太极拳对身体各部位姿势的要求

(一) 头部

练习太极拳时,对头部姿势的要求是很严格的。要求练者头自然松正,避免颈部肌肉硬直,更不要东偏西歪或自由摇晃。头颈动作应随着身体位置和方向的自然变换,与躯干的旋转上下连贯,协调一致。面部要自然,口自然合闭,舌微上卷舔住上腭,以加强唾液的分泌。

眼神要随着身体的转动平视前方,既不可皱眉努目,也不要随意闭眼或精神涣散,要目有所视。打拳时,神态要自然,注意力一定要集中,否则会影响锻炼效果。

(二) 躯干部

(1) 胸、背。太极拳要领中指出,要"含胸拔背",或者"含蓄在胸,运动在两肩"。意思是说,在锻炼过程中要避免胸部外挺,但也不要内缩。配合周身,顺其自然。"含胸拔背"是互相联系的,背部肌肉随着两臂伸展动作,尽量地舒展开,同时注意胸部肌肉要自然松弛,不可使其紧张,从而也可免除胸肋间的紧张,呼吸调节也自然了。

(2) 腰、脊。人体在日常生活中,行、站、坐、卧要想保持正确的姿势,腰、脊起着主要作用。在练习太极拳的过程中,身体要求端正安舒,不偏不倚,腰部起着重要的作用。拳论云"腰脊为第一之主宰",又云"刻刻留心在腰间,腹内松静气腾然""腰为车轴"等等,都说明了如果腰部力量中断或身体转动中起不了车轴作用,如不把脊骨竖起来,就不可能做到周身完整一气。练习时,无论是进退或旋转,凡是由虚逐渐落实的动作,腰、腹部都要有意识地向下松垂,以帮助气的下沉。注意腰、腹要有微撑之意,不可用力前挺,以免影响转换时的灵活性。这样,腰、腹部向下松垂,可以增加两腿力量,使下盘得到稳固,使动作既圆活又完整。

在配合松腰的要领当中,脊椎骨要根据生理正常姿态竖起,不可因松腰而故意后屈、前挺或左右歪斜,以致造成胸肋或腹部肌肉的无谓紧张。通过腰部维护身体的重

心，能使动作既轻灵又稳定。可见，腰脊确是练太极拳的第一主宰。

（3）臀部。练太极拳时要求"敛臀"，这是为了避免臀部凸出而破坏身体的自然形态。练习时，要注意臀部自然下垂，不要左右扭动。在松腰、正脊的要求下，臀部肌肉要有意识地收敛，以维持躯干的正直。总之，垂臀的要求应用意识调整，不是用力去控制。

（三）腿部

在练习太极拳的过程中，进退的变换，开合的转换，发劲的根源和周身的稳定，主要在于腿部。因而在锻炼时，要特别注意重心的移动、脚放的位置和腿弯的程度。练拳人常讲："其根在脚，发于腿，主宰于腰，形于手指。"可见腿部动作姿势的好坏，关系着周身姿势的正确与否。

腿部活动时，首先要求腰、腹自然放松，这样可以保证进退灵便。脚的起落，要轻巧灵活；前进时脚跟先蹬铲着地，后退时脚掌先着地，然后踏实。

初学的人，往往感到顾了手顾不了脚，而且大多数人只注意了上肢的动作，而忽略了腿、脚的动作，以致影响了整个拳架的学习。应该充分认识腿脚动作在姿势变换中的重要性，认真学好各种步型步法。在练架子时，必须注意腿部动作的虚实。所谓腿部动作的虚实，就是重心在右腿则右腿为实，左腿为虚；重心在左腿则左腿为实，右腿为虚。但是，为了维持身体平衡，虚脚还要起着一个支点的作用（如"虚步"的前脚和弓步的后脚）。总之，既要分清虚实，又不要绝对化，这样，进退转换不仅动作灵活稳定，而且可使两腿轮换负荷与休息，减少肌肉的紧张和疲劳。

做弓步时，要以一腿弯曲支撑体重，另一腿提起伸直（不可僵挺），脚跟蹬铲自然落下，然后全脚踏实向前弓腿，这样进退自然、步幅适当。做跟步动作时，脚掌要先着地。蹬脚、分脚动作，宜慢不宜快（个别动作除外），应保持身体平衡稳定。摆腿动作（"摆莲"）或拍脚的动作，不可紧张，须根据个人技术情况而定，手不拍脚也可以（一般适于年龄较大者习练）。

（四）臂部

太极拳术语中讲"沉肩垂肘"，就是要求这两个部位的关节放松。肩、肘两个关节是相关联的，能沉肩就能垂肘。运动时应经常注意肩关节松开下沉，并有意识地向外引伸。

太极拳对手掌部位的要求是：凡是收掌的动作，手掌应微微含蓄，但又不可软化、飘浮；当手掌前推时，除了注意沉肩垂肘之外，同时手腕要微向下坐腕，但不可弯得太死。手法的屈伸翻转，要力求轻松灵活，出掌要自然，手指要舒展撑开，拳要松握，不要太用力。

手和肩的动作是完整一致的，如果手过度向前引伸，就容易把臂伸直，达不到"沉肩垂肘"的要求；而过分地沉肩垂肘，忽略了手的向前引伸，又容易使臂部过于弯曲。总之，动作时，臂部始终要保持一定的弧度，一般略大于90°，推掌、收掌动作都不要突然断劲，这样才能做到既有节奏又能连绵不断，轻而不浮，沉而不僵，灵活自然。

三、武式太极拳的练习步骤

武式太极拳的练习步骤和其他各式太极拳的习练方法基本上是相同的，须经过一个由生到熟、由熟到巧的逐步提高过程。

武式太极拳有着独特的运动特点和风格，只有充分体现出这些风格与特点来，使每一个动作姿势准确，符合其要领，由易到难，由难到顺，由顺到长功，达到功深势准，才能更好地收到增强体质、延年益寿、技艺超群的效果来。

武式太极拳可分为三个阶段来练习。第一阶段，主要在姿势的准确上下工夫。要在动作过渡式上打好基础。像小学生写字一样，一笔一画横平竖直，守住身法，一字一板，不可操之过急，揠苗助长。掌握技术差之分毫，谬以千里。把整个拳套架子中步型、步法、腿法、身法、手型、手法、眼神等基本要领做准确，步法稳定，一招一式规规矩矩，把架子凝固好。第二阶段，走顺阶段。在动作准确、架子成形的基础上，注意掌握动作的变化规律。折叠转换，做到协调连贯，圆活自然，拓开眼界，体松心静，轻灵沉着，周身一家，脚手相随，呼吸自然，气蓄敛于脊骨之中。第三阶段是成功架子。行功走架提起全副精神，一举手，一投足，具有压倒一切对手之气势。一连走几个架子也不感疲劳，完全是用内劲支配外形。以意行气，以气运身，达到意、气、拳架三者合为一体。

在这三个阶段练习过程中，始终都要以"心静、身灵、气敛、劲整、神聚"这五个重要要诀为努力方向。这五个要诀若全部做到了，说明你的拳艺就能一步步地登上太极拳艺的高峰。"心静"是指练走架时思想集中，精神贯注，专心致志排除一切杂念。"身灵"是指举手投足不可呆头呆脑，要进退自如，身法灵活，刻刻留意在腰间。"气敛"是指气沉丹田。气敛入骨，动作配合好意念，以意行气，以气运身。"劲整"是指一身之劲合为一体，劲起于足跟，主于腰间，形于手指，周身一家，脚手相随，能发出全身之力的整劲来。"神聚"是神气鼓荡，精神贯注，是心静、身灵、气敛、劲整四功的齐备，提起全副精神来练拳走架。下面把这三个阶段的主要过程及其要点简述如下。

第一阶段属于打基础，也是着熟凝固架子的阶段，要注意以下几个要领：

1. 端正姿势

练武式太极拳首先要注意姿势正确，最重要的是上身要自然竖直，腰脊中正，头不可前伸，要自然松正。目平视前方，两肩、两胯要自然放松，不可前俯后仰，左歪右斜，耸肩扭胯。身体各部位按着基本要领准确无误，每一个部位的基本要领，都会联系着别的部位的基本要领，不要造成错误的定型，这一阶段也是最重要的阶段。基础打不好，必定造成以后的不正确的动作。例如，姿势中臀部外凸必须牵连腰部和胸部前挺，腹肌紧张。因此，初学阶段要姿势准确，不可贪多求快、潦草从事，这样做，开始阶段可能刻板一些，灵活性稍差，但只要抓住了身法的主要关节，守住身法，一开始进步会慢点，把架子凝固好，将来进步就快，从某种意义上讲慢就是快。如果一开始不注意姿势的准确性，守不住身法，一开始好像学得比别人快，但以后进步就慢了，快就变成了慢。常言说学拳容易改拳难，就是这个道理。

2. 稳定中心

要使身体姿势端正，稳定中心是很重要的。稳定中心首先要保持下肢的稳定，步型、步法是整个姿势的基础。下肢如不稳，上身就发飘，下肢不稳的主要因素多是由于步型、步法不得当。步子过小、过窄，或脚的位置、角度不对，以及变换虚实不清，造成身体不稳。步型要准确，步法要适度，也可以单练各种桩步和步法。稳定好中心，培养下肢的支撑平衡力量，掌握好要领，衔接好步法之间的转换，不要错误地理解要领，别着自己的步法，越练越走偏路。同时，要多练单式，即各种腿法（蹬脚、分脚、摆莲、踢腿）和腰部的柔韧性方面的练习，来增强下肢的稳定。总之，武式太极拳行功走架，下肢的稳定是相当重要的。

3. 舒松均匀

初学武式太极拳时要注意舒松均匀。舒松不是软化无力，而是按着规矩，不可僵硬，一字一板的自然运动。松而不懈，紧而不僵，运劲如抽丝，迈步如猫行，不可使用拙力，造成不必要的紧张、呆板。掌握好要领，把不必要的紧张和僵劲去掉，注意松肩沉肘，松胯活腰，以腰为主宰，反复习练，动作要均匀。初学时动作要慢一些，用力要轻，易于使动作准确，消除拙力。初学时动作不熟练，可以在动作之间有片刻的停顿，体会一下要领，再做下一个动作。但是在动作熟练准确之后，就要努力保持均匀的速度，起落转换不可忽快忽慢，不可上下起伏，不可左歪右斜，要把架子固定好。

第二阶段走顺架子，掌握好运动规律，是练习懂劲的阶段。

1. 连贯协调

练武式太极拳，在姿势动作有了一定的基础之后，就进入走顺架子、连贯协调阶段。各个姿势动作的前后衔接，一气呵成，如行云流水一般，前一个动作的完成，就是下一个动作的开始，不可中途断线。要求上下相随，完整一气，全身各个部位运动要连贯协调，一动无有不动，一静无有不静。要做到节节贯串，整个过程精神要提得起，密切配合全身的运动，如长江大海滔滔不绝。不可手脚快慢不一，躯干、四肢脱节，就会受人所制。因此，动作的连贯协调是至关重要的。

2. 空松圆活

武式太极拳的动作练起来要灵活自然、衔接和顺。在动作要领上，特别注重运用腰脊带动四肢，以腰为轴，体现坐腕旋臂，屈膝松胯等要领。反复练习，做到变转圆活、轻灵顺遂，空松圆活是相辅相成的。平日练拳走架，要认真揣摩空松的意义，这样久练之后，才能达到上乘功夫。

3. 呼吸自然

初学武式太极拳时要求呼吸自然。因武式太极拳注重于内，故在行功走架中，人的自然呼吸会随着人体的代谢需要而产生变化，不要刻意追求它，应顺其自然。

第三阶段。 过去有人把这个阶段称为"由着熟而渐悟懂劲"的阶段，或者叫做"练意、练气、练劲"的阶段。练习中要注意掌握以下要点：

1. 虚实分明，刚柔相济

在武术练习中，常常把矛盾转换概括称为虚实变化。太极拳从整体动作来分，除个别情况外，动作达到终点定势为"实"，动作变转过程为"虚"。从局部动作来分，主要支撑体重的腿为实，辅助支撑或移动换步腿为虚；体现动作主要内容的手臂为实，辅助、配合的手臂为虚。分清了动作的虚实、用力的时候，就要有张有弛，区别对待。实的动作和部位，用力要求沉着、充实；虚的动作和部位，要求轻灵、含蓄。例如动作达到定势或趋于完成时，腰脊和关节要松沉、稳定。动作变转运动时，全身各关节要舒松、活泼。上肢动作由虚而实时，前臂要沉着，手掌逐渐撑指、展掌、坐腕，握拳要由松而紧；由实而虚时，前臂运转要轻灵，手掌略微含蓄，握拳由紧而松。这样，结合动作虚实变化，劲力有柔有刚、张弛交替，打起拳来就可轻灵、沉着，避免不分主次、平均用力和双重、呆滞的毛病。

2. 连绵不断，劲力完整

太极拳的劲力除要求刚柔相济外，还要求均匀完整，时时处处不断劲。如同传统理论中所说"勿使有凹凸处，勿使有断续处"。断劲就是指力量的中断、停顿、脱节、突变。要使劲力绵绵不断，就要在动作连贯、协调、圆活的基础上掌握运劲规律。太极拳用力要求发自腰、腿，运用于两臂、两手，达于手指，动作起来，以腰为枢纽，周身完整一气。凡是腰部的旋转都和腿的屈伸、脚的外撇里扣、身体重心移动配合一致。两臂运转也要在腰部旋转带动下进行。

强调腰、腿发力，周身完整，不是忽视上肢作用。武式太极拳中两臂变化不多，是劲力运用的集中表现。如开式，双掌劳宫穴有微凸之意，十指撑开，意念中好像力量贯注到双掌掌根。这样尽管动作千变万化，但劲力始终贯串衔接、完整一气，做到势换劲不断。

概括起来，前面讲的刚柔相济，是指力量的变化；此处讲的连绵不断，是指劲力的完整。

3. 意念集中，以意导动

练太极拳自始至终要求思想集中。在技术熟练以后，注意力就应集中到劲力运用方面，做到"意动身随""意到劲到"。意念活动能动地引导动作，不仅使劲力体现得更充分、动作更准确，而且对调节中枢神经、增强各部器官的机能、提高医疗效果，都有直接影响，所以有人形容太极拳是用意不用力的"意识体操"。关于太极拳意念引导动作，在理解和实践中要特别注意以下两点：

第一，意念集中不是情绪紧张呆板，而是外示安逸，内固精神。意念活动要与劲力的刚柔、张弛相一致，形成有节奏、有变化的运动。意念活动和劲力运用，是统一运动的两个方面，都要体现"沉而不僵，轻而不浮"的特点。

第二，意念、劲力、动作三者是统一的，但它们的相互关系则有主有从。

意念引导劲力，劲力产生运动。太极拳要求"先在心、后在身"，势换劲连，劲换意连。但对这种主从关系，不能有脱节、割裂的理解。意念的变化要表现在劲力和动作上。练太极拳不能片面追求"虚静"，追求"有圈之意，无圈之形"，那样就会把意念活动割裂架空，使人莫测高深，无所适从。

4. 呼吸自然

武式太极拳所指的呼吸，是指内劲、内气在体内的开合、升降，而不是指肺部呼吸，故习练者不可有误解。习练太极拳要保持肺部呼吸的自然顺遂，不能生硬勉强，以免有伤身体。

四、武式太极拳的动作要领

（一）意识引导动作

人体的任何动作（除反射性动作外），包括各种体育锻炼的动作，都需经过意识的指挥。练习太极拳的全部过程，也要求用意识（即指想象力）引导动作，把注意力贯注到动作之中去。如做太极拳"懒扎衣"，在练法上，不是随便地把两臂抬起来，而是首先要求想着两臂上举的动作，随后慢慢地把双掌抬起来；又如做两手向前按出的动作，首先就要有向前推按的想象。意欲沉气，就要有把气沉到腹腔深处的想象。意不停，动作亦随之不停，意和神就好像用一条线把各个动作贯串起来一样。总之练习太极拳从"起势"到"收势"，所有动作都要注意用意识去支配。过去练拳人所说的"神为主帅，身为驱使""意动身随"就是这个意思。为了掌握这个要领，必须注意以下两点：

第一，安静。练拳时从准备姿势开始，首先就要从心理上安静下来，不再思考别的问题。然后按动作要求检查，头是否正直，躯干和肩是否放松了，呼吸是否自然通畅，当这些都合乎要求时才做以后的动作。这是练拳前一个重要的准备工作。这种安静的心情，应贯彻到练习拳架的全部动作中去。

练拳时，无论动作简单还是复杂，姿势高还是低，心理上始终要保持安静状态，这样才能保持外示安逸，意识集中，精神贯注到每个细小的动作之中，否则就会造成手脚错乱、快慢无序或做错了动作的现象。太极拳要求"以静御动，虽动犹静""动中求静"，如能做到这些，就不至于引起神经过分紧张以致过分疲劳。

第二，要集中注意力。在安静的前提下，要把注意力放在引导动作和考虑要领上，专心致志地练拳。不要一面走架，一面东张西望或思考别的事情。初学太极拳的人，很容易忘掉这个"用意"的要求。经久练习，就可意动身随，手到劲发，想象力自然与肢体的活动密切配合。

（二）注意放松，不用拙力

这里所讲的放松，不是全身的松懈疲怠、软而无力，而是在身体自然活动或站立情况下，使某些可能放松的肌肉，做到最大限度地放松，动作时避免使用拙力和僵劲。在练习中，要求人体的脊柱按自然的形态直立起来，使头、躯干、四肢等部位进行舒松自然的活动。

太极拳姿势要求身体中正安舒，不要前俯后仰或左右偏斜。它所用的力，是维持姿势的正确与稳定、自然，经过长时间练习而引发的一种特殊的力，有的称它为规矩的力，也有的称它为"劲"。两臂该圆的，就必须做到圆满；腿该屈的，就必须屈到所要求的程度。除按照要求所用的力量之外，其他部位肌肉要尽量松沉。当然，初学时比较难掌握"力"的界限，所以首先应注意放松，使身体各个关节都舒展开，避免紧张，力求圆活。然后由"松"再慢慢地使力量集中起来，达到式式连贯、处处圆活、不僵不拘、周身协调的要求。

（三）上下相随，周身协调

太极拳是一种使身体全面锻炼的运动项目。有人说，打太极拳时，全身"一动无有不动"；又说，练拳时全身"由脚而腿而腰，总须完整一气"，这些都是形容"上下相随，周身协调"的。

初学太极拳的人，虽然在理论上知道许多动作要以腰部为轴，由躯干带动四肢来进行活动，但因为意念与肢体动作还不能密切配合，想做到周身协调也是有困难的。所以，最好先通过单式练习，以求得躯干与四肢动作的协调，同时也要练习步法（如移动重心、变换步法等），以锻炼下肢的支撑力量和熟练地掌握步法要领。然后再通过全部动作的连贯练习，使步法的进退转换与身法的旋转、内劲的转换、手法的变化相互配合，逐渐地达到全身既协调而又完整，从而使身体各个部位都得到均衡的锻炼与发展。

(四) 虚实分清，重心稳定

初步了解了太极拳的姿势、动作要领后，就要进一步注意动作的虚实和身体重心问题。因为一个姿势与另一个姿势的连接、位置和方向的改变，处处都贯穿着步法的变换和转移重心的活动。在锻炼中要注意身法和手法的运用，由虚到实，或由实到虚，既要分明，又要连贯不停，做到势断意不断，一气呵成。如果虚实变化不清，进退变化一定不灵，就容易发生动作迟滞、重心不稳和左右歪斜的毛病。

拳论云"迈步如猫行，运劲如抽丝"，就是形容练太极拳应当注意脚步轻灵和动作均匀。要做到这一点，首先应注意虚实变换得当，使肢体各部分在运动中没有不稳定的现象。假如不能维持身体的平衡稳定，那就根本谈不到动作的轻灵、均匀。

太极拳的动作，无论怎样复杂，首先要把自己安排得舒适，这是太极拳"中正安舒"的基本要求。凡是旋转的动作，要以实腿的脚跟为轴，虚腿的脚掌为辅，应先把身体稳住再拧转；进退的动作，先落脚而后再改变重心。同时，躯体做到了沉肩、松腰、松胯以及手法上的虚实，也会帮助重心的稳定。这样练习日久，动作无论快慢，都不会产生左右摇摆、上重下轻和稳定不住的毛病。

(五) 呼吸自然

练太极拳要求呼吸自然，不能因为运动而引起呼吸急促。人们无论做任何体育活动，机体需要的氧都要超过不运动的时候。在练习太极拳时，由于动作轻松柔和，身体始终保持着缓和协调，所以用增加呼吸深度就可以满足体内对氧的需要，对正常的呼吸影响并不太大。

初学太极拳的人，首先要注意保持自然呼吸。这就是说，在做动作时，练习者应按照自己的习惯和当时的需要进行呼吸，该呼就呼，该吸就吸，动作和呼吸不要互相约束。

以上要领不是彼此分离，而是相互联系的。如果心理不能"安静"，就不能意识集中和精神贯注，也就难以使意念与动作结合进行，更达不到连贯和圆活的要求。如果虚实与重心掌握不好，上体过分紧张，也不可能做到动作协调、完整一体，从而呼吸也就谈不上自然了。

五、武式太极拳 85 式动作名称

第一路
第 一 式　起势
第 二 式　左懒扎衣
第 三 式　右懒扎衣
第 四 式　单鞭
第 五 式　提手上势
第 六 式　白鹅亮翅
第 七 式　左搂膝拗步
第 八 式　手挥琵琶
第 九 式　左搂膝拗步
第 十 式　右搂膝拗步
第十一式　上步搬拦捶
第十二式　六封四闭
第十三式　抱虎推山
第十四式　手挥琵琶
第十五式　右懒扎衣
第十六式　单鞭

第二路
第十七式　提手上势
第十八式　迎面掌
第十九式　肘底捶
第二十式　倒辇猴
第二十一式　手挥琵琶
第二十二式　白鹅亮翅
第二十三式　左搂膝拗步
第二十四式　手挥琵琶
第二十五式　按势
第二十六式　青龙出水
第二十七式　三甬背
第二十八式　单鞭
第二十九式　纭手

第 三十 式　单鞭
第三十一式　左高探马
第三十二式　右高探马

第三路
第三十三式　右起脚
第三十四式　左起脚
第三十五式　转身踢一脚
第三十六式　践步栽捶
第三十七式　翻身二起
第三十八式　披身
第三十九式　左伏虎
第四十式　右伏虎
第四十一式　踢一脚
第四十二式　转身蹬一跟
第四十三式　上步搬拦捶
第四十四式　六封四闭
第四十五式　抱虎推山
第四十六式　手挥琵琶
第四十七式　右懒扎衣
第四十八式　斜单鞭

第四路
第四十九式　野马分鬃
第 五十 式　单鞭
第五十一式　玉女穿梭
第五十二式　手挥琵琶
第五十三式　右懒扎衣
第五十四式　单鞭
第五十五式　纭手
第五十六式　单鞭

第五路
第五十七式　下势

第五十八式	左更鸡独立		第七十二式	高探马
第五十九式	右更鸡独立		第七十三式	对心掌
第 六十 式	倒辇侯		第七十四式	十字摆莲
第六十一式	手挥琵琶		第七十五式	指裆捶
第六十二式	白鹅亮翅		第七十六式	右懒扎衣
第六十三式	左搂膝拗步		第七十七式	单鞭
第六十四式	手挥琵琶		**第七路**	
第六十五式	按势		第七十八式	下势
第六十六式	青龙出水		第七十九式	上步七星
第六十七式	三甬背		第 八十 式	退步跨虎
第六十八式	单鞭		第八十一式	转身摆莲
第六十九式	纭手		第八十二式	弯弓射虎
第 七十 式	单鞭		第八十三式	双抱捶
第六路			第八十四式	手挥琵琶
第七十一式	提手上势		第八十五式	收势

六、武式太极拳85式动作图解

第一路

第一式 起 势

1. 两腿自然站立，两脚间距约一拳，脚尖向前，两膝微屈；双掌引置于两腿的外侧，十指朝下；眼平视前方，颈项要自然顺直，唇轻闭，齿轻合。脊骨自然竖直，全身松沉，不可僵硬。腹部要充实，下盘要稳固，躯干要松正，不可歪偏，呼吸自然，外示安逸。（图1）

2. 提左脚向左横跨出步，约与肩宽；双掌十指撑开朝前上翘，坐腕，掌心向下，掌

图1

图2

心微凸，其他身法不变。（图2）

第二式　左懒扎衣

1. 重心移至右腿；以右脚跟为轴，左脚掌为辅，全身向左转45°；左脚掌着地，右实左虚，重心坐于右腿；同时，双掌由下而上举于胸前，左掌在前、在上，竖于身体中线部分，高不过眼，远不过脚，左肘内弯要大于90°，掌指朝上，掌心朝右，坐腕；右掌在后、在下，置于右胸前约一拳，掌指斜向前上方，掌心与左肘内侧相对。（图3）

2. 上身不动；右膝弯曲角度不变，提左脚向前蹬铲出步；左膝伸直，脚跟着地，脚掌上翘；重心坐于右腿，右实左虚。（图4）

3. 上身不动，重心前移，左脚落平踏实，和右脚成不丁不八步，左腿弓、右腿撑成左弓步；双掌同时微微外旋，劳宫穴有外展之意；目视前方。（图5）

图3　　　　　　　　图4　　　　　　　　图5

第三式　右懒扎衣

1. 上身不动，重心移至左腿；左腿弓步角度不变，提右脚跟至左脚跟右侧偏后，脚掌着地，左实右虚；目视前方。（图6）

2. 以左脚为轴，右脚为辅，重心在左脚跟，全身同时向右拧转90°；同时，双掌于胸前相换；右掌在前、在上，竖于身体中线部位，高不过眼，远不过脚，右肘内弯角度大于90°，掌指朝上，掌心朝左，坐腕；左掌在下、在后，距左胸前一拳左右，掌指斜向上方，掌心与右肘内侧相对。（图7）

3. 上身不动；左膝弯曲角度不变，提右脚向前蹬铲出步，右膝伸直，脚跟着地，脚掌上翘；重心坐于左腿，左实右虚。（图8）

4. 上身不动，重心前移，右脚踏平落实，和左脚成不丁不八步，右腿弓、左腿撑成右弓步；双掌同时微外旋，劳宫穴有外展之意；目视前方。（图9）

左右懒扎衣动作要求一样，唯左右相反。

图6

图 7　　　　　　　　　图 8　　　　　　　　　图 9

第四式　单　鞭

1. 上身不动，重心移至右腿；右腿弓步角度不变，提左脚跟至右脚跟右侧偏后，脚掌着地，右实左虚；目视前方。（图 10）

2. 以右脚跟为轴，左脚掌为辅，全身同步向左拧转 90°，左脚尖略内扣，重心坐于右腿；双掌随全身转动推放至胸前，双掌与肩同宽，高不过鼻，双肘弯曲要大于 90°；目视前方。（图 11）

3. 上身不动；右膝弯曲角度不变，提起左脚向左横蹚铲出步，左脚跟着地，脚尖上翘，左膝伸直；目视前方。（图 12）

4. 重心左移，左腿屈膝前弓，右腿自然撑直成左弓步，身体左转 90°；同时，左掌随腰转，划弧竖于面前，高不过眼，掌心向右，远不过脚，左肘弯曲角度大于 90°，和左弓腿处在垂直线上；右掌不随身转，而微向下划弧拉开，中指朝上，高与肩平，右肘不可伸直；目视前方。（图 13）

图 10　　　　　图 11　　　　　图 12　　　　　图 13

第五式　提手上势

左掌不动；重心仍在左腿，左膝弯曲角度不变，右脚跟至左脚右侧偏后，脚前掌着地；同时，右掌由上往下划弧，按至右胯前侧，掌心向下，掌根着意；目仍随左掌平视前方。（图14）

第六式　白鹅亮翅

1. 以左脚跟为轴，右脚掌为辅，全身向右拧转约135°，重心在左腿，左实右虚；同时，右掌上抬至额前上方约两拳，掌心斜向上方，左掌由右肘内侧推出；目视前方。（图15）

重心及上身不动；左膝弯曲角度不变，提右腿蹬铲出步，脚跟着地，膝盖伸直。（图16）

图14 　　　　　　　图15 　　　　　　　图16

2. 上身不动，重心前移，右脚踏平落实，右腿弓、左腿撑成右弓步，右腿的弓和左腿的撑要同步完成；双掌同时有外旋之意，劳宫穴有外展之意；目视前方。（图17）

3. 上身不动，重心移至右腿，顺势提左脚，跟至右脚跟的左后侧，脚掌着地。（图18）

4. 其他不变，提左脚插向右脚跟的右后方。（图19）

图17 　　　　　　　图18 　　　　　　　图19

第七式 左搂膝拗步

1. 以右脚跟为轴，左脚掌为辅，全身向左拧转180°，重心坐于右腿，左脚掌点地；同时，右掌下落于右太阳穴旁，掌心朝内偏向下方；左掌横于右胸前，掌心向左，掌指朝上；目视前方。（图20）

2. 重心不变；提左脚蹬铲出步，脚跟着地，膝盖伸直；右掌不变，在出左腿的同时，左掌由胸前斜切至左胯下方；目视前方。（图21）

3. 上身不动，重心前移，左脚踏平落实，左腿弓、右腿撑成左弓步，左腿的弓和右腿的撑要同步完成；同时，右掌由太阳穴推向右肩前方，远不过脚，掌心朝前，五指朝上；左掌同时也由切掌变按掌，五指朝前，掌心向下，掌根着意；目视前方。（图22）

图20　　　　　图21　　　　　图22

第八式 手挥琵琶

1. 重心移至左腿，右脚顺势跟至左脚跟右侧后方，脚掌点地，两膝微屈；同时，右掌横移至身体中线前，高不过眼，掌心向左，五指朝上；左掌上穿至身体前，于右掌下方垂直部位，掌心朝右，五指朝上。（图23）

2. 提右脚向后退一步落实，重心移至右腿，左脚顺势收至右脚左前方，脚掌点地；左右掌上下相换，竖于身体中线前，左掌在上，掌心向右，右掌在下，掌心向左；目视前方。（图24）

图23　　　　　图24

第九式　左搂膝拗步

重心不变,下肢不动;右掌提至右太阳穴旁,掌心朝内偏向下方,左掌由胸前斜切至右胯下方;目视前方。(参见图20)

其余动作同第七式左搂膝拗步之2、3动。(参见图21、图22)

第十式　右搂膝拗步

1. 重心移至左腿,右脚顺势跟至左脚跟右侧后方,随即以左脚为轴,右脚掌为辅,全身同时向右拧转90°,两腿微屈;右掌横移于左胸前,掌心向左,五指朝上,左掌经身体中线上抬至左太阳穴旁,掌心向内,五指朝斜上方;目视前方。(图25)

2. 重心不变;提右脚蹬铲出步,脚跟着地,膝盖伸直;同时,左手不动,右掌由上向下斜切至右胯下方,五指朝前,掌心斜向内侧。(图26)

3. 重心前移,右脚踏平落实,右弓和左撑成右弓步;同时,左掌由太阳穴推向左肩前方,远不过脚,掌心朝前,五指朝上;右掌同时也由切掌变按掌,五指朝前,掌心向下,掌根着意;目视前方。(图27)

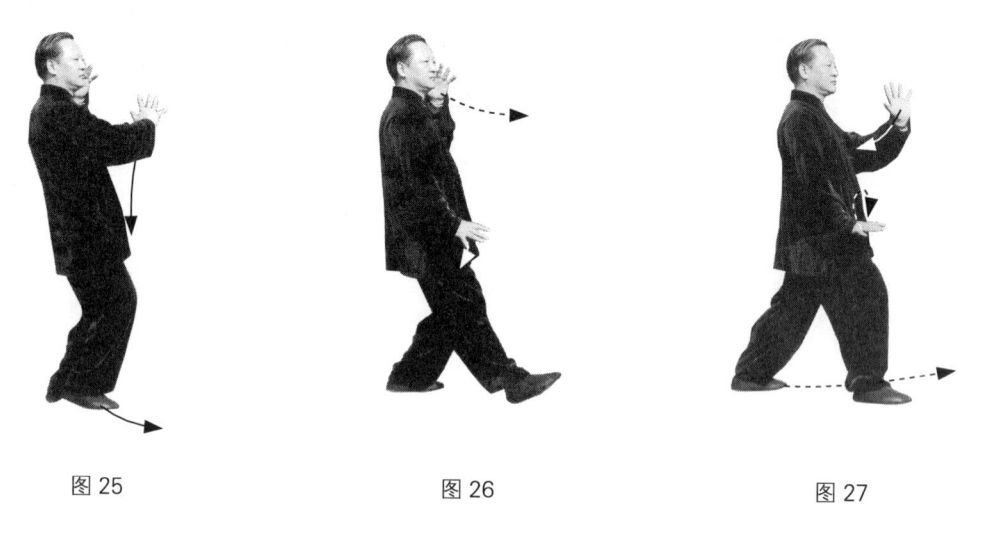

图25　　　　　　　图26　　　　　　　图27

第十一式　上步搬拦捶

1. 右掌变拳,拳心向下;重心移至右腿,顺势提左脚上步,至右脚左前方,脚掌点地,两膝微屈,右实左虚;同时,左掌移至右胸前,左肘弯曲角度要大于90°,掌心朝右,五指朝上,坐腕;右拳在小腹右侧从内向外翻腕划一立圆,置于腰的右侧,拳心朝上;目视前方。(图28)

2. 上身不动,重心坐在右腿,提左脚蹬铲出步,脚跟着地,膝盖伸直;同时,左掌微微下压。(图29)

3. 重心前移;左脚踏平落实,左腿弓、右腿撑成左弓步;同时,右拳内旋从左掌上方腕部击出,拳心朝下;目视前方。(图30)

图 28 　　　　　　　　　图 29 　　　　　　　　　图 30

第十二式　六封四闭

1. 重心移至左腿；顺势提右脚跟至左脚跟右后外侧，脚掌着地，两腿微屈，左实右虚；同时，右拳变掌，和左掌同时向左右分开，引置于左右胸的前方，约与肩同宽同高，双肘的弯曲角度要大于90°，十指朝斜上方，掌心向斜前方。（图31）

2. 上身不动；右脚提起向后退半步落实，重心移于右腿；左脚顺势收至右脚左前方，脚掌点地，两腿微屈，右实左虚。（图32）

3. 上身不动；提左脚蹬铲出步，膝盖伸直，脚跟着地；重心坐于右腿。（图33）

图 31 　　　　　　　　　图 32 　　　　　　　　　图 33

4. 重心前移；左脚踏平落实，左腿弓、右腿撑成左弓步；同时，双掌同时挫向前方，十指朝上，掌心向前，有外凸之意，远不过脚；目视前方。（图34）

5. 上身不动，重心在左腿上；右脚顺势跟至左脚跟的右后方，脚掌点地，两膝微屈。（图35）

图 34 　　　　　　　　　　　图 35

第十三式　抱虎推山

1. 上身不动，重心不变；提右脚，插向左脚跟的左后方，脚掌点地。（图 36）

2. 以左脚跟为轴，右脚掌为辅，全身向右后方拧转180°，重心仍在左腿，两腿微屈；同时，左掌上抬至左太阳穴一侧，五指斜向前上方，掌心斜向下；右掌横移至左胸前，掌心向左，五指朝上，右肘弯曲角度要大于90°。（图 37）

3. 重心坐于左腿上；提右脚蹬铲出步，脚跟着地。（图 38）

4. 重心前移，右脚掌踏平落实，右弓、左撑成右弓步；右掌不变，左掌由太阳穴前推至右掌上方，掌心向前，五指朝上；目视前方。（图 39）

图 36

图 37 　　　　　　　图 38 　　　　　　　图 39

第十四式　手挥琵琶

重心在右腿上；提左脚顺势跟至右脚跟的左后侧，脚掌点地，两膝微屈；同时，右掌上抬至身体中线前，高不过眼，掌心向左；左掌下降至胸前中线前，和右掌成垂直，掌心向右，双掌十指朝上；目视前方。（图40）

第十五式　右懒扎衣

提左脚向后方退一步，同时重心移至左腿；右脚顺势收至左脚尖的右前方，脚掌点地，两膝微屈；右掌不变，左掌同时向后收至左胸前约一拳，掌心与右肘内弯相对；目视前方。（参见图7）

其余动作同第三式右懒扎衣之3、4动。（参见图8、图9）

第十六式　单　鞭

动作同第四式单鞭。（参见图10—图13）

图40

第二路

第十七式　提手上势

重心仍在左腿；提右脚，跟至左脚右侧，脚掌点地，两腿微屈，左实右虚；同时，身体微右转约30°；右手由上向下划弧按于肚脐下方，掌心向下，五指朝左，左掌抬至左太阳穴旁；目视前方。（图41）

第十八式　迎面掌

1. 上身不动，重心仍在左腿；提右脚蹬铲出步，脚跟着地，右膝要伸直；目视前方。（图42）

2. 重心前移；右脚踏平落实，右腿弓、左腿撑成右弓步；同时，右掌不变，但有下按之意，左掌由太阳穴推至左肩前方，远不过脚，掌心朝前，五指朝上；目视前方。（图43）

图41　　　　　　　图42　　　　　　　图43

第十九式　肘底捶

以右脚跟为轴，左脚掌为辅，全身同步向左后方拧转180°，重心仍在右腿，右实左虚，两膝微屈；同时，右掌变拳，随身击出，置于右肋前，远不过脚，拳心向下；左掌随身转移至身体中线前，高不过眼，远不过脚，掌心朝右，五指朝上；左掌、左肘、右拳成一三角形；目视前方。（图44、图44附图）

图44 　　　　　　　　图44附图

第二十式　倒撵侯

1. 重心仍在右腿，左脚微收；同时，左掌不动，右拳变掌，从左掌右侧上抬至右太阳穴旁，掌心斜向下方，五指朝前。（图45）

2. 上身不动，重心仍在右腿，提左脚蹬铲出步，脚跟着地。（图46）

3. 重心前移；左脚踏实落平，左弓右撑成左弓步；左掌不变，但要微微外旋，右掌同时推至左掌指上方，掌心朝前；目视前方。（图47）

图45 　　　　　　图46 　　　　　　图47

4. 上身不动，重心移至左腿；右脚顺势提至左脚跟右后侧方，脚掌着地，左实右虚，两膝微屈；目视前方。（图48）

5. 提右脚，插向左脚跟左后方，右脚掌点地；然后，以左脚跟为轴，右脚掌为辅，全身向右后方拧转270°，重心仍在左腿，两膝微屈；同时，右掌落至左胸前，掌心向左，五指朝上，左掌上抬至左太阳穴旁；目视前方。（图49、图50）

6. 上身不动；提右脚蹬铲出步，脚跟着地，右膝伸直。（图51）

7. 重心前移；右脚踏平落实，左腿撑、右腿弓成右弓步；右掌不动，左掌推至右掌上方，掌心朝前，五指朝上，远不过脚；目视前方。（图52）

8. 上身不动，重心移至右腿；左脚顺势跟至右脚左后方，脚掌点地，两膝微屈，右实左虚。（图53）

图 48　　　图 49　　　图 50

图 51　　　图 52　　　图 53

9. 上身不动，重心不变；提左脚，插向右脚跟右后方，脚掌点地随即以右脚跟为轴，左脚掌为辅，全身向左后方拧转270°，右实左虚，两膝微屈；同时，左掌横移至右胸前，掌心向右，五指朝上，右掌抬至右太阳穴旁。（图54、图55）

10. 其余动作同本式之2—7动。（图56—图62）

图 54　　　　　　　　图 55　　　　　　　　图 56

图 57　　　　　　　　图 58　　　　　　　　图 59

图 60　　　　　　　　图 61　　　　　　　　图 62

第二十一式　手挥琵琶

重心在右腿；提左脚，顺势跟步至右脚跟左后方，两膝微屈；右掌上升至身体的中线前，高不过眼，掌心向左，左掌落至右掌下方，掌心向右，双掌十指朝上。（图63）

第二十二式　白鹅亮翅

左脚向后退一步落实，重心在左腿，右脚顺势收至左脚尖的右前方，脚掌点地，两膝微屈；同时，右掌上架于额前上方约两拳远，掌心向前；左掌由胸前向前方推出，掌心向右前方，五指朝上，高与嘴齐，远不过脚。（参见图 15）

其余动作同第六式白鹅亮翅之 2—4 动。（参见图 16—图 19）

第二十三式　左搂膝拗步

动作同第七式左搂膝拗步。（参见图 20—图 22）

图 63

第二十四式　手挥琵琶

1. 动作同第八式手挥琵琶之 1 动。（图 64）

2. 提右脚向后退一步落实，身体向右转 45°，重心移至右腿；左脚顺势收至右脚左前方，脚掌点地，两腿微屈；同时，左右掌上下相换，竖于身体中线前，左掌在上，掌心向右，右掌在下，掌心向左；目视前方。（图 65）

第二十五式　按　势

左掌经胸前向后下方搂出，置于左胯外侧，掌心向后上方；同时，全身坐于右腿，双腿下蹲，左脚掌点地，上身前俯；右掌随上身前俯下按，五指朝前，掌心斜向下方；头要微微抬起，目视右掌斜下前方。（图 66）

图 64　　　　　图 65　　　　　图 66

第二十六式　青龙出水

1. 上身直起；提左脚向左前方蹬铲出步，脚跟着地，左膝伸直，重心坐于右腿；同时，右手随身体直起上架于前额的斜上方，掌心朝上偏前方；左掌经后下方向前划弧

穿置于胸前，掌心朝前，五指朝上；目视前方。（图67）

2. 上身不动，重心前移；左脚落平踏实，左腿弓、右腿撑成左弓步；目视前方。（图68）

3. 以左脚跟为轴，右脚跟为辅，全身向右后方翻转180°，重心坐于左腿；右脚尖翘起，脚跟着地，膝盖伸直；左掌随翻转上架于额前上方，右掌下落至胸前，远不过脚，五指朝上；目视前方。（图69）

4. 上身不动，重心前移；右脚踏平落实，右腿弓、左腿撑成右弓步；目视前方。（图70）

图67

图68 　　　　图69 　　　　图70

第二十七式　三甬背

1. 重心移至左腿；提右脚收至左脚右前方，脚掌点地，两腿微屈；同时，右掌回收于右胸前，左掌下落于身体中线前，高不过眼，左肘弯曲角度大于90°。（图71）

2. 提右脚向左脚右后方撤一步落实，重心移至右腿，左脚顺势收至右脚左前方，脚掌点地；左掌不变，右掌随撤步后移至右腋下前侧，五指朝前，掌心向内；目视前方。（图72）

3. 上身不动，重心不变，坐于右腿；提左脚蹬铲出步，脚跟着地，左膝伸直。（图73）

4. 上身不动，重心前移；左脚踏平落实，左腿弓、右腿撑成左弓步；目视前方。（图74）

5. 上身不动，重心坐于左腿；顺势提右脚，跟至左脚尖的右前方，脚掌点地，两膝微屈。（图75）

6. 以左脚跟为轴，右脚掌为辅，全身同时向右拧转

图71

30°，重心坐于左腿，两腿微屈；同时，左掌收至左腋下前方，掌心向内，五指朝斜前方；右掌由右腋下向前方直接出击，高不过眼，右肘以略弯为适，五指朝上，掌心向左；目视前方。（图76）

7. 上身不动，重心不变，坐于左腿；提右腿蹬铲出步，脚跟着地，右膝伸直。（图77）

图72

图73

图74

图75

图76

图77

图78

8. 上身不动，重心前移；右脚踏平落实，右腿弓、左腿撑成右弓步，弓撑要有力；目视前方。（图78）

第二十八式 单 鞭

动作与第四式单鞭相同。（参见图10—图13）

第二十九式 纭 手

左式

1. 以两脚跟为轴，全身同步向右拧转180°，右腿弓、左腿撑成右弓步；同时，左掌随身转向下、向上划一弧通过右肘内侧，上穿至身体中线前，五指朝上，掌心朝右，高不过眼，远不过脚；右掌下落置于肚脐处，掌心向上，五指朝左，和左掌处于垂直；目视前方。（图79）

2. 上身不动，重心落于右腿；提左脚顺势跟在右脚跟的左侧后方，脚掌点地，右实左虚。（图80）

3. 以右脚跟为轴，左脚掌为辅，全身向右拧转90°，右脚尖微内扣，重心仍在右腿；双掌不变。（图81）

图79 　　　　　　　图80 　　　　　　　图81

4. 上身不动；右膝弯曲不变，提左脚向左侧平行蹬铲出步，膝盖伸直，脚跟着地，重心仍在右腿；目视前方。（图82）

5. 上身不动；全身随两脚跟左转及左腿弓、右腿撑的同时向左拧转90°，成左弓步；目视前方。（图83）

右式

6. 左弓步不变；右掌由下上穿，经左肘内侧置于身体中线前，掌心向左，五指朝上，远不过脚，高不过眼；左掌同时下落至腹前肚脐处，掌心朝上，五指朝右；目视前方。（图84）

图82 　　　　　　　图83 　　　　　　　图84

7. 上身不变；以左脚跟为轴，右脚掌为辅，全身向右拧转180°，重心坐于左腿，右脚掌点地，两腿微屈；目视前方。（图85）

左式

下肢不动；左掌由下上穿，经右肘内侧置于身体中线前，掌心向右，五指朝上，远不过脚，高不过眼；右掌同时下落至腹前肚脐处，掌心向上，五指朝左；其余动作同本式第一个左式之3—5动。（图86—图89）

右式

动作同本式第一个右式之6—7动。（图90、图91）

图85　　图86　　图87

图88　　图89　　图90　　图91

左式

动作同本式第二个左式。（图92—图95）

右式

动作同本式第一、二个右式。（图96、图97）

图92 　　　　　　　图93 　　　　　　　图94

图95 　　　　　　　图96 　　　　　　　图97

第三十式　单　鞭

左脚微收，双腿微屈；左掌上穿至与右掌平行，双掌相距约一拳，十指朝上，掌心朝前方；目视前方。（图98）

其余动作同第四式单鞭。（参见图11—图13）

第三十一式　左高探马

1. 重心移至左腿；提右脚跟至左脚尖的右侧，脚掌点地，两腿微屈，左实右虚；同时，身体微右转约30°；右掌由上向下划一弧线按于自己肚脐前方，掌心向下，五指朝左；左掌抬至左太阳穴旁；目视前方。（图99）

2. 上身不动；提右腿蹬铲出步，脚跟着地，膝盖伸直；同时右掌翻为掌心向上。（图100）

3. 重心前移；右脚踏平落实，右腿弓、左腿撑成右弓步；右掌不变，左掌由左太

图98

阳穴推至左胸前方，远不过脚，掌心朝前，五指朝上；目视前方。（图101）

4. 上身不动，重心移至右腿；左脚顺势跟至右脚跟的左侧后方，脚掌点地，两膝微屈；目视前方。（图102）

图99　　　　　图100　　　　　图101　　　　　图102

第三十二式　右高探马

1. 以右脚跟为轴，左脚掌为辅，全身向左拧转约60°，重心在右腿，两腿微屈；同时，双掌如抱一球，同时由右向左转，右掌抬至右太阳穴旁，左掌下翻至腹前肚脐前方，掌心向上，五指朝右；目视前方。（图103）

2. 重心仍在右腿，上身不动；提左脚蹬铲出步，脚跟着地，左膝伸直。（图104）

3. 重心前移；左脚踏平落实，左腿弓、右腿撑成左弓步；左掌不变，右掌同时由右太阳穴推至右胸前方，高不过鼻，远不过脚，掌心向前，五指朝上；目视前方。（图105）

4. 重心移至左腿；右脚顺势跟至左脚跟的右侧后方，脚掌点地，两腿微屈；同时，双掌移至身体中线前，右掌在上，竖于面前，掌心向左，右肘弯曲角度大于90°；左掌竖于右掌根下方，成垂直，掌心向右，双掌十指朝上。（图106）

图103　　　　　图104　　　　　图105　　　　　图106

第三路

第三十三式 右起脚

1. 上身不动，以左脚跟为轴，右脚掌为辅，全身同步向右拧转30°，重心在左腿，两腿微屈；目视前方。（图107）

2. 重心坐于左腿，全身微向右转30°；右脚绷直，由大腿带起小腿，向前方踢出，高不过膝，右膝略弯曲；同时，左腿略有蹬直之意；右掌掌形不变，向前微推，左掌则向后方拉开，双掌与单鞭的要求相同；目视前方。（图108）

图107　　　　　　　图108

第三十四式 左起脚

1. 右脚向左脚跟的右侧方落实，重心移至右腿，左脚掌点地，双腿微屈；同时，全身向左转60°；双掌收回，竖在身体中线前，成手挥琵琶，左上右下；目视前方。（图109）

2. 重心坐于右腿；左脚绷直，由大腿带起小腿，向前踢出，高不过膝，左膝要略有弯；右腿略有蹬直之意；同时，双掌向前后分开，左前右后，与单鞭的要求相同；目视前方。（图110）

图109 　　　　　　　图110

第三十五式　转身踢一脚

1. 重心仍在右腿；左脚收落至右脚跟左后方，脚尖点地，两腿微屈；同时，双掌收回，竖在身体的中线前，成手挥琵琶，左上右下；目视前方。（图111）

2. 以右脚跟为轴，左脚掌为辅，全身向左后方拧转150°，重心仍在右腿，左脚掌点地，两腿微屈，右实左虚；上身不变；目视前方。（图112）

3. 上身不动，重心不变；双掌有前撑之意；左脚绷直，由大腿带起小腿，向前踢出，高不过右膝，左膝要略有弯，右腿略有蹬起之意；目视前方。（图113）

图111 　　　　　　图112 　　　　　　图113

第三十六式　践步栽捶

1. 上身不动；左脚向前方落步。（图114）

2. 重心前移；随即提右脚，向左脚垫步腾空，右脚贴住左脚后跟；目视前下方。（图115）

3. 落地后，右脚落实，左脚同时迈步出腿，左膝要直，重心在右腿；上身不变；目视前方。（图116）

4. 重心前移至左腿；左腿弓、右腿撑成左弓步；同时，左掌由胸前下按切撩至左胯旁，五指朝后方，掌心向上；右掌变拳，由上向斜下前方击出；上身微向前俯；目视前下方。（图117）

图114

图115 　　　　　　图116 　　　　　　图117

第三十七式 翻身二起

1. 以两脚跟为轴，全身向右后方拧转180°，重心坐在左腿上；右脚跟蹬铲着地；同时，右拳由栽捶转体上架于前额两拳左右的地方，拳背朝额；左掌变拳，随转体置于小腹前，拳背朝上；目视前方。（图118）

2. 重心移至右腿；右脚落实，随即提左脚顺势上步，两腿微屈；同时，右拳不变，左拳收于左腰间；目视前方。（图119）

3. 重心前移至左腿；右脚绷直，顺势向前上方踢出，至嘴高，左膝略伸直；左拳不变，右拳变掌向前方落下和右脚面相击。（图120）

图118　　　　　　　　图119　　　　　　　　图120

第三十八式 披　身

1. 右脚下落，插于左脚尖左侧方，右脚掌点地，重心在左腿；同时，左拳变掌上举，右掌下按，两掌同高，双双按于身体右侧前下方，掌心向下，十指朝斜上方；目视下斜前方。（图121）

2. 重心移至右腿；提左脚向左横跨一步，成马步；同时，双掌按捋至左腹前上方。（图122）

图121　　　　　　　　图122

第三十九式　左伏虎

左掌变拳，上架至左肩前方，高不过肩，左肘弯曲角度大于90°，左肘和左拳处于同一平面，拳心向下；右掌变拳，置于腹前，拳心向上，两拳相对；目视右腿的右前方。（图123、图123附图）

图 123 　　　　　　　　图 123 附图

第四十式　右伏虎

重心在左腿；提右脚向后方退一步，踏平落实，左脚顺势跟回右脚的前左方，脚掌点地，两腿微屈，右实左虚；随即以右脚为轴，左脚掌为辅，全身同时向右转约90°，重心仍在右腿；同时，两拳如同一线相牵，抱圆向右随身步转换，右拳置于胸前约1尺，左拳置于腹前，两拳心相对；目视前方。（图124）

第四十一式　踢一脚

1. 下肢不变；双拳变掌，左掌由右掌的外侧上穿至面前，右掌由左掌的内侧下落至胸前，双掌成手挥琵琶；目视前方。（图125）

2. 上身不动，重心坐于右腿；左脚绷直，由大腿带小腿向前上方踢出，左膝不可伸直；目视前方。（图126）

图 124 　　　　图 125 　　　　图 126

第四十二式　转身蹬一跟

1. 左脚经右脚外侧向后盖步落下，左脚掌点地；上身不变。（图127）

2. 以右脚跟为轴，左脚掌为辅，全身向右拧转360°（转到60°时，变为以左脚跟为轴，右脚掌为辅继续拧转），重心坐在左腿；右脚在左脚尖右侧前方点地，双腿微屈；双掌在身转时，同时上下交换，右掌在上，左掌在下，成手挥琵琶；目视前方。（图128）

3. 上身不动，重心坐于左腿，提右脚向前用脚跟蹬出，高与膝平，右脚尖向右外侧勾回。（图129）

图127 　　　　　　　图128 　　　　　　　图129

第四十三式　上步搬拦捶

1. 右脚向前方跨步落下，脚尖向右前方；同时，右掌变拳，经左拳腕背处落于右腰间，拳心向上；左掌横移推至右胸前；目视前方。（图130）

2. 上身不动；左脚顺势向前上步跨出，脚跟蹬铲着地，重心坐于右腿。（图131）

3. 与第十一式上步搬拦捶之4动相同。（图132）

图130 　　　　　　　图131 　　　　　　　图132

第四十四式　六封四闭

动作与第十二式六封四闭相同。（参见图31—图35）

第四十五式　抱虎推山

动作与第十三式抱虎推山相同。（参见图36—图39）

第四十六式　手挥琵琶

动作与第十四式手挥琵琶相同。（参见图40）

第四十七式　右懒扎衣

动作与第十五式右懒扎衣相同；亦与第三式右懒扎衣相同。（参见图7—图9）

第四十八式　斜单鞭

动作与第十六式单鞭相同；亦与第四式单鞭相同。不同之处是此式全身向左拧转120°，是斜方向。（图133—图136）

图 133

图 134

图 135

图 136

第四路

第四十九式　野马分鬃

1. 重心移于右腿，身体右转120°；提左脚收至右脚左侧，脚掌点地，两腿微屈；同时，左掌随左脚收时向下经腹前划一立弧，从右肘内侧上穿于面前约1尺，五指朝上，掌心向右，高不过眼；右掌下落于腹前，掌心向右，五指朝上，双掌上下遥对；目视前方。（图137）

2. 上身不动，重心不变；提左腿向左侧斜前方横跨蹬铲出步，脚跟着地，左膝伸直。（图138）

3. 上身不变；左脚踏平落实，左腿弓、右腿撑成左弓步，上身同时向左转90°；目视前方。（图139）

图137 　　　　　　　　图138 　　　　　　　　图139

4. 重心移至左腿；顺势提右脚跟至左脚右侧，右脚掌点地，双腿微屈；同时，右掌经左肘内侧上穿竖于面前，掌心向左，五指朝上；左掌下落于腹前，掌心向上，五指向右；目视前方。（图140）

5. 上身不动；提右脚向右侧斜前方横跨蹬铲出步，重心坐于左腿，右膝伸直。（图141）

6. 上身不变；右脚踏平落实，右腿弓、左腿撑成右弓步，上身同时向右转90°；目视前方。（图142）

7. 与本式之1—3动相同。（图143—图145）

8. 与本式之4—6动相同。（图146—图148）

图 140 　　　　　　　　图 141 　　　　　　　　图 142

图 143 　　　　　　　　图 144 　　　　　　　　图 145

图 146 　　　　　　　　图 147 　　　　　　　　图 148

传统武式太极拳·乔松茂

第五十式 单 鞭

重心移至前腿，提左脚跟至右脚左侧后方，脚掌着地，右实左虚；左掌向前上方划弧，与右掌平行；目视前方。（图149）

其余动作与第四式单鞭相同。（参见图11—图13）

第五十一式 玉女穿梭

1. 重心右移；以两脚跟为轴，同时向右后方拧转135°，成右弓步；同时，左掌由上往下撩按于腹前，掌心朝下，五指向前；右掌上架于右太阳穴旁，掌心向斜下方，五指朝前；目视前方。（图150）

2. 重心移至右腿，提左脚顺势上步于右脚尖左前侧，脚掌点地，两腿微屈，右实左虚；同时，左掌经身体中线上架于额斜前方，约两拳；右掌同步从左掌背腕部下落于胸前变推掌，五指朝上，掌心朝左，高不过鼻。（图151）

3. 上身不动，重心坐于右腿；提左脚蹬铲出步，脚跟着地，左膝伸直。（图152）

图149

图150 　　　　图151 　　　　图152

4. 上身不变，重心前移；左脚落平踏实，左腿弓、右腿撑成左弓步；目视前方。（图153）

5. 上身不变，重心落于左腿；提右脚顺势跟步至左脚跟右后侧方，脚掌点地，两腿微屈。（图154）

6. 提右脚，从左脚后方插于左脚跟左后方，脚掌点地。（图155）

7. 以左脚跟为轴，右脚跟为辅，全身同步向右后方拧转270°，两腿微屈，重心落于左腿；同时，右掌从左掌外侧上架于额前约两拳，左掌从右掌内侧腕部下落于胸前，高不过鼻，五指朝上，掌心朝右；目视前方。（图156）

8. 上身不动，重心坐于左腿；提右脚向前蹬铲出步，脚跟着地，右膝要伸直；目

视前方。（图157）

9. 上身不动，重心前移；右脚踏平落实，右腿弓、左腿撑成右弓步。（图158）

图153　　　　　　图154　　　　　　图155

图156　　　　　　图157　　　　　　图158

10. 重心落于右腿；提左脚顺势跟步至右脚跟左侧方，两腿微屈。（图159）

11. 以右脚跟为轴，左脚掌为辅，全身向左拧转90°，重心在右腿，两腿微屈；同时，左掌从右掌外侧交换上架于额前，右掌从左掌腕部内侧交换下落于胸前，五指朝上，掌心向左；目视前方。（图160）

12. 上身不变；提左脚蹬铲出步，脚跟着地，右膝要直；目视前方。（图161）

13. 上身不变，重心前移；左腿弓、右腿撑成左弓步；目视前方。（图162）

14. 上身不动，重心坐于左腿；提右脚顺势跟步至左脚跟右侧，脚掌点地，两腿微屈。（图163）

15. 上身不变；提右脚从左脚后方插在左脚跟左后侧方，右脚点地，两腿微屈。（图164）

16. 以左脚跟为轴，右脚掌为辅，全身向右后方拧转90°，重心落于左腿，右脚掌点地，两腿微屈，左实右虚；同时，左掌从右掌内侧交换下落于胸前，五指朝上，掌心朝右；右掌从左掌外侧交换上架于额斜前方；目视前方。（图165）

17. 上身不变，重心在左腿；提右脚向前方蹬铲出步，脚跟着地，右膝伸直；目视前方。（图166）

18. 上身不动，重心前移；右脚踏平落实，右腿弓、左腿撑成右弓步；目视前方。（图167）

图159

图160

图161

图162

图163

图164

图165

图166

图167

第五十二式 手挥琵琶

重心移至右腿；提左脚顺势跟至右脚跟左后侧，脚掌点地，两腿微屈；右掌下落于面前，左掌微收，处于身体的中线前，右上左下，成手挥琵琶；定势同第十四式手挥琵琶。（参见图40）

第五十三式 右懒扎衣

动作与第十五式右懒扎衣相同；除过渡动作外，其余动作亦与第三式右懒扎衣相同。（参见图7—图9）

第五十四式 单　鞭

动作与第四式单鞭相同；亦与第十六式、第二十八式单鞭相同。（参见图10—图13）

第五十五式 纭　手

动作与第二十九式纭手相同。（参见图79—图97）

第五十六式 单　鞭

动作与第三十式单鞭相同。除过渡动作外，其余动作与第四式单鞭相同。（参见图98、图11—图13）

第五路

第五十七式 下　势

重心坐于右腿，全身向左转180°；左脚变为脚跟着地，左膝伸直，右实左虚；同时，左掌下落按于左胯外侧，右掌随身体后坐向左肩前方推出，掌心朝前，坐腕，五指朝上；目视前方。（图168）

第五十八式 左更鸡独立

重心前移至左腿；过渡成左弓步；提右脚顺势朝前上方顶出，大腿面成水平，大腿和小腿成90°，膝与胯平，右脚自然下垂；同时，左掌不变，右掌随右大腿的顶出同步向上托起，掌心向上，五指朝斜后上方，右掌根和右膝成垂直；目视前方。（图169）

第五十九式 右更鸡独立

右脚下落于左脚右后方踏实；重心移至右腿，提左脚顺势向前上方顶出，大腿成水平，大腿和小腿成90°，膝与胯平，左脚自然下垂；同时，右掌下按于右胯旁，掌心向下，五指朝前；左掌由下向上托起，掌心向上，五指朝斜后方，左掌根和左膝成垂直；目视前方。（图170）

图 168　　　　　　　　　图 169　　　　　　　　　图 170

第六十式　倒輦侯

左脚落下，插于右脚跟右后侧方；以右脚跟为轴，左脚掌为辅，全身向左后方拧转135°，重心坐于右腿；左脚掌点地，两腿微屈；同时，右掌经身体右侧上举于右太阳穴旁，左掌下落于身前右胸前方，掌心向右，五指朝上；目视前方。（参见图45）

其余动作与第二十式倒輦侯相同。（参见图46—图62）

第六十一式　手挥琵琶

动作与第二十一式手挥琵琶相同。（参见图63）

第六十二式　白鹅亮翅

动作与第二十二式白鹅亮翅相同；亦与第六式白鹅亮翅之2—4动相同。（参见图15—图19）

第六十三式　左搂膝拗步

动作与第二十三式左搂膝拗步相同；亦与第七式左搂膝拗步相同。（参见图20—图22）

第六十四式　手挥琵琶

动作与第二十四式手挥琵琶相同。（参见图64、图65）

第六十五式　按　势

动作与第二十五式按势相同。（参见图66）

第六十六式　青龙出水

动作与第二十六式青龙出水相同。（参见图 67—图 70）

第六十七式　三甬背

动作与第二十七式三甬背相同。（参见图 71—图 78）

第六十八式　单　鞭

动作与第二十八式单鞭相同；亦与第四式单鞭相同。（参见图 10—图 13）

第六十九式　纭　手

动作与第二十九式纭手相同。（参见图 79—图 97）

第七十式　单　鞭

动作与第三十式单鞭相同；除过渡动作外，其余动作亦与第四式单鞭相同。（参见图 98、图 11—图 13）

第六路

第七十一式　提手上势

动作同第三十一式左高探马之 1 动；亦与第十七式提手上势相同。（参见图 99）

第七十二式　高探马

动作与第三十一式左高探马之 2、3 动相同。（参见图 100、图 101）

第七十三式　对心掌

1. 重心移至右腿；提左脚顺势上步，置于右脚尖左侧前方，左脚掌点地，两腿微屈；同时，左掌上举于额前，右掌上举于身体中线前，高不过嘴，掌心向左，五指朝上；上步换掌的同时，全身向左转 45°；目视前方。（图 171）

2. 上身不动，重心坐于右腿；提左腿蹬铲出步，脚跟着地，膝要直。（图 172）

3. 上身不动，重心前移；左腿弓、右腿撑成左弓步。（图 173）

4. 重心移至左腿；提右脚顺势跟至左脚

图 171

跟右侧，右脚掌点地，两腿微屈；上身不变；目视前方。（图174）

图 172　　　　　　　　图 173　　　　　　　　图 174

第七十四式　十字摆莲

1. 上身不动，重心在左腿；提右脚插在左脚跟右侧后方，脚掌点地。（图175）

2. 以左脚跟为轴，右脚掌为辅，全身同步向右后方拧转180°，重心在左腿，两腿微屈；随转体的同时，左掌下落，与右掌同高，双掌置于胸前，同肩宽，掌心朝斜前，十指朝前，双肘弯曲角度要大于90°；目视前方。（图176）

3. 重心在左腿；右脚脚面绷直，脚尖朝左，提右腿由左下方朝右上方摆腿，高与眼平；同时，双掌拍击右脚面。（图177）

图 175　　　　　　　　图 176　　　　　　　　图 177

第七十五式　指裆捶

1. 右脚向右前方落步踏实，右腿弓、左腿撑成右弓步；同时，右掌变拳，置于右

腰旁，左掌横于右胸前，掌心朝右，五指朝上；目视前方。（图178）

2. 重心在右腿；提左脚顺势上步，置于右脚尖左侧前方，脚掌点地，两腿微屈；上身不变；目视前方。（图179）

3. 重心坐于右腿；提左脚蹬铲出步，脚跟着地，膝盖伸直；右拳不变，左掌同时向左胯外侧斜切，置于左胯旁，掌心向下，五指朝前；目视前方。（图180）

4. 重心前移；左腿弓、右腿撑成左弓步；同时，左掌按于左胯前，右拳从腰向前下方击出，远不过脚；上身略俯；目略向前下方平视。（图181）

图178

图179 　　图180 　　图181

第七十六式　右懒扎衣

1. 重心坐于左腿；提右脚顺势上步至左脚右侧前方，两腿微屈，上身同时略右转15°；同时，右拳变掌，上举于面前，高不过眼，右肘弯曲角度大于90°；左掌上举至右胸前，与右肘内侧相对，离左拳约一拳；目视前方。（图182）

其余动作与第三式右懒扎衣之3、4动相同。（参见图8、图9）

第七十七式　单　鞭

动作与第四式单鞭相同。（参见图10—图13）

图182

第七路

第七十八式　下　势

动作与第五十七式下势相同。（参见图 168）

第七十九式　上步七星

1. 重心前移；左脚踏平落实，左腿弓、右腿撑成左弓步；右掌不动，左掌由下上穿于右掌外侧，双掌交叉，十指朝上，双掌远不过脚；目视前方。（图183）

2. 重心移至左腿；提右脚顺势跟在左脚跟右侧后方，右脚掌着地，双腿微屈；同时，左掌不动，右掌从左掌的内侧落下，上穿于左掌外侧，双掌交叉，十指朝上，双掌远不过脚；目视前方。（图 184）

图 183

第八十式　退步跨虎

1. 重心在左腿；提右脚向后跨一步，重心随即移至右腿；提左脚，顺势跟回至右脚尖左侧前方，脚掌点地，两腿微屈，腰微向右转；同时，双掌变拳下落于小腹前，左前右后；目视前方。（图 185）

2. 双腿微微蹬起，上身微向左转；同时，左拳按压于小腹前，右拳由下向上斜击至面前，高不过眼，远不过脚，左拳和右拳上下垂直，右肘弯曲角度大于 90°；目视前方。（图186）

图 184

图 185

图 186

第八十一式　转身摆莲

1. 上身略向右转，重心在右腿；提左脚，经右脚前插向右脚尖右侧，脚掌点地，两腿微屈；目视前方。（图187）

2. 以左脚跟落地为轴，右脚跟提起，脚掌点地为辅，全身向右后方拧转270°；双腿微屈；目视前方。（图188）

3. 重心在左腿；提右脚，由左下方向右上方摆出，高不过眼，至面前时，双掌击打脚面。（图189）

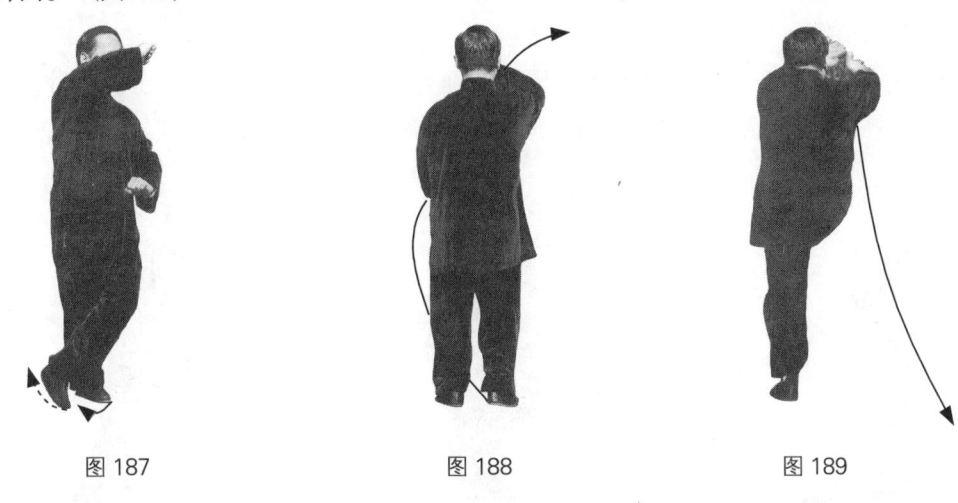

图187　　　　　　图188　　　　　　图189

第八十二式　弯弓射虎

1. 右脚下落，在左脚右侧横跨蹬铲出步，脚跟着地，右膝蹬直，重心坐于左腿；同时，双掌变拳，上举于面前，左前右后；目视前方。（图190）

2. 重心右移；右脚踏平落实，右腿弓、左腿撑成右弓步；同时，左拳置于下颌正前方，拳眼朝上，左肘弯曲角度大于90°，右拳顺势拉回至右太阳穴旁，拳眼朝内；目视前方。（图191、图191附图）

图190 　　　　　　图191 　　　　　　图191附图

第八十三式　双抱捶

1. 重心坐于左腿；右腿伸直，脚跟着地；同时，上身向右转90°；双拳落于腹前，拳心朝上，两拳平行；目视前方。（图192）

2. 重心移至右腿；提左脚顺势跟至右脚左侧，脚掌点地，双腿微屈；双拳内旋，拳眼朝上；目视前方。（图193）

3. 上身不动，重心不变；提左腿蹬铲出步，膝要伸直，脚跟着地。（图194）

4. 重心前移；左脚踏平落实，左腿弓、右腿撑成左弓步；双拳微击前方；目视前方。（图195）

5. 重心坐于左腿；右脚上步至左脚右侧前方，脚掌点地，两腿微屈；同时，左拳上举于右拳之前上，高不过下颌，拳心朝右，右拳拳心朝左；目视前方。（图196）

图192　　　　　　图193　　　　　　图194

图195　　　　　　图196

第八十四式　手挥琵琶

1. 重心在左腿；提右脚向后退一步，重心随即移至右腿；左脚随即收回，放至右脚尖左侧前方，左脚掌点地，双腿微屈，左实右虚；双拳变掌，十指朝上；目视前方。

（图197）

2. 重心移至左腿；提右脚，向左脚后方退一步，重心随即移至右腿；以右脚跟为轴，左脚掌为辅，全身向右拧转90°，左脚跟着地，左膝伸直；上身不变；目视前方。（图198）

图 197 　　　　　　　　　　图 198

第八十五式　收　势

1. 重心在右腿；收左脚与右脚平行，约同肩宽，同时右脚尖向左略转，两脚尖朝前方，两腿略伸直；双掌向下斜方切于左右胯外侧，掌心向下，十指朝上；目视前方。（图199）

2. 重心在右腿；收左脚，自然站立，双脚间约一拳；同时，双掌十指下合于大腿外侧，全身松沉；目视前方。（图200）

图 199 　　　　　　　　　　图 200

传统孙式太极拳

孙剑云 传授
白普山 整理

致 谢

本书在出版过程中得到了同门师弟童旭东先生的大力支持,及姜伟、陆秀芬等同志的协助,在此一并致谢!

孙剑云简介

孙剑云，为孙禄堂之女，1914年6月6日（农历5月13日）生于北京，2003年10月2日于保定市医院逝世，享年九十。在1995年全国首届"中华武林百杰"评选活动中，被评为"中国当代十大武术名师"之一，并被中国武术研究院聘为特邀研究员。

孙剑云9岁随父习武，得家传。17岁时随父赴镇江江苏省国术馆任女子班教授。其间又与其兄孙存周同赴南京，随武当剑名家李景林习武当对剑。同年在上海致柔拳社成立六周年大会上，与父、兄同场表演八卦变剑，深得称赞，时人评曰"得其父之神"。

1934年，孙剑云考入北平国立艺术师专，师从周元亮习工笔画，善山水、仕女。1937年，她在中山公园举办个人画展，被誉为当时北平四小名画家之一。

新中国成立后，孙剑云先后撰写出《孙氏太极拳简化套路》《孙氏太极剑》《形意八式》《纯阳剑》《孙氏太极拳特点和要求》《孙氏太极拳、剑》《孙禄堂武学录》《孙式太极拳诠真》《孙式太极拳十三式》等作品，并多次出任全国和北京市武术比赛的裁判和裁判长。1957年在全国武术表演赛会上，被聘为四个名誉国家裁判之一。1959年第一届全运会上，被聘为我国第一个武术女裁判。1962年在北京市高校运动会上，担任副总裁判兼裁判长。1963年北京市太极拳表演赛会上，担任副总裁判兼裁判长。孙剑云德艺俱优，在武术界享有很高威望，在1979年当选为北京市武术协会副主席。1983年当选为首任北京市形意拳研究会会长。同年孙氏太极拳研究会成立任会长。1985年携弟子刘树春赴日本讲学，受到日本武术界赞扬。1992年参加了中国武术协会及中国武术研究院在北京体育学院召开的太极拳推手研讨会，并与到会诸名家进行推手交流，在场名家对她推手技艺之精湛、功夫之浑厚无不叹服。

孙剑云修武 80 余年，守武德，远名利，重德行，自强不息。其师兄美国加州武术院首任院长刘如桐先生曾写对联赞孙剑云"灿若繁星集万人视线，明如皎日放一代光辉"。

孙剑云为新中国成立后孙门武学的主要传播者，终生研练并传教太极拳、太极剑、形意拳、形意剑（纯阳剑）、八卦拳、八卦剑及太极剑、八卦剑等对练套路，学生、弟子遍天下。

白普山简介

　　白普山，1932年3月15日生于北京。1959年毕业于中国地质大学，高级工程师，工程监理高级工程师。自幼喜爱武术，曾学24式长拳、五虎断门刀及散打摔跤等。后又陆续学了棍术，24式、46式太极拳及32式、50式太极剑。1974年开始接触到真正的中国武术，对其一生影响很大的有三位武术名师。第一位是尹式八卦掌传人陈德卿老师，始学尹式八卦转掌、棍、散手、单操手散打等简洁、实用拳法。1985年开始先后向朱兴华、曹德馨老师学习老六路杨式太极拳架及推手。1991年后向孙式太极拳第二代传人孙禄堂先生的亲女孙剑云宗师学习孙家拳，经三年多在老师的教导下及习拳考察，1994年正式拜师成孙剑云老师的入室弟子。十数年间在老师的细心教导下紧随老师专门研习孙门武术，始能初窥门径。老师评语为："善推手、拳架内涵较丰。"协助孙剑云老师出版《孙氏太极拳剑》（山西科技出版社），《孙禄堂武学录》（人民体育出版社），《孙氏太极拳诠真》（人民体育出版社），《孙氏太极拳十三式》（人民体育出版社）等专著。

　　孙剑云老师隐退后成为孙式太极拳在京的主要传播人之一。在老师的授意下1995年于朝阳公园建立了孙式太极拳辅导站，公开推广、教授孙式太极拳、孙式太极剑、孙式太极剑对剑、形意拳、形意剑（纯阳剑）、八卦拳等。弟子学生遍及国内外，并在各项比赛中取得优异成绩。

　　1993至2003年任孙氏太极拳研究会副会长，1998至2003年任孙氏太极拳研究会香港分会名誉会长，2003年任清华大学工会太极拳学会顾问，2004年任孙禄堂武学文化研究中心理事，2004年任河北省晋宁县孙禄堂武学文化研究社名誉会长。现任孙式太极拳研究会顾问。

一、孙式太极拳的历史概述

（一）孙式太极拳的产生

孙式太极拳由孙禄堂先生创于1918年，以孙禄堂先生的名著《太极拳学》的出版为标志。

孙式太极拳是孙禄堂以他自己登峰造极的武功为基础，通过数十年研究修悟形意拳、八卦拳、太极拳，运用易理参以丹经对这三门武学之精髓进行有机融合后的自然升华之品。孙禄堂通过遵从老子自然之道，合易筋、洗髓两经之义，用周子太极图之形，取河洛之理，依先后易之数，融合形意、八卦、太极三门拳术之真髓创编了孙式太极拳，使三派拳术之道始于一理。将形意拳之诚一，八卦拳之万法归一，太极拳之抱元守一合为一理。他所创造的孙式太极拳以太极阴阳互济、极尽柔顺之至为体，在运动过程中参以内外八卦相合之理，求动中之静，内外合一，极尽中为灵变之妙；在运动的每一时刻，则以形意拳之桩步孕育体内一触即发之本能；在运动的状态上，以"顺中用逆、逆中行顺"为法则，统驭起钻落翻之义；在运动的心理上，以无为养神为本，虚中以求中和为用，达"不求胜人而神行机圆人亦莫能胜之"之能。故孙式太极拳具有如下五大特征：

（1）遵从老子"无为而无不为"的思想，以恬淡虚无的心态，蓄神以求中和，自然开发人体中和之气——神气合一之内劲，使习者从中完善身心本能，开发先天神气也。

（2）以《易经》为指导，由无极而生，太极而始，运行于阴阳五行八卦变化中，而又终于无极。以三体式为基，内运五行，外演八卦，浑融一体，使拳势之承接变化合于易理，使习者产生先后天八卦相合之效。

（3）以丹道修为作为进阶基础，并融会贯穿于每一拳势之中，以求通过拳势产生动静合一之效，使技通于道。

（4）"顺中用逆、逆中行顺"为行拳之总纲，并精炼出行拳的"九要"法则，从而涵盖了《易筋》《洗髓》两经之精义，以求通过拳势产生内外合一之效。每一拳势内含八法（掤、捋、挤、按、采、挒、肘、靠），孕育五行（进、退、顾、盼、定）千法、万法之变化。

（5）拳势至简易学，而每一拳势之内意至深。主张不求呼吸，以致真息，势正气从。以形意拳的三体式为整套拳架的基础，要求重心上下无起伏，始终在一个水平面上运动，培育体内一触即发之本能。以八卦拳之进步必跟、退步必撤作为该拳之基本运动形式，要求重心始终在两足上交替变换，利用重心的连续变化协调、浑融周身的虚实、阴阳，求中和而达至灵、至空。故孙式太极拳既有形意拳之整实猛烈，又有八卦拳之灵活巧变，并将此融蓄在太极拳的柔顺中和之中，使之相辅相成，相得益彰，使习者逐渐产生极尽猛烈整实之能，极尽灵活巧变之能，极尽柔顺化之能。

（二）孙禄堂小传

孙禄堂讳福全，晚号涵斋，河北省完县（现改为顺平县）东任家疃村人。生于咸丰十年十一月十五日申时（1860年12月22日），逝于民国22年夏历10月29日卯时（1933年12月16日），享年73岁。孙禄堂早年精研形意拳，师从李奎元，复从郭云深，共十一年；其间又得宋世荣、车毅斋、白西园诸前辈亲授，加之孙禄堂天资弥高、性情恬淡，故孙之形意拳功夫超逸前代，功臻冲空化境。继而孙禄堂为了研究拳与《易》之关系，又从程廷华研习八卦拳数月，多有心得，技艺精深，但丝毫无自得之意。年余后，程廷华称赞道："吾授徒数百，从未有天资聪慧复能专心潜学如弟者。吾与弟意气相投，故将余技尽传之。弟生有宿慧始能达此。余意汝之技，黄河南北已无敌手。禄堂前途珍重，可去矣。"1886年春，孙禄堂只身徒步壮游南北十一省，其间访少林，朝武当，上峨眉，闻有艺者必访至，逢人较技未遇对手。1888年，返归故里，同年创"蒲阳拳社"。1907年，东三省总督徐世昌久闻孙禄堂武功绝伦，故聘为幕宾，同往东北。后保荐孙为知县、知州，未临莅。1909年，孙随徐返回北京，时肃王慧公深慕孙禄堂武功独步，冠绝当时武林，故折节下交。然而孙从无一事请托，所以缙绅于孙益重焉。

1912年，孙禄堂在北京遇太极拳名家郝为真。时郝已年过花甲，病困于京。孙闻之，将郝接至家中，请医喂药，月余郝愈。郝感其恩，遂将自己所习太极拳及心得传告之孙禄堂。时郝一言方出，孙已通悟。二人搭手后，郝为真叹服不已。惊赞曰："异哉！吾一言而子通悟，胜专习数十年者。"盖因形意、八卦、太极三家拳术至最高境界其理自通。1918年，孙禄堂经过自己数十年深修研悟，将形意拳、八卦拳、太极拳三门拳术从理论到内容提纯升华融合为一，创孙式太极拳。同年，徐世昌请孙入总统府，任武承宣官。1928年3月，南京中央国术馆成立，孙受聘为该馆武当门门长。7月又被聘为江苏省国术馆副馆长兼教务长。至1931年10月返京。孙禄堂深通黄老、易学、丹经，并博学百家，习武修文殆有天授，故能集中国传统哲学思想与武技于一体，提出"拳与道合"的武学思想，并以此为指导完成形意、八卦、太极三拳合一的理论和修为体系。自1915年至1932年，孙禄堂前后撰写出《形意拳学》《八卦拳学》《太极拳学》《拳意述真》《八卦剑学》《八卦枪学》（未出版）、《论拳术内外家之别》《详述形意、八卦、太极之原理》等重要专著和文章，影响极为深远。

孙禄堂通透形意、八卦、太极三门拳术之真谛，而且于内功修养、点穴、轻功、枪、剑诸艺皆精纯入化，披靡宇内。时人评曰：孙禄堂武功已至"依乎天理、批大郤、道大窾"，神乎之游刃的武学最高境地。为当时武术界之领袖人物。形意、八卦名家张兆东晚年对友人曰："以余一生所识，武功堪称神明至圣登峰造极者，惟孙禄堂一人耳。"

孙禄堂武功绝伦，能于行止坐卧间，周身各处皆可发人于丈外。无时不然，又能于不闻不见之中觉险而避之，神行机圆，无人能犯。孙禄堂年近半百时，曾信手击昏挑战的俄国著名格斗家彼得洛夫。年愈花甲时，力挫日本天皇钦命大武士板垣一雄。古稀之年，又一举击败日本五名技击高手的联合挑战。故在当时武林中享有"虎头少保，天下第一手"之誉。

孙禄堂不仅武功登峰造极，而且道德修养极高，多次扶危济灾乡民于水火。1919年，完县一带大旱，孙倾其家资散钱于乡农，不取本息。而周济武林同道之事更不胜枚举。时人评曰："孙之忠义之心肝胆相照非常人可比。"

孙禄堂虽名满天下，然而俭素质朴如初，一生淡泊名利，不阿权贵，立身涉世"诚于中而形于外"，不图虚名，遇同道罔不谦逊，如无所能会。晚年，孙隐居乡间，预言自己去世之日，不食者两旬，而每日书字练拳无间。临终时，孙面朝东南背靠西北，端坐椅上，嘱家人勿哀哭并曰："吾视生死如游戏耳。"于清晨6时5分含笑而逝。

孙禄堂无疾而逝，震动当时。《申报》《民国日报》《大公报》《益世报》《世界日报》等重要报刊，均对孙的逝世作了报道，对孙之一生给予了高度评价。南京、上海、杭州各武术团体也于"功德林"为孙举行公祭，由陈微明等名流百余人出席，多人作演说。同时，北京、天津各武术团体及孙门弟子亦举办了隆重的追悼活动。保定国术馆副馆长刘纬祥曰："今后我无问技之人了。"

孙禄堂一生弟子众多，遍布海内外。其中著名者有齐公博、孙振川、孙振岱、任彦芝、陈守礼、裘德元、陈微明、支燮堂、刘如铜等。

二、孙式太极拳修为的基本理论

（一）修习孙式太极拳的身体各部位要领

太极拳是我国特有的武术项目之一，是一种"内外兼修"的运动（内主静心养性、外主锻炼体魄）。它以柔曲为体，以刚直为用；非柔曲不能化，非刚直不能用。体用则为以柔克刚，牵动四两拨千斤的技击方法。练此拳时应气沉丹田，不偏不倚，内外相合，千万不可用拙力，应以意行力，意到力到。

对于太极拳的练法，孙禄堂引郝为真先生谈练太极拳说：有三层意境。初练时，如身在水中，两足踏地，动作如有水之阻力。第二层则如身在水中，两足浮起，如泅者浮游水中，能自如运动。第三层则身体轻灵，两足如在水面上行走，临渊履冰，神气内敛，不敢有丝毫散乱，此则拳成矣。

太极拳的姿势、动作，都有一定要领，并各有其意义。兹摘要介绍如下。

头：头为纲，要向上虚项，但不可用力。下颌自然收敛，头项正直，精神贯注。全身松开，顶、蹬、伸、缩皆用意，而不用拙力，心自虚灵，即所谓虚灵顶劲。

口：口要虚合，舌顶上腭，用鼻呼吸，以接任督两脉之上桥（提肛、尾闾回收是连任督两脉之下桥）。

胸：胸要含蓄，不可挺出。胸含则气沉丹田，胸挺则气涌胸际，上重下轻，脚跟漂浮，为拳家所忌。胸含则气贴背，力由脊发是为真力。以上即所谓含胸拔背。

肩：两肩务要松开，扣、抽、下垂。切忌耸肩，否则气涌于上。

肘：两肘要向下松垂靠近两肋，两臂自然弯曲，即所谓曲中求直，蓄而后发之意。

手：五指张开，塌腕，虎口略圆，食指略顶，手心略内含，如抓抱一圆球之状。

腰：腰必须塌住。因腰是全身动作之枢，力量之源，人之旋转、进退、虚实变化、发力全靠腰劲贯穿。

腿：两腿弯曲，务必分清虚实，即身体重心要放在一腿上。如身体重心移于右腿，则右腿为实，左腿为虚。反之，左腿为实，右腿为虚。分清虚实为太极拳之要义，运动起来圆转轻灵。否则迈步重滞，易为人所牵动。

足：两足要分清虚实。前进足跟先着地后踏实，后足立刻跟步；后退时脚尖先着地而后踏实，同时前脚撤回。分清虚实进退动转轻灵，用时轻快。

呼吸：所谓气沉丹田（脐下10厘米处），就是指深长之腹式呼吸。但切勿用力往下压气，一定要使呼吸纯任自然。

以上分别论述了修习孙式太极拳时身体各部位的要领，但学者务必注意太极拳是一项全身性运动，所练在神，精神为主帅，身体为驱使。精神能提得起，举动自能轻灵。心意与形体动作协调一致，方能内外相合为一。练时必须注意上下相随，身体各部位一致，如有一处动作不整，就会使神气散乱。再者，练拳时要以意行力，绵连不断，"如长江大河，滔滔不绝"。"运劲如抽丝"，即此意也。

也便于读者记忆，现把这些要点编成口诀如下：

太极拳本内家拳，不用拙力意当先。
虚灵顶劲神贯注，收颌竖项即自然。
含胸自然能拔背，切莫形成"罗锅肩"。
练时沉肩又坠肘，肩耸肘悬不是拳。
塌腰能使全身力，腰不塌住灵活难。
两腿弯曲分虚实，太极要意在里边。
呼吸下沉丹田穴，纯任自然莫强牵。
上下相随成一体，动作绵绵永相连。
动中求静静中动，练时神气务周全。
切记要点莫遗忘，持久习练益自显。

（二）孙式太极拳修习的基本要求和方法

孙式太极拳是以修心养神为基础，通过修心、站桩、盘架、推手、散手等过程，来完成炼形生精、炼精化气、炼气化神、炼神还虚、炼虚合道诸进阶层次。

1. 修心之要

孙式太极拳修心之法仅八个字而已：恬淡虚无，渐修静悟。这八个字是修为孙式太极拳最重要的基础，需认真领会，身体力行。这八个字是一个不可分割的整体。前四个字是心态和条件，后四个字是行动和目的。我们追求恬淡虚无的心境，正是为了能够做到渐修的持之以恒，并在渐修过程中淡化诸欲达致静悟。悟者何？拳与道合。若要达到修心、健身、防身的效果，必须建立正确的修为心态，非如此不能正确认识太极拳，练好太极拳。

其次，无论是站桩、盘架子，还是推手、散手，都要将"恬淡虚无、渐修静悟"这八字法则的精神贯穿其中。这在下面的论述中将会逐一谈到。总之，其精神实质就是老子"无为而无不为"这一遵从自然之道的思想。具备上述八字的修为思想基础后再进行站桩以求内功。

2. 站桩之要

修为孙式太极拳，最基本的桩功有两种：一是无极式，二是三体式。下面分述之。

无极式之练法：起点面向正方（早晨要面向东方），身体直立；两手下垂，两肩不可向下用力，下垂要自然；两脚夹角为90°，脚尖亦不用力抓扣，脚后跟亦不用力蹬扭，两腿似直而屈，身体如同立在沙漠之地。手足亦无往来动作之节制，身心未知开合顶劲之灵活，但顺其自然之性，流行不已。心中空空洞洞，内无所思，外无所视，伸缩往来，进退动作，皆无征兆。身体内外之情景，如同雨天屋檐下之流水，似直而曲，如沐如浴。

无极式的锻炼，在于恢复习者天然之性，启发习者先天一气之源。技击不过是极尽个性伸张与发挥之形式，故无极式为百形之母，万法之基。

三体式之练法：从无极式开始，左脚轻提落于右脚跟前，与右脚成45°角，脚跟略虚提，两腿下蹲成135°角；同时，两手从身体两侧向上划弧至胸前，右手在上，与左手食指和中指相搭，两手相抱；头往上顶（此式为鸡腿，一虚一实，龙身三折，熊膀拔背，虎抱头有随时出动之势，即一式含四象）。然后，开步先进左腿；两手徐徐分开，左手往前推，右手往后拉，两手如同撕绵之意，左手直出，高不过口，伸到极处为度，大拇指要与心口平，手臂似直非直，似屈非屈，手腕至肘，以四平为度，右手拉到小腹肚脐下，大拇指根里陷坑，紧靠小腹，两手五指俱自然张开，不可并拢，左手大拇指要横平，食指往前上伸顶，两手大拇指、食指之间的虎口皆半圆形；左脚与左手要齐起齐落，右脚仍不动。两肩根松开，齐抽劲，两胯里根亦齐抽劲，是肩与胯合；两肘往下垂劲，不可显露，右肘里屈，不可有死弯，要圆满如半月形；两膝往里扣劲，不可显露，是肘与膝合；两脚后跟向外扭劲，不可显露，并与两手互拉相应，是手与足合。此之谓外三合。肩要催肘，肘要催手，腰要催胯，胯要催膝，膝要催足。身体仍直立，重心在右腿脚跟内侧，不可左右歪斜，前俯后仰。心气稳定，则心与意合。意要专凝，则意与气合。气要随身体之形自然流行，不可有心御气，则气与力合。如此，则阴阳相合，上下相连，内外如一，此之谓六合也。虽云六合，实则内外相合，亦即阴阳相合，三体之内劲因此而生。

三体式之效在于使人内外相合，培育内劲，所谓三体重生万物张，实为拳术之总机关也。惟需注意的是，初练三体式时，后腿极为吃力，此时尤须坚持，越感吃力，心气越要平静，身体上下其他各处越要放松，前腿向后撑，后腿越要蹬住劲，不可将重心前移，使前腿分担。吃力时维持心静、形松、面目安详，是练通此桩之关键，也是习者最难以做到的。

3. 盘架、推手、散手之要

学习孙式太极拳，在技术上首先要了解掌握孙式太极拳走架的意义、要求和特点。

孙式太极拳盘架的意义，是通过孙式太极拳架这一运动形式，使习者从中体味周身内外的虚实转换、开合鼓荡、动中求静、变中求整、阴阳互济的基本规律，并最终将这些规律中和为习者自身的机体体能，达到内外合一、神气合一、内劲中生。

孙式太极拳为了使习者在盘架上获得如上意义，有如下要求：

（1）要求内意如行云流水，绵绵不断，形断意不断，式停意不停，纯以神行，循环无间。式与式相接转换，有如接力赛，上式未完下式以始，达到形体的连绵不断。

（2）要求运动形态做到松、整、匀、轻、静。即关节、筋肉要松柔协调，不得较劲、板劲。身型构架要整，即始终不离内外六合之要。速度要匀，其动若静，重心变化不露于形。起落要轻，起似沉，落似提，起钻落翻内中行。劲意要静，似静水流深、渗之遥遥，不可冲、炸、震、捣。

（3）要求身体状态以"九要"为规范。"九要"者，即塌、提、扣、顶、裹、松、垂、缩、起钻落翻分明。塌即塌腰、塌腕；提，即提肛（此意微微）；扣，即扣肩、扣膝；顶，即顶头竖项、舌顶上腭；裹，即裹膝、裹胯、裹肘；松，即松肩、松胯；垂，即垂肩、垂肘；缩，即缩肩根、胯根；起钻落翻分明，即头顶而钻，头缩而翻，手起而钻，手落而翻，脚起而钻，脚落而翻，三者要协调一致。起时外形为钻而内气下潜，落时外形为翻而内气自脊而上直贯两掌手指。故所要分明者是内气与外形的虚实互换、阴阳互济。需注意，上述"九要"是一个相互有机协调、规范身体形态的整体原则，不可将"九要"诸原则相互割裂对立起来。

（4）要求用意不用力。因为太极拳要求用活力，全身要松开，不使分毫拙力留于筋骨血脉之间。要求极柔软而极刚猛，极沉重而极灵活。意到力到，运用自如。倘用拙力则迟滞不灵。力浮于外就不符合太极拳的要求了。所谓用意不用力，何以活力自主？盖因意之所至气即至，如是气血流注，日日贯输，周流全身经络，无时停滞，久练则真正内劲即可产生。

（5）要求动中求静。气功的静坐是静中求动，拳术是动中求静。练拳时心要静，精神集中，动作才能圆活，做到一动无不动，一静无不静，动中有静，静中有动，达到动静合一。

此外，对初学者而言，最为重要的是头。头为诸阳之会，精髓之海，督、任两脉交会之点，统领一身之气。此处不合则一身之气俱失，故须不偏不倚，不俯不仰，顶头竖项。其次为足，足能载一身之重，静如盘石、山岳，动如舟楫、车轮，两足始终要虚实分明，身体重心之移动只在两脚足心之间。再则，腰为轴心，居一身之中，带动肢体活动的是腰，腰如车轮之轴，所以要刻刻留意在腰际，以腰引动。由此可见，初习者在掌握"九要"时，应首先从头、足、腰三处入手。

（6）要求掌型五指自然张开，掌心内凹，手掌如抱球状。

以上所述为孙式太极拳在盘架中的几个方面的原则要求，并以此构成孙式太极拳盘架的特点。故需结合本书图解说明反复揣摩之。

孙式太极拳的推手、散手是太极拳用的一个方面。孙式太极拳的推手、散手是练习掌握孙式太极拳之用法，须在练习拳架后，并能熟练地掌握各式用法及其中的劲力变化，动转自如后，方能进行推手、散手的训练。故推手中有不适时，再回到拳架中求之。

4. 进阶之要

孙式太极拳之最高境界乃是拳与道合。故统而言之，其进阶之要惟抱元守一以求中和，虚中以养神耳。分而言之，亦不过神凝、气畅、筋舒、骨合、形松、动中求静六者。神凝以致气，气畅以致劲，劲则行于筋骨寓于形，筋舒则劲长，骨合则劲整，形松则劲灵，动静合一则妙道自生。知此并以盘架推手为本，以技击散手为末，相互印证，循环往复统于一体，则技可进乎于道。

5. 孙式太极拳修为中的常见错误及纠正

孙式太极拳修为中常见的错误及纠正方法有以下几种：

（1）错误理解孙式太极拳融合形意、八卦、太极为一的概念，将孙式太极拳走一手形意、一手八卦、一手太极，时刚、时柔、时快、时慢的样子，这是非常错误的练法。孙式太极拳是融合了八卦拳动静合一的本质和形意拳一触即发的本能，但无形意、八卦之外形，更不能以形意、八卦的练法和劲意来练孙式太极拳。孙式太极拳走出的劲意是阴阳互济的太极劲，其外形要极尽松柔连顺之致。孙式太极拳各式的承接变化中孕育着形意、八卦的内涵而不是其外表，此点习者尤须注意。

（2）错误理解孙式太极拳套路的含义。孙式太极拳套路的含义有两个方面，其一是开发内劲，其二是孕育各种技击变化的母式。也就是说，孙式太极拳中每一手都不是技击的固定招式，而是能够演化为技击中千法万法的总机关。常见一些习孙式太极拳者将拳势中的一些动作当做技击招式来练习，这是非常错误和有害的练法。太极拳追求的是习者自身的协调稳定，故能产生以有法而御无法的技击之效。此点习者当用心体悟之。

（3）错误理解推手在太极拳修为中的作用和意义。推手的意义，是通过与他人相互作用这样一种形式来进一步完善自身的协调稳定的能力，使身体内外中和的程度得以深化。因此，推手不是要把别人推倒，仆人于丈外，而是要在推手中对手中寻求体会如何使用自己不失稳、不倒的道理和方法。随着双方各自协调稳定能力的提高，互相作用的剧烈程度也可随之加强。太极拳技击是一个由定步推手、动步推手、四隅推手、大捋再至技击的循序渐进的过程。初练推手就想着如何把别人放倒，这是极端错误的练法。这种练法也将造成推手和盘架的脱节，习者永远站在太极拳之门外。太极拳讲究力从人借，扑人丈外也好，数丈外也好，都不是发人者的主观意识，而是被放出者自己造成的结果。此点尤须习者深悟。

（4）对气的错误认识。常见习太极拳者相互问有无气感。有，则洋洋自得，以为已进乎太极拳之三昧。没有，则内心焦急，或于行拳中腹内鼓气，或口中嘘气，皆大谬也。其气，非我们日常所呼吸之气，乃是拳架盘走正确后，习者身体内外相合，由此在习者体内产生的一股能量流，给人的感觉与气相仿，故以"气"字表达之。心越静，则此气越为充盈。若有心御气，则气反奔腾，即紊乱也。故气感也罢，胀感也罢，相吸之感也罢，皆属皮毛之相也，不可过分追求，应听之任之，以静心求中和为要。否则将本末倒置，甚至走火入魔。

（5）用"神"不当。练太极拳贵在神聚，精神高度集中，不使之散乱。故神要内守，或食指梢，或身体其他某一处，总之要与拳势之运动相合。常见初习太极拳者用"神"不当，或精神散乱，左顾右盼，或精神张扬宣泄于外，此皆谬也。精神散乱，必神气不能相合，内劲无望矣。精神外张，久则自靡，更无从得以内劲。故需精神内守，含而不露，养神于一。

（6）不明内劲。何谓内劲？神气合一而已。随着炼精化气、炼气化神、炼神还虚、炼虚合道，神气耦合愈为协同、有序，内劲渐纯。故内劲是习者身心有序协调达致中和时，机体产生的一种潜能，常见习拳者或从腹中求之，或从腰中求之，或从胸中求之，或哼或哈皆不得其所。内劲无声、无臭，无形无迹，无一定之处，唯有求中和以致神气合一，方可得之。鼓动小腹、抖动腰身、抢肩纵胯皆可谓之发力，然皆非内力也。

（7）或散或僵。散、僵二者，为初习太极拳者之通病。散则周身不整，病根全在颈项未能竖起，腰胯未得下塌，肩胯之根未能抽住之故。头顶与尾椎骨之根未能互逆相撑，身躯自然不整。肩胯之根未能抽住，四肢与身躯必不能相合。故此为散之病源也。僵则转换不灵，病根全在足胯上。两足未分清虚实，必然移动不灵。两胯未能松开，必然上下难随、虚实难换。故此为僵之病源也。所以，竖项塌腰抽住肩胯之根与足分虚实两胯松开为去此二病之良方。

（8）不合于步。孙式太极拳为活步太极拳，要求进退相随，迈步必跟，退步必撤，故难度较大，不易掌握。尤其是跟步的时机要掌握得准确，确非易事。常见初习孙式太极拳者不是跟步跟得较迟，便是跟步演成拉步、拖步，就是跟步跟得较急，于是身体有前仰后俯之势。要克服此种毛病，关键是要在跟步中求以中和，即当迈步后身体重心前移，将及而未及前脚之脚跟时，跟步，同时由腰胯牵带身体有向后移动之势，前脚趾踏实回搓（回蹬）。后足一即落地，重心即落于后腿上。此时身体由腰胯处分为二节，前后互逆，故能动中有静，重心不失于中，所谓顺中用逆。退步时亦如此，全在足胯相合，虚实分清。故顺中用逆以求中和，为走架中身体与足相合之诀窍。

三、孙式太极拳健身养身的机理与作用

（一）孙式太极拳健身养身的修为机理

孙式太极拳是一种修为和完善人之身心的拳学体系。孙式太极拳遵从老子的哲学思想，从无为而始以达致无不为。具体地说，就是通过恬淡虚无这种心理暗示以求得初步的心理稳态（即一种寡欲、无欲的心态），并以此为基础通过孙式太极拳的锻炼达致生理机能的稳态水平。最后，由于心理稳态与生理稳态之间的相互启发，环循共进，达致人之心理、生理适应机能的双重完善，即所谓完善人之身心、变换人之气质的最终目标。当人之身心的适应能力渐臻完善时，自然地加强了对自然环境的变化适应能力，因此孙式太极拳是通过提高人体身心系统的稳态水平，来渐臻完善人体身心系统的适应能力的。当人之身心真正能达到恬淡虚无——无欲这种自然状态时，人体系统的稳态则与宇宙场之基本稳态同一，从而使人之身心的适应能力达致完善。孙禄堂先生所讲的"与天地并立，与太虚同体"，就是此等境界。此时则拳与道合，无为无不为，这就是孙式太极拳养身健身修为的机理。

（二）孙式太极拳健身养身的作用

孙式太极拳不具备治病的功能，故练习孙式太极拳，身体有病时还应及时去医院进行治疗，不要耽误了。

孙式太极拳只有健身养身的作用效果，总括起来有四个方面。

（1）孙式太极拳要求节节贯穿，力从腰起（丹田穴）。上肢：由腰而脊、而肩，肩催肘、肘催手而发出，而后再由手而肘，肘而肩，回到腰（丹田穴）。下肢：由腰至胯、胯至膝、膝至足蹬出，返回时先由足、而膝、而胯、胯至腰反复进行。运动时即由腰向手、脚催出，而后又返回。这样反复进行，促进气血的运行，增强对皮肤的锻炼，起到自身按摩的作用；增强对气候的适应能力；增强对感冒的抵抗能力；加快疲劳的恢复。

（2）调理内脏功能。孙式太极拳注意用意不用力，特别强调内在的开合运动，孙式太极拳套路97式，其中仅开合两式就占26式（各13式），为整套路的1/4还多。习练者能在很短时间内由胸呼吸达到腹式呼吸，提高肺活量，使肺运动达到两肺尖，同时带动内脏（胃、肝、脾、肠、肾）的运动。不但能增强功力，也能加强内脏锻炼，内脏逐渐健康了，体质也就随之增强了。

（3）加强身体各部功能配合的训练。孙式太极拳最大的特点是活步太极拳，进步必跟，退步必撤，所有动作都要求在运动中完成（拳术上达到外三合）。所以，练习拳架时，所有动作必须同时完成，这样使身体动转轻灵而圆活、变换快，身体各部位都能得到锻炼，气血运转全身，因而不少习拳者增强了体质，减少病痛，如肩、腿部各关节的疼痛。

（4）大脑支配全身的功能增强。孙式太极拳为活步太极拳，练拳时，自起势到收势，整套拳架演练在大脑的支配下不停地做全面运动，每式都在大脑的指挥之下进行不断的起承运转，结束而连接下一式，中间虽有分动，但都通过随时不停地调整身体各部位的变化已达到连绵不断的效果，所以习拳时大脑必须照顾指挥到全身各个部位的变化，增强各部的应变能力。通过练习孙式太极拳，习者颈、脑灵活，反应思考问题的能力增强，因而延缓了老年人记忆减退及痴呆症等的症状。

练习孙式太极拳虽然不能直接治病，但由于体质不断的改善增强，因而可以间接地起到防病治病（尤其是一些慢性病）的作用，增强人的身心健康。

四、孙式太极拳97式动作名称

第一式　起势
第二式　懒扎衣
第三式　开手
第四式　合手
第五式　单鞭
第六式　提手上势
第七式　白鹤亮翅
第八式　开手
第九式　合手
第十式　搂膝拗步（左式）
第十一式　手挥琵琶（左式）
第十二式　进步搬拦捶
第十三式　如封似闭

第十四式　抱虎推山
第十五式　开手（右转）
第十六式　合手
第十七式　搂膝拗步（右式）
第十八式　懒扎衣
第十九式　开手
第二十式　合手
第二十一式　单鞭
第二十二式　肘下看捶
第二十三式　倒撵猴（左式）
第二十四式　倒撵猴（右式）
第二十五式　手挥琵琶（右式）
第二十六式　白鹤亮翅

第二十七式	开手		第六十三式	懒扎衣
第二十八式	合手		第六十四式	开手
第二十九式	搂膝拗步（左式）		第六十五式	合手
第 三 十 式	手挥琵琶（左式）		第六十六式	单鞭
第三十一式	三通背		第六十七式	云手
第三十二式	懒扎衣		第六十八式	云手下势
第三十三式	开手		第六十九式	金鸡独立
第三十四式	合手		第 七 十 式	倒撵猴
第三十五式	单鞭		第七十一式	手挥琵琶（右式）
第三十六式	云手		第七十二式	白鹤亮翅
第三十七式	高探马		第七十三式	开手
第三十八式	右起脚		第七十四式	合手
第三十九式	左起脚		第七十五式	搂膝拗步
第 四 十 式	转身蹬脚		第七十六式	手挥琵琶
第四十一式	践步打捶		第七十七式	三通背
第四十二式	翻身二起脚		第七十八式	懒扎衣
第四十三式	披身伏虎		第七十九式	开手
第四十四式	左起脚		第 八 十 式	合手
第四十五式	转身右蹬脚		第八十一式	单鞭
第四十六式	上步搬拦捶		第八十二式	云手
第四十七式	如封似闭		第八十三式	高探马
第四十八式	抱虎推山		第八十四式	十字摆莲
第四十九式	开手（右转）		第八十五式	进步指裆捶
第 五 十 式	合手		第八十六式	退步懒扎衣
第五十一式	搂膝拗步（右式）		第八十七式	开手
第五十二式	懒扎衣		第八十八式	合手
第五十三式	开手		第八十九式	单鞭
第五十四式	合手		第 九 十 式	单鞭下势
第五十五式	斜单鞭		第九十一式	上步七星
第五十六式	野马分鬃		第九十二式	退步跨虎
第五十七式	懒扎衣		第九十三式	转角摆莲
第五十八式	开手		第九十四式	弯弓射虎
第五十九式	合手		第九十五式	双撞捶
第 六 十 式	单鞭		第九十六式	阴阳混一
第六十一式	右通背掌		第九十七式	收势
第六十二式	玉女穿梭			

五、孙式太极拳97式动作图解

第一式 起 势

动作1（又名无极势）：身体直立，两手下垂，两肩放松；两足尖分开成90°；眼向前平视，心静，稍停；此时心无所思，目无所视，处于无极状态。（图1）

动作2（又名太极势）：移动重心于左腿，右脚尖翘起，以脚跟为轴半面向左转与左脚成45°；同时，身体稍左转，面向左斜前方；眼平视；此时以生阴阳，两脚分虚实而进入太极境界。（图2）

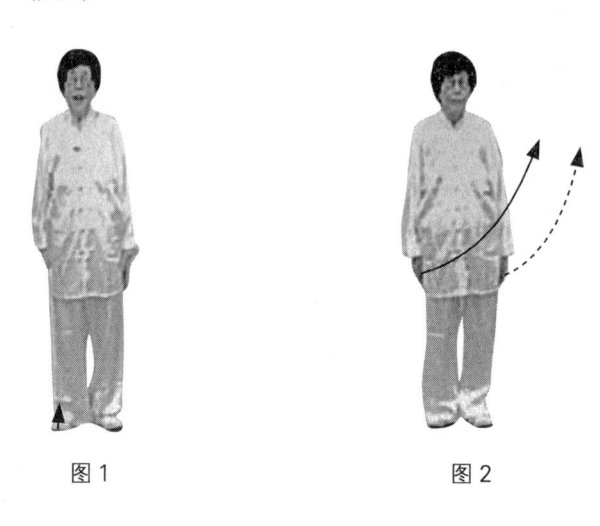

图1　　　　　　　　　图2

【要领】全身放松，塌腰，但不可僵挺，舌抵上腭，呼吸自然。

第二式 懒扎衣

动作1：接上势。两腿不动；两臂内旋向前上方慢慢举起，高与肩平，两手心相对内含，相距约18厘米，指尖向前如抱球状；眼看两手中间。（图3）

动作2：两手下落至腹前；同时，两腿慢慢弯曲，重心移至右腿，左脚跟随着慢慢提起。（图4）

动作3：左脚向前迈步，以不牵动重心为原则，脚跟先着地；同时，两臂屈肘，两手向上，向前慢慢伸出，手与肩窝平，相距约20厘米，两手仍如抱球状，臂略弯曲；右脚随两手伸出向前跟步至左脚踝内侧脚跟抬起，两脚成45°角，相距约10厘米，脚尖着地，眼看两手中间。（图5、图6）

动作4：两手平着往右转动，转至面向正前方时，右手外旋，手心向上，左手内旋，手心向下辅扶右腕向右转动，同时，右脚跟落地，左脚尖翘起向右转动90°，右脚尖随之向外略摆90°；眼看右手。（图7、图8）

动作5：右手向右向后划一半圆，左手随右手转动，当右手转至右肩前，前臂直立，手心斜向上，先向左划至口前，再转向前，左手心外扶着右腕一起向前推出，两臂略弯曲；同时，右脚向前迈出，脚跟先着地，逐渐踏实，左脚随即跟在右脚的后边，相距约10厘米，脚尖着地；眼看右手，稍停。（图9、图10）

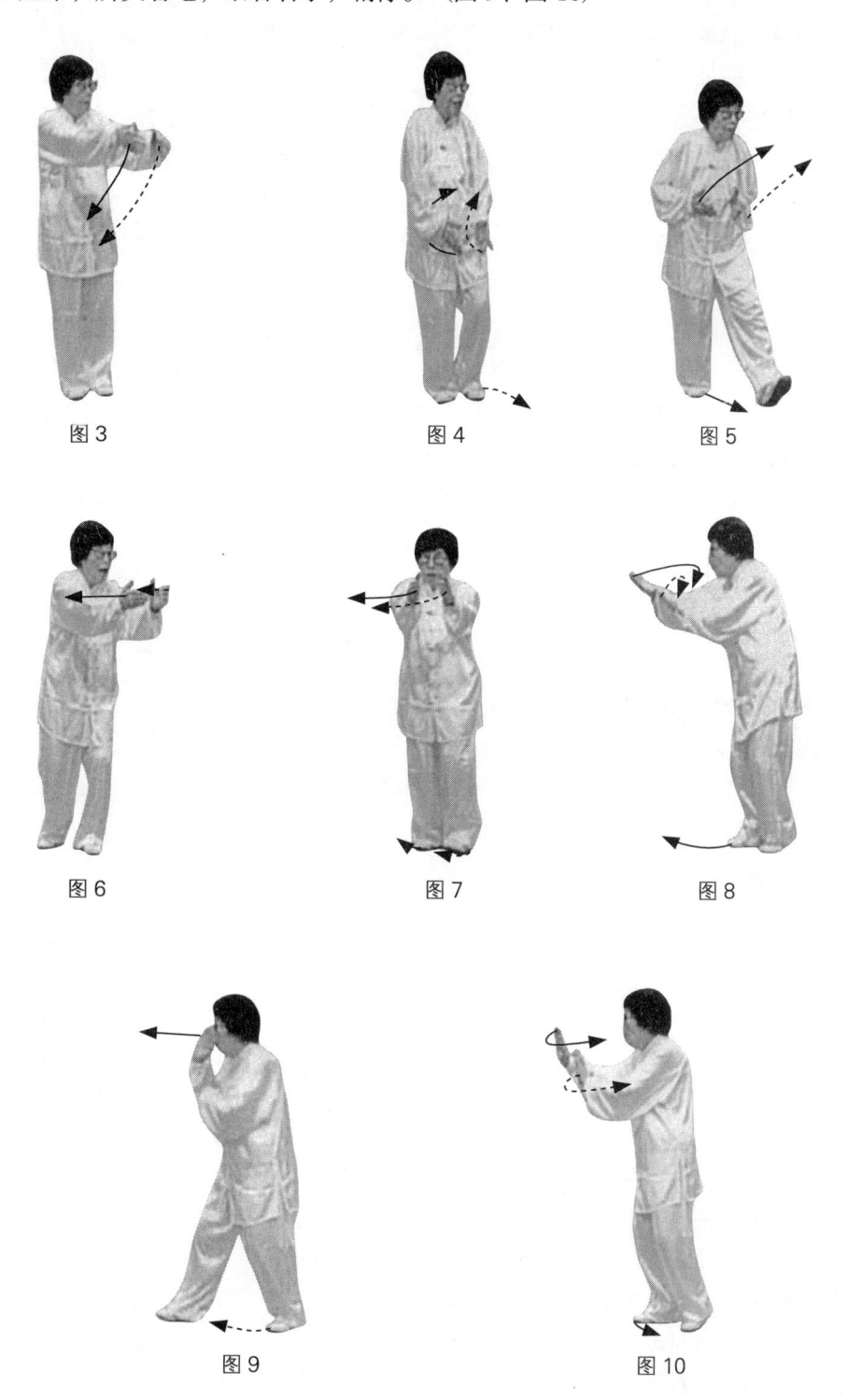

图3

图4

图5

图6

图7

图8

图9

图10

【要点】向前迈步时，前腿要弯曲，不再挺直；动作要一气贯穿，不可间断；转动变换时，两腿虚实一定要分清。

【用法】懒扎衣由掤捋挤按组成（注：太极拳拳架中所谈之用法，只能是起到帮助习者体悟拳架中拳势的参考和解理，不能作为技击的招数方法使用，否则将会导致自身的被动不利。因每一拳势皆为技击之母势，用时变化万千，随同对方之变而变）。

（1）掤：即架（不是死架硬顶），对方若用双手向我扑来，我双臂则向上粘住对方的手，向后坐腰，撤左步，微微向右转腰，左手向右拍，右手向右挂，此时对方的力已化去，我应时而发。掤法的奥妙在"粘"，不丢不顶，两臂如弹簧一般，使对方按着若有若无。掤可用双手，也可用单手，若用单手掤住对方的双手，则更为得势。

（2）捋：对方以手击来，我以前手接其腕，向后引，后手迅速找其肘。若对方来手高，则两手上托其臂向后、向下捋，亦可平着向侧后方捋。

（3）挤：即将对方挤出，意在前臂，像锉一样搓住对方的胳膊。若能使对方身体侧向一旁失去中正，对方胳膊又被我臂裹住，贴于身体不能起而掤架，此时为挤之最佳。挤的用法，是由胸前向前上方斜着挤出。如用得巧妙，可使对方腾空而起。若要挤得上劲，双臂的裹劲是关键，一旦裹住对方，要迅速进步上身，紧紧贴住对方。

（4）按：若对方向我攻来，我双手轻轻按住对方双臂，即时向前扑出。按可用单手、双手，或开劲，或合劲，因势而定，但要粘住对方的臂，使其走转不灵。

第三式　开　手

接上势。左脚跟落地，右脚尖翘起，向左扣约90°，身体也随着向左转，面向正前方；同时，两手心相对，指尖向上，向左右分开，如抱气球状，球中之气向外膨胀，开至两手虎口与两肩相对，与肩同宽，微停；同时吸气。（图11）

第四式　合　手

接上势。两手心相对慢慢里合，合至两手相距与脸同宽时稍停；同时，两腿弯曲，右脚着地，左脚跟抬起，脚尖着地；眼看两手中间；同时呼气。（图12）

【"开合手"要领】全身要放松，不可有丝毫勉强之力。开合手主要是调整呼吸即把胸式呼吸调成腹式呼吸，增加肺活量。

【"开合手"用法】若对方从身后用双手突然抱住我双臂，我即用肘撑住对方双臂，速往下按，并顺势向左转身或向右转身击之。对方双手向我胸扑

图11

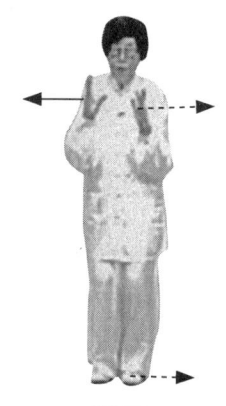

图12

击时，我则合手将手心向前顺其双臂内侧击其胸。

【注：孙式太极拳97式一共有13个（26式）开合手，其余12个开合手的要领、用法均与此相同。】

第五式　单　鞭

接上势。两手外旋，如捋长竿一样，往左右慢慢分开，两臂成平撑举状态，两手心向外，掌直立，高与肩平；同时，左脚向左横迈一步，并向左平移重心，腿微屈，右腿微蹬；眼看右手，稍停。（图13）

【要领】上体要直，两肩要松，肘要松沉，呼吸要自然，不可用拙力向丹田压气。背脊要圆，前胸要含、要空。

【用法】

（1）单鞭是应付左右两侧对手。两手虽是同时分开，却要一虚一实。何实何虚，要看对方来势的远近。若左手实击，重心须落在左腿，眼顾右方；同时可起右腿踢右方之敌。

（2）若两侧对手相距甚近，或已缚住我的两臂，我即用肘撞击或肩靠，同时另一侧脚可踢击。

（3）一手横捋另手击起肋胸。

图13

第六式　提手上势

接上势。身体重心移于左腿；随即左手向上划弧至前额，手心向外，右手向下划弧至腹前，手指向下，手心向右；同时右脚靠拢左腿，脚尖着地与左脚尖相齐，两腿微弯曲；眼看前方。（图14）

【要领】身体要保持平衡，塌腰，含胸。

【用法】若对方用两手握住我的两腕，我两臂向着相反的方向一上一下同时外拧，必可解脱，转为上打头面下打阴。若对方距我甚近，则可将虚腿提膝击向对方腹部。

图14

第七式　白鹤亮翅

动作1：接上势。左手从前额往下落至左胸前，肘靠着肋，手心向外，右手从腹前往上提至额前右斜上方，手背靠着前额（右手提时向前暗劲，而后挂劲）；同时，右脚往前迈步，脚跟着地，两足相距以不牵动身体重心为合适。（图15）

动作2：右手往下经脸的右侧（似挨非挨）至右胸前，肘尖下垂，手心向外，高与左手相齐，两手一齐向前推出；同时右脚踏实，脚尖慢慢着地，力达趾尖，身体重心前移至右腿，左脚跟步至右脚内侧，脚尖着地；眼看两手中间。（图16、图17）

图15　图16　图17

【要领】塌腰，两臂略弯曲，稍停。

【用法】

（1）我用右手击对方，对方若用左手往下按我右手腕，我随即进步，右手撤回并向下松沉，左手粘住对方的右腕向下采，右手旋转而上击其胸或头。

（2）若对方用双手击来，我上下分开对方的手，同时进步用两手击其胸。

（3）若对方用左手直击或侧击我头胸，我用手上提至额右侧化解来手，而后落掌击其头胸。

第八式　开　手

两手分开，动作同第三式开手。（图18）

图18

第九式　合　手

动作与第四式合手相同。（图19）

【要领】合手时重心在左脚还是右脚，依连接的下势而定。

第十式　搂膝拗步（左式）

动作1：接上势。左手先向右，平推再转经胸前，向下搂至左胯外侧，大拇指离胯约10厘米；

图19

同时，左脚向左前方斜迈一步；右手外旋向右后、向上、再向左划弧至与右肩同高，手心向左；眼看右手。（图20）

动作2：右手向左前方平着推出，臂略屈，塌腕，手心向前；同时，右脚跟步至左脚内踝侧，前脚掌着地，重心移至右腿；眼看右手食指尖，微停。（图21）

图20　　　　　　　　图21

【要领】右手前推和左手下按与跟步要协调一致，右肘要屈，腕要塌。

【用法】若对方用右拳向我击来，我用左手往左一搂，右手击对方的胸部。对方用左手击我胸，我左手左搂，右手击其胸或肩。

第十一式　手挥琵琶（左式）

接上势。两手手指向上，虎口朝上；右脚向后撤步，脚尖领先着地（撤步远近以不牵动身体重心为宜），随即全脚慢慢落实；同时，右手往后拉，左手向前伸，两肘下垂；左脚往后撤步至右脚前，脚尖着地；目视前方。（图22）

【要领】两手心相对如搓麻绳。

【用法】若对方用右拳击来，我右掌接其腕，左手接其肘，顺势捋或挒。

图22

第十二式　进步搬拦捶

动作1：接上势。左手内旋向下、向左搂至肋前，手心向下，右手外旋向上，经左手下向前伸出，手心向上；同时，左脚往前迈出，脚尖稍外摆。（图23）

动作2：右手内旋，往右肋前压搂回，手心向下，左手外旋前伸，手心向上；同

时，右脚往前迈步，脚尖稍外摆着地。（图24）

动作3：上动不停。左脚往前迈出一步；同时，右手外旋向内变拳经左手腕上直着打出，拳与胸平，拳眼向上，左手内旋下压握拳回拉至右肋前，拳心向下；右脚跟步至左踝内侧，脚尖着地；眼看右手食指中节。（图25、图26）

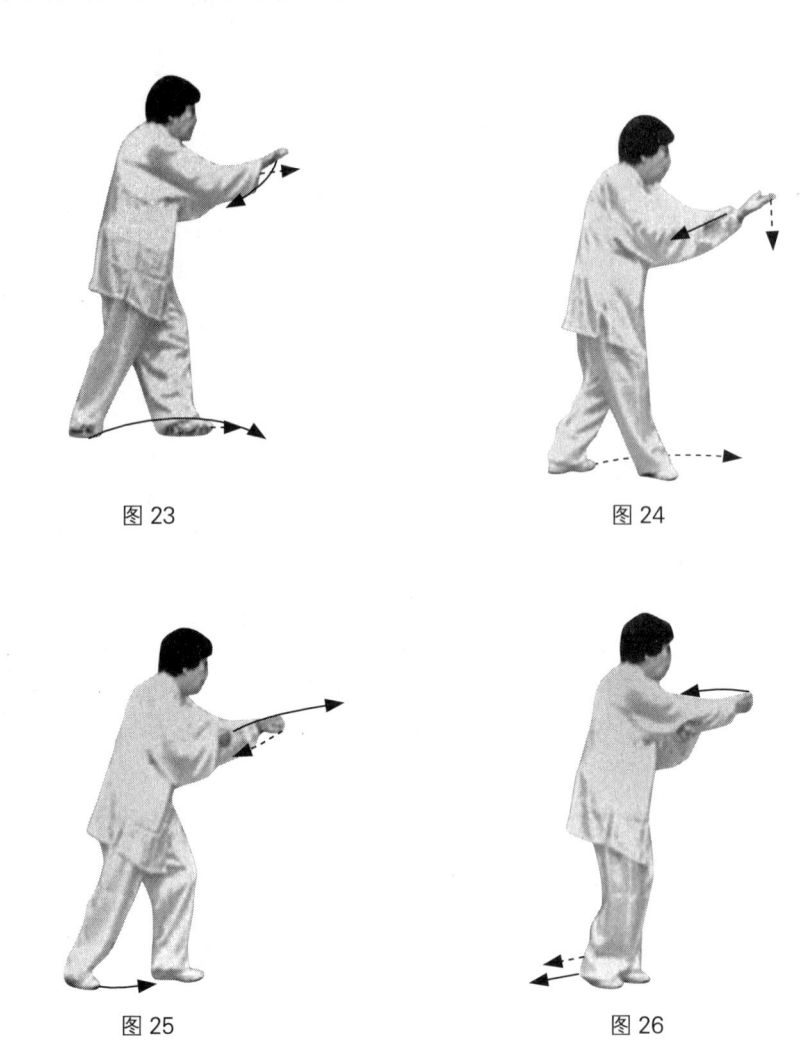

图23　　　　　　　　　图24

图25　　　　　　　　　图26

【要领】回搂之手要从前伸之手的虎口手心搂回。

【用法】

（1）若对方仰掌插我喉胸，我前手仰掌托其腕或肘，后手心向下压撅其掌腕。

（2）若对方用左手向我胸部击来，我用左手扣其腕（手心向下，虎口向着自己），采住向后、向右将，同时右拳向对方击出。

第十三式　如封似闭

接上势。右拳向后抽，左拳从右臂下稍往前伸后，双拳同时回挂，至两拳相齐于胸前向两侧分时变掌，手心均向前；右脚在右手收回时往后撤步（撤步的远近以不牵动身体重心为合适）；随即左脚随双手同时回撤，左脚至右脚前，脚尖着地；眼看前方。（图27）

【要领】手回撤时要注意坠肘，重心移至右腿，否则气会上浮。

【用法】我以右手击对方某部，对方若以左手横我腕或肘，我则向后坐腰，左手从右臂外截其腕，随彼劲往右领，同时左手按其肘部因势而发。

第十四式　抱虎推山

接上势。两手一齐往前推出，高与胸平，两臂略弯曲；同时，左脚往前迈步，右脚跟步，距左脚约10厘米；眼看两手中间，稍停。（图28）

【要领】双手推时要平，肘要坠。

【用法】若对方手在内，我手在外，则我向里裹住对方的手而发；若对方手在外，我手在内，则我用开劲撑住对方的手而发。总之须粘住对方的手使其不能运用自如，否则只知向前猛扑，必为对方所乘。此式以打在对方躯干部为最佳。

第十五式　开手（右转）

接上势。左脚尖翘起向右扣步，随即身体向右转约90°，右脚踏实；两手平着分开，开至两手虎口与肩同宽，五指张开，微停。（图29）

图27

图28

图29

第十六式　合　手

动作与第四式合手相同。（图30）

第十七式　搂膝拗步（右式）

动作、要领、用法与第十式搂膝拗步（左式）相同，唯方向相反。（图31、图32）

图30　　　图31　　　图32

第十八式　懒扎衣

动作1：接上势。左手外旋向里，手心向右，右手前伸，手心向左，两手相搓，左手心至右肘侧下方；不停，左手外旋至手心向上，右手里裹至手心向下，两手成抱球状；左脚向后撤，在45°角着地；随即两手一齐往下划弧至腹前左侧；右脚撤至左脚前，脚尖着地。（图33、图34）

图33　　　图34

动作 2：身体略右转；右手内旋，左手外旋上提至胸前，左手扶在右手腕上一齐向前推挤出，右手心向上，左手心向下；同时右脚往前迈出，左脚随之跟至右脚踝内侧，脚尖着地。（图35）

动作 3：随即左脚后撤；同时，两手平着往后划弧至右肩前，手心向左；身体后坐，重心移至左腿，右脚尖翘起。（图36）

动作 4：两手自右肩前向左再向前一齐推出，两臂略弯曲，左手扶右腕；同时，右脚尖逐渐着地，左脚随即跟至右脚后约10厘米处；眼看右手。（图37）

图35　　　　　图36　　　　　图37

【要领】捋时开始正，而后变侧，再转正而挤出，虎口向前。
【用法】与第二式懒扎衣相同。此式含有八法及五行，须反复演练体悟之。

第十九式　开　手

动作与第三式开手相同。（图38）

第二十式　合　手

动作与第四式合手相同。（图39）

图38　　　　　图39

第二十一式 单 鞭

动作、要领、用法与第五式单鞭相同。（图40）

第二十二式 肘下看捶

接上势。左手心向右、拇指向上，右手变拳屈臂向下经腹前往左肘下伸出，拳眼向上；同时，腰左转，带右脚尖里扣，左脚向前上一小步，脚尖朝前，右脚往前跟步至左脚后，脚尖着地，随即右脚后撤，左脚撤至右脚前，脚尖着地；眼看前方。（图41、图42）

图40　　　　　　　　图41　　　　　　　　图42

【要领】此为藏捶，当前手遇阻时方用此捶击之。

【用法】我以左手击对方某部，对方捋，此时我即松肩坠肘，胳膊向里裹劲，同时进步用右拳从左肘下击对方胸部。

第二十三式 倒撵猴（左式）

动作1：接上势。右手由拳变掌，与左手相搓，随即左手内旋收至胸前，再向左搂一弧线至左胯外侧，手心向下，指尖向前，拇指距胯约8厘米；右手外旋向右、向下，再上举至与肩平，手心向上；同时，右脚以脚跟为轴向里扣，脚尖落实，左脚斜着往左迈步，脚跟着地；眼看右手。（图43）

动作2：右手向左经右口角往前推出，臂微屈，手心由左转向前；同时，右脚往前跟步至左脚后，相距约20厘米，脚尖着地。（图44）

【要领】手脚动作要一气贯穿，不可间断。右脚跟步不可离左脚太近（约20厘米）。

图 43 　　　　　　　　　图 44

第二十四式　倒攒猴（右式）

动作 1：接上势。右脚跟落地，左脚尖翘起，脚跟向里扭转；右手向右斜搂至右胯外侧，拇指距胯约 8 厘米，手心向下，左手外旋向上与左肩相平，手心向上；同时右脚斜着往右后方迈步，腰同时右转；眼视左手食指尖。（图 45、图 46）

动作 2：接着左手向右经左口角往前推出，动作与第二十三式倒攒猴（左式）相同，唯左右、方向相反。（图 47）

图 45 　　　　　　图 46 　　　　　　图 47

【要领】左右式循环练习，动作次数不拘，但须成偶数。转身、迈步、推手要连续协调不可间断。

【用法】对方从我后方击来，我即转身打对方胸部。若对方距我近时，可先肘靠而后搂击。

第二十五式　手挥琵琶（右式）

撤左脚；两手手心相对相搓，右手在前，左手在后；重心移至左腿，右脚随之撤回至左脚前，脚尖点地；眼看右手。（图48）

【要领】两手前后如搓绳，一手控其手腕另一手拿其肘。

第二十六式　白鹤亮翅

右手变勾，向上提起到额前右上方，左手向腹前下压；同时，右脚向前上步，脚尖翘起，其余动作同第七式白鹤亮翅。（图49—图51）

要领、用法与第七式白鹤亮翅相同。

图48

图49　　　图50　　　图51

第二十七式　开　手

动作与第三式开手相同；亦与第八式开手相同。（图52）

第二十八式　合　手

动作与第四式合手相同；亦与第九式合手相同。（图53）

第二十九式　搂膝拗步（左式）

动作、要领、用法与第十式搂膝拗步（左式）相同。（图54、图55）

第三十式　手挥琵琶（左式）

动作、要领、用法与第十一式手挥琵琶（左式）相同。（图56）

图 52　　　　　　　图 53

图 54　　　　图 55　　　　图 56

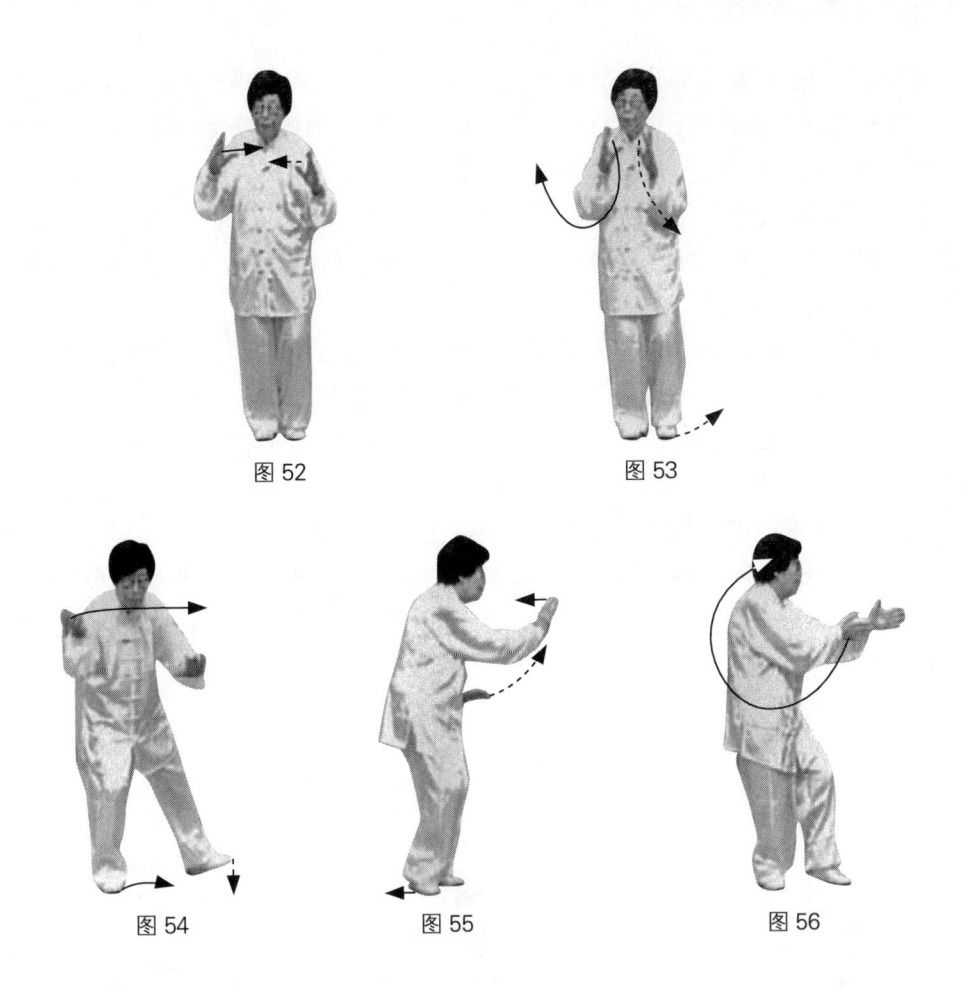

第三十一式　三通背

动作1：接上势。右手外旋（手心向上），向下、向后、向上划弧至前额时，手内旋向下成弧线形下按至左胫骨前，距左脚尖约30厘米；左手在右手向右后侧划弧时，收至左胯外侧，手心向下；左脚在右手下按时后撤至右脚前，脚尖着地，两腿微弯曲；眼看右手。（图57、图58）

图 57 　　　　　　　图 58

动作 2：右手及臂向左沿胸前上举，旋前臂，手背靠着前额；身体随着直起，重心偏于右腿；左手从左胯侧往前伸直，高与胸平，手心向前，塌腕；同时，左脚向前迈出，两脚距离以不牵动身体重心为合适；眼看左手食指。（图59）

动作 3：左脚尖翘起向右扣约120°，同时身体右转，重心移至左腿，右脚尖亦翘起外摆约120°；左手向上划弧至前额，右手向前推出，高与肩平，手心向前，塌腕；眼看右手食指尖。（图60）

动作 4：左手从前额往前下按至与右手相齐，两手心相对，指尖向前；同时，先微撤左脚，紧接着右脚撤步至右脚正后方并斜着落地；目视前方。（图61）

动作 5：两手虚握拳往下划弧至腹前；同时，左脚撤步至右脚前，脚尖着地，重心后移至右腿；眼视前方。（图62）

动作 6：两拳贴着身体上抬至胸前，再往前上方伸出，拳心向上，高与眉齐；同时，左脚往前迈步，脚尖外摆着地，身体重心仍在右腿，微停；随即两拳划弧再向下拉回至腹前；右脚直着往左脚前迈步，足尖着地，两脚尖相距20厘米左右，重心移至左腿；眼俯视前方。（图63、图64）

图59　　　　图60　　　　图61

图62　　　　图63　　　　图64

【要领】上下要协调一致,左脚撤步至右脚前时腰往下塌。

【用法】

(1) 若对方用左手击来,我用左手截其腕,用右手按其肘,向后撤步下捋。

(2) 若对方用手(左、右)正面击我面胸,我则用右手拿其腕,向下成弧形按压,同时回抽左脚以加大按压力,当对方弯腰时可用左手击其胸脸。

(3) 若对方用左手击来,我用左手截其腕,用右手托其肘,扣左脚向右转腰,从上向后捋出。

(4) 若对方沉肩缩臂,我则进右脚前踏,随对方手回缩之势向前推击。

(5) 对方用双手迎面推击时,我双手握其腕撤步后捋,而后变成双拳击其胸。

第三十二式 懒扎衣

动作1:接上势。两手张开上提(右手手心向上,左手手心向下)至胸前;同时,右脚向前迈步,左脚随即跟步至右脚后,脚尖着地,微停即往后撤步;两手平着往后划弧至右肩前,手心向外;身体重心后移至左腿,右脚尖翘起;眼看右手。(图65、图66)

动作2:与第十八式懒扎衣动作4相同。(图67)

图65  图66  图67

要领、用法与第十八式懒扎衣相同。

第三十三式 开 手

动作与第三式开手相同。(图68)

第三十四式 合 手

动作与第四式合手相同。(图69)

第三十五式 单 鞭

动作、要领、用法与第五式单鞭相同。(图70)

图 68 　　　　　　图 69 　　　　　　图 70

第三十六式　云　手

动作 1：接上势。左手向下、向右划弧至右腋下，手心斜向下；同时，左脚向右脚靠拢，脚尖着地；眼看右手，右指尖向上，微停。（图 71）

动作 2：左手向上、向左划弧至身体左侧，手心向左，指尖向上，右手向下、向左划弧至左腋下，手心斜向下；同时，左脚向左横迈一步，脚尖微向外斜，右脚靠拢左脚，在相距约 10 厘米处落下（两脚间均向左边微斜）；眼看左手，微停。（图 72）

图 71　　　　　　图 72

动作 3：右手向上、向下划弧，左手向下、向上划弧；左脚向左横迈一步，右脚靠拢左脚，如此循环三次。（参见图 71、图 72）

【要领】在左右手向上划弧的时候，掌心均向外，高不过眉；身随手转。

【用法】此式为攻防兼顾之式。若对方向左或右击来，我即转腰以手臂截住，拿腕、拿肘顺势捋出。

第三十七式　高探马

动作 1：接上势。两手从左向右云时，左手向下划弧至胸前，微上提，肘靠身体，虎口向上；右手云至脸前时，向前方下落并前伸，虎口向上，高与胸平，两臂微弯曲；同时，左脚向后撤步，右脚随着左手向前落地至左脚前，脚尖着地，与左脚成 45°角，两腿微弯曲；眼看右手。（图 73）

动作2：左手外旋，手心向上，右手内旋向里至胸前，手心向下，两手心相距约20厘米，两手距胸约6厘米；同时，右脚尖内扣，脚尖着地，与左脚尖相对，腰左转；眼看右手。（图74）

动作3：两手一同拧裹，指尖向上，塌腕（与合手姿势相同）；同时，左脚跟提起，微向右拧，与右脚相齐；微停。（图75）

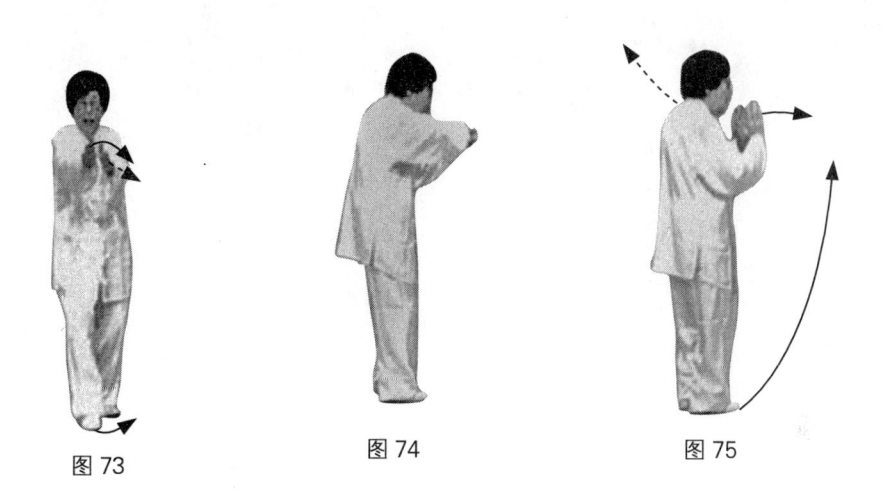

图 73　　　　图 74　　　　图 75

【要领】两手相距，前者指横向距离，后者指前后距离。

【用法】用两手撅拿其手臂（一手拿腕，一手拿肘，双手拧裹撅其手臂）。

第三十八式　右起脚

动作1：两手如单鞭势左、右分开；同时，右腿抬起，脚尖向上，与右手接触，腰微塌；眼看右手。（图76）

动作2：上势不停。右腿落下（落回原地），微内扣；同时，两手里合（与合手势相同）；眼向左看，微停。（图77、图78）

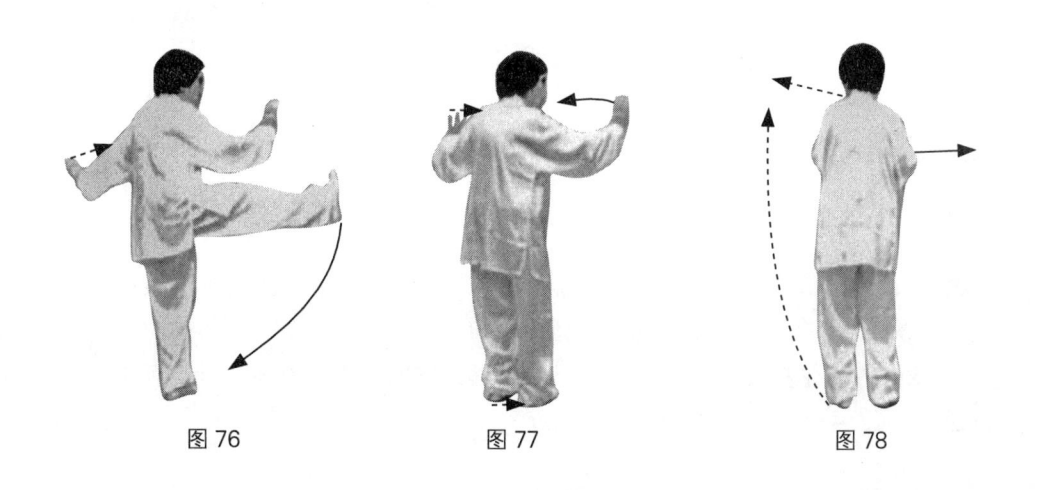

图 76　　　　图 77　　　　图 78

第三十九式　左起脚

接上势。两手如单鞭势分开，左脚向左斜前方抬起与左手接触，随即落回原处，脚尖着地；同时，两手作合手势；微停。（图79、图80）

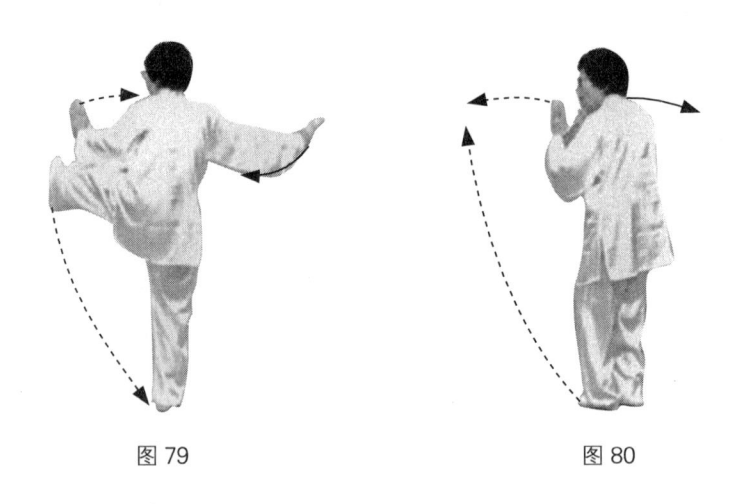

图79　　　　图80

【要领】手脚要紧密配合，即两手分开时脚即抬起。左、右起脚要领相同。

【用法】当将对方双手分开时，抬脚踢其下阴。左、右起脚用法相同。

第四十式　转身蹬脚

接上势。右脚和身体微向左转，随即左脚踢起，脚尖回勾，向左前方蹬出；同时，两手分开，左手与左脚相交；眼看左手食指。（图81）

图81

【要领】两手分开的同时提脚，用脚跟向前平蹬。

【用法】将对方双手分开，用脚蹬其胸腹。

第四十一式　践步打捶

动作1：接上势。左脚向前落地，脚尖外摆；同时，左手往左胯前搂回，手心向下，右手向下、向前伸出，手心向上；微停。（图82）

动作2：右脚往左脚前迈出一步，脚尖外摆；同时，左手往前伸出，手心向上，右手回拉至胸前，手心向下；微停。（图83）

图 82 　　　　　　　　　图 83

动作 3：左脚向右脚前迈出一步；脚尖里扣；同时，左手内旋变拳向下拉至左胯前，右手外旋变拳向后、向上、向前划弧，经前额向左内踝部打出；身体随着往下弯腰，左腿屈膝，右腿微弓；眼看右手。（图 84、图 85）

图 84 　　　　　　　　　图 85

【要领】动作要一气贯穿，腰要塌住，眼随手动。
【用法】
（1）对方用手直击我胸时，我用手撅拿其手臂。
（2）对方从我右侧后方近身时，我则翻右拳后击其胸面（翻身捶）。
（3）若对方伏身用手击我下部（如指裆捶）或搂我左脚，我即用左手搂开，右拳自上而下击之。

第四十二式　翻身二起脚

动作 1：接上势。左脚里扣；同时，右拳向上经额再向前、向右侧后划弧，拳心朝上；身体随右拳往右转 150°；右拳随即向下后撤至右胯前；重心移至左腿，右脚回撤，脚尖微外摆。（图 86、图 87）

动作 2：左手经左胯侧向上经面前往胸前下搂至外侧；同时左脚向右脚前上步，脚尖略向外斜；右拳向前伸出，拳心向上，伸至极处；右脚提起往前踢出；右手变掌手心向下拍击右脚面，高与胸平；眼看右手。（图88、图89）

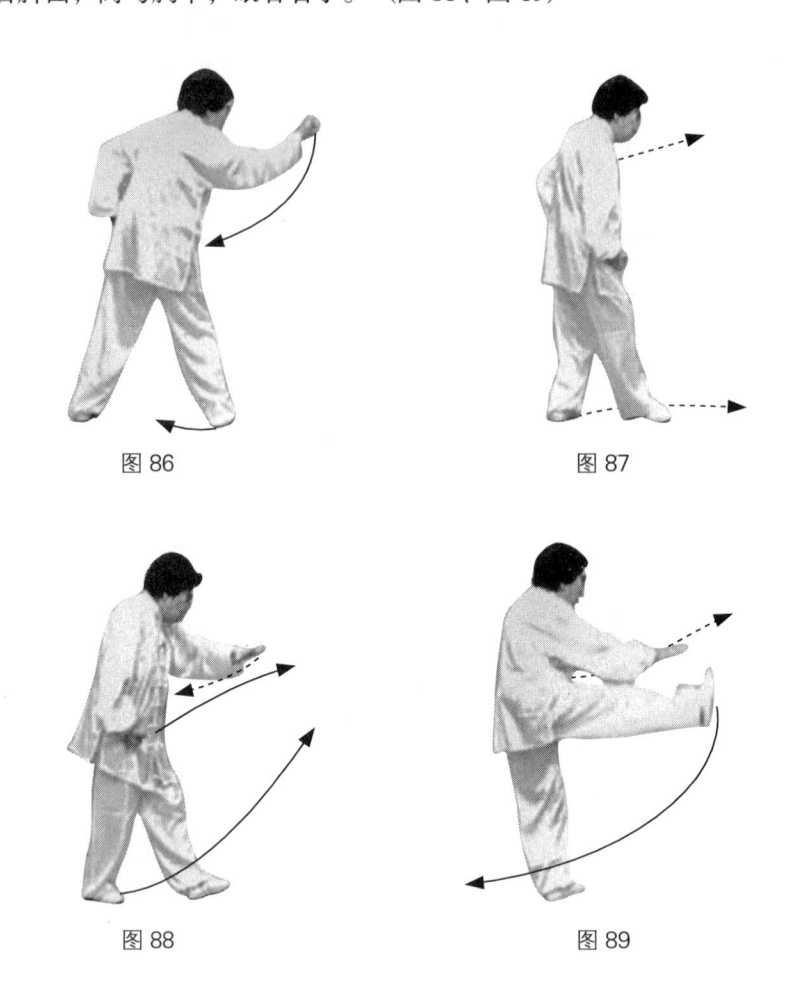

图 86

图 87

图 88

图 89

【要领】右手有反背后击之意，回收右脚有截之意。

【用法】若对方自右击来，我即向右转身，用右手截对方的手，随即左脚向对方踢去，左脚落地的同时起右脚踢击，所以称为"二起"。

第四十三式 披身伏虎

动作 1：接上势。右脚撤步至左脚后；同时，左手向前伸出，与右手平齐，两手心相对，如抱球状；腰往下塌；微停。（图90）

动作 2：左脚向右脚后撤一步；两手变拳往下回拉，经左胯侧往后、往上、再往下划至腹前，微停；同时，右脚尖翘起向左摆直，左脚稍内扣，腰先向左转，后向右转；目先注视双手划弧，然后平视前方。（图91、图92）

图 90　　　　　　　　图 91　　　　　　　　图 92

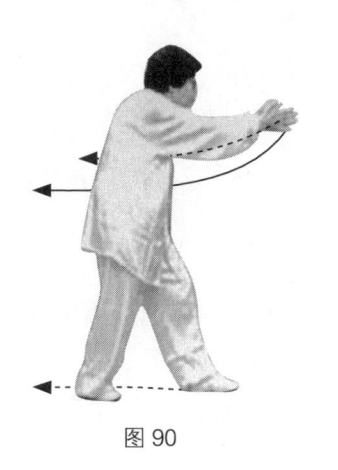

【要领】两手拉回不停。

【用法】

（1）若对方用双手握我双腕，我撤步向左、向右转腰抱双臂解脱。此式亦是一处摔法。若对方握我双腕，或我握住对方双腕，我向后撤右脚，向后、向下引对方的双臂，然后扣左脚向右转身，双手向上绕至头侧，使对方的双臂从我左肩经过，对方的身体即被我背在背上摔出。

（2）对方出手，我双手握住其手，向下后捋，再用双拳抡砸。

第四十四式　左起脚

动作 1：接上势。两拳变掌上提至胸前如合手势；同时右腿略抬起，脚尖外摆斜着落地，左膝微屈靠近右腿内侧，脚跟抬起，两腿弯曲，腰右转；眼看前方，微停。（图 93）

动作 2：两手如单鞭势分开；同时，左脚向左侧抬起，与左手相触；眼看左手食指。（图 94）

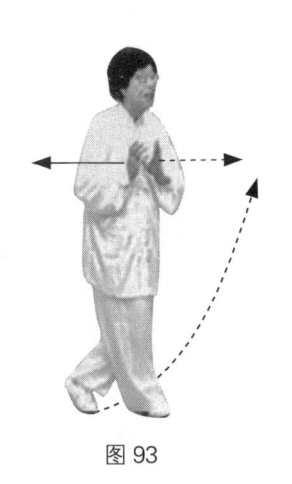

图 93　　　　　　　　图 94

【要领】手脚要紧密配合，即两手分开时脚即抬起。

【用法】

（1）当对方右手击我胸脸，我用双掌推出，同时用右脚截蹬其前腿。

（2）对方进手（单手、双手）直击我胸时，我用手将其手分开，后起脚踢其裆腹。

第四十五式　转身右蹬脚

动作1：接上势。左脚回收成提膝，身体向右转270°，随即左脚下落至右脚外侧，右脚跟提起扭转与左脚尖相对；同时两手先相合，随即分开。（图95、图96）

动作2：接着身体微向右转，右脚微外摆；两手如单鞭势左右分开；同时右脚蹬出；眼看右手食指。（图97）

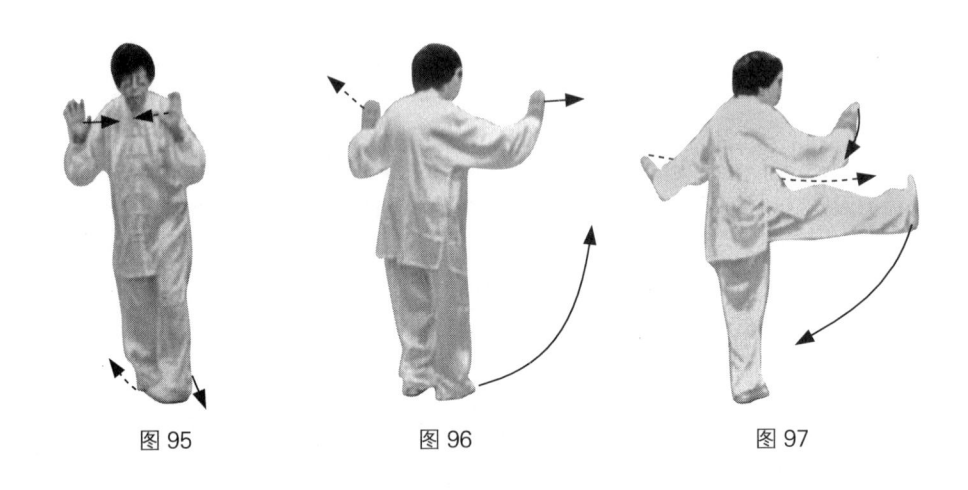

图95　　　　　图96　　　　　图97

【要领】第四十四式左起脚与本式转身右蹬脚为连环用脚，故转身要快、要稳。左脚落地后重心立刻移至左腿，便于右腿起脚蹬出。

【用法】若对方用勾拳击我头部（单峰贯耳），我抬手截住，同时起脚向对方腹部踢击。必须手脚齐出方可制住对方。

第四十六式　上步搬拦捶

动作1：接上势。右脚下落至左脚前，脚尖外摆，重心前移至右腿，左脚跟抬起；同时，左手往下往前伸出，手心向上，右手搂至右肋前，手心向下。（图98）

动作2：左脚向右脚前上一步，脚尖要直；同时，左手内旋，手心向下，随即两手变拳，右拳往前打出，拳眼向上，左拳收至右肘下，拳心向下；右脚跟步至左脚后，脚尖着地；眼看右拳。（图99、图100）

要领、用法同第十二式进步搬拦捶。

图 98　　　　　　　　图 99　　　　　　　　图 100

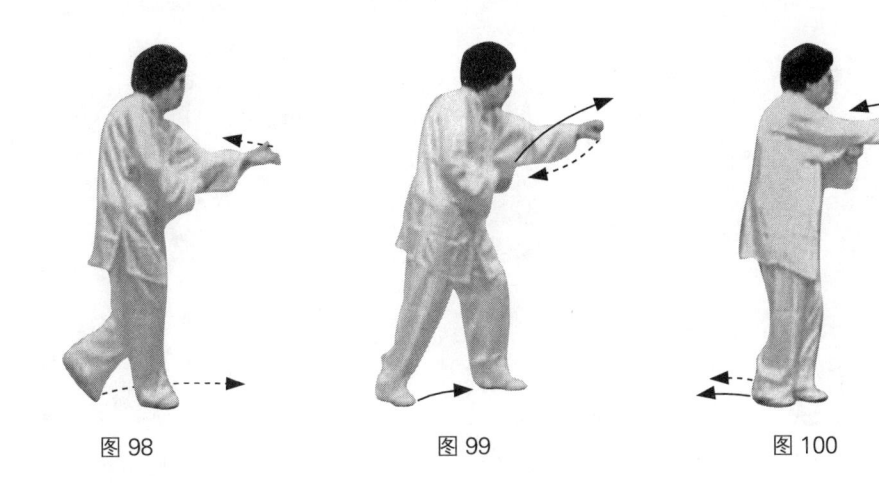

第四十七式　如封似闭

动作、要领、用法与第十三式如封似闭相同。（图101）

第四十八式　抱虎推山

动作、要领、用法与第十四式抱虎推山相同。（图102）

第四十九式　开手（右转）

动作与第十五式开手（右转）相同。（图103）

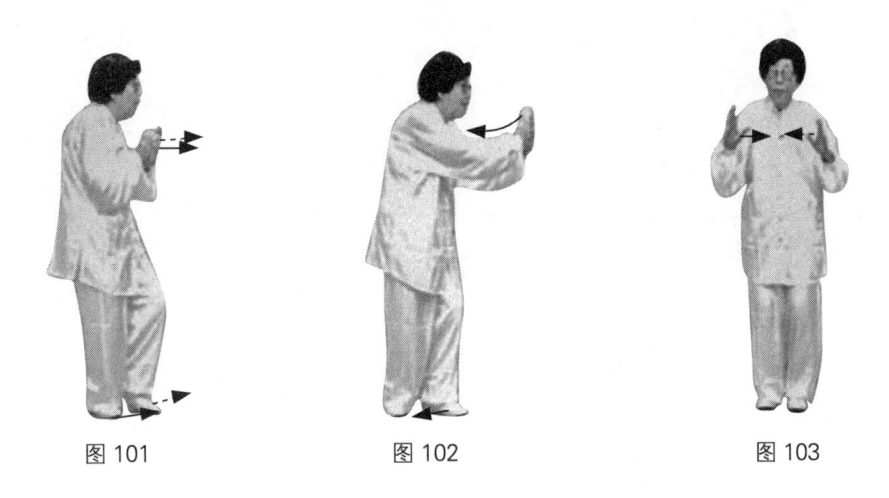

图 101　　　　　　　　图 102　　　　　　　　图 103

第五十式　合　手

动作与第四式合手相同；亦与第十六式合手相同。（图104）

第五十一式　搂膝拗步（右式）

动作、要领、用法与第十七式搂膝拗步（右式）相同。（图105、图106）

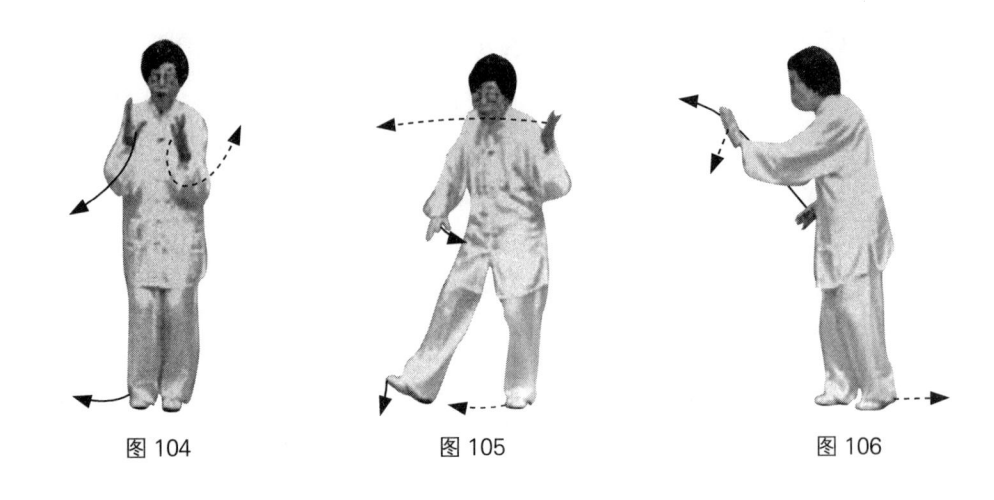

图 104　　　　　　图 105　　　　　　图 106

第五十二式　懒扎衣

动作、要领、用法与第十八式懒扎衣相同。（图 107—图 111）

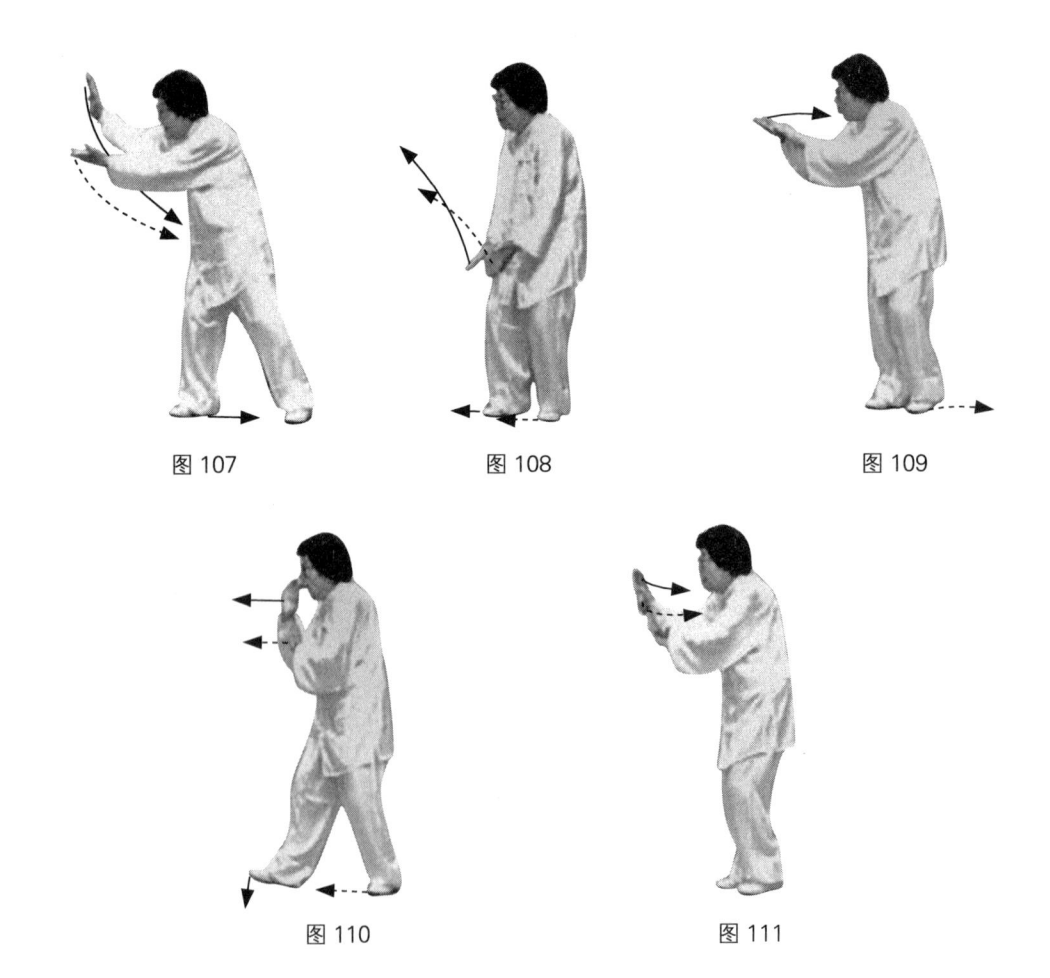

图 107　　　　　　图 108　　　　　　图 109

图 110　　　　　　图 111

第五十三式　开　手

动作与第三式开手相同，亦与第十九式开手相同，唯此式方向向右斜 45°。（图112）

第五十四式　合　手

动作与第四式合手相同，亦与第二十式合手相同，唯此式方向向右斜 45°。（图113）

第五十五式　斜单鞭

接上势。左足往左斜后方迈出，两手平着分开。（图114）

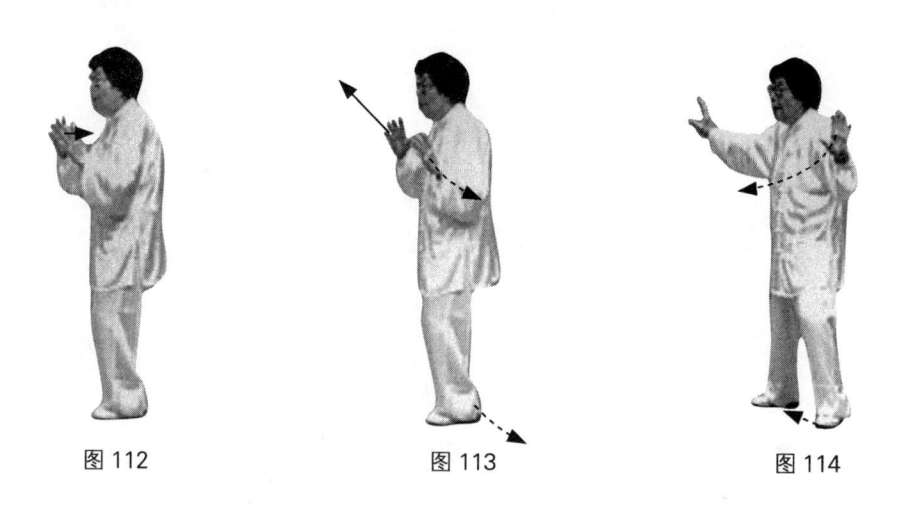

图 112　　　　图 113　　　　图 114

第五十六式　野马分鬃

动作1：接上势。左脚向右脚靠拢，前脚掌着地；右手不动，左手同时向下划弧至腹前；眼看右手。（图115）

动作2：左手向上经腹、胸前再往左划弧至身体左侧；同时，左脚向左侧迈出一步，脚尖稍往外摆；眼看左手。（图116）

动作3：左手不动，右手向下划弧至腹前，再往上经脸部向右划弧至身体右侧；同时，右脚靠拢左脚（脚尖着地，两脚相距约 10 厘米），随即向右迈出一步，此时仍恢复单鞭势，但重心偏于右腿。（图117、图118）

动作4：左脚向右脚前迈一步，脚尖外摆斜着落地，两腿弯曲；同时，两臂向腹前划弧落下（手心微向外，左手在上，右手在下，两臂微弯曲）；两腿往下往前交叉；随即两臂抬至额前，向左右分开各划半圆至胸前，右手心向上，左手心向下；眼看前下方。（图119、图120）

图 115　　　　　图 116　　　　　图 117

图 118　　　　　图 119　　　　　图 120

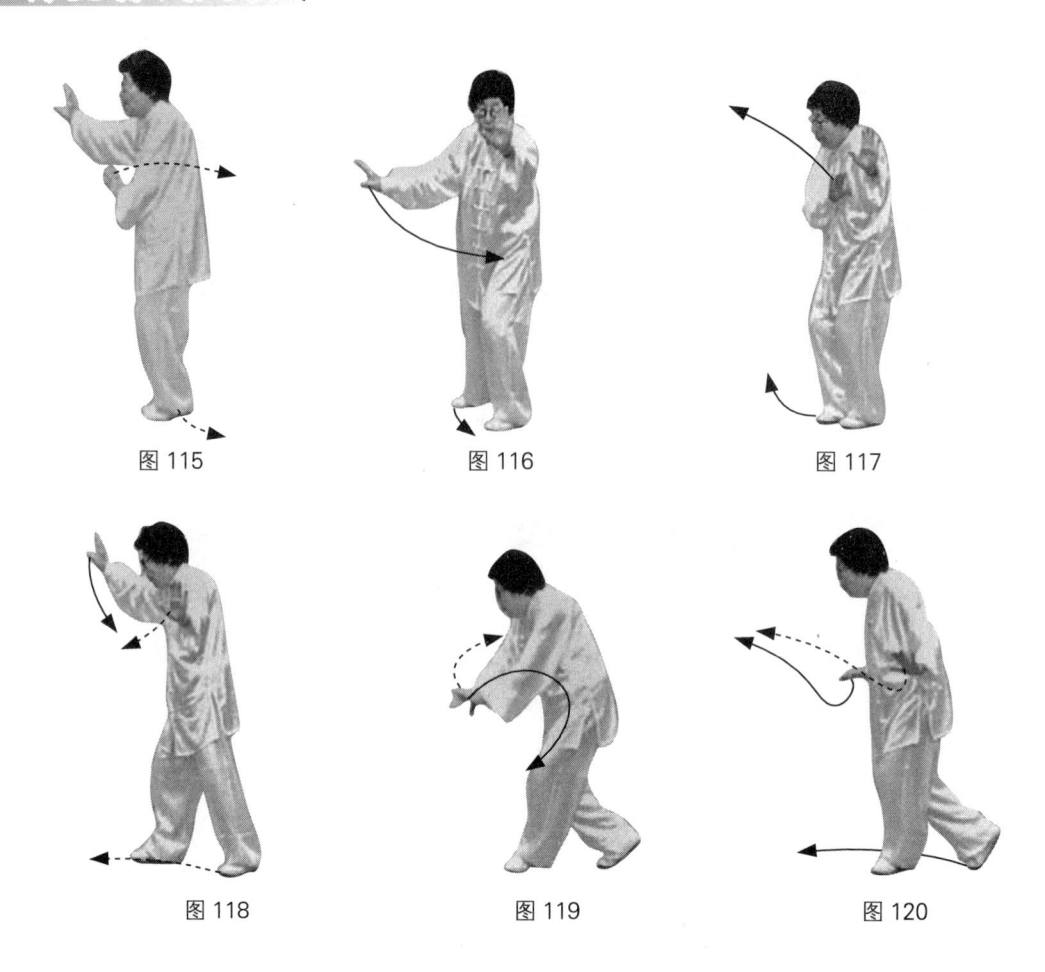

【要领、用法】野马分鬃为左右两个或四个，向两侧击对方胸部。

第五十七式　懒扎衣

动作1：接上势。右脚向左脚前上一步，随即左脚跟至右脚后，脚尖落地，微停，又后撤，同时身体重心移至左腿，右脚尖翘起；左手扶着右手腕一同前推（右手心向上，左手心向下），再向右、向后平着绕至右肩前，两手心均向外。（图121—图123）

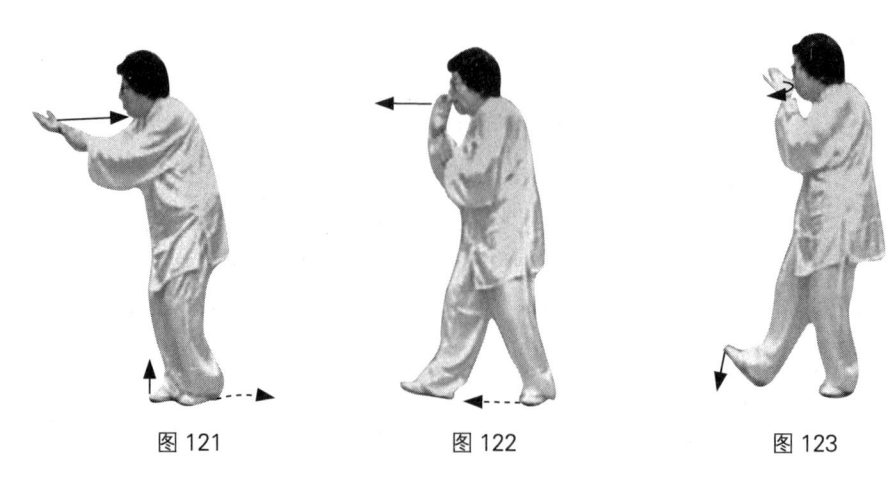

图 121　　　　　图 122　　　　　图 123

动作 2：两手一齐向前推出；左脚随之跟至右脚后约 10 厘米处，脚尖着地；眼看右手食指。（图 124）

要领、用法同第二式懒扎衣。

第五十八式 开 手

动作与第三式开手相同。（图 125）

第五十九式 合 手

动作与第四式合手相同。（图 126）

图 124 　　　　图 125 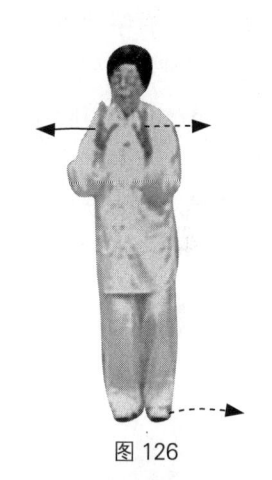　　　　图 126

第六十式 单鞭

动作、要领、用法与第五式单鞭相同。（图 127）

第六十一式 右通背掌

接上势。右手塌腕不动，左手向上、向右划弧至手背贴住前额；身体右转，重心左移，左脚尖翘起也随之右转，同时右脚向外摆，脚尖向前；眼看右手食指。（图 128、图 129）

图 127 　　　　图 128 　　　　图 129

第六十二式　玉女穿梭

动作 1：右手收回，手心斜向下，拇指一侧对着胸前，左手外旋里裹并往下至右手前，略高于右手，手心向上；同时右脚微回撤外摆，两腿微屈；眼看左手。（图 130）

动作 2：左手内旋往上至手背靠前额；左脚往左前方迈出，右脚跟步至左脚后约 10 厘米处，脚跟抬起；同时，右手放在胸前，塌腕，并有轻轻向前推出之意（肘靠右肋）。（图 131）

动作 3：左脚尖里扣，身体右转约 270°，右脚向右前方迈出；左手往下至胸前，手心向下，右手内旋微往前伸，手心向上（两肘靠着两肋）。（图 132）

动作 4：右手内旋往上至手背靠着前额；同时左脚跟步至右脚后约 10 厘米处；左手从胸前塌腕有轻轻向前推出之意，左肘靠肋。（图 133）

动作 5：右脚稍向左脚前迈步，脚尖稍外摆；同时右手下落至胸前，手心向下，左手外旋向上，手心向上；定势与动作 1 相同，唯方向相反。（图 134）

动作 6：与动作 2 相同，唯方向相反。（图 135）

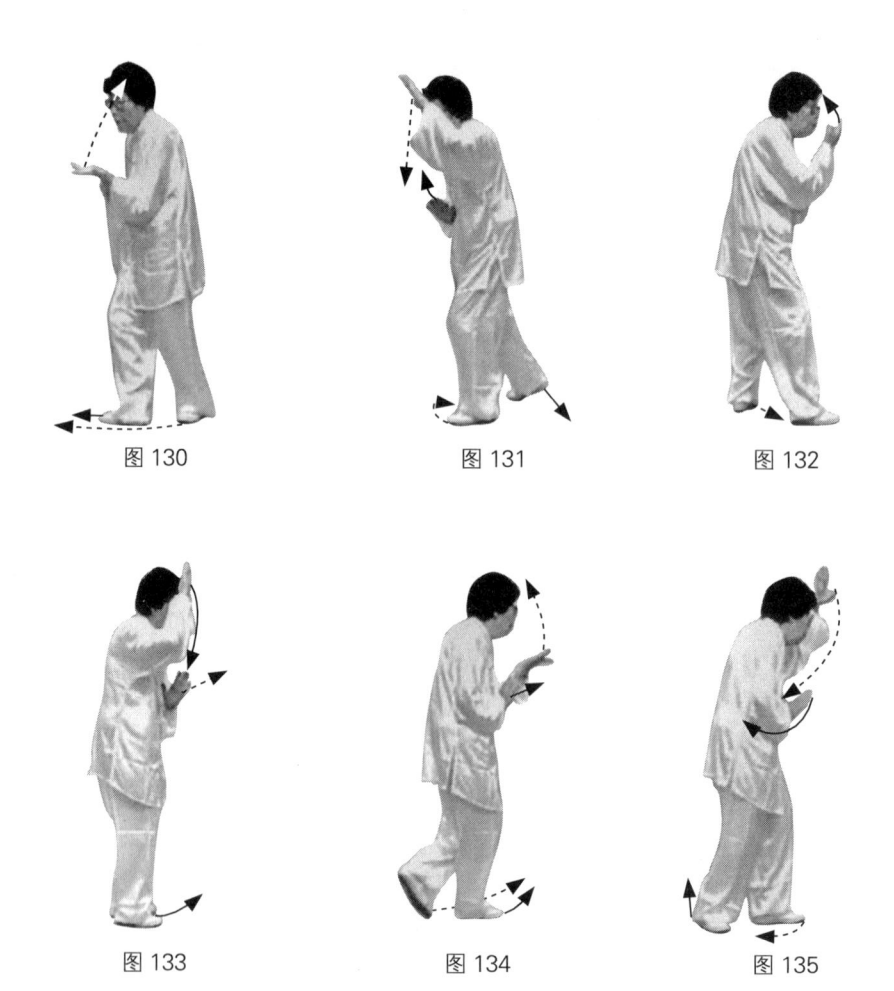

图 130　　　　图 131　　　　图 132

图 133　　　　图 134　　　　图 135

动作 7：与动作 3 相同，唯方向相反。（图 136）

动作 8：右脚向右撤步，左脚跟至右脚内侧，身体右转 225°；同时，右手内旋向上至额前，手心斜向前，左手往前推出，臂微弯曲，手心向前，指尖向上；眼看左手。（图 137）

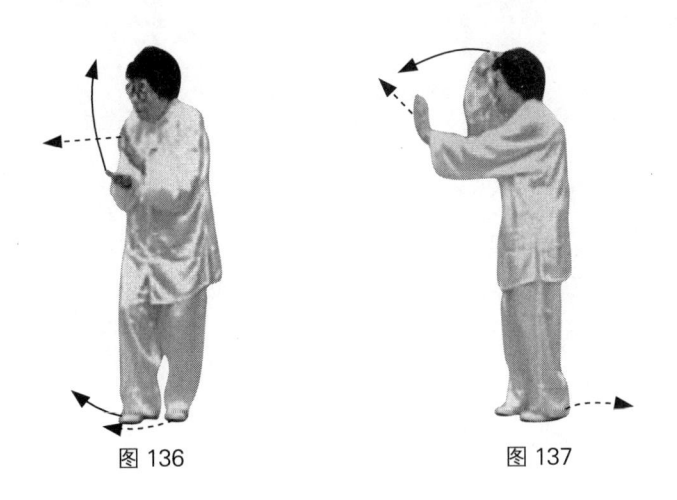

图 136　　　　　图 137

【要领】每个动作进步、上架、推手要同时完成。

【用法】对方击我胸脸时，我则进步，一手架防，同时另手击其胸。

第六十三式　懒扎衣

左手外旋，手心向上，右手向前下方下落至左手上方，两手心相对，左脚向后退步，其余动作与第十八式懒扎衣相同。（图 138—图 142）

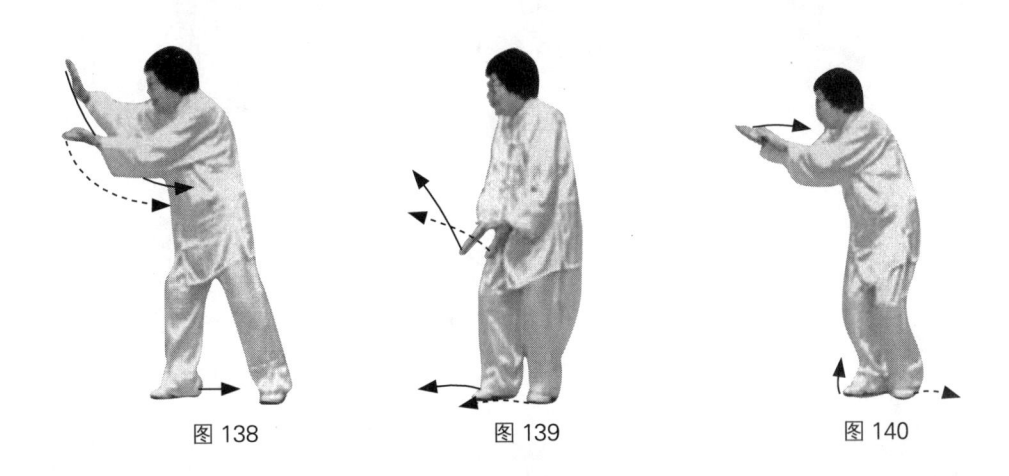

图 138　　　　图 139　　　　图 140

图 141 　　　　　　　　图 142

第六十四式　开　手

动作与第三式开手相同。（图 143）

第六十五式　合　手

动作与第四式合手相同。（图 144）

第六十六式　单　鞭

动作、要领、用法与第五式单鞭相同。（图 145）

图 143 　　　　　图 144 　　　　　图 145

第六十七式　云　手

动作、要领、用法与第三十六式云手相同。（图 146—图 148）

图146　　　　　　　图147　　　　　　　　　　　图148

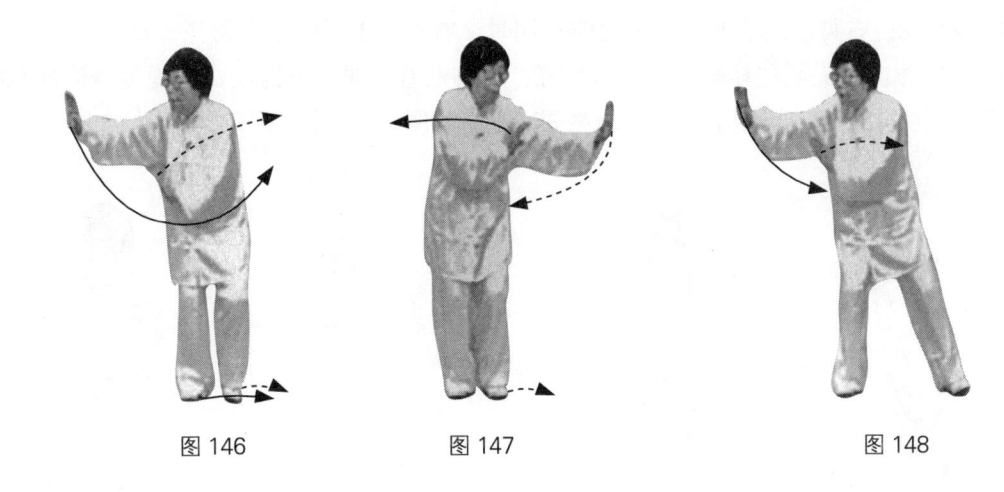

第六十八式　云手下势

接上势。待两手云至右边时，左手向上、向左、再向下划弧，搂至左胯前，右手心翻转向上，平着向前推出，腕要塌；同时，右脚跟至左脚后，腰随之左转；然后左手向前从右手背上推出，塌腕，手心斜向前，右手拉回至右胯侧，手心向下；左脚向前迈一步，两腿弯曲，身体重心移至右腿；眼看左手。（图149—图151）

【要领】转身搂推要连续同时完成。

【用法】对方由我侧后方进击，我则转腰用左手搂其手臂，右手推击其胸。

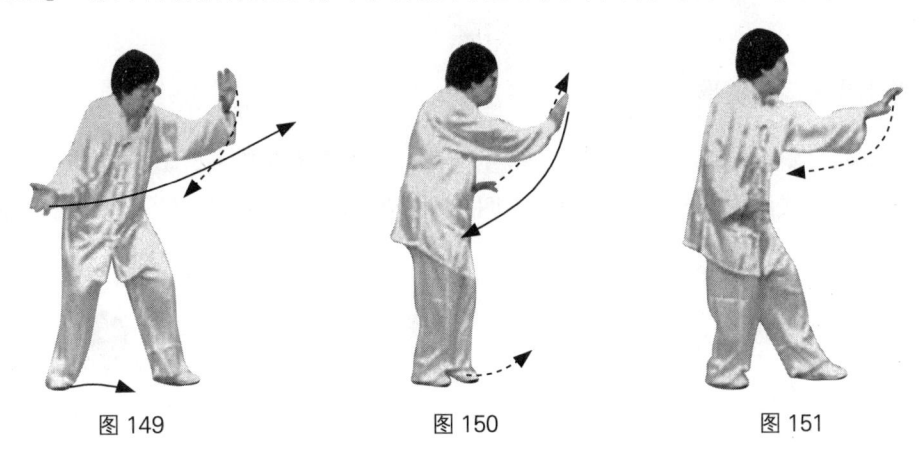

图149　　　　　　　图150　　　　　　　　　图151

第六十九式　金鸡独立

动作1：接上势。身体重心前移至左腿；右手从右胯侧向前、向上提起至右耳侧，指尖与耳同高，左手向下划弧至左胯侧，指尖向下；同时，右脚贴着左腿向上提起，大腿与身体成90°直角，脚尖上翘，脚跟下蹬，左腿微屈，塌腰；眼看前方，微停。（图152、图153）

动作2：右脚向前落下，腿仍弯曲；同时，右手向下划弧至右胯侧，指尖向下，左手从左胯侧向上提至左耳侧，指尖与耳齐；左脚贴着右腿向上提起，大腿与身体成90°直角，脚尖上翘起，脚跟下蹬，右腿微屈，塌腰；眼看前方。（图154、图155）

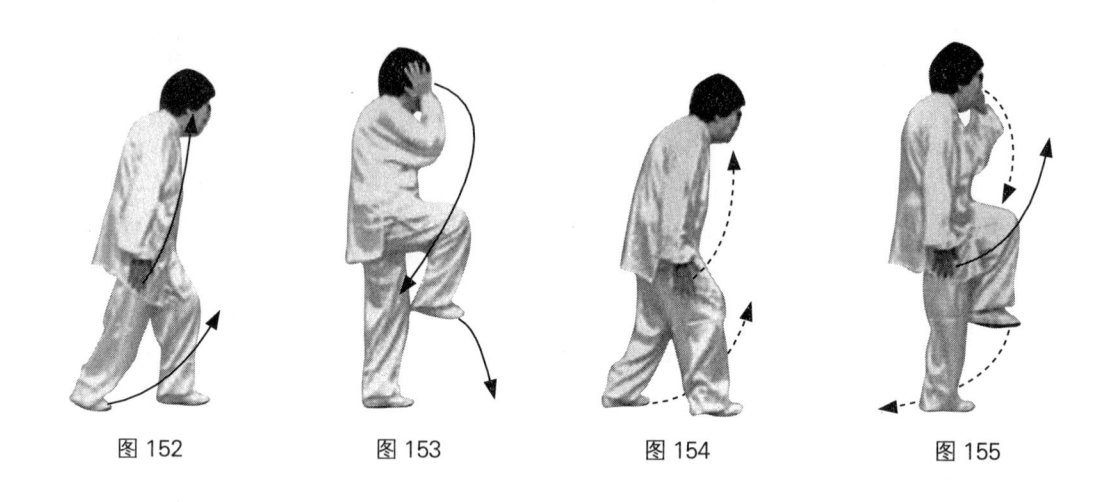

图152　　　　　图153　　　　　图154　　　　　图155

【要领】身体要直，腰要塌，右腿仍弯曲。
【用法】
（1）对方由上向下击我，我则单手托其肘，并用脚蹬踢其腹。
（2）对方直击我头面，我则用斜架，而后落手劈击对方肩、头、面，并用脚蹬踢其腹腿。

第七十式　倒撵猴

左脚向左斜后方落下，左手下按至左胯旁，右手上提至胸前，其余动作、要领、用法与第二十三式倒撵猴（左式）和二十四式倒撵猴（右式）相同。（图156—图160）

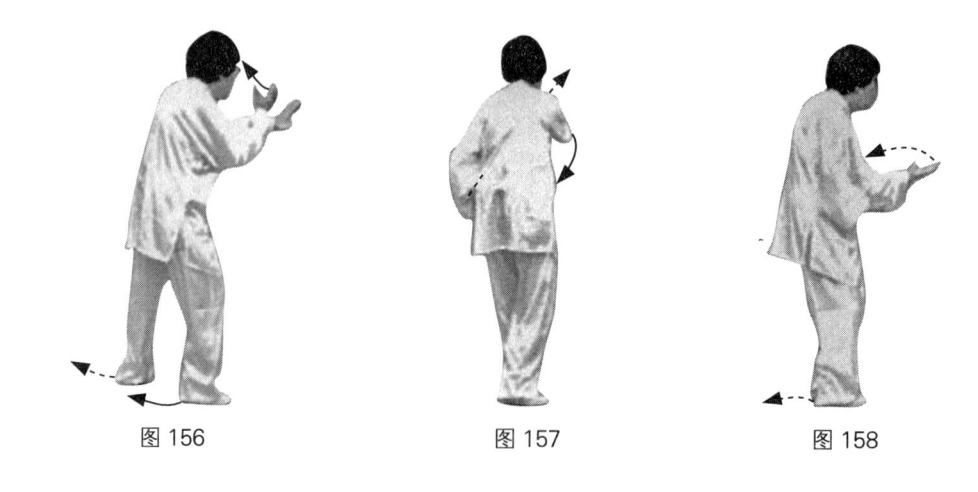

图156　　　　　图157　　　　　图158

图 159　　　　图 160

第七十一式　手挥琵琶（右式）

动作、要领、用法与第二十五式手挥琵琶（右式）相同。（图 161）

第七十二式　白鹤亮翅

动作、要领、用法与第二十六式白鹤亮翅相同；除衔接动作外，亦与第七式白鹤亮翅相同。（图 162—图 164）

图 161

图 162　　　图 163　　　图 164

第七十三式　开　手

动作与第三式开手相同；定势亦与第八式开手相同。（图 165）

第七十四式　合　手

动作、要领、用法与第四式合手相同；亦与第九式合手相同。（图 166）

图 165　　　　　　　　图 166

第七十五式　搂膝拗步

动作、要领、用法与第十式搂膝拗步（左式）相同；亦与第二十九式搂膝拗步（左式）相同。（图167、图168）

第七十六式　手挥琵琶

动作、要领、用法与第十一式手挥琵琶（左式）相同，亦与第三十式手挥琵琶（左式）相同。（图169）

图 167　　　　　　图 168　　　　　　图 169

第七十七式　三通背

动作、要领、用法与第三十一式三通背相同。（图170—图177）

图 170　　　　　　图 171　　　　　　图 172

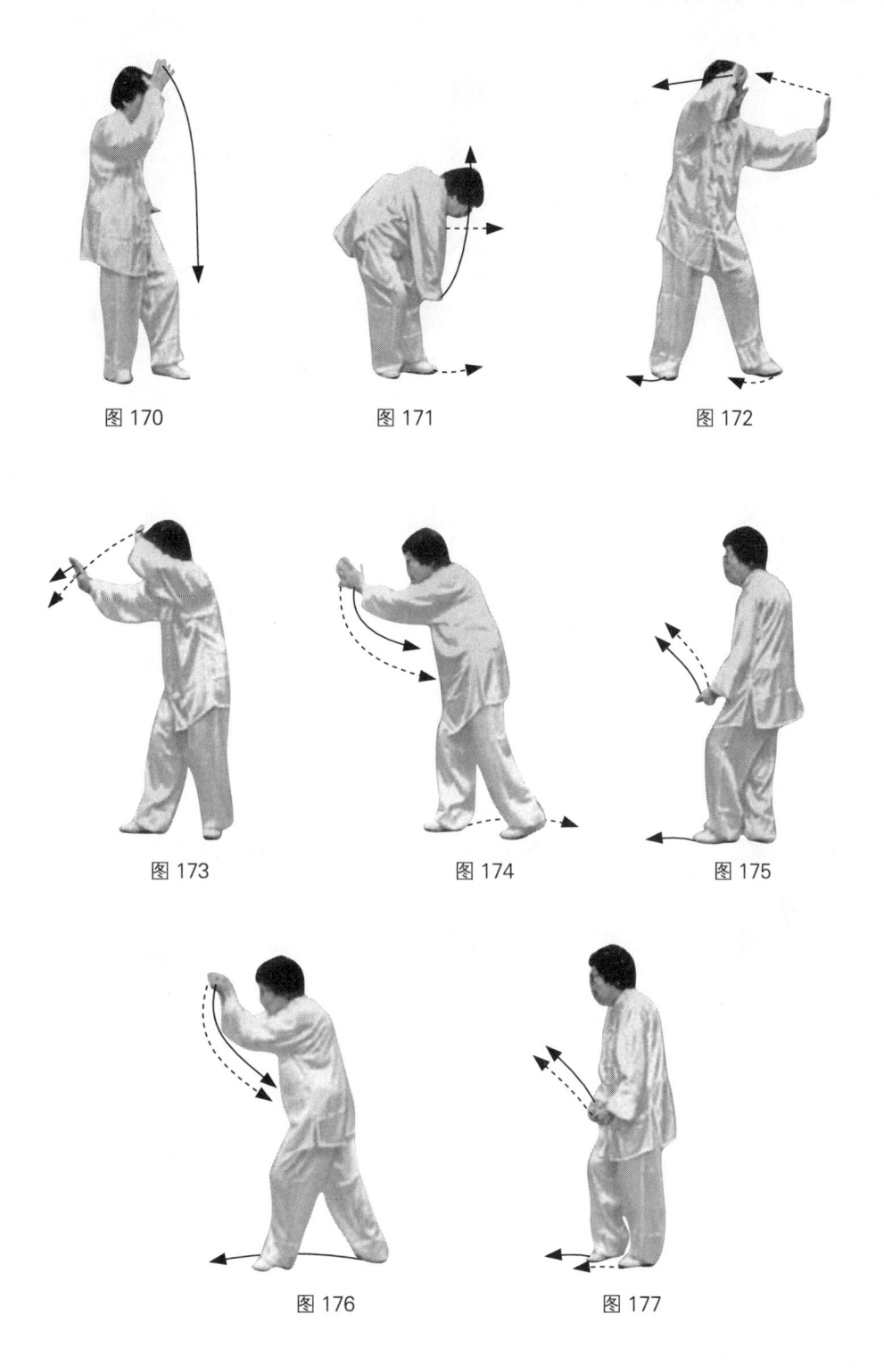

图 173　　　　　　图 174　　　　　　图 175

图 176　　　　　　图 177

第七十八式　懒扎衣

动作、要领、用法与第三十二式懒扎衣相同。（图178—图180）

图 178　　　　　　　图 179　　　　　　　图 180

第七十九式　开　手

动作与第三式开手相同；亦与第三十三式开手相同。（图 181）

第八十式　合　手

动作与第四式合手相同；亦与第三十四式合手相同。（图 182）

第八十一式　单　鞭

动作、要领、用法与第五式单鞭相同；亦与第三十五式单鞭相同。（图 183）

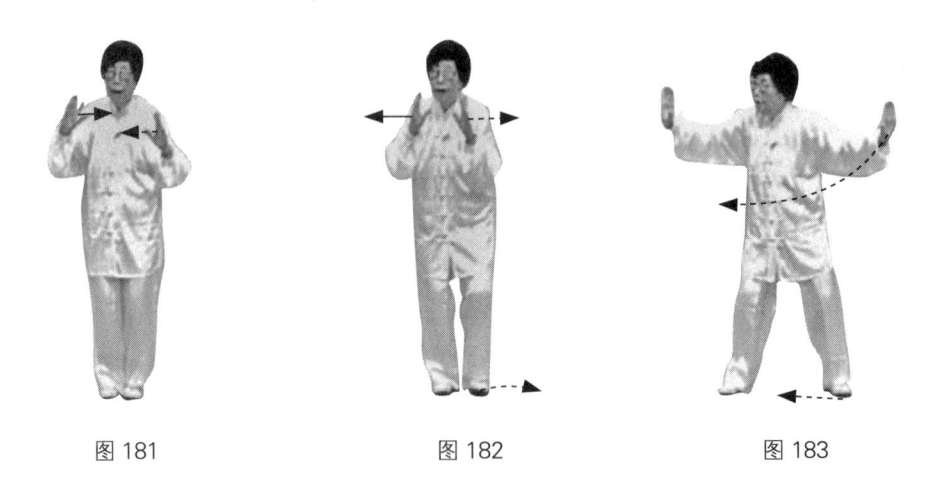

图 181　　　　　　　图 182　　　　　　　图 183

第八十二式　云　手

动作、要领、用法与第三十六式云手相同。（图 184、图 185）

图 184 　　　　　　　　图 185

第八十三式　高探马

动作、要领、用法与第三十七式高探马相同。（图 186）

第八十四式　十字摆莲

动作 1：右脚尖外摆至脚跟与左脚尖相齐；同时，左手外旋向里至胸前，手心向上，右手内旋向里至胸前，手心向下，两手心相对，相距约 10 厘米；眼看右手。（图 187）

图 186

动作 2：左脚向前上步，脚尖里扣与右脚形成八字步，身体右转 90°；两手在胸前互换位置，右手在下，手心向上，左手在上，手心向下；随即两腿微屈，两手变成立掌交叉，右手在外，左手在里，拇指微靠胸；眼看两手。（图 188、图 189）

动作 3：两手左右分开，右脚抬起，左手拍右脚侧面；眼看前方。（图 190）

图 187 　　　图 188 　　　图 189 　　　图 190

【用法】
（1）摆莲腿是从侧面用脚击打对方。
（2）动作1、2两手动作如揉球擒拿敌腕。
（3）若对方用左手击打我右头部，我以右掌先截切其腕脉，而后击其头左侧。

第八十五式　进步指裆捶

接上势。右脚往前落步，左脚往前迈一步，接着右脚再往前一步，左脚再往前跟步至右脚后，脚尖着地；同时，两臂随迈步往下落，第三步时右手变拳，两手一同前伸，左手扶在右手腕上，右拳拳眼向上；身体成三折叠形；眼看右手。（图191—图193）

图191　　　　　　　图192　　　　　　　图193

【要领】迈步时，身体好像飞鸟从树上束翅斜往下飞落之势。
【用法】当对方用手击我腹时，我则落手将其手臂捋向两侧，而后进拳击裆腹。

第八十六式　退步懒扎衣

接上势。左脚后撤，右脚尖翘起，随即再将重心移至右腿，左脚跟步至右脚后；同时，右手变掌向上平着向右、向外、向后划圆，再向前推出，左手扶着右腕；眼看右手。（图194—图196）

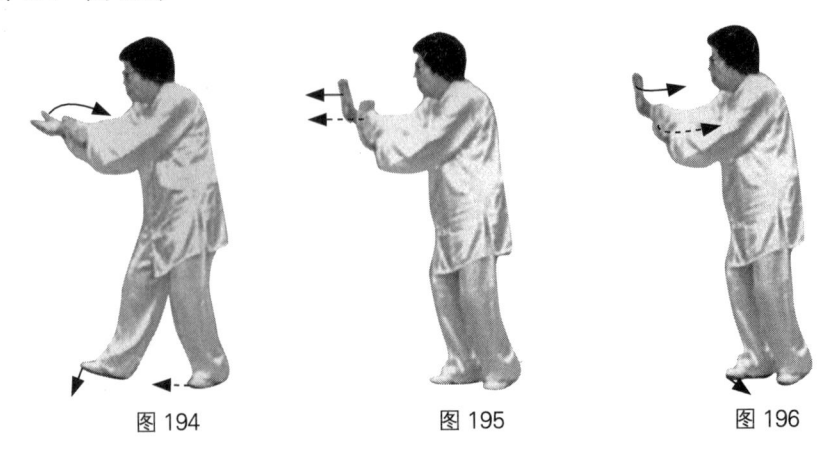

图194　　　　　　　图195　　　　　　　图196

【要领、用法】同第二式懒扎衣。

第八十七式　开　手

动作与第三式开手相同。（图197）

第八十八式　合　手

动作与第四式合手相同。（图198）

第八十九式　单　鞭

动作、要领、用法与第五式单鞭相同。（图199）

图197 　　　　　图198 　　　　　图199

第九十式　单鞭下势

接上势。右手往下划弧，屈臂至右胯侧，手心向下，同时左手略往下落，手心斜向下；身体后坐，重心移至右腿；眼看左手食指。（图200）

第九十一式　上步七星

接上势。右手从右胯侧往前、往上划弧，经左手腕下伸出，两腕交叉，并收至胸前距胸约10厘米，右手在外，指尖均向上；在右手伸出时，左脚向前微移，右脚跟至左脚后，脚尖着地；眼看两手。（图201）

【要领】上体要直，腰下塌，两腿要屈。

【用法】若对方由下向上击我面部，我以两掌架住顺势捋按；或两掌交叉上架住用右脚蹬踢对方胸腹和下肢。

图200 　　　　　　　　　图201

第九十二式　退步跨虎

接上势。两手分开，左手向下搂至左胯侧，手心向下，右手外旋向上、向下、再向上、向前，经额前内旋向下按至腹前，手心向下；同时，右脚后撤一步，脚尖向外微斜，左脚撤至右脚前，脚尖着地，随即塌腰屈腿；左腿提膝，脚尖翘着。（图202、图203）

图202 　　　　　　　　　图203

【要领】身体与手足动作要协调一致。

【用法】若对方用手击我中或下部，我撤步，双手盖住对方的手向后引领，使其失重，同时起左脚踢击。

第九十三式　转角摆莲

动作1：接上势。以右脚掌为轴，身体右转270°，转至180°时左脚落地，两脚尖相对；随即左脚尖翘起，向右扭转，右脚上提并向右摆出；两手向上、向右划弧，至右前方时与右脚面相击（左手先击，右手后击，拍不到脚面拍腿也可）；眼看右腿。（图

204、图 205)

动作 2：右脚向右斜方落下；两手外旋回拉至两肋侧，手心均向上；眼看前方。（图 206)

图 204　　　　　　　　图 205　　　　　　　　图 206

【用法】若对方用右拳击来，我右拳往右领，左手推其肘，转体用右脚侧击其背部。

第九十四式　弯弓射虎

接上势。两手同时伸出，在伸的过程中两手内旋，手心均向下，高与肩平，两臂微屈；身体重心随着前移至右腿；眼看两手中间。（图 207)

【用法】若对方用左手击来，我则向敌左侧进右步，同时两手截住来手并缠住向下按以泄其力，随即向对方胸部击去，此势关键在于搭手和进步的一致。

第九十五式　双撞捶

接上势。左脚上步至右脚侧，脚尖着地；两手变拳回拉至胸前，拳心向下；随即左脚向左前方迈步，同时两拳向前撞出，拳心向下；两臂微屈；右脚跟步，脚尖向外斜着落地，距左脚跟约 10 厘米。（图 208、图 209)

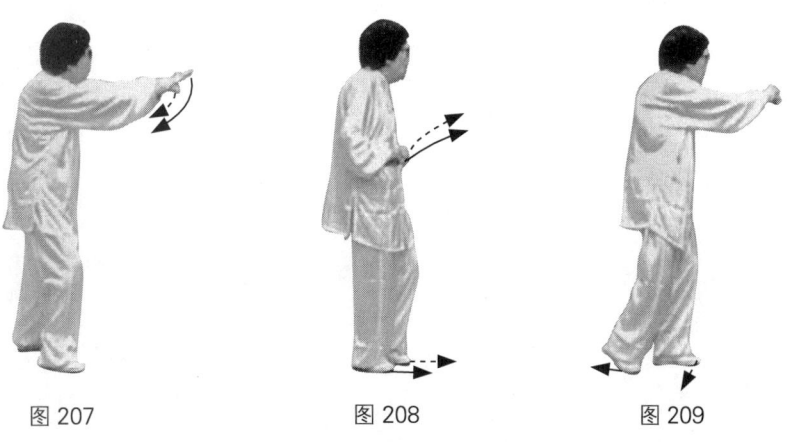

图 207　　　　　　　　图 208　　　　　　　　图 209

【要领】两腿弯曲，腰下塌，微停。

【用法】假如我双手前按，对方用两手下压，我则顺势下分，从外侧绕过对方双臂上击胸部。

第九十六式　阴阳混一

动作1：接上势。身体右转；两拳随转体向里裹，拳心向上（右拳在左腕处，两肘靠肋）；同时左脚里扣，右脚后撤，脚尖外撤至45°，重心移至右腿，左脚尖徐徐抬起；眼看左拳。（图210、图211）

动作2：右拳不动，左拳贴右腕内侧转至右拳下，两手臂相贴，右拳内旋微向里，两肘下垂，两拳交叉；随两肘下垂的同时，左脚微抬起，随即落回原处，身体重心仍在右腿，两腿微弯曲，腰要塌住；眼看两拳中间，微停。（图212、图213）

图210 　　图211 　　图212 　　图213

第九十七式　收　势

接上势。两手变掌向左右分开至胯侧；左脚靠拢右脚，身体直立；眼平视。（图214）

图214

传统赵堡太极拳

王海洲 著

作者简介

王海洲，赵堡太极拳第十二代传人。生于1945年，祖籍河南温县赵堡镇。世居赵堡，从小喜爱武术，师承赵堡太极拳宗师郑伯英高徒张鸿道，是赵堡太极拳的代表人物。

王海洲得到赵堡太极拳的正宗传授，几十年苦练不辍，功力深厚，技艺出众。他演练的赵堡太极拳，一动十三劲俱现，舒展大方，形神兼备，刚柔相济，开合自如。他演练的赵堡太极器械及推手，气吞山河，行如疾风，快如闪电，跌打掷放，只在一气吞吐之间，迅猛灵脆，威力惊人，击打及发放技术达到炉火纯青的地步。

王海洲弘扬赵堡太极拳文化不遗余力。上世纪80年代，他向赵堡太极拳总会主张鼓励赵堡太极拳师外出推广赵堡太极拳，得到总会同意，打破了"赵堡村世代祖训不外传"的村规。他北上邯郸，南下广州，东到江浙，西进陕甘，一面授拳，一面帮助当地的太极拳爱好者成立太极拳组织，使当地的太极拳练习成为经常性的武术活动。多年来，经他传授的国内外太极拳爱好者近万人，他们在各种太极拳赛事中获得奖牌500多枚。《桂东日报》《中国青年报》《中华武术》《河北日报》《武当》《少林与太极》《精武》《武林》等报刊杂志和传拳点的当地报纸，对其事迹作了热情的报道。从1995年起，他先后多次应邀参加了中国永年国际太极拳联谊会、武当山拳法研究会、武当山武术节、辽宁抚顺太极拳联谊会，珠海、香港国际太极拳交流大会，温县国际太极拳年会、香港太极大汇演，被邀请作为名家、专家参加会议在会上讲学、表演，深受海内外太极拳专家和太极拳爱好者的好评。

王海洲潜心钻研太极拳，对赵堡太极拳有系统的研究，出版了若干成果，涉及赵堡太极拳内部秘传的功架、练法、推手、器械、气功、点穴等内容。主要著作有：《秘传赵堡太极拳》（广西人民出版社，1990），《赵堡太极剑、太极拳、太极棍、太极单刀、太极春秋大刀、太极散手合编》（合编，广西人民出版社，1996），《杜元化

〈太极正宗〉考析》（合著，人民体育出版社，1999），《王海洲赵堡太极拳诠真》（人民体育出版社，2002），《赵堡太极拳十三式式》（人民体育出版社，2003），《赵堡太极拳秘传兵器解读》（人民体育出版社，2008）。1999年，王海洲与人民体育出版社音像部一起策划完成了《王海洲赵堡太极拳教学光盘》的拍摄出版工作。

1992年以来，应各地武术团体邀请，受聘为河北邯郸市武术研究会顾问，武当山武当拳法研究会顾问，永年国际太极拳联谊会理事、名誉理事长，中国永年太极拳学院总教练，中国温县太极拳年会副秘书长，中国台湾赵堡太极拳研究协会技术顾问，中国温县赵堡太极拳总会副会长兼总教练等。

一、赵堡太极拳源流

(一) 先师蒋发将太极拳传入赵堡镇

根据赵堡历代太极拳传人口耳相传，和《太极拳正宗》（杜元化，1935年版）、雍正年间流传的《太极秘术》记载，赵堡太极拳是先师蒋发学于山西王宗岳，传入赵堡的。在《太极拳正宗》一书中称为"赵堡镇太极拳"，这是中国太极拳文献中最早出现的赵堡太极拳的名称，而在赵堡，历代称为"赵堡太极拳"。河南省温县赵堡镇北依巍巍太行山，南傍滔滔黄河水，至今已经有2500多年的悠久历史。在春秋时期，晋昭公封大卿赵公食邑于温县，在温县东15里的地方挖地筑堡居住，后人因此称此地为赵堡。古赵堡有宏伟的城池，有众多的古建筑等丰富的人文资源。公元1723年，雍正皇帝曾经题写过"乾坤正气"的匾额悬挂于关帝庙的门楣。20世纪由于战火和动乱这些雄姿胜景逐渐毁灭消失。赵堡镇由于地处要塞，是兵家必争之地，自古以来，人们为了保家卫国，尚武之风甚盛，出现过一批批将军、武举、侠客义士，这种尚武的风俗延续至今。

蒋发先师是赵堡镇小留村（现名小刘村）人，生于明万历二年。山西人王宗岳从山西过黄河到郑州经商，路经赵堡小刘村，两人结缘，王宗岳收蒋发为徒，将蒋发带回山西老家，授以太极拳，蒋发在王宗岳家勤奋学拳七年，敬师如父，深得王宗岳的喜爱，因而得到太极拳的真传。关于王宗岳，在赵堡，历代是这样相传的：王宗岳，宗岳是他的道号，他的名字叫王林桢。他家在山西太原太谷县小王庄，王宗岳学拳于云游道人。有《太极拳论》等著作传世。据赵堡太极拳传人杜元化1935年出版的《太极拳正宗》记载：王宗岳学拳时，云游道人告诉王宗岳说，太极拳来历已经很久了，是中国历史上著名的道人张三丰传下来的，拳的真源是老子。

(二) 蒋发的太极拳在赵堡镇的七代传递

1. 蒋发传邢喜槐

蒋发学艺回家后，与当地的拳师较艺，无人能敌过他，他的太极拳艺远近闻名。他牢记离开山西时王宗岳师傅的嘱咐，太极拳不可随便传授，但不是不传人。如果你不得到可传的人就不传，如果得到可传的人一定要尽心尽力传授。如果得到可传的人不传授，就如同绝了后代一样。如果能广泛传授更好。赵堡镇上有一个叫邢喜槐的，是一个大户人家，邢喜槐十分仰慕蒋发的拳艺，蒋发经过长时间的考察，感到邢喜槐为人忠厚，在赵堡镇口碑很好，将自己所学对邢喜槐倾囊相授。除了将太极拳的绝艺教给邢喜槐外，还将王宗岳所传太极拳秘诀、论著等也传给了邢喜槐。

2. 邢喜槐传张楚臣

张楚臣，山西人，从山西到赵堡镇经商，开始是开鲜菜铺，后来，生意有所发展，改为开粮行。由于他品行端正，在赵堡镇备受尊敬。他和邢喜槐接触后，两人结拜为异姓兄弟。邢喜槐将赵堡太极拳全部传授给了他。

3. 张楚臣传陈敬柏

陈敬柏的家庭从陈敬柏的祖父陈文举开始在赵堡镇落户，张楚臣见陈敬柏人品端正，办事可靠，就收他为徒，传他赵堡太极拳。陈敬柏武功高强，将赵堡太极拳推到了鼎盛时期。他广传了赵堡太极拳，跟他学拳的有800多人，其中他传给一技之长的有16人，得到他基本传授的有8人，能全面继承他拳艺的只有张宗禹1人。

近年来，在陕西铜川发现了张楚臣的另一位传人王柏青保存和传下的赵堡太极拳历代先师王宗岳、蒋发、邢喜槐、张楚臣等人和他自己所写的关于太极拳的论著《太极秘术》。王柏青在雍正六年（1728）所写的序言中说，他跟张楚臣学赵堡太极拳学了40多年。从王柏青的太极拳论著中有赵堡太极拳"以神打人""以气打人""以形打人"的绝妙论述看，王柏青是一个武功非常高深的太极拳专家。从《太极秘术》看，在张楚臣的年代，王宗岳《太极拳论》等著作已经在赵堡太极拳门人中流传。

4. 陈敬柏传张宗禹

张宗禹，赵堡镇人，关于他的记载留下来的不多。除了历代相传他是陈敬柏的传人之外，在杜元化《太极拳正宗》中有记载："陈（敬柏）先生欲扩张此术……能统其道者惟张宗禹先生一人。"

5. 张宗禹传张彦

张彦从小跟爷爷张宗禹习拳，在赵堡，人们称他为"神手""神掌"。张宗禹在临终前将太极拳的拳谱和绝艺传给了张彦，张彦下苦工夫练拳，太极拳功夫达到了登峰造极的地步。张彦一生行侠仗义，好打抱不平，流传于世的故事很多。著名的有在山东曹县为民"除三害"，当地人把他当做神来供奉。

6. 张彦传陈清平和张应昌

张彦传陈清平，据陈敬柏的后人陈学忠家传资料记载，张彦与陈敬柏的孙子陈鹏是朋友，陈鹏介绍陈清平给张彦，说陈清平为人正直，年轻好学，并且十分喜爱太极拳艺，请张彦收他为徒。张彦听从了好朋友的建议，将太极拳传给了陈清平。

陈清平是赵堡镇历史上一个具有改革、开拓精神的太极拳家，他把赵堡太极拳进一步发扬光大。除了将拳艺传给儿子陈景阳、陈汉阳外，还教了很多徒弟，并且因材施教，后来形成了赵堡太极拳的代理、领落、腾挪（权拖）、呼雷四种练功方法。这四种练功方法虽然在外形上有所不同，但是其内劲转动、内丹修炼、拳理拳法的运用，实是一致的。陈清平所传的人有和兆元、牛发虎、李景颜、李作智、任长春等人。和兆元擅长代理练法，任长春精领落练法，腾挪练法李作智最著，而李景颜长于呼雷架。

河北永年人武禹襄到赵堡镇找到陈清平拜师学艺，得到赵堡太极拳的真传。

（三）赵堡太极拳在现代的发展

赵堡太极拳在民间代代相连，在20世纪，赵堡太极拳经历了三个历史发展阶段：

第一阶段，19世纪末叶，外族入侵，社会动荡，动乱不断，赵堡太极拳的发展受到了影响，转入了低潮。在20世纪二三十年代才得到了一次较大的发展。在这个发展阶段，其主要标志是张敬芝、和庆喜授拳和杜元化《太极拳正宗》的出版。

张敬芝是张应昌的传人，他将太极拳传给了村人王连清和侯春秀等人，在赵堡镇影响较大。和庆喜是和兆元的孙子，他从小得到祖父的太极拳传授，到中年因家庭困难而弃拳经商。到他70岁左右，社会提倡武术强种救国，他重新教授太极拳，当时向和庆喜学拳的有郝玉朝、郭云、郑伯英、和学敏、郑悟卿等人。郑伯英曾参加了1931年在开封举行的国术比赛，并勇夺冠军。

杜元化是任长春的传人，他青年时接触赵堡太极拳就被这一绝艺所折服，以后在老师的指导下刻苦练拳，终于掌握了太极拳的精髓。在他被聘任为河南省国术馆教授时，他将老师所传和自己的体会以及在赵堡名师张敬芝的帮助下所收集的资料进行综合，整理成赵堡太极拳重要著作《太极拳正宗》一书，于1935年出版。当时河南国术馆馆长陈泮岭热情为这本书写序，第一次使用了"赵堡镇太极拳"的称谓。这本书的内容有赵堡太极拳的源流、理论、练法、架式以及有关秘诀，保留了赵堡太极拳一些已经失传的理论和秘法，是全面、系统地反映赵堡太极拳全貌的太极拳著作。杜元化还与河南省国术馆馆长陈泮岭等人参与了陈鑫《陈氏太极拳图说》一书订补工作。

在赵堡太极拳发展进入较好的时期时，日本发动了侵华战争，并占领整个河南，同时，黄河泛滥，淹没了家园，蝗虫连年发生，毁灭了庄稼。赵堡太极拳传人被迫流离失所，到处逃荒。赵堡太极拳的发展又进入了低谷。

第二阶段，20世纪五六十年代是赵堡太极拳的恢复阶段。

20世纪三四十年代是中国社会动乱的年代，赵堡太极拳的各地传人无法在较大范围内传授太极拳。到了新中国成立后，国家大力推广和发展传统武术，赵堡太极拳获得了新的发展机会。20世纪30年代末逃荒到陕西西安的赵堡太极拳传人郑伯英、郑悟卿、侯春秀等人在西安开始传授赵堡太极拳，并参加了一些国家组织的比赛。

郑伯英于1938年逃荒到古城西安后，不久，被聘为赵寿山部下第四集团军总部武术教官。新中国成立后,任西安市武术协会会员。1952年5月,他参加了西北五省武术观摩大赛,表演了赵堡太极拳,引起了关注。以后他在西安公开传授太极拳,并以太极拳功夫闻名于世。赵堡太极拳传人郑悟清、侯春秀也在西安广泛传授赵堡太极拳。居住在西安的赵堡太极拳传人首先在西安将太极拳推向社会,并辐射到西北数省。

在这一时期,赵堡太极拳在赵堡镇也得到了逐步恢复。赵堡太极拳名师王泽善和太极拳名师陈照丕一起在温县举办太极拳培训班,较早地推广了太极拳。王泽善老师在赵堡任学校武术教师,主要是教授赵堡太极拳和各种器械、太极拳对练。他曾率赵堡镇武术队参加了省市举办的武术表演赛。时逢节假日,他带领武术队在赵堡镇各乡村表演赵堡太极拳。著名太极名家刘士英此时也由僧人还俗,传授村人赵堡太极拳。在赵堡村,村民们也对自己先辈所传的太极拳进行了回忆和整理,出现了一批认真练武的青年。在西安的赵堡太极拳传人也纷纷回到赵堡,传授赵堡太极拳,特别是向赵堡青年中的后起之秀传授赵堡太极拳的技击要领,对赵堡太极拳在赵堡镇的中兴起到了关键性作用。

正当赵堡太极拳蓬勃发展时,"文革"不期而至,太极拳的传播又一次遭受挫折。但是,很多赵堡人认为,太极拳是先辈留下来的宝贵文化和财富,他们在夜深人静时偷偷练习,使得赵堡太极拳在赵堡得以继承下来。

第三阶段,20世纪八九十年代至今是赵堡太极拳发展的高潮期。

改革开放以后,国家对太极拳运动非常重视,号召挖掘整理传统武术,为赵堡太极拳的发展提供了新的机遇。全国各地的赵堡太极拳传人迎来太极拳发展的春天。

1980年,改革开放不久,在赵堡乡(当时的称谓)党委、政府的支持下,成立了赵堡太极拳总会,对赵堡太极拳的发展做出了整体规划。总会联络了散居在全国各地的赵堡太极拳传人,提出了"进一步弘扬赵堡太极拳,为造福人类作出贡献"的口号。在赵堡村设立13个太极拳授拳点,在中小学设立太极拳课程,安排专人负责收集赵堡太极拳历史上遗留下来的资料、遗物等;并对赵堡太极拳的历史进行系统的整理,拨出经费,成立赵堡太极拳武术队,培养赵堡太极拳人才。

为广泛传播赵堡太极拳,总会要求打破赵堡太极拳不出村的村规,对凡是到赵堡镇学拳的人都热情接待,安排拳师教授。并向居住在赵堡镇的太极拳拳师颁发证件,鼓励他们走出赵堡到全国各地授拳。

赵堡和各地的太极拳传人在国家挖掘整理传统武术遗产的号召下,将各自得到传授的赵堡太极拳的套路、理论、秘诀整理成书出版,配合赵堡太极拳的练习,也出版了赵堡太极拳VCD。这些赵堡太极拳著作和VCD教学片广泛地传播了赵堡太极拳。赵堡太极拳传人还参加了国内、国际太极拳比赛,获得了好成绩。赵堡太极拳在国内、国际上得到了前所未有的广泛传播。

赵堡太极拳由原来不被人知到现在已被列为中国太极拳的六大门派之一。

二、赵堡太极拳的拳理和拳法

(一) 练法七则

赵堡太极拳经过历代传人的总结形成了系统的练习方法，这些方法概括起来主要有七个方面。

1. 动作要练成圆圈

赵堡太极拳的每一个动作在练习时，要走圆。不仅手的动作要走圆，而且脚的动作也要成圆。周身每个部位的动作运转也要达到圆形的要求。动作不能有断续和凹凸。从一个动作的整体看，是一个大圆圈，在这个大圆圈中还包含着很多动作的小圆圈。赵堡太极拳的练习有圈套圈、环套环的说法。一个动作中有手圈、肘圈、头圈、肩圈、腰圈、胯圈、膝圈、脚圈，等等。在练拳的过程中，各种圈要同时转动，做到一动无不是圈。赵堡太极拳的动作要求以走立圆圈为主。

2. 动作要做到头直、身直、小腿直

赵堡太极拳的头直，用赵堡本地方言说是"悬顶"。能"悬顶"头才能直，神才能贯顶。神能贯顶，则能领起全身。头不直，全身则无依无宗。身直，是尾闾中正，脊骨自然伸直。要做到身正，须松开脊骨、垂臀。同时，身直与头直有密切关系，头直了，身直才能形成。赵堡流传有"三尺绫罗挂在无影树下"的说法，是要求练拳要头直、身直。小腿直是从膝盖到脚脖与地面垂直。在练拳时小腿向前不能弓过，也不能不及，弓过了膝盖会阻碍气流通而引起膝盖痛，不及，达不到练功的效果。膝盖的内扣和外摆也会引起膝关节的疼痛。

3. 动作要顺

顺是赵堡太极拳的一个本质特点。顺，首先是四大顺，腿顺、脚顺、手顺、身顺。比如，左手向左去，身体也要向左去。腿向左去，脚也要向左去。全身都要顺着向左去。全身外形顺着一个方向。同时，全身神意、气血也要随形运转，内外形成一个整体。

4. 动作要做到内外三合

赵堡太极拳在演练时有一个严格的要求是外三合、内三合，也就是"六合"。外三合是：手与脚合，肘与膝合，膀与胯合。内三合是：心与意合，气与力合，筋与骨合。手与脚合，在赵堡太极拳正宗的传授中，手与脚运行的规律是"手逢胯脚起，手逢脚尖落"。这样就能做到手与脚合。肘与膝合，不能亮肘（别人能看见）、"卖肘"（别人能拿住），肘要藏、要垂，才能与膝相合。膀是肩膀，膀与胯合，一般是指左肩与左胯垂直相照，右肩与右胯垂直相照。有时在特殊的动作中也有左肩与右胯相合，右肩与左胯相合的。心与意合，这是很抽象和很难说明的问题。心是指人的思维器官，是指人的认识作用。意是指人的思维器官产生意念，从"意"字的结构看，可以意会出来。"意"是一个"立"，一个"曰"（讲话），一个"心"构成的。心指挥立即说话为意。所以，意与心有密切的联系，但是又有差别。赵堡太极拳的"心与意合"是指练拳时，要一心一意、专心致志的意思。气与力合，从广义上说，"气"是指一切客观的具有运动性的存在，这里气与力合的"气"是指人体内能随着人的意念而流动的精微物质，太极拳中所讲的气与中医学所讲的气是一致的。气与力合，是指气到力到，当然，这与意也密切关联。筋与骨合，筋是指肌肉、肌腱、骨头上的韧带等等，筋与骨合是指肌肉、肌腱、韧带等和骨头连接成整体的意思。内、外三合是赵堡太极拳对精神和形体的基本要求，也是最高的要求之一。外三合在外形上比较容易做到，而内三合则需要长期练习，方能体悟。

5. 四大节、八小节要顺随

赵堡太极拳在传授中十分注重人体关节中的四大节和八小节。四大节是：两肩、两胯。八小节是：两肘、两膝、两手、两脚。四大节、八小节是人体的12个主要关节，主宰了人体的基本运动。赵堡太极拳还将人体分为三节，而三节之中又有三节。头、身、胯以下为人体大三节，而膀、肘、手和胯、膝、脚也为三节。膀是梢节之根节，胯是根节之根节。八小节以及周身运转活泼全赖于四大节。八小节的运动要节节随膀随胯，与膀、胯合一，这样才能全身顺随。

6. 不撇不停

赵堡太极拳要求每一动作左手动右手也要动，右手动左手也要动。如果一手动一手不动就为撇，"撇"是不符合练习要求的。脚的动作也是一样。要做到一动全身无有不动。"不停"是指每一个动作到定势前不能中途打断，打断以后，动作的劲路就不连贯了。赵堡太极拳每一动作气血运行的始和终，也是身体气血运行的始和终，不撇不停与周身的气血运转密切相关，如果"撇"和"停"了，会影响气血的流通，影响太极拳内功修炼的进程和养生的效果。

7. 不流水

赵堡太极拳要求每一招到定势时要有一顿，使式与式之间尾和首能分清。如果到定势时没有一顿，式与式之间连接一起，这就是"流水"架子，是不符合赵堡太极拳要求的，"流水"架子会影响到太极拳的技击发劲，因为势无定位，到时劲就发不出来，即使发出来了也不是太极拳所需要的整劲。

（二）背丝扣

背丝扣是赵堡太极拳练拳和技击推手的原则要求。在练拳和推手中，在全身整体运转的基础上，背丝扣主要是从手的动作上表现出来。在练拳时，两手的动作总是一个阴，一个阳，不停地互相转换。一般来说一只手在上，另一只手就在下。两手的动作有顺有逆。两手的转换是按照阳变阴合的规律来进行的。一只手是六个阳，另一只手则是六个阴，一只手是五个阴，另一只手是一个阳。如此类推。两只手的阴阳互变是紧密相扣的。这是练拳上的背丝扣。

在推手上的背丝扣，主要是除了自己两只手阴阳互变外，还得与对方的阴阳相合，在与对方的阴阳相合中寻找机会进击，在与对方阴阳互变当中，我要把握住阴阳的变化，对方用实为六个阳，我用虚以六个阴相对。双手来往的线路如同太极图中的曲线一样紧密相扣。

在手上的背丝扣练习达到一定的程度后，背丝扣的动作也要逐步在身体上出现，这时，在技击上会达到随心所欲的境界。

（三）十三式手法

赵堡太极拳要求每一式的练习，要练够十三个字，这十三个字是"圆、上、下、进、退、合、开、迎、抵、出、入、领、落"，也就是一圆、两仪、四象、八卦。这是赵堡太极拳秘传的练法。

赵堡太极拳在推手运用上，开始时，运用十三式手法都是先单字使用，以后逐步混合增加，由一个字增加到两个字、三个字、四个字……最高境界是一动十三个字一起做到。

（四）七层功夫

赵堡太极拳的练习是由浅入深的，功夫的进境是由低到高的。根据赵堡太极拳历代传人的实践总结，赵堡太极拳的功夫分为七层，这七层功夫在赵堡太极拳传人杜元化的《太极拳正宗》中有明确的记载：第一层功夫练的是缠法，用的是捆法；第二层功夫练的是波澜法，用的是就法；第三层功夫练的是蚕法，用的是伏帖法；第四层功夫练的是抽扯法，用的是撑法；第五层功夫练的是催法，用的是回合法；第六层功夫练的是抑扬法，用的是激法；第七层功夫练的是称法，用的是虚灵法。这七层功夫的具体内容，笔者在《〈太极拳正宗〉考析》一书中有揣摩解释，可作参考。

三、赵堡太极拳的特点和健身作用

赵堡太极拳是一个古老的拳种，它除了具有一般太极拳的特点之外，有自己的显著特点，它的练习要求有不同于其他太极拳的要求。弄清这些特点和要求，才能更好地理解和掌握赵堡太极拳的要领，从而学好赵堡太极拳。

（一）赵堡太极拳的特点

1. 赵堡太极拳有适合各种人练习的三种架势

赵堡太极拳经过历代前辈太极拳家的长时期传习，总结创编出符合科学道理的拳架套路，这一架势在当时是从技击搏斗出发创编的。随着身传口授，前辈拳家在教学中因人不同，因学拳的阶段不同，传授不同的高低架子。赵堡太极拳现在传习的架子有三种。

第一种：中架。赵堡太极拳中架一般教授初学者，中架动作易分清，难度适中，初学者易于掌握。

第二种：低架。也叫盘功架，是适合青、壮年为提高太极功夫而传授的。低架赵堡太极拳，小腿与大腿形成的角度要成直角，手、臂、脚、腿、胯、腰等身体各部位运转幅度较大，以健身为目的的老年人、病人难以做到，故不宜练低架拳。

第三种：高架。也称内功架，是练技击、技巧、内功功夫的架。它的架子高，各种要求都要在架子上体现出来。由于它架高，在某种程度上说运动量不大，也适应于以健身、养生为目的的老年人、病人练习。

学习这三种架子，动作上都必须做到外三合，即手与脚合、肘与膝合、肩与胯合。立身中正，一举动手脚齐到，手脚起落的方位必须准确。低架拳要求大开大合，一切动作要走圆，手、脚、肩、肘、胯、腰、膝以及各个关节，各部位肌肉都要走圆，向前后退无不是圈，有平圈、立圈、斜圈以及各种形状的圈，不可直来直去。高架即圈由大变小，紧小脱化，在技击上起到小圈克大圈的作用。在练习中架熟练的基础上，可练盘功架，再练高架。也有的青年人一开始就学盘功的低架子，具体学习因人而异。总之，赵堡太极拳三种架势动作基本一样，功能不一样，学者可以从自己的实际出发和根据老师的要求去选择。

2. 赵堡太极拳拳架套路是由易到难、由浅入深编排的

赵堡太极拳每一式动作都要求全身的整体配合，全身协调一致，上下相随。但从架子的顺序分析，架子的编排表现出由浅到深、由易到难的练习意图。前面的约 20 个式子是偏于练习手、掌、臂及脚的起落，划圈动作较单向。从第二十式开始有拳、捶的动

作、转身连环的动作，从三十八式开始动作的难度有所增大，有踢蹬、二起拍脚、跳换脚、单腿站立手推蹬脚、单腿支撑翻身的动作，有肘的动作。从七十一式"跌岔"开始有仆步、旋转、扫腿、金鸡独立、震脚等较高难的动作，这种难度较大的动作一直延续到单摆莲、七星下势、双摆莲等式至结束。这种由易入难、由浅入深的编排能使学拳者循序渐进，而适当地重复一些动作，难、易相交，则可使学拳者比较易于接受。这种符合学拳规律的编排体现了前辈太极拳家的苦心。

3. 赵堡太极拳对用意的要求是用意不用力

"用意不用力"是前辈太极拳家总结出来最能反映太极拳特点的一个高要求。赵堡太极拳的练习同样重视用意不用力这个要求。赵堡太极拳用意有着特别的内容，一般太极拳要求走架练拳时必须不用拙力，用意识引导动作。赵堡太极拳除了有这样的内容外，开始练赵堡太极拳的人必须十分注意用心去设想各式中的用法，每打一式，要明白该式的意义，即明白自己在练拳时，对方从哪个方向，用什么手法打来，我从哪个方向、用什么手法去应对。在这里所谓意即是无论对方从哪个角度用什么手法、腿法、身法来击，我都能观察到，并有相应的对付办法，这个应对过程为意，不单纯是所谓意到气到、气到劲自到的操作。

赵堡太极拳的用意，是由无到有，由淡到浓，熟练后，特别是到代理架练习时渐渐做到意已完全自然而至，身体随对方突然击来，无意识地自然接应。这时候，意与身体的自觉反应融为一体，是一种随心所欲、应物自然的较高境界。随着习练者功力的提高，意不再像开始那样强烈了。这是一个意由强到淡，有即有、无即无的高级层次。

总之，赵堡太极拳对用意有独特的要求，初学者按此要求去做，久而久之会登堂入室，不难窥其奥秘。

4. 赵堡太极拳要求逆腹式呼吸法与通大小周天

赵堡太极拳对呼吸十分重视。赵堡太极拳要求走架练拳时必须配合呼吸，并且无论是练架还是推手都必须运用逆腹式呼吸法。即吸气时小腹内收，呼气时小腹微外凸，丹田要与架势动作配合。一般要求一呼一吸是一式动作完成的起点和落点，当然这不是绝对的。同时，呼气时气由丹田转动把气催到四梢，吸气时气由四梢落入丹田。初学者一时难以做到，但必须按这要求慢慢体会去做，但是不要勉强节制自己去做。一呼一吸一阴阳，一呼一吸一太极。这种逆腹式呼吸法无论在技击还是健身上都有良好的效果。特别是提高技击水平，必须严格掌握和运用逆腹式呼吸法进行操作。

赵堡太极拳要求走架练拳要通大小周天。练习的要求是，初练时由四梢带动大小周天的循环，大小周天通了以后，由丹田代理大小周天的循环，这一要求是赵堡太极拳家世代口授身传的秘诀。

小周天是气由百会经身前任脉落入丹田，经尾闾进入督脉上升到百会穴。气的一次循环为通小周天。大周天是气由脚（涌泉）起经两腿内侧到尾闾沿督脉上升到百会穴，再经身前任脉落入丹田，下尾闾经两腿外侧下到脚（涌泉）。练架子时四梢的运转与丹田、呼吸的配合，带动气在大小周天的线路上流动。通过这样的练习，练丹田的团聚力，到功夫深时，只要丹田转动，大小周天即通气，气即随心所欲到自己所需要发放的地方。这种丹田功法必须经过长时间练习方能做到，但不是玄乎其玄，可望不可及的事。赵堡前辈太极拳家和现在不少赵堡太极拳家都能做到。做到了这一点，健身、技击效果才能事半功倍。

（二）赵堡太极拳的健身作用

赵堡太极拳属于道门所传。其目的是"欲天下英雄豪杰延年益寿，不徒作技艺之末"，这与道家的修身目标是一致的，赵堡太极拳的起点是技击，其终点是大道，是达到强身健体、延年益寿的目的。赵堡太极拳是性命双修之学。通俗说，姓者，为"生"、"心"；命，指身体，赵堡太极拳是心身双修的拳术。只要按要求走架练拳，并从自身实际出发练拳，全身各部位器官都会得到平衡锻炼，全身气血运转自如，周身经络畅通无阻，就不会生病，一些慢性疾病可以通过练拳慢慢好转。

赵堡太极拳是"增命""续命"之学。赵堡太极拳第二代传人邢喜槐在《太极拳道》中说："知气养而增命，善竞扑而全身。"鲜明地提出来，赵堡太极拳是"增命"的拳术。赵堡太极拳第三代传人张楚臣的另一位弟子王柏青说："太极一气延年药，气命神性双修门，天地合育续命芝……"这里也说明，赵堡太极拳是让人"续命"的拳术。为什么赵堡太极拳会有"增命""续命"的效果呢？这是因为赵堡太极拳的练习方法要求在动作练成圆圈的情况下，配合头直、身直、小脚直、腿顺、脚顺、手顺、身顺、内外三合、不撇不停、不流水等要求，这些要求统一指向一个方向，就是锻炼人的身体的顺，使人体的气血流通，没有障碍，提高人体的免疫力。这样就达到百病不能侵体，坚持下去，身体就会健康。它的最终目的是延续人类的衰老进程，提高生命质量。

四、赵堡太极拳的练习步骤和注意事项

赵堡太极拳是一个较完备的拳种，除架子外，还有推手和器械。推手包括定步推手、活步推手、大捋、乱踩花等。轻重器械有太极剑、太极单刀、太极十三刀、太极棍、太极大斧、太极大枪、春秋大刀、太极双鞭等和各种兵器的对打。赵堡太极推手和器械都有其独特的风格，但由于历代单传秘传，至今社会上知道的不多。

学习赵堡太极拳有一定规律。开始学架子必须一招一式由老师传授，三个月时间学完全部架式。

以提高技击水平为目的的要求，每天练架数十遍。前辈赵堡太极拳名家有一天练架百余遍的先例。

平常每遍拳一般用四分钟左右，造诣深的用三分钟左右，以两分三十秒钟打完一趟架子为有高深功夫的人。

以健身为目的的人每天早晚练半小时即可。

无论练拳目的怎样，一定要连续练，不间断才能产生效果。

一般学完架子，熟练地练上一年以后，才练推手，经过两三年练拳，有了一定的功力后，可继续学剑、刀、枪、棍等器械。

无论是以提高技击水平或以健身为目的，都要循序渐进，不可急于求成，贪多图快，急于求成往往欲速而不达。

练拳的其他注意事项，需各人根据自己的接受能力、体力、时间、场地、师资水平等多种因素，安排合乎自己实际的最佳练习方法，要依规矩不能教条对待。

五、赵堡太极拳108式拳谱

第一式　预备势　　　　　　　　第二十四式　迎面捶
第二式　领落　　　　　　　　　第二十五式　肘底看拳
第三式　翻掌　　　　　　　　　第二十六式　倒撵猴
第四式　揽插衣　　　　　　　　第二十七式　白鹤亮翅
第五式　如封似闭　　　　　　　第二十八式　搂膝斜行
第六式　单鞭　　　　　　　　　第二十九式　开合
第七式　领落　　　　　　　　　第三十式　　海底针
第八式　白鹤亮翅　　　　　　　第三十一式　闪通背
第九式　搂膝斜行　　　　　　　第三十二式　如封似闭
第十式　开合　　　　　　　　　第三十三式　单鞭
第十一式　琵琶势　　　　　　　第三十四式　云手
第十二式　搂膝腰步　　　　　　第三十五式　腰步
第十三式　上步十字手　　　　　第三十六式　高探马
第十四式　搂膝斜行　　　　　　第三十七式　转身
第十五式　开合　　　　　　　　第三十八式　右拍脚
第十六式　收回琵琶势　　　　　第三十九式　再转身
第十七式　搂膝腰步　　　　　　第四十式　　左拍脚
第十八式　上步十字手　　　　　第四十一式　双风贯耳
第十九式　搂膝高领落　　　　　第四十二式　旋脚蹬根
第二十式　束手解带　　　　　　第四十三式　三步捶
第二十一式　伏虎　　　　　　　第四十四式　青龙探海
第二十二式　擒拿　　　　　　　第四十五式　黄龙转身
第二十三式　指因捶　　　　　　第四十六式　霸王敬酒

第四十七式　二起拍脚	第七十八式　白鹤亮翅
第四十八式　跳换脚	第七十九式　搂膝斜行
第四十九式　分门桩	第八十式　开合
第五十式　抱膝	第八十一式　海底针
第五十一式　喜鹊登枝	第八十二式　闪通背
第五十二式　鹞子翻身	第八十三式　如封似闭
第五十三式　揉膝	第八十四式　单鞭
第五十四式　再揉膝	第八十五式　云手
第五十五式　研手捶	第八十六式　腰步
第五十六式　迎面肘	第八十七式　高探马
第五十七式　抱头推山	第八十八式　十字手
第五十八式　如封似闭	第八十九式　单摆莲
第五十九式　单鞭	第九十式　指裆捶
第六十式　前招	第九十一式　领落
第六十一式　后招	第九十二式　翻掌
第六十二式　勒马势	第九十三式　揽插衣
第六十三式　野马分鬃	第九十四式　右七星下势
第六十四式　右高探马	第九十五式　擒拿
第六十五式　白蛇吐信	第九十六式　回头看画
第六十六式　玉女穿梭	第九十七式　进步指裆捶
第六十七式　转身揽插衣	第九十八式　黄龙绞水
第六十八式　如封似闭	第九十九式　如封似闭
第六十九式　单鞭	第一〇〇式　单鞭
第七十式　云手	第一〇一式　左七星下势
第七十一式　跌岔	第一〇二式　擒拿
第七十二式　扫腿	第一〇三式　进步砸七星
第七十三式　转身	第一〇四式　退步跨步
第七十四式　右金鸡独立	第一〇五式　转身
第七十五式　左金鸡独立	第一〇六式　双摆莲
第七十六式　双震脚	第一〇七式　搬弓射虎
第七十七式　倒撵猴	第一〇八式　领落

六、赵堡太极拳108式动作图解

第一式　预备势

身体自然站立，面向南方，背朝北方。（图1）

左脚向左移一步分开，与肩同宽，两脚脚尖朝前（南）；头顶（百会穴）轻轻上领，下颌微内收，舌顶上腭，眼睛自然平视；两手自然下垂在两胯旁，松腰，两膝微屈。（图2）

两脚十趾轻轻抓地；两手由两侧徐徐向上、向前上提，形如抱斗，手心向下，手与肩平。（图3）

两手继续向下按至胯根手窝（腹股沟）处；双腿下蹲，屈膝，膝盖不能超过脚尖，臀部不能超过脚跟，双脚由实变为右脚实，左脚虚。（图4）

图1

图2 　　　　　图3 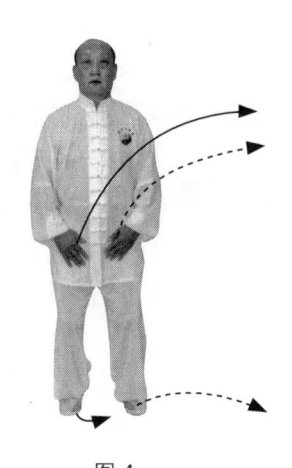　　　　　图4

【用法】对方双拳同时向我正面击来，我以双手粘住对方，向下、向后引对方的劲落空后，继续粘住对方，以静待动。

歌诀：
　　　　　　太极起势莫轻看，左右相合人进难，
　　　　　　千斤坠功内中找，逆腹呼吸转周天。

第二式 领 落

掤：左脚向左前方（东南）迈出一步，右脚脚尖微内扣，成左实右虚的弓蹬步；同时，双手由下向上、向左前方掤起，左手在前，手尖高与眉齐，与左脚尖相对齐，肘与左膝相对齐，右手在胸前，高与鼻平，两手掌与前臂成弧形，不要在手腕处成折；眼、身依然朝南，眼神要关顾到双手。（图5）

捋：两脚以脚跟为轴，脚尖由左向右转动，左脚尖转向西南方，右脚尖转向西偏北，成右实左虚弓蹬步；同时，右手向上、向右划弧转到与右脚方向一致，手尖高与眉齐，与右脚相对齐，肘与膝相对齐，左手弧形下按至左膝上方，手心向右；眼与身转对西南方，眼平视，关顾到双手。（图6）

挤：两脚以脚跟为轴，脚尖向左转动，左脚转至脚尖朝前（南），右脚转至脚尖向南偏西，成左弓蹬步；同时，左手转手心向右弧形上提，高与眉平，右手弧形下按至右胯根前，手心向下；眼身转正对南，眼神关顾双手。（图7）

按：右脚蹬地，提膝向前高与胯平，脚掌平，脚心正对地面，脚尖向前，成左腿独立势；同时，右手转手心向左，弧形上提，高与头平，右肘与右膝相对齐，左手向里经胸前下落至左胯根前，手心斜向右下。（图8）

右脚落下到左脚旁变实，两脚与肩同宽，右脚实；同时，左手手心转向上，平置脐下与腹部距离约一寸，右掌逐渐变拳弧形下落置左手上方，与左掌心相距约一寸，略高于肚脐，拳眼向上，拳心向里，与腹相距约一寸。（图9）

图5

图6

图7

图8

图9

【用法】对方从左侧用右拳向我击来，我左脚向前上步，双手掤住对方右前臂，左手粘对方右肘，右手粘对方右腕，顺对方来势转腰往上、往后捋，左手往外催，对方即跌出。以上为掤捋用法。

设对方未跌出，半身下卸化开，我即顺其下卸之势以左前臂进击，对方将我劲引空，我趁势卸下半身用双手按他胸部。以上为挤按用法。

以上掤捋挤按四法在应用上千变万化，学者必须认真细心揣摩，不宜简单对待。

歌诀：

太极拳功十三法，掤捋挤按要心明，

四手能化千万招，应敌妙法用不尽。

第三式　翻　掌

右手由拳变掌弧形上提，高与鼻齐，手心向左，左手转手心向右，手指向上；同时，腰左转，左脚脚跟抬起，脚尖点地；目视右手。（图10）

左脚向左横跨半步变实，右脚向左移半步，脚尖点地；同时，左手向左、向上、向右、再向左、向下划一大圈，落在左胯根前，手心斜向下，右手向右、向左、向下划圆弧到小腹前，手心斜向左下方；眼向南平视，顾及双手。（图11）

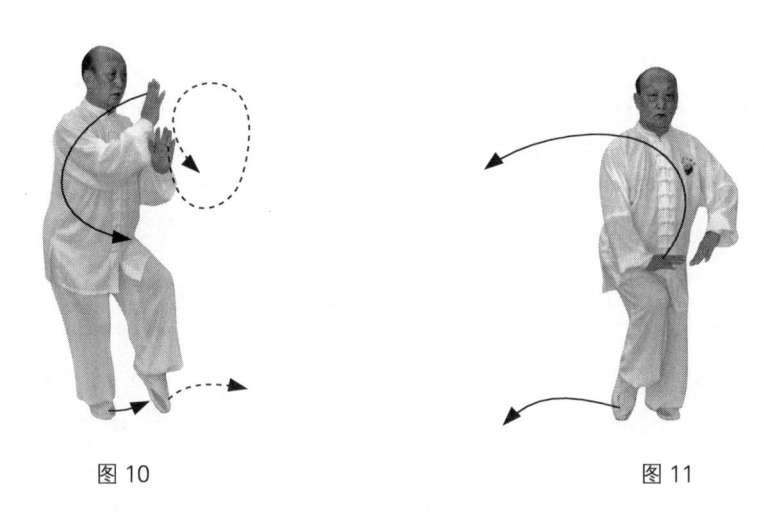

图10　　　　　　　　　图11

【用法】对方由左侧以右拳向我胸部击来，我以右手腕背粘住对方手腕，左手上托对方右肘，左脚管住对方双脚，对方进退不能自如。

歌诀：

赵堡太极十三翻，左顾右盼掌划圈，

手到脚到身要到，拧腕压肘敌即翻。

第四式　揽插衣

左掌内旋轻按在左小腹下部，右掌向上经头前向西弧形按出，手心向西南；同时，右脚向正西方向迈一步变实，脚尖向西南，左脚尖微内扣向南偏西，成右弓左蹬步；右手尖与右脚尖相对齐，身向南；眼朝南平视，顾及双手。（图12）

【用法】设对方从我右侧用双拳打来，我以右上臂滚接化开，上右脚管住对方前脚，稍向右侧用力，对方即从我右侧跌出。

歌诀：

揽插衣对敌从容，左催右发显奇功，
脚腿胯腰一齐到，滚压引化敌落空。

图12

第五式　如封似闭

右手内旋，收回胸前，手心向左，距胸约一尺，左手弧形提至胸前，手心斜向右下，两手直线距离约与自己的半边身宽相等；同时，重心移到左腿，右脚向左收回半步，脚尖点地，身转向西南；眼向西南平视。（图13）

右手向下、向后、再向上缠头过脑屈置胸前，手心向下，左手由下向上转一小圈屈置胸前，略低于右手；同时，右膝提起与胯平，即向右前方（西南）跨一步变实，左脚跟上一步，脚尖点地；眼向西南平视。（图14）

图13　　　　　　　　图14

【用法】对方在右侧用双拳向我正面击来，我以右手粘住对方手腕向右、向下引化，同时提膝上打。设我动为对方察觉，对方向后退走，我即进步按击对方，对方即向后跌出。

歌诀：
　　　　　如封似闭退为攻，即化即打敌全空，
　　　　　水涨船高仔细研，前进后退随人动。

第六式　单　鞭

　　双手转手心向外，由右向上、向左划弧至正南，左手尖与肩同高，右手尖与眉同高；同时，左脚向左（东）横跨一步，右脚随着向左收回半步，脚尖点地，身体转向正南；眼向南平视。（图15）

　　双手继续向下经腹前向下、向右划弧，左手置右腹前，手心斜向右下方，右手掌变勾手置右胯根前，与右膝相对，勾尖向下；同时，右脚向右横跨一步，左脚随即向右收回半步，脚尖点地；眼向东南平视。（图16）

　　右脚抓地，左脚向左横跨一步，脚尖向东南踏实，成左弓右蹬步；同时，左手由下而上经头前向左（东）划弧按出，手尖与眉同高，右勾手弧形上提与右脚尖相对，勾手略低于肩，勾尖与肘平，肘与右膝相对；眼向南平视，眼神关顾双手。（图17）

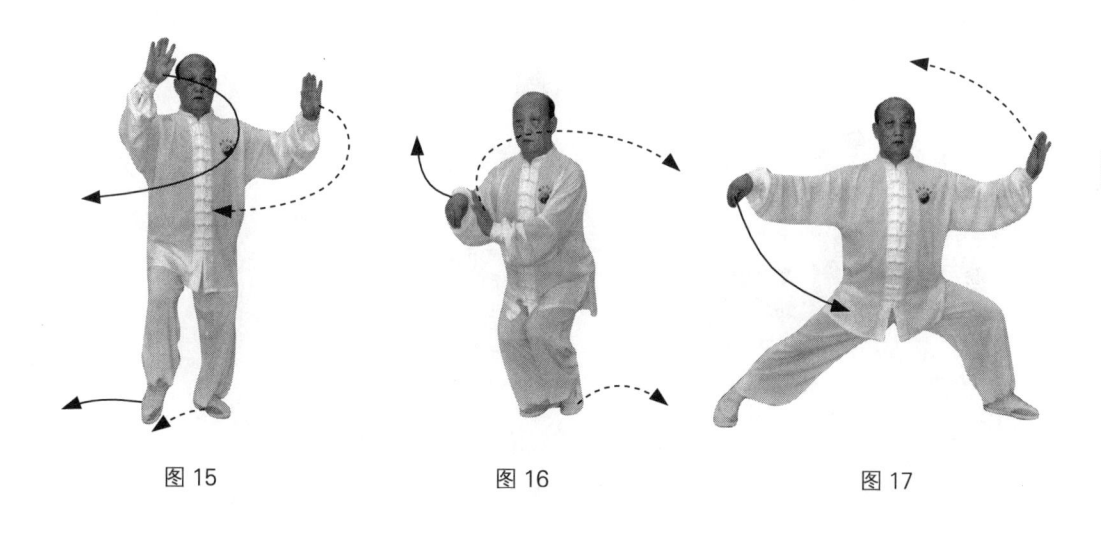

　　　　图15　　　　　　　图16　　　　　　　图17

　　【用法】此式为左右应敌招式。对方从我右前方用左拳打来，我双手粘住对方腕肘向左、向上将，对方失势后撤，我即上步按出。

　　这时，左前方有人用双拳向我头、胸部打来，我以左手臂向左前粘住对方双手，滚转后以掌向对方头、胸按击。这是连防带打的手法，含采挒之意，右勾手有柔化点击之用。

歌诀：
　　　　　重手法单鞭对敌，卸腕骨对方自跌，
　　　　　左一鞭手脚齐到，右勾手挂化点穴。

第七式　领　落

右胯下沉；右勾手变掌转手心朝下，向下划圈至右胯前；左手向上划弧至头左侧上方。（图 18）

其余动作与第二式领落相同，唯此式方向为向东。（图 19—图 22）

图 18

图 19

图 20

图 21

图 22

第八式　白鹤亮翅

左脚提起至胯高；同时，右拳变掌外旋转圈上提，高与眉齐，手心向东，左手内旋转圈上提至胸前，手心向外；眼注视双手。（图 23）

左脚向左后方（西北）撤一步，脚尖向东偏北，右腿提膝收脚高与胯平；同时，两手向前、向下、向左后方划圈，左手在身左侧，手腕高与胯平，手心向下，右手落左腹前，手心斜向下；眼向东平视。（图 24、图 24 附图）

图 23

右脚向东南方迈步落下变实，脚尖向东南，左脚跟上一步，落在左脚跟旁，脚尖点地；同时，双手由下向上经头前向下按出，左手高与胸平，手心向东南，右手高与眉齐，手心向东；眼向东平视。（图25）

图24　　　　　　图24附图　　　　　　图25

【用法】对方从我右前方用双拳向我胸前击来，我以双手接其手腕，向左、向后引进，即以右肘击其面部，提膝上迎使对方胸腹自撞自伤。

歌诀：

顺手牵羊转轻灵，提膝上打不容情，
螺旋引空肘击出，进退全凭腰换劲。

第九式　搂膝斜行

右脚尖外撇向南，左脚踏实，身体转向正南；两手在胸前交叉成十字手，右手在外，掌心向左，左手在内，掌心向右，如剪刀状；随即双手上掤，高与眉齐，手心朝外，左手按在右手腕处；眼向南平视。（图26）

双手再交叉成十字手；右脚尖内扣朝南偏东，重心在右腿，身体下蹲；十字手弧形下落在右膝前；眼向东南方平视。（图27）

图26 　　　　　　图27

立身，左脚向东北方向跨出一步，双脚在虚实转换过程中；同时，两手按至右膝下分开，左手心向下转向外划弧至左膝前，右手由膝下外旋上提至右膝前；眼向东南方向平视。（图28）

两脚虚实在变换过程中；双手手心向上，由膝前向上划圈合于头前，手尖与眉齐，两掌相距一寸左右；眼向东南方向平视。（图29）

左脚全实，成左弓蹬步；左掌变勾手由胸前向左、向下划弧落到左胯旁（环跳穴），勾尖朝外，右手向前推出，高与鼻平，手心朝东；身向东南偏东；眼神经右掌尖向远看去。（图30）

图28　　　　图29　　　　图30

【用法】对方用右手拿我右手腕，我用十字手卸开反拿对方手腕，全身下坐，对方即丧失抵抗力。

设又一人从左侧用双手向我打来，我侧身进步管住对方双足，以肩靠击其胸前。

设另一人迎面用拳击来，我左手向下勾化对方来拳，右手以中指前点对方困门分水穴。

歌诀：

搂膝斜行四方管，对方拿我以拿还，
胯肩齐到插足上，螺旋转动故跌翻。

第十式　开　合

重心移到右腿，左脚向后回收至右脚前，脚尖点地；同时，右手先外旋后内旋收回至右腹前，手心斜向左下，左勾手变掌，外旋上提至左胸前方；眼向东平视。（图31）

左脚向东北方向迈出半步，右脚跟进半步，脚尖点地；同时，双手向下向两侧分开向上经头前划一圈下按，左手在左腹前，右手在右胸前，两手手心向下；眼睛向东平视。（图32）

图 31

图 32

【用法】对方双手拿我右手腕肘，我右手旋转化开，两手随即向前用合劲把对方按出。

歌诀：
　　太极奥妙开合中，一开一合妙无穷，
　　三节齐聚劲要整，猛虎扑食快如风。

第十一式　琵琶势

左腿微下蹲踏实，右脚提起；左手内旋，转手心向上、向里上提，掌心向脸部，掌尖与眼平，右手外旋从左肘下推出转手心向上，随即右脚向西南方退一步变实，左脚随着退半步，脚尖点地；左掌变勾手由脸、胸前向下划圈落到左膝上，勾尖朝北，右手收回腹前，与脐平；眼向东北平视。（图33、图34）

【用法】对方用拳向我迎面击来，我以左手尺骨一侧粘住对方，手变勾手向左下圆转勾挂开，同时，右手以指点戳对方小腹穴位。

图 33

歌诀：
　　手挥琵琶转活圆，意势相合气腾然，
　　左手勾化右点击，发敌全在一瞬间。

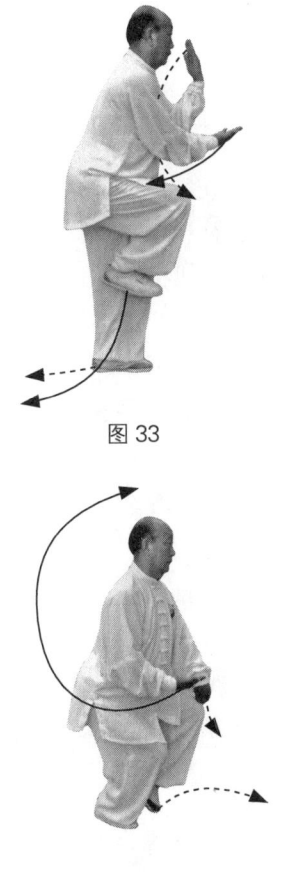

图 34

第十二式　搂膝腰步

左脚向东北方迈一步，脚跟先着地，未踏实；同时，左勾手移向膝内侧，右手由腹前转手心向下、向外、向右、向上划圈至额前，掌心斜向上；眼向东北平视。（图35）

左脚掌踏实，成左弓蹬步，面对东北；左勾手沿膝绕至膝外侧，右手弧形按至左小腹前；眼看斜下方。（图36）

【用法】对方以双手撅住我左手腕肘，我松肘松肩，腰胯下沉，上步管住对方前脚将对方向左侧靠出，此是败中求胜法。

歌诀：

　　对付擒拿有妙法，拿哪松哪气不发，
　　进步管足沉腰胯，腰裆劲出敌根拔。

图35

图36

第十三式　上步十字手

重心移到左腿，右脚提起，由右向左摆到左膝前，摆脚时脚心向前，定势时脚心斜向下；同时，右手上提至胸前，左勾手变掌，手心向下，向后、向上经头前划圈落至胸前，与右手相交成十字手，左手在内，手心向右，右手在外，手心向左；眼向东北平视。（图37）

【用法】对方从东面用左拳向我左胸前击来，我起右脚向前摆击对方来拳，仓促间对方会仆跌而出。

设后面又有人用拳打来，我左手粘住来拳向前捋去，对方即向前仆跌。

歌诀：

　　单脚抓地如山稳，气敛入骨裆要撑，
　　手脚齐发敌招空，提膝十字防周身。

图37

第十四式　搂膝斜行

身体下蹲，右脚从左脚尖前落下变实，脚尖向东南，交叉手向右膝外下落；其余动作与第九式搂膝斜行相同。（图38—图41）

图38

图39

图40

图41

第十五式　开　合

动作与第十式开合相同。（图42、图43）

图42

图43

第十六式　收回琵琶势

右脚向西北方向撤半步变实，脚尖向西南，身体由向东北转向东南，左脚以脚跟为轴，脚尖内扣至向东南，提起脚跟，脚尖点地；手的运转与第十一式琵琶势相同。（图44）

其余动作与第十一式琵琶势相同。（图45）

图 44

图 45

第十七式　搂膝腰步

动作与第十二式搂膝腰步相同，唯此式方向向东南。（图46、图47）

第十八式　上步十字手

动作与第十三式上步十字手相同，唯此式方向向东南。（图48）

图 46

图 47

图 48

第十九式　搂膝高领落

左脚向东南方迈步落下，踏实，双腿屈膝下蹲成歇步；同时，双手下落搂过右膝，置于右膝前；目视前方。（图49）

身体起立，左脚向东南方迈一步，右脚跟进至左脚旁，脚尖点地，两脚距离与肩同宽；两手从左右同时划弧至面前；眼平视前方。（图50）

右脚踏实，左脚变虚；两手一起下落到腹前，左拳变掌，手心向上，置右拳下约一寸；左掌在脐下，右拳在脐上，左掌右拳距腹约一寸；眼向南平视。（图51）

用法与第十四式搂膝斜行基本相同。

图49 　　　　　图50 　　　　　图51

第二十式　束手解带

重心移至左腿，右脚变虚；右拳变掌，双掌放平，手心向上，转手心向里上提到面前；眼向南平视。（图52）

双手屈腕，从面前往下勾转内旋成腕背相对下落至小腹前。（图53）

左脚抓地，右脚向右（西）横跨一步，成右弓蹬步；同时，双手在小腹前外旋左右分开到左右两膝内侧，手心朝外；眼向南平视，眼神关顾到双手。（图54）

图52 　　　　　图53 　　　　　图54

【用法】对方从背后用双手将我双臂和上身捆住，我腰裆下沉，双臂上掤，翻掌粘住对方双手下按，以手肩背裆合一劲把对方扔到我前方。

歌诀：

身手被捆心莫慌，缠丝换劲身俱开，
上下相随合一力，随手化打如解带。

第二十一式 伏 虎

重心移至左腿，坐左腿，右脚原地变虚；同时，左手外旋，手心向上，向左前、向上划圈至头顶内旋，转手心向上撑掌；右掌变拳外旋，拳心向上，右前臂内收，肘尖贴住右肋，右臂屈肘形成大于90°的角，右拳在右膝上方；眼向西平视。（图55）

重心移至右腿成右弓蹬步；同时，左拳经头胸前划弧落至小腹前变拳，以拳顶贴左小腹，拳心朝下，肘尖朝外；右拳变掌向后、向上划弧至头顶变拳向东南方打出，拳高于头，拳心向外，拳眼向下，与右脚尖相对齐；眼向左肘尖、左脚尖方向看去。（图56）

【用法】设对方从背后抱我，我用左手粘住对方左前臂外撑，右肘向对方胸部击出，对方身后移，我乘势以右手抓对方裆部，用肩贴对方心窝处，拔起对方的根，向右前方掷出。

图55

图56

歌诀：

采挒手，化去凶猛势，肘与肩，粘击腹与胸；
刚柔济，惊弹走螺旋，伏虎势，左右闪披精。

第二十二式 擒 拿

左脚尖稍内扣向西南偏西，右脚提起成左独立步；同时，右拳转拳心向下，划圆弧至腹前；左手变掌，手心向下，向前俯贴在右手腕背上；眼向西平视。（图57）

图57

左掌右拳同时向下、向上外旋在胸腹前转一立圈置右腹前，右拳心向上置左手心上；同时，右脚下落在左脚旁，脚尖点地；眼神关注双手。（图 58）

【用法】对方右手拿拧我右手腕，我即用左手按住对方右手背，两手上下将对方手腕夹紧，顺对方之势反其关节，对方即仆倒。

歌诀：
　　太极擒拿手法异，顺人之势借人力，
　　任他巨力来拿我，反拿关节敌倒地。

图 58

第二十三式　指因捶

右膝提起，高与胯平；右拳变掌，双手弧形上提，高与鼻平，手心向内；眼向西平视。（图 59）

右脚向前（西）迈一步落下，屈膝变实，脚尖向西南，左脚跟上半步虚触地面；同时，双掌变拳，右拳内旋从鼻尖向下、向右打出，拳心向下，拳与胸平，左拳在右腕内侧，拳心向下；眼向西平视。（图 60）

图 59

图 60

【用法】我化开对方擒拿后，以拳向对方裆部打去。

歌诀：
　　　　屈紧伸尽劲要崩，不贪不欠步轻灵，
　　　　护中反打指下阴，身手齐到方为真。

第二十四式　迎面捶

右脚尖内扣，左脚以脚尖为轴转向南落实，身体转向正南；双拳由下向上、向左划圈至头前，右拳在上在前，拳心向外，拳眼向上，与额同高，左拳在下在后，拳心向下，拳眼向里，与鼻同高，两拳直线相距约一拳；眼从两拳间向南平视。（图61）

【用法】对方从正面用双掌向我面部抓来，我以左拳上掤对方双手，以右拳击对方太阳穴。

歌诀：
　　左手一拳防双抓，右拳迎面击太阳，
　　一防一打一开合，妙手一着一阴阳。

图61

第二十五式　肘底看拳

右脚跟外撑变实，脚尖向东南，左脚尖外撇向东，随即提起脚跟，脚尖点地，身体转向正东；同时，双拳随身向左划弧落下，左拳高与鼻平，拳眼与鼻尖相对，肘下沉；右拳移到左拳左侧向下划弧至左肘尖、左膝中间，拳肘膝成一条直线；眼向东平视。（图62）

【用法】对方从左侧用右拳向我上部打来，我转身以左前臂外掤对方来拳，用右手下按对方来手肘部，左手反挂其上部。

歌诀：
　　拳在肘底内藏凶，转胯活腰闪正中，
　　左拳横打右卸骨，双拳连环显神通。

图62

第二十六式　倒撵猴

重心移至左腿，右脚变虚，脚尖点地；左拳变掌弧形下落到左腹前，手心向下，右拳变掌弧形下落到右胯根手窝（腹股沟）处，手心向东；眼向东平视。（图63）

图63

左脚抓地，右脚微上提随即向西南方退一步成左弓蹬步；同时，左掌变勾手从膝内侧绕膝向左搂至大腿外侧，勾尖向外，右手由下向右、向后、向上经头顶、脸划圈落至小腹前，手心向下，手尖朝东北；身要中正；眼向东平视。（图64）

重心移至右腿，左脚收回至右脚内侧悬起；同时，左手变掌外旋至左胯侧，手心向下，右掌变勾手随身移到右胯外侧；眼向东平视。（图65）

左脚向西北方退一步，成右弓蹬步；同时，右勾手绕膝向右搂至右腿外侧，勾尖向外；左手向西北方由下向上经头顶、脸前划圈至小腹前，手心向下，手尖朝东南；眼向东平视。（图66）

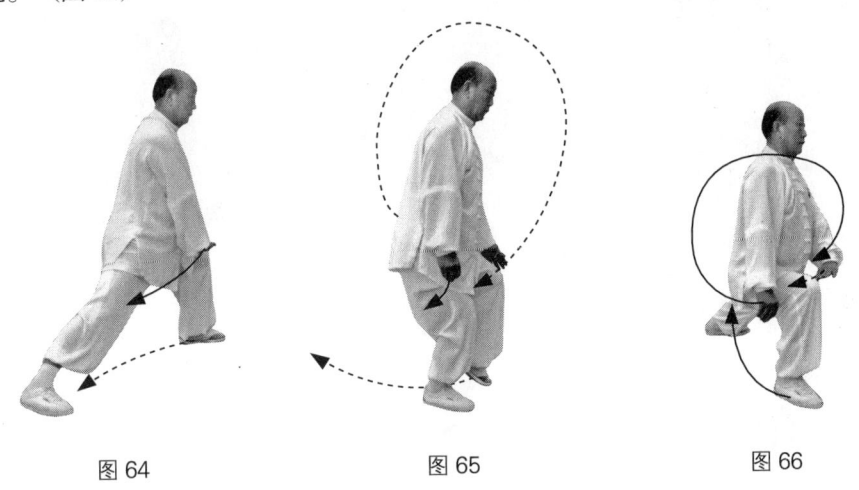

图64　　　　　图65　　　　　图66

【用法】对方向我迎面用双手按来，我以左手粘其双手，以右脚外铲其右脚，左胯后闪，右手按其背，对方即从我左膝前栽倒。左右用法相同。

歌诀：

倒撵猴以退为进，三环发圈中套圈，
身腾挪机关在腰，四梢动全凭丹田。

第二十七式　白鹤亮翅

重心移至左腿，右膝提起；同时，右勾手变掌，由下向右、向上、向前划圈到腹前，双手随即向左后划弧按去，左手在身左侧，手腕高与胯平，手心向下，右手落在左胯前，手心斜向左下；眼向东南平视。（图67）

图68同第八式白鹤亮翅图25。

图67　　　　　图68

第二十八式　搂膝斜行

动作与第九式搂膝斜行相同，唯此式左脚迈步方向由第九式向东北方向改为正北方向。（图69—图73）

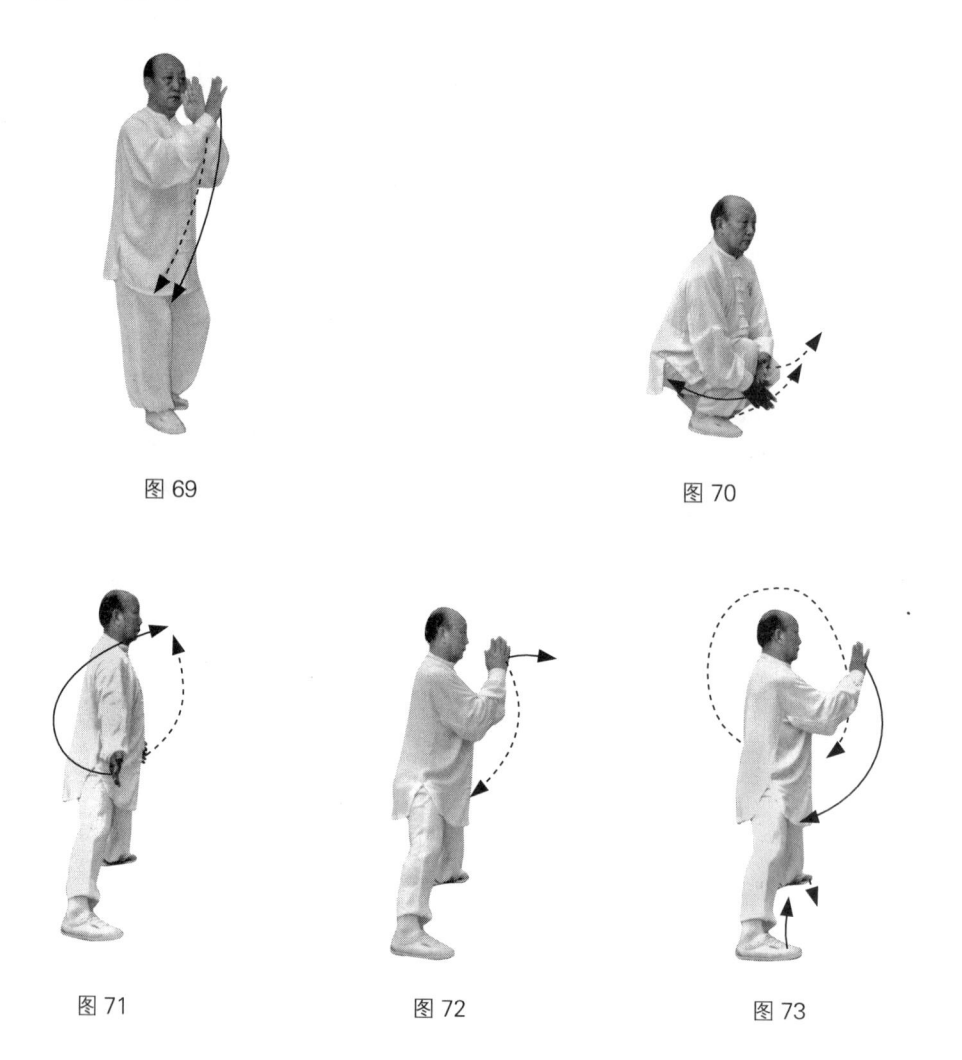

图69

图70

图71

图72

图73

第二十九式　开　合

左脚尖内扣变实，脚尖向东南，右脚向左收回半步，脚尖点地，身体转向正南；同时，左勾手变掌内旋，手心朝外，由下向上经头顶、面前下按至腹前，手心向下，右手外旋向右、向下划弧至右腿内侧，手心向东；眼向南平视。（图74）

身体向东北方向转动，右脚提起，随身向东北方向踏出一步变实，左脚提起跟上半步，脚尖点地；同时，右臂内旋，手掌在裆前，手心向东南，指尖向下，左手心向下，手向右推提至右肘前；眼向东北平视。（图75、图75附图）

图 74 　　　　　　　图 75 　　　　　　　图 75 附图

【用法】对方双手外撅我右腕肘，我顺势以双手反拿其腕肘，以迎面靠靠击其胸，使用要一气呵成，不能有断续。

歌诀：
身带手转应万变，三节相顾记心间，
梢领中随根节催，反拿肘击靠迎面。

第三十式　海底针

左脚变实，右脚变虚，脚尖点地；同时，左手沿右臂外侧下按至裆下左腿外侧，手心向下，右手外旋上提，手背微擦腹胸至头前，手心向下；眼视右掌。（图76）

右腿变实下蹲，膝向东北，左脚虚点着地；同时，左手变勾手弧形向西北方向提起，与肩平，勾尖对西南，手臂微屈，右手变立掌外旋下按至右膝内侧，指尖向东北，前臂略低于膝，右肘贴在右胯根处；身体下蹲时，身须中正；眼平视东北。（图77、图77附图）

图 76 　　　　　　　图 77 　　　　　　　图 77 附图

【用法】对方用双手采挒我左手，并向前下按，我即变虚实以左手下引，上抽右手迎面击出并身体下蹲，带动右手继续乘势按对方肘臂或头颈等部位均可。

歌诀：

$\qquad$ 陷入困境解法妙，垂肩滚臂坐腿腰，
$\qquad$ 抽臂击采一气成，海底探针无虚招。

第三十一式　闪通背

　　左脚向东北方迈一步，成左弓蹬步；同时，左勾手变掌，手心向上，向前划圈上掤，与左脚尖对齐，高与眼平，右手内旋，手心朝外，上托至头前，略高于眼；两眼平视东北方向。（图78）

　　左脚尖内扣向南，右脚提起外摆，脚尖点地，身体右转向西；同时，左手内旋，手心朝外，上掤经头顶划圈到头前，右手随转身向右移动，两手在头前成环形，左手高与头平，右手高与鼻平，两臂与肩成斜圈；眼向南平视。（图79）

　　左脚尖内扣，脚尖向西偏北，右脚随身转向东北方向迈一步，脚尖向东北，成右弓蹬步；同时，双手环形向右、向后按去，左手在小腹前，手心向下，右手边按边转手心向上，高与肩平，右手肘与右脚尖、右膝相对；眼向东北平视。（图80、图80附图）

　　左脚外撇，身转向西南，右脚提起向西南方向迈一步，踏实，脚尖向西南，左脚跟上半步，脚尖点地；同时，右手内旋向上经头顶向西南方向按去，手心向南，左手随身转到胸前，略低于右手，手心向西南；眼向西南平视。（图81）

图78

图79

图80　　　　图80附图　　　　图81

【用法】对方右手迎面向我击来，我进步用双手粘其腕肘，身速转360°将对方击出。

歌诀：

太极扇通背清精，击人周身都是圈，
旋转三百六十度，十三法用一瞬间。

第三十二式　如封似闭

左脚变实，右脚悬起；同时，右手外旋，收回胸前，手心向左，左手外旋，收回胸前，手心向右下。（图82）

图83动作与第五式如封似闭图14同。

图82 　　　　　　　　图83

第三十三式　单　鞭

动作与第六式单鞭相同。（图84—图86）

图84 　　　　　　　　图85 　　　　　　　　图86

第三十四式 云 手

右胯下沉；右手弧形收回至右腹前，手心向下，手指向东，左手指尖上领，塌腕，手高于头；眼向南平视。（图87）

左脚内扣，脚尖向南偏西，右脚尖外撇向西南，重心右移成右弓蹬步；同时，右手从腹胸中线向上、向右划圈，与右脚相对齐，高于头，手心斜向上，左手向下、向里划圆弧到腹前，手心向下；眼向南平视。（图88）

图 87

图 88

【用法】对方用右拳向我面、胸部击来，我以手粘其手腕，向左右上下或捋或按或采均可。此式为防守法，任对方从前面哪一处打来都能以双手圆转防范。

歌诀：
云手运行如两轮，两轮全在一环中，
中轴随腰任意变，任你水泼也难进。

第三十五式 腰 步

右脚内扣，脚尖向南偏东，左脚尖外撇，重心左移，右胯下沉；同时，左手从腹胸中线向上、向左划圈，与左脚对齐，高与胸平，右手向下、向里划圆弧至右腹前，手心斜向下；眼向东南平视。（图89）

【用法】对方从左侧用双手打来，我以左臂粘化，进身以肘胯击打对方。

歌诀：
腰步势简威力大，上步进身用腰胯，
紧接云手意连贯，巧劲粘走把人发。

图 89

第三十六式　高探马

重心移至右腿，右脚尖微内扣，左脚收回半步，脚尖点地，身体转向正东；同时，右手转手心向外向后、向上经头顶划弧落到右胸前，手心向东北方向；左手划弧内旋收回至左腹前，手心向东；眼向东平视。（图90）

【用法】对方从左前方用拳击我胸部，我以左手掤住对方来手，脚勾挂对方前脚，右手击其肩或肋，全身合成一劲，对方即从我左后方翻出。

歌诀：
　　高探马用折叠劲，双手上下顺圈滚，
　　脚勾进身上下随，人倒恰似树断根。

图90

第三十七式　转　身

右脚抓地，左膝上提，高于胯，脚心朝东；同时，双手由掌变拳，双拳成环形，由下向上、向西南方、再向左划圈，右手拳眼向下，拳心朝外，与额同高，左拳置胸前，拳心向南，拳眼向西；眼向东平视。（图91）

左脚向前半步落下变实，脚尖向东北，右脚尖内扣，脚尖向东，身体左转，两腿成交叉步；同时，双拳随转身向左下方划圆弧到左大腿上方，右拳顶向左拳眼，提至胸前；眼关顾双拳移动。（图92、图92附图）

图91　　　　　　图92　　　　　　图92附图

身体继续左转向正北，双腿屈膝下蹲，成歇步；双拳向右划弧，落至面前；眼向正北平视。（图93、图93附图）

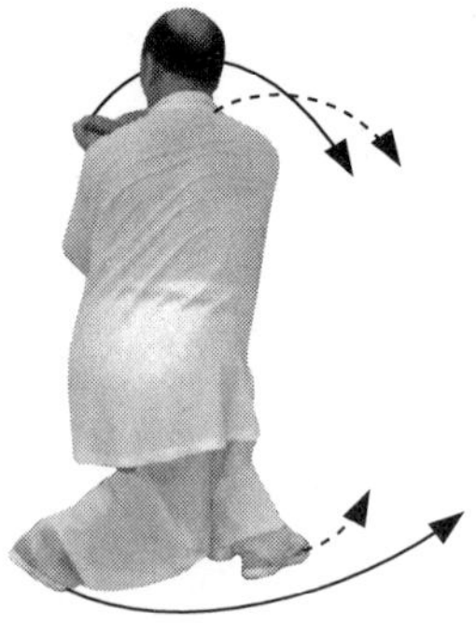

立身，身体右转向东北，左脚抓地，右脚向东迈一步变实，脚尖向东北，左脚跟上半步，脚尖点地；同时，双拳内旋向东按去，右拳在前，左拳在后，两臂屈肘成弧形，右拳心向外，拳眼向下，高与肩平，左拳心也向外，拳眼向右肘弯处，高与胸平；眼向东北平视。（图94、图94附图）

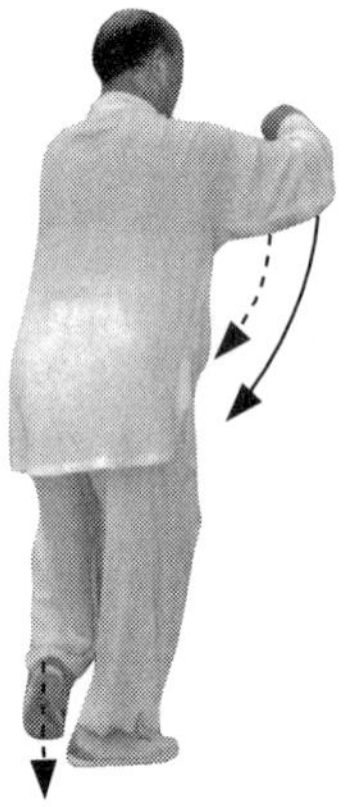

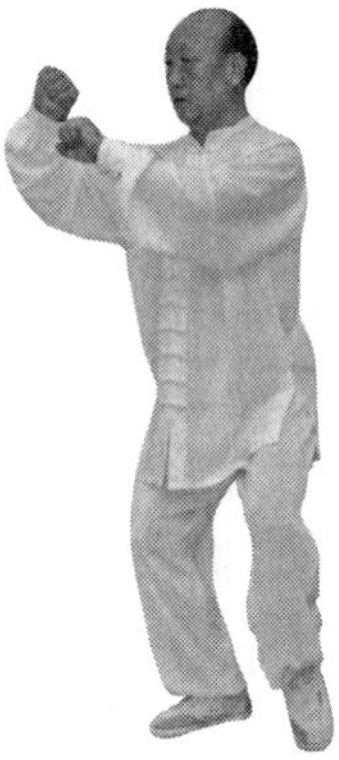

【用法】 对方用右拳向我胸部击来，我以双手掤挤化解，并起左脚蹬其右肋，对方闪化后，以双手托制我右腕肘，我即顺势左转身采挒，进步将其击出。

歌诀：
双脚盘根主在腰，腰动四肢转如轮，
前后左右上下管，四面八方能发人。

图93　　　图93附图

图94　　　图94附图

第三十八式　右拍脚

左脚变实，右脚变虚，双腿屈膝下蹲；同时，双拳变掌，手心斜向下，随身划圈下按至胸前；眼神关顾双掌。（图95）

身体起立，右脚向东用脚面踢出；同时，双掌向左、向上、向头前划一大圈，右掌向右脚面拍出，左掌跟随右掌向前；眼向东平视。（图96）

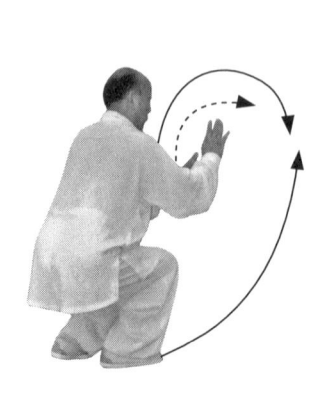

图95 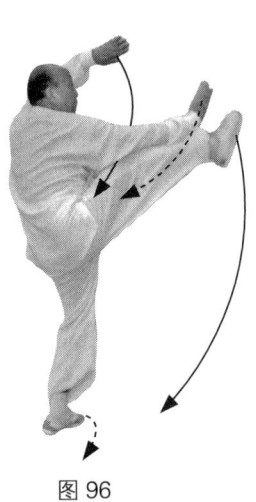　　　图96

【用法】对方双手抓住我右臂向前按我，我即向左下引化，起脚踢其肋以下部位。

歌诀：
神舒体静身中正，气沉劲蓄腰胯松，
轻灵活泼下引净，肋下一脚发不空。

第三十九式　再转身

身体右转向正南，右脚向前（东）迈半步落下变实，脚尖向东南，左脚内扣，脚尖向东；同时，双掌手尖相对成环形，手心朝外（东），随转身向右下按至右腿上方，内旋变拳，拳心向里，拳顶向上，提到胸前；眼关顾手的转动。（图97）

图98与第三十七式转身图94动作相同，唯方向不同，图98面向东南。

用法同第三十七式转身。

图 97 　　　　　　　　　　　图 98

第四十式　左拍脚

动作与第三十八式右拍脚相同，唯左右相反。（图99、图100）

图 99 　　　　　　　　　　　图 100

第四十一式　双风贯耳

左脚从空中提膝收回在腹前悬起；同时，双掌外旋变拳收回胸前，拳心向里，面向东南；眼向东南平视。（图101）

以右脚跟为轴，身体向左转动至身对正北，悬脚不变；同时，双拳经胯节左右分开向下、向上经面前划一大圈至胸前，拳顶相对；眼向北平视。（图102、图102附图）

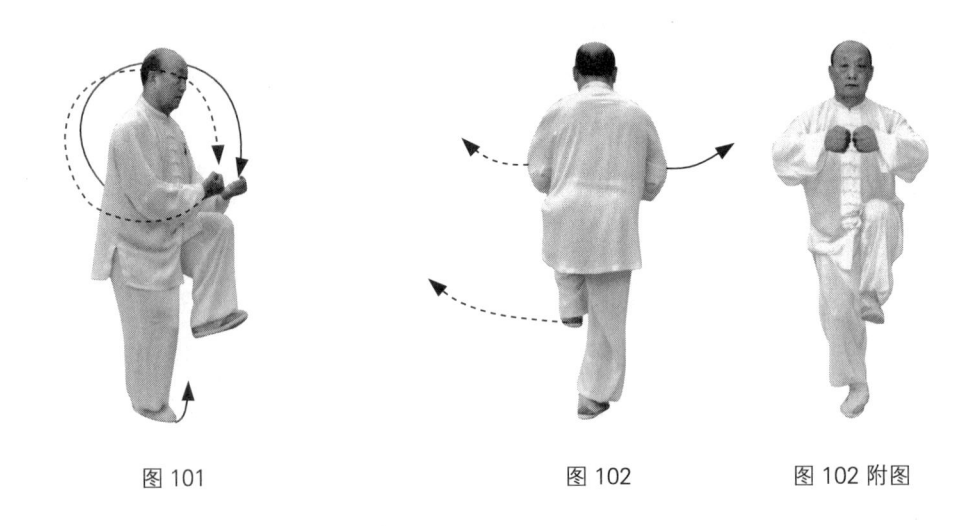

图101　　　　　　图102　　　　　　图102附图

【用法】对方从背后向我扑来，我急转身，双拳用合劲击对方头部穴位，同时提膝上击对方下部。

歌诀：

顾前盼后观六路，分臂向上坠下身，
谁敢向前来击我，双风贯耳膝打阴。

第四十二式　旋脚蹬根

双拳在胸前向内旋转，拳心向下，继续内旋向左右分击，臂高与肩平，拳心向南，拳眼向下；同时，左脚向西蹬去，脚心朝西，脚尖朝上，高与左拳眼平；眼向北平视。（图103）

双拳与左脚沿原路旋转收回，还原双风贯耳。（图104、图104附图）

【用法】左右两人同时撅我左右两臂肘腕，我双拳顺势发抖劲向对方心窝处击去，提左脚向左方的下部踢去，则左右两人均被击出。

歌诀：

双臂被撅心不惊，顺势螺旋左右分，
瞅准五虚手脚发，平打心窝下打阴。

图 103　　　　　　　　图 104　　　　　　图 104 附图

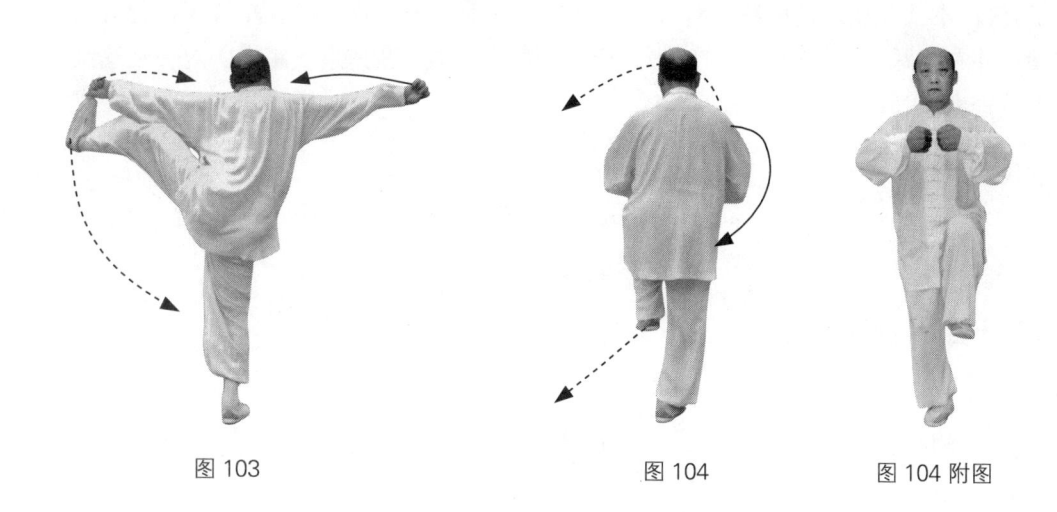

第四十三式　三步捶

左脚向左（西）迈一步，脚尖向西，重心左移成左弓蹬步，身体左转向西北；同时，左拳弧形向左摆击，拳心向上，拳眼向南，高与肩平，与左脚尖相对，右拳外旋弧形下落到右腹前，拳心向上，拳眼向东北；眼向西平视。（图 105）

左脚抓地，右脚提起向左脚尖前迈一步落下，脚尖向西北，左膝与右腿腘窝相合，双腿微屈下蹲；同时，右手由下向上、向左划弧摆击至胸前，拳略高于肘，拳心向上，拳眼朝北；左拳随身弧形收至身体左侧，拳略低于肘，拳心向上，拳眼向东；眼向西平视。（图106）

左脚向前迈一步，重心前移成左弓蹬步，脚尖向西，右腿蹬直；同时，左拳由后向上、向前划圆弧摆到左胸前，拳心向上，拳眼向南，拳略高于肘，右拳弧形收回至右胯前；眼向西平视。（图 107）

图 105　　　　　　　图 106　　　　　　　图 107

【用法】本式是连续进攻法。对方以右拳向我胸前击来，我上步以左臂滚摇化开对方来拳，提右脚踩对方踝骨，以右拳击其面部；对方再退，我速进步跟击，对方在连续攻击下被击出。

歌诀：

连环扣打招法凶，摇滚摆弹一气攻，
虚实转换要轻灵，身手脚到即成功。

第四十四式　青龙探海

右拳向上、向前划圆弧向左膝内侧打下，低于膝，以击到地为最好，拳眼向南，拳心向里，右肩微内扣；左拳内旋，向后打去，置左胯旁，拳心向东，拳眼向里；上身中正，不前俯；眼向西平视。（图108、图108附图）

图108　　图108附图

【用法】对方从背后抓住我双腕抱我要往左摔，我顺势转臀上打，扣右肩，对方即被我拔跟而起，向前栽出。

歌诀：

背后抱摔险不危，尾闾发动周身随，
肩胯背脊皆能打，青龙探海显神威。

第四十五式　黄龙转身

左脚尖内扣，脚尖向东北，右脚尖翘起右摆，脚心向东，胯右转，拳心向下，身转向东；同时，两拳外旋，收回胸前；眼关顾双拳。（图109）

图109

右脚尖向东着地踏实，重心移至右腿，左脚跟进至右脚旁；同时，双拳随身向前（东）按去，置胸前，左拳在内，右拳向外，双拳拳眼向里，拳心向下；眼向东平视。（图110）

图110

【用法】对方从我背后用双手将我身捆住，我力发于脚跟，传导到胯，以胯化开对方，以右肘击其肋部，对方即向后翻出。

歌诀：

黄龙转身破后敌，双胯变换人不知，
周身圆转合一劲，胯滚走化起肘击。

第四十六式　霸王敬酒

重心移至左腿，右脚提起，脚尖点地，随即右脚原地踏实，左脚提起，脚尖点地；同时，双拳微外旋向下、向上、向前转一小立圆打出，双拳平置胸前，拳眼向里，右拳心向北，左拳心向南；眼向东平视。（图111）

【用法】对方双手抓我双手向胸部按来，我以身引化，随即以双拳向前发滚劲，对方即向前仰面跌出。

图111

歌诀：

丹田滚动带臂腕，一呼一吸周天转，
擎起彼身借彼力，敬酒一杯敌后翻。

第四十七式　二起拍脚

右脚抓地，身稍后坐，左脚向前、向上踢出，脚尖向上；双拳随身上下转动；眼向东平视。（图112）

右脚撑地，左脚收回原地，重心移至左腿，右脚向前（东）踢出，脚尖向前；同时，双拳变掌，右掌在前，左掌在后，右掌向右脚面拍去；眼从右脚踢出的方向看去。（图113）

图112 　　　　　图113

【用法】对方以右拳向我迎面劈来，我以双拳掤化，起左脚向对方下部踢去，对方裆内收，身前倾，我迅速起右脚踢其胸头部。

歌诀：

双臂上掤来手封，脚发二度如雷迅，
进圈欲变来不及，左脚不中右脚中。

第四十八式 跳换脚

左脚撑地，跃起以脚跟向自己臀部踢去，右脚收回落在原地，屈膝，单腿站立，脚尖向东南；同时，两手左右向后分开，略低于肩，肘与身平，手心斜向外下；眼向前平视。（图114）

【用法】身后有人以脚扫我左脚，我换右脚着地，提起左脚躲过对方，以左脚向身后踢去，脚发必中。

歌诀：

凌空欲坠防腿扫，左右换脚击身后，
虽是怪招却不怪，随心所欲中敌头。

图114

第四十九式 分门桩

左脚向前迈出一步变实，脚尖向前，成左弓蹬步；同时，双掌外旋，向下、向两肋收回至胸前交叉，以指尖向前按出，高与肩平，与左脚尖相对齐，左手在下，手心向右，右手在上，手心向左；两眼向前（东）平视。（图115）

【用法】对方双拳向我胸部击来，我双手粘住对方双手向两边化开，继续向内绕缠向对方胸部以合劲击出。

图115

歌诀：

双拳击我分手粘，缠绕绞转不丢顶，
合膀跟随顺势取，进身合劲刺中门。

第五十式 抱 膝

重心移至右腿变实，左脚收回，脚尖点地；同时，两手向左右分开，手臂成弧形，高与肩平，手心向外；眼向前平视。（图116）

双腿屈膝下蹲；双手外旋向下、向里划圈弧至左膝旁，手略低于膝，手心向上；眼

向前平视。（图117）

身体起立，双手与膝一起提到腹前；眼向前平视。（图118）

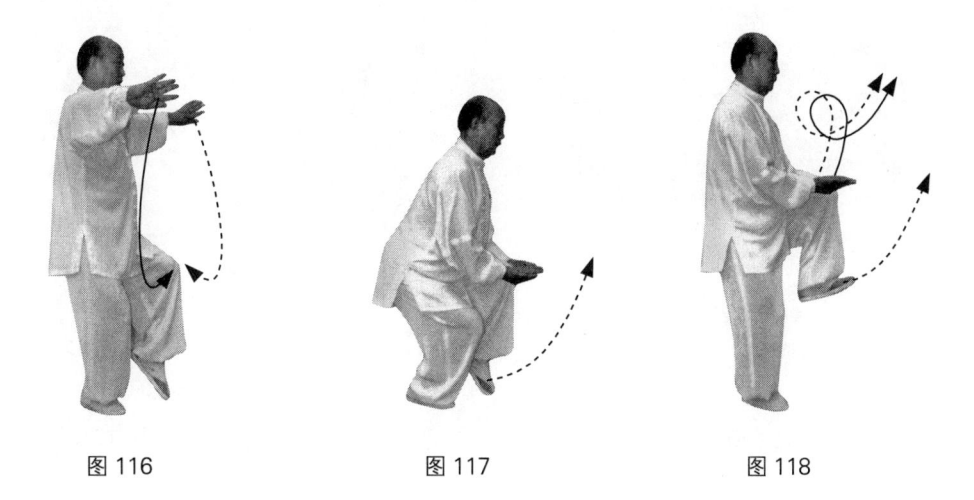

图116　　　　　图117　　　　　图118

【用法】对方双捶向我迎面打来，我双手下引外撑，提膝打其胸部。

歌诀：
应敌招术数不清，双手击来采挒迎，
粘化外撑提膝打，不处险境不乱用。

第五十一式　喜鹊登枝

左脚向前蹬出，脚心向前，脚尖向上；同时，双手转手心向里，手与肩平，再内旋转手心向前按出；眼向前平视。（图119）

【用法】对方在我身前用双手抱我腰部，我以双手托其肘部上引，将其根拔起，以左脚蹬其小腹。

歌诀：
喜鹊登枝多灵变，展翅蹬脚发瞬间，
解其深意仿其形，托肘蹬腿敌后翻。

图119

第五十二式　鹞子翻身

左腿不变，上体向后仰；右腿伸直，脚面绷平；左手弧形前伸到左脚内侧，手心向南，右手转手心斜向上弧形收回至头左侧，略高于头；眼向左手方向看去。（图120）

以右脚跟为轴，身体向右后转270°，面对正北，左脚随身向右后转，与右脚平行时落地，脚尖向北变实，右脚变虚，两脚与肩同宽；同时，左手向上划弧和右手成环

形，与头同高，随身转向左、向后下按至两膝前，低于膝；眼看双手。（图 121、图 121 附图）

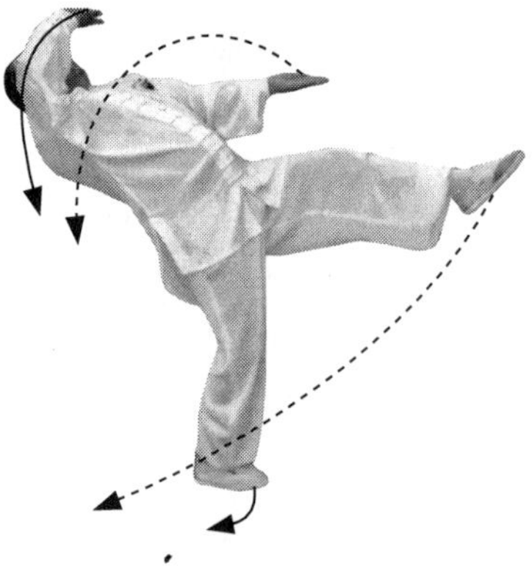

图 120

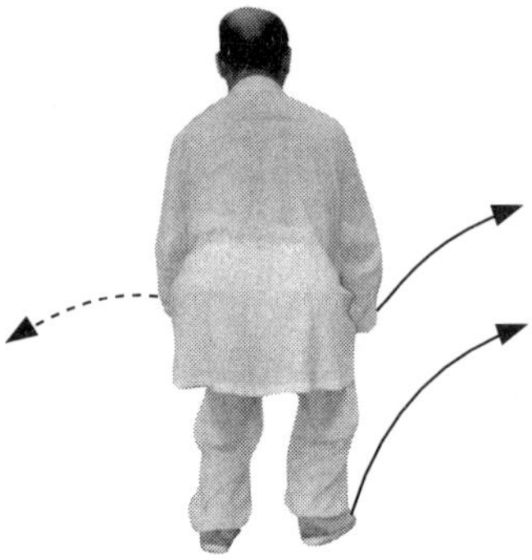

图 121

图 121 附图

【用法】对方右拳向我击来，且来势凶猛，我右脚站稳，一后仰，以右手上掤，左手制其肘，顺其来势向右后转身，捋其臂肩。

此式也可作空手夺枪用。对方用大枪向我咽喉刺来，我即身后仰，右手上掤其枪头，左手抓其枪杆，左脚踢其握枪手腕，顺势把枪夺走。

歌诀：

猝然遇击破招明，右掤左捋顺势应，
铁板功法腰转旋，鹞子翻身着法灵。

第五十三式　揉　膝

右脚、右手同时向上、向前（东）弧形踢出、掤出，手脚同高，脚心向东，手心向上，左手弧形划至身后，身微向后侧，眼向右手看去。（图 122）

右脚向前落下一步，脚尖摆向东南；同时，右手向后划圆弧至额前，手心向外，左手在胯根处随身移动；两眼向东平视。（图123）

图 122

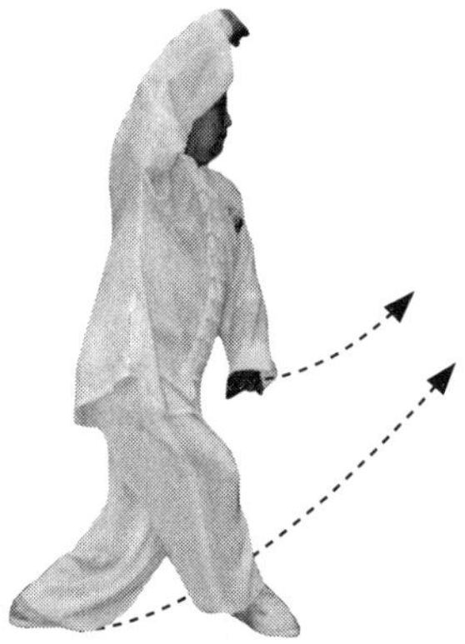

图 123

【用法】对方用右拳向我右侧击来，我以右手上掤后捋对方来手，起右脚侧身踢对方肋部。

歌诀：

　　　　　　　探膝应敌手腿进，单腿立身根要稳，
　　　　　　　挥手掤人手要准，脚蹬肋部脚要狠。

第五十四式　再探膝

重心移至右腿，右脚变实，身转向南，左腿、左手动作与上一式探膝相同。（图124）

左脚向东落下一步变实，脚尖向东南；同时，左手向东南按出，与左脚尖平，右手弧形落到右胯旁；两眼向南平视。（图125）

【用法】与上一式探膝相同。

图 124 　　　　　　　　　　图 125

第五十五式　研手捶

重心后移成右弓蹬步，随即重心前移成左弓蹬步，身体略左转向东南；同时，右手在右膝上方绕右膝一圈变拳，拳心向下、向东南方向打出，左手屈肘收回，手心与右拳顶相对，高与肩平，右肘略低于左肘，眼向南平视。（图126）

【用法】对方抓住我右手腕肘反关节向我右前方捋去，我顺其势右臂将他腰部缠紧，旋转腰胯将对方向后扔出。

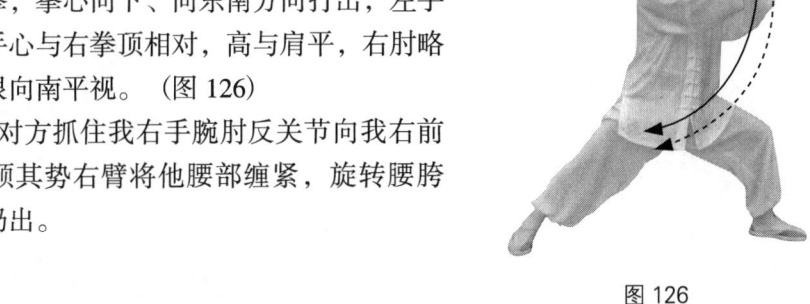

图 126

歌诀：

　　　　随曲就伸化彼力，顺其来势抱其身，
　　　　要啥给啥赵堡诀，舍己从人化发精。

【另一用法】对方双手向我左臂抓来，我左臂掤化，遮其目光，以右拳向对方胸部打击。

第五十六式 迎面肘

重心后移成右弓蹬步；同时，左手继续轻贴右拳，右拳外旋，一起弧形下按到右胯根，拳心向上，左手不离右拳心；眼向南平视。（图127）

重心移至左腿成左弓蹬步；同时，右肘向上、向前划圈打出，肘尖向东，高与肩平，左手心贴右拳顶转动；眼向东平视。（图128）

【用法】对方双手握我右手腕，我即顺其力旋转，起肘向前击其面部。

歌诀：
　　梢节受制中节应，手腕被拿肘节攻，
　　腰际劲发贯肘尖，化险为夷迎面中。

图127

图128

第五十七式 抱头推山

左脚尖内扣，右脚尖外摆，重心移至右腿成右弓蹬步；同时，两手上下分开，左手内旋上托至头前，手心向上，右手外旋划弧到左膝前，手心向外；眼向西南方向平视。（图129）

重心移到左腿随即又移到右腿成右弓蹬步；同时，右手向后、向上缠头过脑按至西南方，高与鼻平，手心向西南，左手弧形下按至胸腹前，手心向西；眼向西南平视。（图130）

图129

图130

【用法】对方用双手拿住我右手腕肘，我顺势走化即以右肘臂反拿其前臂，左手按其肩，合一劲向我右后推去。

歌诀：

　　　　　　　　沉腰活胯身圆转，左右反背采挒弹，
　　　　　　　　以臂拿臂解还打，对方仆跌如塌山。

第五十八式　如封似闭

动作与第五式如封似闭相同。（图131、图132）

图 131

图 132

第五十九式　单　鞭

动作与第六式单鞭相同。（图133—图135）

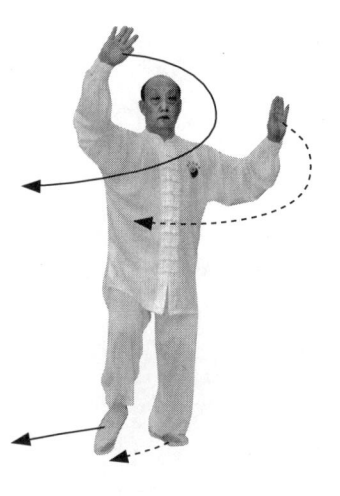

图 133

图 134

图 135

第六十式　前招

右胯根内收，右勾手变掌向左、向下按至腹前，右手向头上划弧，手心向上；眼向西南平视。（图136）

【用法】对方双手按我右臂，我右臂向左松下，右胯下沉，以肩靠击其胸部。

歌诀：
　　一臂能化双按手，松胯滚臂身前引，
　　含胸拔背意贯肩，对方自撞自伤身。

图136

第六十一式　后招

右脚尖外撇左脚尖内扣，身体右转向正西，重心移至右腿成右弓蹬步；同时，右手向上、向右划弧至胸前，左手向下、向右划圆弧至右手下，两手成交叉手，再弧形向前（西）掤出，手高与鼻齐，左手心向右，右手心向左；眼向前平视。（图137）

【用法】我右手臂被对方按至身前，我转腰以双手掤住对方双手，由下向上把对方掤出。周身要合成一劲，转接处不留空隙。

图137

歌诀：
　　气蓄丹田屈臂转，引掤劲出走螺旋，
　　螺旋全凭腰腿功，腰腿催手敌前翻。

第六十二式　勒马势

重心后移，左脚变实，右脚收回半步，脚尖点地；同时，双手外旋，手心向里，再内旋上下分开，左手转手心朝外划圆弧向左前按出，高与头平，右手转掌心向下、向右下划圆弧按至右腿外侧，手心向外；眼向西平视。（图138）

【用法】对方双手抓住我双手向我胸前按来，我含胸，两手上下分化来力，提膝击其腹部。

歌诀：
　　双手被按莫慌张，旋转即化柔克刚，
　　左右反封背变顺，恰似烈马勒绳缰。

图138

第六十三式　野马分鬃

右脚向右前方（西北）迈出一步，重心前移成右弓蹬步；同时，右手经腹前向上、向右前方划圈按出，手心向西北，高与鼻平，左手划圆弧按至左胯根处，手心向下；眼向西北平视。（图139）

左脚退步随即向左前方（西南）迈出一步，重心前移成左弓蹬步；同时，左手由下经腹前向上、向左前方划圈按出，手心向西南，高与鼻平，右手划圆弧下按到右胯根处，手心向下；眼向西南平视。（图140）

图141与本式图139动作相同。

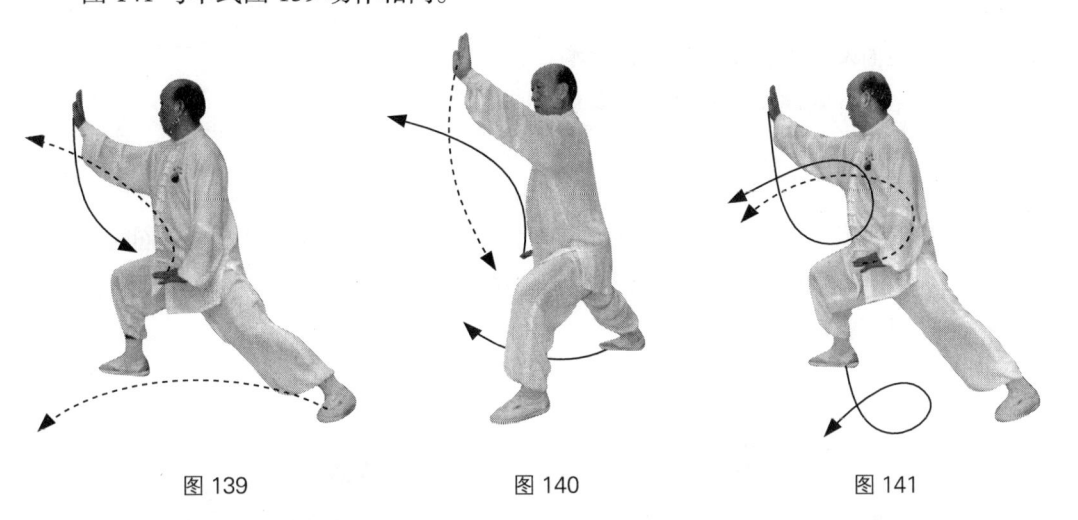

图139　　　　图140　　　　图141

【用法】对方用右拳向我击来，我以右臂向上、向外捌去，进步以左掌按其肋部。

歌诀：

右手领肘左手催，外捌腿蹬身劲整，
丹田内转四梢应，内外合一发不空。

第六十四式　右高探马

重心移到左腿，右脚向左勾后收回，脚尖着地；同时，右手逐渐转手，向下、向左、向上、向下划圈至胸前，手心向上，左手向左、向上、向前划圆弧合于右前臂上，手心向下；眼向西平视。（图142）

【用法】对方双手按我右臂，我向左、向下走化，同时以右脚勾对方右脚，两手翻转向侧按出，对方即向我右侧跌倒。

歌诀：同第三十六式高探马。

图142

第六十五式　白蛇吐信

右脚向西迈一步，脚尖向前（西），重心前移成右弓蹬步；同时，两手向前、向上以右掌指刺出，高与鼻平，左掌移至右肘上方；眼看右掌。（图143）

【用法】对方双手按我右臂，我滚肘即进，以手指刺其咽喉，左手贴右前臂以助劲。

歌诀：
　　沉肘小圈滚化进，反制双臂刺喉咽，
　　丹田催劲贯筋梢，白蛇吐信巧取胜。

图143

第六十六式　玉女穿梭

左脚向前（西）迈一步踏实，脚尖朝西北偏西，重心前移成左弓蹬步；同时，两手前后分开，右手置右腹前，左手前伸与左脚相对，高与鼻平，手心斜向前下；眼向左手方向平视。（图144、图144附图）

图144　　　图144附图

【用法】对方双手捋我右臂，我顺势上步，以左掌迎面击去。

歌诀：
　　掌发全凭身带劲，穿梭招发快如风，
　　神意气劲贯左掌，足落指到取双瞳。

第六十七式　转身揽插衣

左脚尖尽量扣内，右脚从右后向西迈出一步，踏实，脚尖向西南，重心右移成右弓蹬步，身体由朝正北转向朝正南；同时，左手弧形下按至左小腹，右手向上、向后、向

西划圈按出，与右脚相对；眼向前平视；定势与第四式揽插衣相同。（图145）

【用法】对方在我左侧以右拳击来，我顺势转身避过，以右肘击其背部。

歌诀：
　　敌欲拦我穿梭势，顺势避过敌锋芒，
　　转身一肘击敌背，任是神仙也难防。

图145

第六十八式　如封似闭

动作与第五式如封似闭相同。（图146、图147）

图146

图147

第六十九式　单　鞭

动作与第六式单鞭相同。（图148—图150）

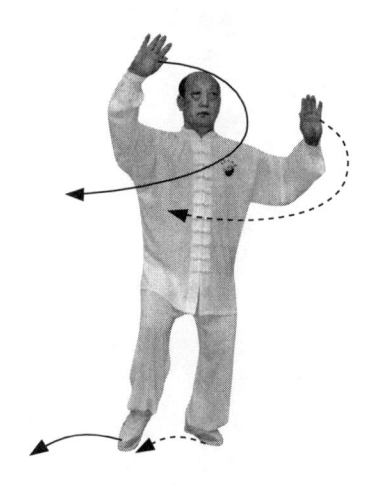

图148 　　　图149 　　　图150

第七十式 云 手

动作与第三十四式云手相同。（图151、图152）

图151

图152

第七十一式 跌 岔

重心移到左腿随即移到右腿；同时，右手向右下经胯旁向右前（西南）转一斜圈置脸前，手心向南偏东，左手向上、向左、向下经胯前再向右上转一圈置右手下，与右手交叉，手心向西北，指尖略高于鼻；眼看西南方向。（图153）

重心移到左腿，右脚收回至左脚旁，脚尖点地，身体转向正南，双腿屈膝下蹲；同时，双手左右分开，手心朝外，向上、向外、向下划圆弧至右膝上，转手心向下，两手变勾手，勾尖与左膝相触；眼向前平视。（图154）

身体起立，提右膝与胯平，勾手随膝上提到胸前；眼向南平视。（图155）

图153

图154

图155

右脚落地变实，左脚提起向东前伸，脚心向东，脚尖朝上，身体下坐成仆步；同时，两手变掌转手心向上经头前向上、向左右分开，再向两侧划圆弧，左手落在左小腿上，右手落在身右侧，高与胯平；眼向东南平视。（图156）

【用法】这是应四方之敌的招数。以双手合劲掤前面之敌，以脚弹后敌之裆部，以双手螺旋分击左右来人。

图156

歌诀：
　　跌岔分打四方势，左顾右盼前后击，
　　身发螺旋弹抖劲，触转即放八面跌。

第七十二式　扫　腿

身体起立，重心移到左腿，左脚掌向前踏实，右脚里侧着地，成右仆步；同时，左手前伸，手心向东，高与头平，右手转手心向下划圆弧按至右小腿上；眼看东南方向。（图157）

以左脚跟为圆心，右脚右手为半径，向左划圆弧约270°，右脚尖向西，左脚掌转180°，脚尖向西，身体转向西北；同时，左手内旋提至头前，手心向上；眼向西北平视。（图158、图158附图）

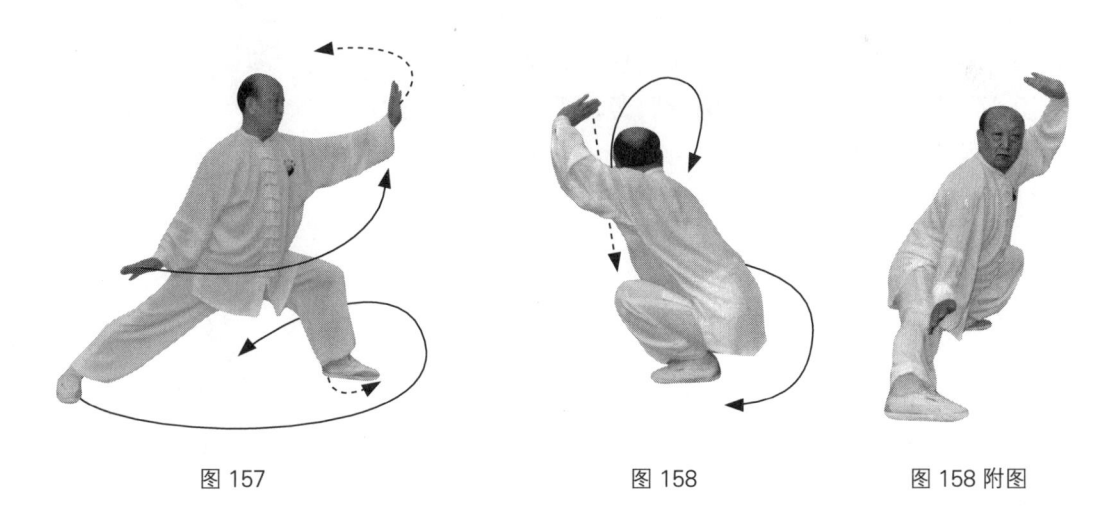

图157　　　　图158　　　　图158附图

这是一个高难度的动作，要求动作连贯，一气呵成，不要有断续，才能表现出圆活、完整。

【用法】对方用双掌向我正面抓来，我以左掌上掤左领，以右腿扫其脚，对方即仆跌。

歌诀：
　　太极扫腿少人知，铁腿一发敌断根，
　　上领下扫仆步击，长山之蛇首尾应。

第七十三式　转　身

身起立，左脚实，以脚跟为轴，脚尖向右转至东偏北，右脚向右勾转，落在左脚旁，脚尖点地，略出左脚半脚，身体亦随之右转向东；同时，右手随转身向头上经右耳后划圆弧至右脸旁，左手随身向前、向下划弧按至左膝上方；眼向东平视。（图159）

【用法】对方从身后用右拳击来，我手脚同时向身后出动，以右脚勾其背，以右手掤捋其手，对方即向我右侧仆倒。

图159

歌诀：
　　太极不怕身后攻，掤捋其手来劲空，
　　脚勾其背仆地倒，一切都在旋转中。

第七十四式　右金鸡独立

左脚抓地，右膝提起与胯平；同时，右手弧形上提经耳后逐渐转手心向上、向前按出，略高于头，手心斜向上，左手弧形移到左胯旁，手心向下；眼向东平视。（图160）

【用法】对方从正面用拳击来，我以手托其腕或肘，上掤前推，提膝击其下部。此式用法凶险，不可乱用。

图160

歌诀：
　　金鸡独立济阴阳，蓄发相变柔而刚，
　　转换虚实人不知，掌击易化膝难防。

第七十五式　左金鸡独立

右脚落下变实，左腿提膝与胯平；同时，右手经头前耳后下按，逐渐转手心向下落到右胯旁，左手经胸前弧形上提经耳后转手心向上、向前按出，略高于头，手心斜向前；眼向东平视。（图161）

用法口诀同上式右金鸡独立。

图161

第七十六式　双震脚

右脚撑地，身体上跃，右脚离地数寸即下踏，左脚在右脚踏地后下踏，略出右脚变实，同时，左手随身弧形下按至左腹前，手心朝外（东），右手随手移动；眼向东平视。（图162）

【用法】对方以脚扫我右腿，我上跃躲过，即以右脚踏其脚腕，左脚跺其小腿。

歌诀：
太极攻防变化多，走粘有走也有躲，
对付扫腿身上跃，双脚连发腿难过。

图162

第七十七式　倒撵猴

重心移至左腿，右脚跟抬起，脚尖点地；右掌外旋，停于右胯根手窝（腹股沟）处；其余动作与第二十六式倒撵猴同。（图163—图166）

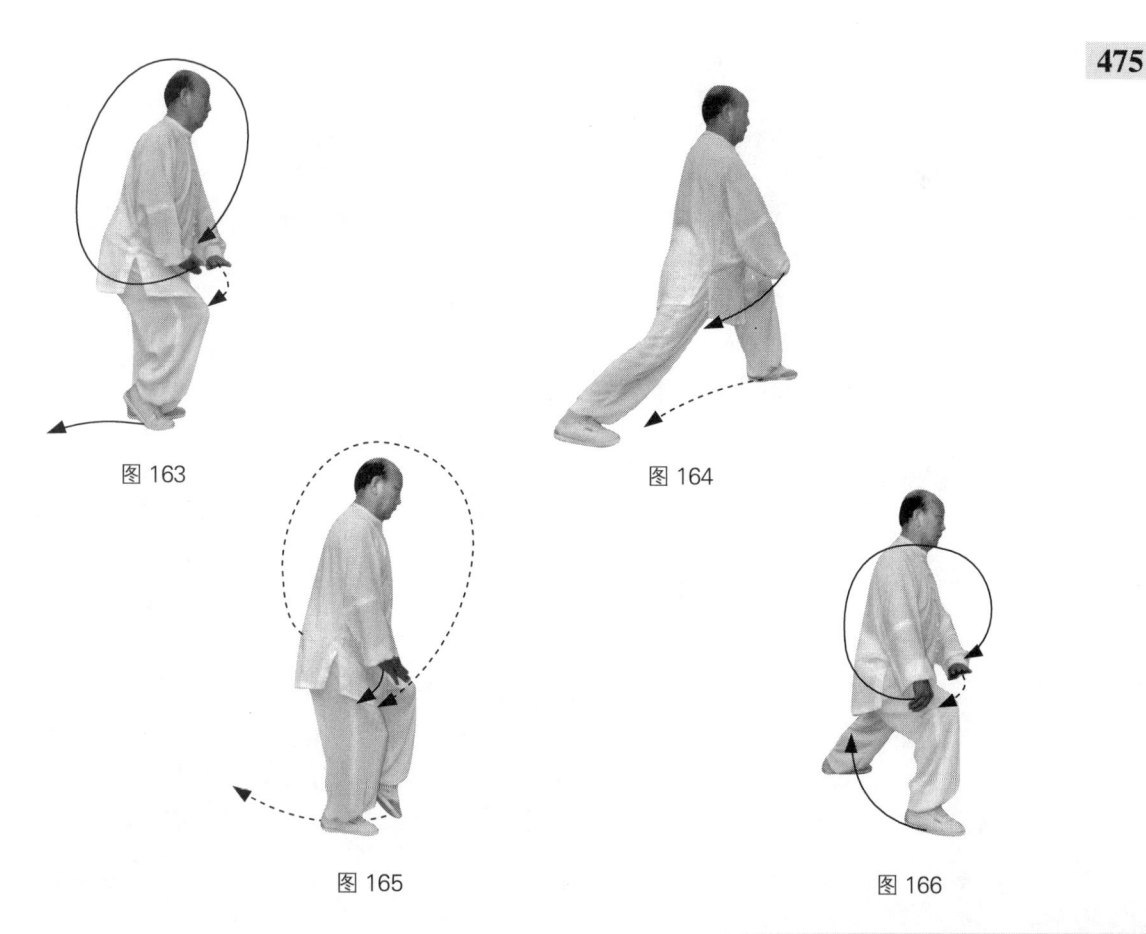

图163

图164

图165

图166

第七十八式　白鹤亮翅

动作与第二十七式白鹤亮翅相同。（图167、图168）

图167 　　　　　　　　　　　图168

第七十九式　搂膝斜行

动作与第二十八式搂膝斜行相同。（图169—图173）

图169 　　　　　　　　　　　图170

图171 　　　　　图172 　　　　　图173

第八十式　开　合

动作与第二十九式开合相同。（图174、图175）

第八十一式　海底针

图176的动作与第三十式海底针图76的动作相同。

右腿变实，左脚向西南退一步变实成仆步，右脚脚尖翘起；同时，左手向左、向上划圆弧到左额前，右手变立掌下按至右膝内侧；眼看右脚尖方向。（图177）

图174　　图175

图176 　　图177

第八十二式　闪通背

身体起立，重心移到右腿，左脚向左前（东北）一步，手的运转及余下动作同第三十一式闪通背。（图178—图181）

图178

图 179　　　　　　　　图 180　　　　　　　　图 181

第八十三式　如封似闭

动作与第三十二式如封似闭相同。（图182、图183）

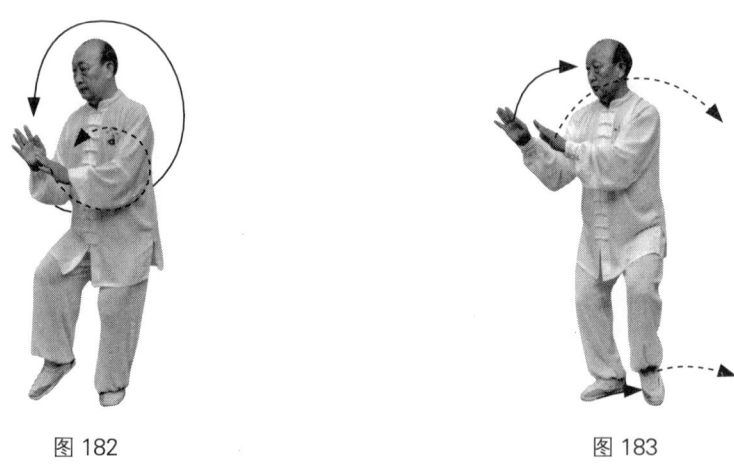

图 182　　　　　　　　　　　　　图 183

第八十四式　单　鞭

动作与第六式单鞭相同，亦与第三十三式单鞭相同。（图184—图186）

图 184　　　　　　　　图 185　　　　　　　　图 186

第八十五式　云　手

动作与第三十四式云手相同。（图187、图188）

第八十六式　腰　步

动作与第三十五式腰步相同。（图189）

图187

图188

图189

第八十七式　高探马

重心移至右腿，左脚收回半步，脚尖点地；同时，右手向右下、向上经头顶向下划圈按至小腹前，左手向腹前划圆弧至右腋下，手心向下；眼向南平视。（图190）

用法、口诀同第三十六式高探马。

第八十八式　十字手

左脚由左前向右勾摆，向东南方向踏出一步，脚尖内扣向西，右脚扣向西南，两脚跟与肩同宽；同时，两手手心向下，手腕相交于腹前，左手外旋，托右手与肩平，双手顺时针方向旋转一小圈，按至小腹前；右手在下，手心向上，左手在上，手心向下；两眼向西南平视。（图191）

【用法】对方右手从我左前方打来，我即以右手粘其手腕，左手托其肘，圆转采拿，以左脚上勾对方的脚，手脚合一劲，对方即倒栽在地。

图190

图191

歌诀：

赵堡太极十三翻，十字翻手凶又险，
手脚一圈一太极，圈圈合劲敌倒翻。

第八十九式　单摆莲

左脚向左前（东南）迈出一步，脚尖向东南，重心左移成左弓蹬步；同时，两手分开，左手在前，手心向下，右手在后，手心向上，两手相距寸许；眼向前平视。（图192）

右脚以外侧向左肘下外摆；同时，左手拍右脚面，右手向下、向后、向上经头顶变拳向左前打击，与右脚左手平，拳心向里；眼向南平视。（图193）

【用法】对方拿住我左手腕，我起右脚击其手腕，右拳击其面部。

歌诀：

手腕被擒莫失掤，肘下踢脚弹腿用，
一招多途人莫识，也作白手夺刃功。

第九十式　指裆捶

右脚向后（西北）退一步，脚尖向西南，重心右移成右弓蹬步，身体转向西南；同时，右拳内旋，向下、向西南划圈到右膝上方，与胸同高，再向下、向内按至裆前，拳眼向上，拳心向内，肘尖朝西，左手握拳贴左胯根处；眼向西南平视。（图194）

【用法】对方从我后面抱我，我以右肩由下向上滚靠其胸，用肘击其裆部。

歌诀：

瞻前顾后要紧记，明了三节变化奇，
涌泉力发肩膀出，裆挨一肘真魂失。

【另一用法】对方双手拿我腕肘，我腕肘走化后以另一手变拳击其裆部。

图192

图193

图194

第九十一式 领 落

重心移至左腿成左弓蹬步；同时，右拳变掌，手心向东南由下向胸前掤出，高与鼻平，左拳变掌由腹部向裆部按下，手心向下；眼向南平视。（图195）

其余动作同第二式领落。（图196—图199）

图 195　　　　　　　　　图 196

图 197　　　　图 198　　　　图 199

第九十二式 翻 掌

动作与第三式基本相同，唯图200为左手下按至左胯内侧。（图200、图201）

第九十三式 揽插衣

动作与第四式揽插衣相同。（图202）

图 200　　　　　图 201　　　　　　　图 202

第九十四式　右七星下势

左脚尖外撇向南偏东，重心移至左腿蹲下，两腿成仆步，右脚尖翘起，脚心向西；同时，左手向下、向左、向上划圆弧至头前，手心向东南，右手向左、向下、再向上、向右、向下划弧落至右膝内侧，手心斜向下；眼向右脚尖方向看去。（图203）

【用法】对方双手按我左臂，我反粘其手臂坐胯蹲身，引他落空。式中还藏有七星靠。

歌诀：

仆步下引千斤势，七星下势靠法凶，
瞄准七星往上打，靠劲一发人腾空。

图 203

第九十五式　擒　拿

身体起立，重心前移，右脚掌向前（西）踏实；同时，右手变拳随身上提外旋收回胸前，拳心向里，左手稍外旋转手心向前弧形向右肘下伸出；眼看右拳。（图204）

重心左移，随即前移，右脚尖内扣向西南踏实，左脚跟步至右脚旁；同时，左手转手心向上，沿右前臂外侧上掤，渐渐变拳转拳心向下，按至腹前，右拳内旋转拳心向下按与左拳同高；眼向西南平视。（图205）

【用法】对方双手拿我右前臂，用力前推，我滚右臂，左手从右肘下上拿其双手，右手转击其头腹部。

图 204

图 205

歌诀：

　　　　　　　解拿还拿妙手法，滚臂采挒一刹那，
　　　　　　　含胸扣裆腰劲发，浑身都能把人拿。

第九十六式　回头看画

左脚提起向左（东）摆一步落下变实，脚尖向东，右脚尖内扣向东南；同时，左拳外旋转拳心向上，向左、向下打出，高与肘平，与左脚相对齐，右拳随身移到右胯前；眼向东平视。（图206）

【用法】对方从后面用右拳击来，我转身以左拳摇滚其前臂，以右拳冲击其胸部。

歌诀：

　　　　　以臂粘臂摇滚化，膝提足蹬防带打，
　　　　　气敛入骨松腰胯，回头看画上下发。

图206

第九十七式　进步指裆捶

右脚向右前（南）跨一步，身体转向东，左脚外撇脚尖向东北，成左弓蹬步；同时，右手外旋向后、向上经胸前打下置裆前，拳眼向里，拳心向南，拳顶向下，左拳弧形收回左膝上方，拳心向上；眼向东北平视。（图207）

【用法】对方从我正面用右手击来，我以左手臂采挒其来手，进步以右拳击其裆部。

歌诀：

　　　　　顺化前臂近敌前，进步进身绝招现，
　　　　　看准五虚险处用，周身合力捶以钻。

图207

第九十八式　黄龙绞水

身体转向南，重心移到右腿成右弓蹬步；同时，双拳变掌手心向下，沿右膝向顺时针方向绕膝到外侧，左手略高于右手；眼向东南平视。（图208）

左脚变实，右脚向东北方向迈一步，身体转向东北，重心移至右腿，左脚跟上半步，脚尖点地；同时，双掌变拳，右手转拳心向上、向左前（东北）划圈打出，高与鼻平，左拳心向下跟右拳弧形打出，置右前臂内侧；眼向东北平视。（图209、图209附图）

图 208　　　　　　　　图 209　　　　　　　图 209 附图

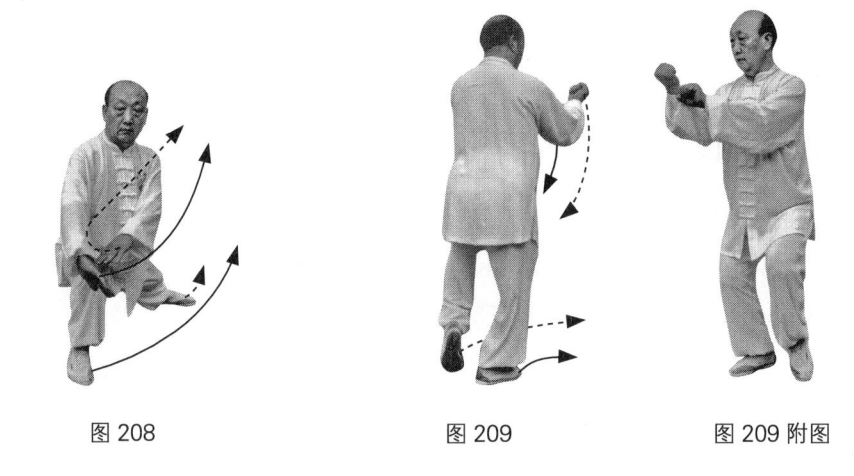

【用法】对方双手拿我右臂肘，向后采挒，我顺其势配合身法抱其下部，将其绞起。

歌诀：

擒臂虽凶走化精，舍己从人卸无形，
应物自然给肩肘，如龙绞水拔其身。

第九十九式　如封似闭

左脚向前上一步变实，右脚跟左脚旁，脚尖点地；双拳变掌；其余动作与第五式如封似闭相同，唯方向相反。（图210、图210附图、图211、图211附图）

图 210　　　　图 210 附图　　　　图 211　　　　图 211 附图

第一〇〇式 单 鞭

动作与第六式单鞭相同，唯方向相反。（图212—图214）

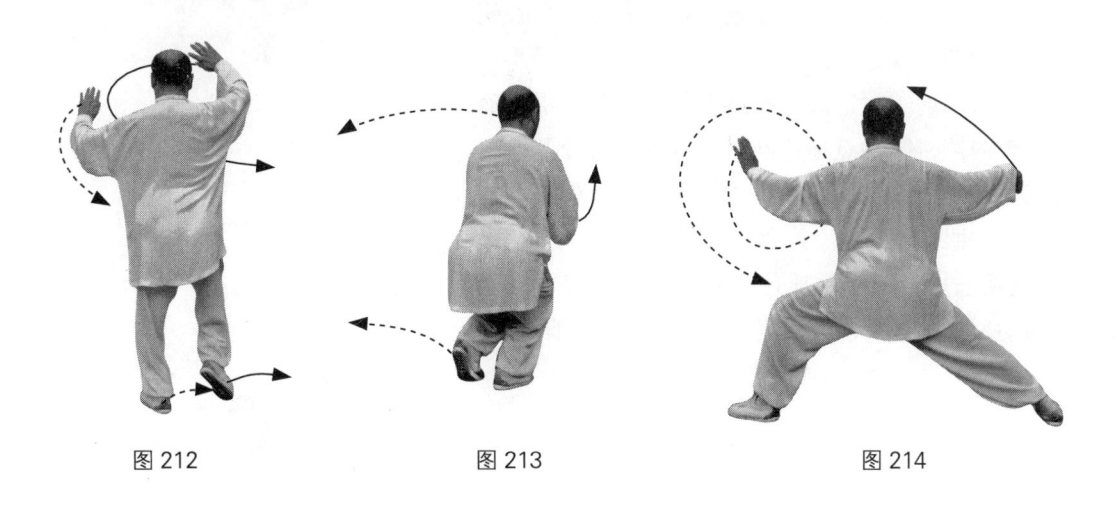

图212　　　　　图213　　　　　图214

第一〇一式 左七星下势

右勾手变掌；其余动作同第九十四式右七星下势，唯左右、方向相反。（图215）

第一〇二式 擒 拿

身体起立，重心左移成左弓蹬步；同时，左手向前上划弧内旋，手心向里，右手向下划弧从左肘下穿出；眼向前平视。（图216）

右腿变实，脚尖向西北，左脚至右脚旁，脚尖点地；同时，右手沿左臂上掤渐变拳转手心向下按置右胯旁，拳心转向东北，左拳转拳心向下按置左胯旁，转拳心向东南，身向正西；眼向西平视。（图217）

【用法】同第九十五式擒拿。

图215　　　　　图216　　　　　图217

第一〇三式　进步砸七星

左膝提起到腹前；同时，双臂向胸前交叉，右拳在左肘下，拳心向里，左拳在右肘尖外，拳心朝外；眼向西平视。（图218）

左脚向前（西）迈一步蹲下踏实，右脚跟上落在左脚内侧，脚尖点地；同时，双臂左右分开，双拳交叉（左拳在上），外旋由上向下按至双膝下外旋变掌；眼向西平视。（图219）

【用法】对方双手抓住我双手前按，我含胸双手滚动反拿其双手，身下蹲，对方即在我面前跪倒。

歌诀：
　　双手被封知转换，手肘胸腹皆是圈，
　　提膝护中退即进，对方跪我七星前。

图218

图219

第一〇四式　退步跨虎

右脚向后退一步变实，脚尖向北偏东，左脚随即收回，脚尖点地，两脚距离肩宽，身转向北；同时，双手外旋分开转手心向外，向上再向里、向下划弧合于胸前；眼向北平视。（图220、图220附图）

身体稍下坐；两手内旋上下分开，右手划圆弧上掤至头前，手心向上，左手变勾手划弧至右臀旁，勾尖向南；眼向北平视。（图221）

图220 　　图220附图 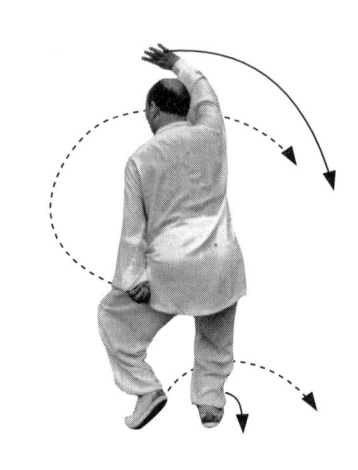　　图221

【用法】对方用双拳向我右侧凶猛击来，我退步以双手左勾右掤卸其来势，以静待动，视其变化发着。

歌诀：
　　如虎扑来样凶猛，卸其来势退法应，
　　左勾右掤散其力，以柔克刚不丢顶。

第一〇五式　转　身

以右脚跟为轴，身体转向南，左脚提起，脚尖向上，随转身向东南方向迈一步，脚尖向东南，重心左移成左弓蹬步；同时，左勾手变掌弧形上提至头前与右手成环形，双手随身向右、向后（东南）按去，两臂成一斜圆，左手略高于右手，手心朝外，手尖相对，两手尖相距一拳，略高于胸；眼向南平视。（图222）

【用法】对方从我身后用拳击来，我急转身双手以掤捋挤按四劲连续发出，对方即应手跌出。

图222

歌诀：
　　转身妙势抱太极，身圈带动数圈至，
　　掤捋挤按瞬间发，引化千斤不为奇。

第一〇六式　双摆莲

右脚提起往左肘尖下划圈弧形外摆；同时，左右手在右脚摆至东南方向时先后拍击右脚面，双手拍脚后仍保持环形；眼向南平视。（图223）

【用法】对方抓住我双腕，我向右一引后以右脚摆踢其双腕。

图223

歌诀：
　　赵堡太极架独特，式式相连步步深，
　　双摆莲击破双腕，功夫不纯难应心。

第一〇七式　搬弓射虎

右脚往后（西北）落下一步变实，脚尖向西南，重心右移成右弓蹬步；双臂环形后移到右膝上方转手心向上，上提手心向里，高与鼻平，变拳内旋转一圈向外打出，两拳眼向里，左手在外，高与头平，右手在内，高与下颌平；眼向西南平视。（图224）

图224

【用法】对方从背后用双臂锁我喉部，我顺其势用双手采捌其双手，并前撑，将对方扔到我右前方来。

歌诀：

搬弓射虎应后人，双手采捌臂撑圆，

手臂肩胯合整动，发人犹如箭离弦。

第一〇八式　领　落

重心移到左腿，成左弓蹬步；同时，双拳变掌，左掌内旋上掤至头前，手心向外，右掌前按与胸平，手心向外；眼向南平视。（图225）

图225

余下动作与第二式领落相同。（图226—图229）

图226 　　　　　　　　　　　图227

图 228　　　　　　　　　　　图 229

赵堡太极拳"收势"，两手分开自然下垂。（图 230）

图 230

歌诀：
　　　　　太极图圆无始终，全在阴阳变化中，
　　　　　开中有合合中开，循环往复转无穷。